商管叢書 全華圖書 BUSINESS MANAGEMENT

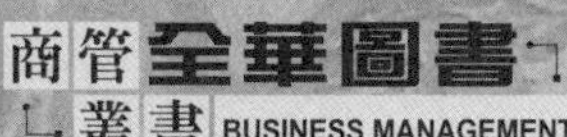

社會保險

Social Insurance

第2版

謝淑慧、黃美玲　編著

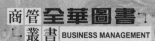

國家圖書館出版品預行編目資料

社會保險 / 謝淑慧, 黃美玲編著. -- 二版. –
新北市 : 全華圖書股份有限公司, 2021.09
面 ; 公分
ISBN 978-986-503-904-2(平裝)

1.社會保險
548.9 110015862

社會保險（第二版）

作者 / 謝淑慧、黃美玲
發行人 / 陳本源
執行編輯 / 陳品蓁
封面設計 / 楊昭琅
封面素材提供 / 何承穎
出版者 / 全華圖書股份有限公司
郵政帳號 / 0100836-1 號
印刷者 / 宏懋打字印刷股份有限公司
圖書編號 / 0826901
二版一刷 / 2022 年 1 月
定價 / 新台幣 580 元
ISBN / 978-986-503-904-2
全華圖書 / www.chwa.com.tw
全華網路書店 Open Tech / www.opentech.com.tw
若您對本書有任何問題，歡迎來信指導 book@chwa.com.tw

臺北總公司(北區營業處)
地址：23671 新北市土城區忠義路 21 號
電話：(02) 2262-5666
傳真：(02) 6637-3695、6637-3696

中區營業處
地址：40256 臺中市南區樹義一巷 26 號
電話：(04) 2261-8485
傳真：(04) 3600-9806(高中職)
(04) 3601-8600(大專)

南區營業處
地址：80769 高雄市三民區應安街 12 號
電話：(07) 381-1377
傳真：(07) 862-5562

我國以社會保險為主的社會安全制度，自民國39年以來逐步開辦各項社會保險及退休金制度，從最初的軍公教保險、勞工保險，到近期的全民健康保險、就業保險、國民年金及未來即將實施之長期照護保險等所保護的對象越來越廣，使社會保險制度與人民的關係更加密切，並隨時視實際需要調整或增進各項制度保障內涵及範圍，以提供民眾適足且完整之老年經濟保障。

本書再版內容延續初版的主要架構，從社會保險基本概念、社會保險制度的陳述及為確保年金制度財務健全、永續經營所作的年金改革、全民健保改革方案，完整地介紹我國社會保險制度之修正內容，而政府為發展完善的長期照護制度，近年來積極推動長期照護政策，從長期照顧十年計畫1.0、長照服務網計畫、長照服務法到長期照顧十年計畫2.0，以滿足高齡化社會所需，進一步通過長照保險法草案及長照保險之規劃。有鑒於政府為提高農民職業安全保障，加入農民職業災害保險、設立農民退休儲金個人專戶，由農民與政府共同提繳農民退休儲金，透過建構「老農津貼」及「退休儲金」雙層式老年農民經濟安全保障制度，及近年來因多次基本工資調整、確保財政收支平衡而各項費率與法令的更動等內容都列入再版修訂之重點，此外更廣納用書師生建議，在我國各項社會保險制度中加入案例探討及多元化學後評量，期許給予讀者及修課學生一本最新且完整之理論與實務兼具的參考書籍。

作者感謝本書初版發行時獲得廣大讀者之回響及各學校授課老師之青睞作為教科用書，而本次再版更希望能反映時事及加深加廣內容，撰寫過程中感謝家人的支持與體諒，作者才疏學淺，定有疏漏之處，祈望各位先進不吝指正。

謝淑慧・黃美玲　謹識

Contents 目錄

第一篇 社會保險總論

Chapter 01 社會保險的基本概念

Chapter 02 社會保險財務

第二篇 社會保險個論

Chapter 03 健康保險

Chapter 04 老年殘廢遺屬保險

Chapter 05 職業災害保險

第三篇 我國社會保險制度

Chapter 06 社會保險制度概況

Chapter 07 軍公教保險

Chapter 08 勞工保險與就業保險

Chapter 09 全民健康保險

Chapter 10 長期照護保險

附錄

註：附錄C「法規」及附錄D「給付標準表」詳見QR Code

INSURANCE

第一篇 社會保險總論

Chapter 01

社會保險的基本概念

學習內容

1-1 社會保險的起源

1-2 社會保險的定義與主要種類

1-3 社會保險的基本原則與功能

1-4 社會福利與社會安全

1-5 我國社會救助制度

1-1 社會保險的起源

討論社會保險的概念時，通常會以德國俾斯麥宰相（Otto Von Bismarck）於1883年6月15日制定的「勞工疾病保險法」（Gesetzliche Krankenversicherung）所實施的疾病保險制度（1884年12月1日開始實施），視為世界實施強制性社會保險的開端，由1880年代德國社會保險制度的創設及擴張過程中，疾病保險是由雇主與勞工代表共同經營，職業災害保險是由雇主單獨管理，老年殘廢保險則是由政府掌管。至於保險費之分擔方式也各有不同，各制度間並無整體性可言。德國雖在1881年以前已制定有疾病及職業災害等保險制度，但以往所稱的勞工保險在屬性上並非完全採強制方式處理。由表1-1可看出1880年代德國即已初步完成了社會保險體系的制度化。

表1-1　1880年代德國的社會保險體系

社會保險制度（法案）	法案成立時期	實施時期
疾病保險法	1883.06.15	1884.12.01
職業災害保險法	1884.07.06	1885.10.01
交通運輸業之疾病保險與職業災害保險適用	1885.05.28	1885.10.01
官吏軍人之災害扶助法	1886.03.05	1886.03.05
農、林業之疾病、災害保險之適用	1886.05.05	1888.04.01
土木、建築業之災害保險	1887.07.11	1888.01.01
船員之災害保險法	1887.07.13	1888.01.01
老年、殘障保險法	1889.06.22	1891.01.01

資料來源：菅谷章，社會保險論，1990年

從歷史發展觀點言之，社會保險的發展可分為兩個階段，第一個階段從1883年德國制定疾病保險法到1919年（Perrin,1984b）；德國早在1870年就社會保險的名詞使用乃以勞工保險或勞動者保險稱之，最初以勞工為保護對象，其屬性並非強制性。嗣後為解決社會主義暴行問題，緩和階級間的摩擦為目的，而將勞工保險改成為強制性社會保險。

社會保險自1919年開始另一階段的發展，從歐洲到大部份的開發中國家均相繼實施，其間國際勞工組織（International Labor Organization,ILO）憑藉著國際資訊的掌握以及建立標準的能力，提供各國發展社會保險上的協助，提出一系列有關失業、生育、工人職業災害與職業病賠償、疾病保險、殘障保險、老年與遺屬保險的實施辦法，為會員國提供社會保險的國際標準。

英國貝佛里奇（William Beveridge）於1942年所提出的「社會保險及其相關服務」報告（Social Insurance and Allied Services）則是順應社會保險改革一路發展下來的結果，建議以保險保護所有人以面對困境（Insurance for All and Everything），他認為不論職業類別，工人所面對的挑戰是相同的，他們應該受到相同的保護，而保護也應擴及家人。ILO於1944年提出「所得安全建議書」（Income Security Recommendation, No.67）亦維持相當多的社會保險傳統。

日本的社會保險起源於第一次世界大戰後1922年（大正11年）公布， 1927年（昭和2年）施行之健康保險法，而之後於1938年（昭和13年）制定國民健康保險法；在年金保險方面有國民年金、厚生年金保險及各種共濟組合的共濟年金，依社會保險分類應歸屬於老年殘廢遺屬保險範疇，其勞働者年金保險法於1941年（昭和16年）制定，厚生年金保險法於1944年（昭和19年）制定，國家公務員共濟組合法於1948年（昭和23年）制定，1950年代（昭和25年）初期，在日本經濟高度成長背景下，促使國民皆保險之理念實現，於1959年（昭和34年）制定國民年金法；在職業災害保險方面，日本的勞働者災害補償保險法於1947年（昭和22年）制定，而於1973年（昭和48年）勞働災害補償保險法修訂；在介護保險方面，於1997年（平成9年）制定介護保險法，並於2000年（平成12年）實施介護保險；在失業保險方面，日本之雇用保險法於1974年（昭和49年）制定。

美國社會保險制度建基於1935年通過「社會安全法」（Social Security Act），其制度性質屬於強制性社會保險，以受雇者為保障對象，換言之，非受雇者無法享有保障，社會安全法實施後，老年之退休保險最優先列入，1939年再列入遺屬保險，1954年復修訂增加殘廢保險。故而通稱為老年遺屬殘廢保險（Old Age, Survivors, Disability Insurance, 簡稱OASDI），1988年再作修正，為美國社會保險制度的重心。

1-2 社會保險的定義與主要種類

一、社會保險的定義

社會保險乃針對社會構成分子，當其生活發生社會危險事故時，基於社會考量所訂之標準給予給付，以保障其基本生活之保險制度。換言之，社會保險係由政府為推行社會政策，應用保險技術，採用強制方式，對於全體國民或多數國民遭遇生、老、病、死、傷、殘及失業等特定危險事故時，提供保險給付，以保障其最低收入安全及基本醫療照顧為目的之一種社會福利措施。

另外，美國風險及保險學社會保險術語委員會（Committee on Social Insurance Terminology of the American Risk and Insurance Association）亦曾為社會保險下了以下之定義：

「所謂社會保險乃將風險強制集中，移轉至某一隸屬政府機構的一種社會安全措施。由法律規定，在特定條件下，於某種預定損失發生時提供金錢或實物給付予被保險人或其利益關係人。」

"(Social insurance is) a device for the pooling of risks by their transfer to an organization, usually governmental, that is required by law to provide pecuniary or service benefits to or on behalf of covered persons upon the occurrence of certain predestinated losses."

在上述定義中，「社會保險」包含了兩大部分：

（一）「保險」部分，即保險原理之運用，結合共同承擔風險的團體，以制度來解決社會危險事故所造成的偶發性經濟需要。

（二）「社會」部分，即社會救助原理之運用，透過社會政策的方法，共同經濟的關心，及社會性危險的維護等方式保障社會多數人的生活。

二、社會保險的主要種類

社會保險所保障的各種危險事故，包括：生育、老年、疾病、死亡、傷害、殘廢及失業等事故，這些事故直接或間接影響個人經濟安全及收入損失，至於社會保險的種類，依據保險事故與國際勞工局的分類可分成四個部門：（一）老年殘廢遺屬保險（多屬年金保險）、（二）健康保險（又稱醫療保險或疾病保

險)、(三)職業災害保險、(四)失業保險。以我國為例,進一步將每個種類所保障之事故及我國現行保險制度歸納整理如下:請見表1-2及圖1-1。

表1-2　社會保險的種類與相關制度

社會保險種類	相關制度(保障事故)
老年殘廢遺屬保險	• 勞保:老年、失能、死亡給付公教保:養老、失能、死亡給付、眷屬喪葬津貼 • 軍保:退伍、殘廢、死亡給付退伍、殘廢、死亡給付退伍、殘廢、死亡給付 • 農保:身心障礙給付、喪葬津貼、農民退休儲金
健康保險	• 全民健康保險 • 公教保:生育給付 • 勞保:生育、傷病給付、職業災害醫療 • 農保:生育給付
職業災害保險	• 勞保:職業災害保險 • 農保:職業災害保險
失業保險	• 就業保險
長期照護保險*	• 即將開辦

註:1.長期照護保險:基於現代社會照護需求而產生之新社會安全體系。

2.本表將研擬中之長期照護保險亦予納入。

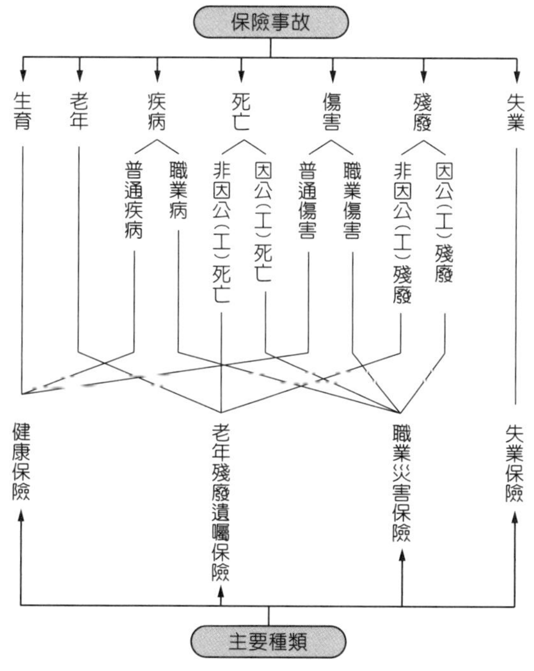

圖1-1　社會保險的種類與保險事故

1-3 社會保險的基本原則與功能

1-3-1 社會保險的基本原則

社會保險為社會安全制度的重心，旨在對國民個人及其家屬提供基本的經濟安全與醫療照顧。探討社會保險的基本原則，本書採用美國老年遺屬殘廢及健康保險（Old-Age, Survivors, Disability and Health Insurance, OASDHI）為例來說明，其原則與性能尚能應用於其他社會保險制度，但並非任何國家都能完全符合或者同意此等原則，且常因時空及需要的改變而須加以修正。茲就社會保險的基本原則詳細說明如下：

一、強制原則（Compulsory Principle）

所謂強制原則，將使符合投保規定的國民均應加入保險，因投保人數愈多，基於大數法則，費用負擔較低，故多數國民及雇主較具負擔能力，而使制度較易推行。凡經國家以法律或命令指定之保險對象，不問其同意與否，都應強制投保，如未能履行投保義務，國家得予處罰，稱之為強制保險。由於社會保險係一種政策性的保險，須考慮大多數人的利益及費用負擔能力，故由國家制訂法律規定特定範圍的國民均應強制參加保險，才能使得大多數國民獲得基本上的保障。

社會保險若為任意保險，即對於保險加入者無強制性，其投保與否全憑己意自由決定，則可以想像加入者將大多為危險性高的人，亦即產生「逆選擇」（Adverse Selection）。所謂逆選擇乃指危險性較高者，往往會積極參加保險以圖得保險給付，而危險性低者則不願加入，此種傾向與行為稱之。社會保險基於需要性，被保險人加入保險時並不須要經過核保手續，不論危險性較低與危險性較高的被保險人均在同一強制性社會保險下受到相同的保障，就能減少逆選擇的問題。

透過強制原則來實施社會保險，可能會減少個人經濟自由與可用所得，但對整個社會整體而言將產生積極性的利益，並擴大社會福利及個人的經濟安全。

二、最低收入保障原則（Minimum Floor of Income Principle）

所謂最低收入保障，係指綜合主要收入與其他收入及資產足以維持大部分人的基本生活，而其餘無法滿足基本需要的那些人就以社會救助加以補充之。

社會保險基於此原則其各項給付水準皆僅在於提供國民最基本的經濟生活保障。個人對自己的經濟安全須負起主要的責任，政府僅提供最低收入安全的保障。所以個人除了社會保險之外，尚可透過儲蓄或商業保險等安排來彌補不足，基於此原則，便能明白社會保險僅提供「陽春麵式」的給付。

三、注重社會適當原則（Emphasis on Social Adequacy Principle）

社會保險的給付強調社會適當原則遠超過個人公平原則。所謂社會適當（Social Adequacy）原則意指對所有被保險人發生保險事故時能提供維持某種生活水準的給付，用以維持一般社會生活水準的最基本需要。個人公平（Individual Equity）原則係指被保險人所領受的保險給付與其所繳納保險費間有直接的數理關係。

社會適當原則的目的是提供所有群體最低收入安全的保障，如果社會保險的給付完全講求個人精算公平，那麼會使有一些群體（如低收入者）因無力繳納保費而無法獲得給付，使提供每一個人最低收入保障的目標無法達成。因此，社會保險整個數理基礎及其保費與給付結構之設計，都先探求達到保障所有人最基本收入安全之目標後，再談個人精算之公平。

以全民健康保險為例，全民健康保險為使每個人生病時皆能就醫獲得基本醫療照顧，強調社會適當原則超過個人公平原則，故在保費結構設計上則以投保薪資為基礎，在其他條件相同下，高所得者繳納較多的保險費，即由高所得者補貼低所得者。若投保商業健康保險，由於商業保險強調個人公平原則（個人精算公平），其他條件皆相同，危險程度較高時，所付出的代價（保費）會較高；因此可能導致低所得者，因保費負擔過重等因素而沒有購買商業健康保險，或因所得低而阻礙就醫，無法得到基本醫療照顧。

相對地，給付結構則以社會適當的給付來設計，亦即所有人皆能享有相同的基本醫療照顧。此設計在於注重社會適當原則，並採強制投保的方式，以達到對所有人提供最基本保障的目標。

值得注意的是，社會保險強調社會適當原則的程度超過個人公平原則，在求得社會公平後才談個人精算公平。社會保險藉由保費與給付結構之設計，希望其所得重分配效果能較符合社會正義。

四、給付與所得無直接關係原則（Benefits Loosely Related to Earnings）

社會保險的第四個原則是保險給付與被保險人的所得間並無直接關係，意指在個人公平性與社會適當性間具有某些關係存在。

目前各國社會保險費大都採所得比例保險費制（Earning Related System），即就被保險人薪資所得中，規定一定比率作為保險費率，以計算各人應繳納的保險費，如此可使低所得者負擔較低的保費，符合社會保險保障低所得者基本生活安全的原則。而在給付設計上則不全然以投保薪資的高低來決定給付之大小，其給付水準是依循社會適當性原則，採取最低生活保障方式，例如社會保險種類中之全民健康保險，其在醫療給付上則不論投保薪資的高低，大家皆能享受相同的醫療服務與照顧，故就醫療給付而言，保險給付與所得間無直接關係。

此外，又如勞工保險老年年金給付，通常在投保薪資限額範圍內，高所得者能領受較高現金給付額，依現行規定是以被保險人加保期間最高六十個月之月投保薪資予以平均計算，平均月投保薪資愈高，給付金額就愈高。若嚴格固守給付與所得間之密切關係，可能造成低所得者的給付金額無法提供其基本生活安全。因此除在投保薪資等級表上有最低、最高限額規定外，一旦被保險人符合請領資格條件後，其給付規定亦遵循最低收入保障原則與社會適當原則的規範，老年年金給付低於3000元時，以3000元給付。顯然，社會保險給付與所得間，因受社會適當原則與最低收入保障原則的影響，通常存在著一種不成比例的正向關係。（國民年金給付97年10月至100年12月為3,000元，101年1月至104年12月為3,500元，105年1月至108年12月為3,628元，109年1月起調整為3,772元。）

五、給付權利原則（Rights to Benefits with No Means Test）

社會保險的給付是一種法定的權利（Statutory Right），不需經過資產與所得調查。在社會救助下才需要資產調查，申請救助者必須證明其收入與資產無法維持其本身及家庭的生活為其要件；而社會保險在被保險人符合法令所規定

的給付條件時，毋需任何證明即有領受保險給付的權利。所謂法定的權利是指透過強制執行，依法令制度之特定給付給予合格的受領者，不得依行政處理任意增加或減少。而商業保險的給付則是契約權利（Contractual Right）。所謂契約權利乃要保人與保險人間有正式的契約關係存在，且其權利必須經雙方同意才能修改。但是，社會保險因被保險人與政府間沒有正式的契約關係存在，且若政策上需要，可不經被保險人同意而加以修改給付標準。

六、給付假定需要原則（Benefits Based on Presumed Need）

社會保險的給付是依據假定的需要（Presumed Need）來訂定。所謂假定需要，是指當特定事件發生與法定條件符合時，即假定有領取給付的需要，不需經過資產調查。然社會保險的給付雖是一種法定的權利，但這個權利是有條件的，例如勞工保險被保險人到達退休年齡時，若其符合勞工保險條例第58條請領資格條件之規定時，就假定他有領受給付之需要，且不需資產調查，即有領受保險給付的權利。

七、自給自足原則（Self-supporting Contributory Principle）

社會保險的財源採自給自足，亦即社會保險支出必須由全體被保險人所繳納的保費及所運用之孳息來因應。若發生財務赤字（入不敷出），則須透過調整（調降）給付標準或提高費率來因應。而社會保險採自給自足方式的理由，除可讓被保險人了解羊毛出在羊身上的道理，應珍惜保險資源外；並鼓勵被保險人養成自助他助負責的態度，避免混淆社會保險與社會福利角色，以社會保險之名，行社會福利之實，健全社會保險制度的發展。

八、不必完全提存基金準備原則（No Full Funding）

一般而言，社會保險的財務處理方式按保險期間之不同而有隨收隨付方式（Pay-as-You-Go）與部份提存準備方式（Partial Funding）等，由於社會保險為一種開放式的永久性互助福利制度，透過強制方式，新加入者源源不斷，並藉世代間轉移作用（Intergenerational Transfer），被保險人所繳納的保險費只要足以支應整個制度的當期財務支出需要即可，以減輕當代勞資費用負擔，而採逐期調整保險費率方式來解決其財務問題，至於社會保險不須採完全提存基金準備的理由如下：

（一）從制度面的觀點：

社會保險是一種開放式的永久性保險制度，在可預知的將來，它將不會終止，一直持續下去。因社會保險制度是採強制方式，新加入者將會源源不斷並繳納保費來支應此制度。

（二）從財務面的觀點：

當社會保險制度面臨財務上的問題時，政府能以合理的方法修改給付標準或調整保險費率來解決，且長期性社會保險給付，經常須配合社會的需要，依法修改法律、改善給付結構、提高給付標準、增加給付項目及放寬給付條件，導致保險成本較難以預測，即使制度初期採完全準備方式，但最後仍無法永久維持完全提存基金準備的狀態。

（三）從經濟面觀點：

完全提存基金準備是較不受歡迎的，由於此方式在實施初期保險費率很高，被保險人負擔過重，會導致推行的困難。

基於上述理由社會保險毋須完全提存責任準備金，以免增加財務負擔及導致通貨緊縮(Deflationary)。

九、給付依法律訂定原則(Benefits Prescribed by Law)

各種社會保險制度的給付標準、方式、條件及項目等均依法有明文規定，與商業保險係依契約當事人雙方所訂之條款內容給付不同。例如勞工保險，其給付相關內容於勞工保險條例第四章保險給付(即勞保條例第19條至第65條)中有詳細之規定。同樣地，全民健康保險亦可從全民健康保險法第四章保險給付(即健保法第31條至第46條)規定中知其給付相關內容。

1-3-2　社會保險的功能

社會保險具有多項功能，不但對家計單位、企業、政府有深遠影響，且遍及政治、經濟、社會各層面。在政治上，安定國民生活，調和社會各階層利益；在經濟上，確保國民基本生活安定之效能；在社會上，可使分配社會化，具有節制私人資本的意義。由此可知，社會保險的功能可分述如下：

一、提供國民基本的經濟安全

所謂基本經濟安全係指被保險人領受的社會保險給付額度與其他收入來源足以提供其最低生活水準，故社會保險的主要目的乃提供被保險人及其家屬當發生疾病、傷害、死亡、老年、失業等事故時，給予特定給付，提供基本之生活保障。

二、總體經濟的自動安定功能

社會保險的實施會影響消費、儲蓄與投資，例如失業保險或年金保險所提供的給付，能有效確保失業、高齡、殘障者及其遺屬等之購買力，創造經濟上之有效需求，安定商業及生產活動。

三、國家勞動力之確保

參加社會保險的國民，在遭遇傷害、疾病或失業時，可獲得經濟上的補償或醫療，儘速恢復健康與工作能力，如健康（醫療）保險，職業災害保險等藉由提供疾病、傷害之預防、治療及復健等服務，確保國家的勞動力。

四、所得（財富）重分配的功能

社會保險的所得（財富）重分配功能又可分為三種：

第一，貧富間重分配；社會保險之保險費計算並非依照危險所發生之機率，而是依照能力大小（所得高低）來計算，即所謂「量能原則」，其所得重分配的發生是由高所得者補貼低所得者。

第二，勞資間所得重分配；社會保險的保險費之負擔，一般在制度上有雇主（企業）負擔某一百分比的規定，即為勞資間所得重分配。

第三，世代間所得重分配；年金保險制度中為維持年金給付之實質購買力，而加入了給付自動調整機能時，或其財務處理採用「隨收隨付」或「部分提存」方式時，會發生世代間所得重分配之效果，即產生所得由年輕世代至高齡世代的移轉現象。

1-4 社會福利與社會安全

社會福利與社會安全皆是動態及敏感的概念，通常隨著各國的經濟制度、政治形態、社會環境、生活方式以及時代背景而有各種不同的解釋。即使在同一國家中也會隨著各人的觀點或立場之不同而有廣義與狹義之解釋。

一、社會福利（Social welfare）

「社會福利」是一種概括性的名詞，其概念或範圍雖因時、因地而有所差異，但主要可分為兩大層面：一為意識形態，主要探討社會福利的理念；一為實際制度層面，主要包括政策與方案措施。簡言之，社會福利係指政府直接或間接提供的最低生活保障措施，一般皆涵蓋健康、經濟與精神三個層面之保障措施。社會福利的內容雖依各國分類名稱或有差異，並有廣義狹義之分，廣義係指包括付費式的社會保險，乃由政府介入其中強制實施的社會福利制度；及以非付費式的基本生活保護為主的社會救助。狹義僅指非付費式的社會救助與福利服務等。

社會福利政策是我國的基本國策之一，早在民國54年政府即通過「民生主義現階段社會政策」，作為我國因應工業起步下的經濟與社會均衡發展的指針。此後，隨著政治經濟與社會的變遷，迭有修正，如58年的「現階段社會建設綱領」、68年的「復興基地重要建設方案」、70年的「貫徹復興基地民生主義社會經濟建設方案」，78年、83年的通盤檢討「社會福利政策綱領」，而最近一次的修正在93年2月13日。

我國於民國83年公佈的社會福利政策綱領，明訂就業安全、社會保險、福利服務、國民住宅與醫療保健為社會福利之範圍。民國87年7月，為因應當前各界對社會福利急切需求與期許，政府召開全國社會福利會議，邀集學者專家及民間福利機構、團體代表，共同探討未來社會福利方向，會議結論有研議制定社會福利基本法等建議。而行政院已於民國91年3月27日討論通過「社會福利基本法草案」，並於民國91年3月29日函送立法院審議，於社會福利基本法草案第二條中社會福利之定義與範圍，包括社會救助、福利服務、國民就業、社會保險及醫療保健。民國93年參酌國際慣例大抵以社會保險、社會救助、社會服務、醫療保健、就業服務、社會住宅，以及教育為社會政策之主要內容；復考量我國社會福

利政策的歷史傳承與實施現況，於2月13日修正核定以社會保險與津貼、社會救助、福利服務、就業安全、社會住宅與社區營造、健康與醫療照護等六大項目為本綱領之內涵，依序簡述如下：

（一）社會保險之目的在於保障全體國民免於因年老、疾病、死亡、身心障礙、生育，以及保障受雇者免於因職業災害、失業、退休，而陷入個人及家庭的經濟危機，據此，利用保險原理與技術而運作的制度，其體系涵蓋勞工保險、公務人員保險、職業災害保險、健康保險、年金保險、就業保險等。

（二）社會救助主要是處理貧窮的問題，例如低收入戶問題一直都是存在的，而這些弱勢族群是社會福利所要幫助的對象。

（三）福利服務為針對不同的人口群提供相關的福利服務措施，例如兒童福利、青少年福利、婦女福利、身心障礙福利、老人福利等等。

（四）就業安全為使求職者得到保險，免於失業的恐懼與不安，政府採取就業保險制度提供失業給付，並加強社政、勞政、教育、原住民行政部門的協調與合作，建立在地化的就業服務體系，強化教育與職業訓練的連結，提升人力資本投資的效益，增進就業安全。

（五）社會住宅與社區營造是為保障國民人人有適居之住宅，政府對低所得家庭、身心障礙者、獨居或與配偶同住之老人，受家庭暴力侵害之婦女及其子女、原住民、災民、遊民等家庭或個人，應提供適合居住之社會住宅。

（六）健康與醫療照顧是政府所推動的重點，積極推動國民保健工作，落實民眾健康行為與健康生活型態管理、預防疾病、促進國民健康，依據社區之醫療保健需求，整合社區醫療保健資源，全面提升醫療品質，發展優質、安全、可近性之全人的醫療照護體系。例如全民健保、即將推動的長期照護保險。

表1-3 臺灣社會福利支出佔總決算比

年度 項目	100年度	101年度	102年度	103年度	104年度	105年度	106年度	107年度	108年度	109年度
歲出合計	100.0	100.0	100.0	100.0	100.0	100.0	100.0	100.0	100.0	100.0
一般政務支出	10.2	9.4	9.3	9.4	9.4	9.3	9.1	9.7	9.5	9.4
國防支出	16.4	16.1	15.6	15.7	16.1	15.9	15.8	16.4	16.6	16.4
教育科學文化支出	20.5	19.1	19.2	19.7	20	19.7	20.8	20.3	20.8	20.2
經濟發展支出	12.5	14.0	13.9	14.5	13.6	13.8	13.3	12.2	12.4	12.3
社會福利支出	20.1	22.3	23.6	22.2	23.2	23.7	24.6	25.5	25.5	25.7
社區發展及環境保護支出	0.4	0.8	0.9	0.9	0.8	0.9	0.9	0.9	0.9	1.1
退休撫卹支出	8.0	7.3	7.2	7.3	7.3	7.6	7.1	6.7	6.8	7.0
債務支出	6.4	6.1	6.3	6.2	5.9	5.8	5.3	5.3	5.0	4.7
一般補助及其他支出	5.5	4.9	4.0	4.1	3.7	3.3	3.1	3.0	0.9	3.2

資料來源：行政院主計處、自行整理

由表1-3可得知，在過去十年政府決算報告中，社會福利支出從100年度起有節節上升之趨勢，109年年度達到25.7%；而由表1-4亦可發現，臺灣的社會福利支出細項內容中以社會保險支出最為重要，所佔比例超過全體社會福利支出之50%以上。109年度達到71.65%，社會救助支出在107年度下降為1.31%，109年度小幅上升到1.66%，國民就業支出在102年度有下降之趨勢，醫療保健支出在101年度下降之幅度增加。109年度達到3.43%。

表1-4 臺灣社會福利支出細項

項目＼年度	100年度	101年度	102年度	103年度	104年度	105年度	106年度	107年度	108年度	109年度
社會福利支出	100%	100%	100%	100%	100%	100%	100%	100%	100%	100%
社會保險支出	60%	64%	67.69%	65%	67%	68.48%	68.92%	78.84%	70.23%	71.65%
社會救助支出	3%	3%	2.47%	2.%	2%	2.00%	1.94%	1.31%	1.68%	1.66%
福利服務支出	30%	28%	25.26%	28%	26%	25.20%	24.72%	22.86%	24.12%	22.95%
國民就業支出	1%	1%	0.42%	0.3%	0.3%	0.35%	0.32%	0.35%	0.35%	0.30%
醫療保健支出	6%	4%	4.16%	4.4%	4%	3.98%	4.10%	3.62%	3.61%	3.43%

資料來源：行政院主計處、自行整理

二、社會安全（Social Security）

社會安全一詞起源於美國，可說是1930年代世界經濟大恐慌的產物，當時美國經濟遭遇到空前的浩劫，百業俱廢，工廠倒閉，勞工失業眾多，為解決此等問題，加強國家經濟繁榮，乃採行各種緊急措施，俗稱為新政。美國總統羅斯福1934年任內閣委員草擬所得安全計畫，成立經濟安全委員會，用以研究解決失業問題及高齡者之生活問題的方法。該委員會將社會保險與經濟安全兩種概念，統稱為社會安全，該計畫於1935年8月14日經國會通過後，由原提的經濟安全法案改稱為社會安全法案，主要內容是由社會保險制度與社會扶助制度構成，以受雇者為對象。社會安全制度內容為以下四部分：(一)養老年金、(二)失業保險、(三)社會救助、(四)社會福利事業。

1944年費城宣言及1948年世界人權宣言中有關社會安全對保障人權的規定：計有(一)凡屬社會的成員，每個人都具有享受社會安全保障的權利，如經濟的、政治的、社會的、文化教育等的權利；(二)每個國民應享有擇業自由及失業救助的權利；(三)對各勞動者本身及家屬的生活，應保障其享有適當生活的水準。倘若遇到意外的事故一如疾病、失業、老年、生育、傷害、殘廢及死亡等事故時，得享受社會正義的救助權利；(四)婦女與兒童應享受社會的特別保護及扶助的權利。因此，社會安全權利(The Right to Social Security)遂成為各國國民的基本人權，用以保障人類的平等、自由及尊嚴。

社會安全的意義，通常隨著各國的經濟制度、政治形態、社會環境、生活方式以及時代背景而有各種不同的解釋，列出下列幾種說法：

（一）美國聯邦社會安全署的解釋：「人人需要經濟安全，深信始終應有足夠的收入，以供給本身及家庭生活的必需，國會通過社會安全法案，乃向此一目標前進，以期個人能獲此基本安全。」

（二）國際勞工局對社會安全的解釋：「所謂社會安全，乃社會在其組成分子所可能遭受的若干危險事故方面，經適當的組織給予安全之謂。」

（三）英國大英百科全書中的解釋：「國家對於每個國民，由『搖籃到墳墓』，即由生到死的一切生活及危險都給予安全的保障」。

（四）日本社會安全辭典的解釋：「社會安全係對每一個國民本身生活在遭遇困難時，透過國家的力量來保障國民最低生活，以實現國民生存權。」

狹義的社會安全解釋偏重在經濟層面之保障措施。廣義的社會安全解釋涵蓋經濟與其他非經濟層面之保障措施，包括人類的一切活動不論是生理上或心理上方面及精神方面在內，我國憲法第十三章第四節「社會安全」專節觀之，我國社會安全制度之要項包括給予適當工作機會達到充分就業、勞工及農民之保護、勞資協調合作發展生產事業、社會保險及社會救助、婦女兒童福利政策、衛生保健事業及公醫制度。

民國93年修正社會福利政策綱領明訂，國家應建構以社會保險為主，社會津貼為輔，社會救助為最後一道防線的社會安全體系，而對於就業者之失業風險，則應以就業安全制度(創造就業機會、職業訓練、就業服務、就業保險)作為其安全防護機制。由此可見，社會保險為社會安全制度之主軸。

1-5 我國社會救助制度

1-5-1 我國社會救助

「社會救助法」於民國69年6月14日總統頒布施行，經歷10次修正，104年12月30日修正第3條規定主管機關：在中央為衛生福利部。係秉持「主動關懷，尊重需求，協助自立」原則，辦理各項社會救助措施，使貧病、孤苦無依或生活陷入急困者獲得妥適之照顧，並協助低收入戶中有工作能力者自立，及早脫離貧窮困境，保障國民基本生活水準，減緩所得差距之擴大。

社會救助法第1條開宗明義指出：為照顧低收入戶、中低收入戶及救助遭受急難或災害者，並協助其自立，特制定本法。由此觀知，社會救助的目的，在消極面是「安貧」，以保障低收入者的基本生活；在積極面則是「脫貧」，以協助低收入者及早離貧窮困境。據統計截至民國108年，我國低收入戶計有14萬4,863戶，30萬4,470人，約占全國總戶口數1.64%，全國總人口數1.29%；中低收入戶計有11萬5,937戶，33萬4,237人，約占全國總戶口數1.31%，全國總人口數1.41%。

依據「社會救助法」第2條規定，本法所稱社會救助，分為生活扶助、醫療補助、急難救助及災害救助。

一、生活扶助

低收入戶生活扶助係針對家庭總收入平均分配全家人口，每人每月在最低生活費以下，且家庭財產未超過中央、直轄市主管機關公告之當年度一定金額者，提供持續性的經濟協助，為社會救助工作重要的一環。中低收入戶係針對家庭總收入平均分配全家人口，每人每月在最低生活費一點五倍，且家庭財產未超過中央、直轄市主管機關公告之當年度一定金額者。附上表1-5「108、109年最低生活費一覽表」，表1-6「108年度低收入戶資格審核標準」，表1-7「108年度中低收入戶資格審核標準」。

表1-5 108、109年最低生活費一覽表

地區別 年度別	臺灣省	臺北市	高雄市	新北市	臺中市	臺南市	桃園市	福建省	
								金門縣	連江縣
108	12,388	16,580	13,099	14,666	13,813	12,388	14,578	11,135	
109	12,388	17,005	13,099	15,500	14,596	12,388	15,281	11,648	

資料來源：衛生福利部

表1-6 109年度低收入戶資格審核標準

地區別	平均所得 （每人每月）	動產限額 （存款加投資等）	不動產限額 （每戶）
臺灣省	低於12,388元	每人每年7萬5,000元	353萬元
臺北市	低於17,005元	每人每年15萬元	740萬元
新北市	低於15,500元	每人每年8萬元	362萬元
桃園市	低於15,281元	每人每年7萬5,000元	360萬元
臺中市	低於14,596元	每人每年7萬5,000元	356萬元
臺南市	低於12,388元	每人每年7萬5,000元	353萬元
高雄市	低於13,099元	每人每年7萬5,000元	355萬元
金門縣 連江縣	低於11,648元	每戶（4口內）每年40萬元，第5口起每增加1口得增加10萬元	275萬元

資料來源：衛生福利部

表1-7 109年度中低收入戶資格審核標準

地區別	平均所得 （每人每月）	動產限額 （存款加投資等）	不動產限額 （每戶）
臺灣省	低於18,582元	每人每年11萬2,500元	530萬元
臺北市	低於24,293元	每人每年15萬元	876萬元
新北市	低於23,250元	每人每年12萬元	543萬元
桃園市	低於22,922元	每人每年11萬2,500元	540萬元
臺中市	低於21,894元	每人每年11萬2,500元	534萬元
臺南市	低於18,582元	每人每年11萬2,500元	530萬元
高雄市	低於19,649元	每人每年11萬2,500元	532萬元
金門縣 連江縣	低於17,472元	每戶（4口內）每年60萬元，第5口起每增加1口得增加15萬元	413萬元

資料來源：衛生福利部

社會救助法第11條第1項規定，生活扶助以現金給付為原則，同條第2項另規定中央、直轄市主管機關並得依收入差別訂定現金給付之等級。現金給付所定金額，每四年調整一次，由中央、直轄市主管機關參照中央主計機關發布之最近一年消費者物價指數較前次調整之前一年消費者物價指數成長率公告調整之。低收入戶成員中有下列情形之一者，主管機關得依其原領取現金給付之金額增加補助，但最高不得逾百分之四十：一、年滿六十五歲。二、懷胎滿三個月。三、領有身心障礙手冊或身心障礙證明。

另依據「中低收入老人生活津貼發給辦法」第6條規定，列冊低收入戶及中低收入戶之老人，依家庭收入條件每人每月可領取中低收入老人生活津貼7,200元至3,600元不等，「身心障礙者生活補助費發給辦法」第3條規定，列冊低收入戶之身心障礙者應發給「身心障礙者生活補助費」，其中極重度、重度及中度身心障礙者每人每月核發8,200元；列冊低收入戶之輕度身心障礙者每人每月核發4,200元；列冊中低收入戶之身心障礙者應發給「身心障礙者生活補助費」，其中極重度、重度及中度身心障礙者每人每月核發4,700元；列冊中低收入戶之輕度身心障礙者每人每月核發3,500元。

各地方政府另得依需要辦理各項服務措施，包括孕產婦及營養品提供（含未婚媽媽新生兒營養補助）、生育補助、優先入住社會住宅、住宅租金補助、簡易修繕住宅費用、自購或自建住宅貸款利息補貼、學生營養午餐費用補助、傷病住院看護費用補助等服務，以確保低收入戶及中低收入戶食衣住行等基本需求的滿足，藉由現金與實物同時給付的制度設計，一方面維護低收入戶的選擇權，另一方面也能提昇救助資源運用的效率。

社會救助最積極的目的是希望促進低收入戶自立，藉由救助資源與機會的提供，助其脫離對救助措施的依賴，而最重要的方法就是鼓勵低收入戶及中低收入戶就業與就學。社會救助法第15條規定，低收入戶及中低收入戶中有工作能力者，直轄市、縣（市）主管機關應依需求提供或轉介相關就業服務、職業訓練或以工代賑等方式輔助其自立。亦視需要提供低收入戶及中低收入戶創業輔導、創業貸款利息補貼、求職交通補助、求職或職業訓練期間之臨時托育及日間照顧津貼等其他就業服務與補助。各級政府多依此規定協助低收入戶積極自立，得自行或運用民間資源辦理脫離貧窮相關措施。並為促進低收入戶及中低收入戶之社會參與及社會融入，訂相關教育訓練、社區活動及非營利組織社會服務計畫，提供低收入戶及中低收入戶參與。此外，低收入戶參加職業訓練期間，尚可申領發給生活補助費，以解決低收入戶參加職業訓練期間，無法維持家庭生計的困擾，免除其後顧之憂，積極鼓勵低收入戶學習一技之長，提昇其人力資本。並具有強化工作福利，協助弱勢民眾自立脫貧等積極策略，例如新增低收入戶及中低收入戶參與政府輔導轉介就業而增加之收入，得免計入家庭總收入，最長以3年為限，並得延長1年，以強化其工作誘因。低收入戶參與政府辦理脫貧措施所增加之收入及存款，得免列入家庭總收入及家庭財產計算範圍，最長以3年為限，並得延長1年，強化低收入戶及中低收入戶家庭成員自立自強的誘因，以累積家庭財產、穩定就業，達到自立脫貧之目標。

另外，為鼓勵中低收入戶子女繼續就學，避免過早投入勞動市場，就讀國內公立或立案之私立高級中等以上學校者，得申請減免學雜費，低收入戶學生，免除全部學雜費。中低收入戶學生，減免學雜費百分之六十，便於日後取得較佳的就業機會，有助其早日脫離貧窮。

二、醫療補助

根據低收入戶生活狀況調查，低收入戶形成原因中，久病不癒、受意外傷害及傷病花光積蓄佔33.19%，低收入戶、中低收入戶及一般民眾如因金錢問題未能及時就醫，無法得到妥適的治療與照顧，將造成貧病惡性循環，更顯示醫療補助對低收入戶的迫切性。按社會救助法第18條、第19條規定，現行之醫療補助除提供中低收入戶參加全民健康保險所需之保險費外，對於經濟弱勢之傷、病患者及患嚴重傷、病，所需醫療費用非其本人或扶養義務人所能負擔者，亦予以補助，以補強全民健康保險醫療給付不足之部分。

（一）全民健康保險之費用補助

醫療補助旨在保障低收入戶就醫的權利，降低就醫時之經濟性障礙，為配合全民健康保險之實施，政府於79年即開辦低收入戶健康保險（簡稱「福保」），84年正式納入全民健康保險範圍內。其補助費用有二：

1. 保險費補助：99年12月29日修正公布之社會救助法第19條規定「低收入戶參加全民健康保險之保險費，由中央主管機關編列預算補助。中低收入戶參加全民健康保險應自付之保險費，由中央主管機關補助二分之一。其他法令有性質相同之補助規定者，不得重複補助。」自100年7月1日 施行。另中低收入戶內18歲以下兒童少年及70歲以上老人參加全民健康保險應自付之保險費，由中央主管機關補助100%。

2. 部分負擔費用補助：全民健康保險為避免醫療資源之濫用，訂有門診或住院費用由被保險人「部分負擔」之機制，惟為減輕低收入戶就醫之負擔 ，全民健康保險法第49條規定，符合社會救助法規定之低收入戶成員就醫時，依第四十三條及第四十七條規定應自行負擔之費用，由中央社政主管機關編列預算補助。但不經轉診於各級醫院門診就醫者，除情況特殊者外，不予補助。

（二）全民健康保險不給付之醫療費用補助

全民健康保險雖以保障國人就醫權益為目標，惟考量保險財務平衡及醫療支出之必要性，仍於該法第51條明定不屬給付範圍之項目，中央及直轄市政府為滿足經濟弱勢民眾之就醫需求，亦訂定相關法令規定醫療費用之補助標準，提供不同額度之補助，以進一步照顧其醫療福祉。

三、急難救助

急難救助的目的，在針對遭逢一時急難之民眾，及時給予救助，得以渡過難關，迅速恢復正常生活的臨時救助措施。社會救助法第21條規定：戶內人口死亡無力殮葬、戶內人口遭受意外傷害致生活陷於困境者，負家庭主要生計責任者失業、失蹤、應徵集召集入營服兵役或替代役現役、入獄服刑、因案羈押、依法拘禁或其他原因，無法工作致生活陷於困境，財產或存款帳戶因遭強制執行、凍結或其他原因未能及時運用，致生活陷於困境，已申請福利項目或保險給付，尚未核准期間生活陷於困境，其他因遭遇重大變故，致生活陷於困境，經直轄市、縣（市）主管機關訪視評估，認定確有救助需要。得檢同有關證明，向戶籍所在主管機關申請急難救助。

四、災害救助

社會救助法第5章災害救助專章第25條至第27條明文規定：人民遭受水、火、風、雹、旱、地震及其他災害，致損害重大，影響生活者，直轄市或縣（市）主管機關應視災情實際需要，訂定規定辦理協助搶救及善後處理，提供受災戶膳食口糧、給予傷亡或失蹤補助、輔導修建房舍、設立臨時災害收容場所及其他必要之救助，必要時，並得洽請民間團體或機構協助辦理災害救助。

自921地震後，行政院鑑於災害對民眾之影響深鉅，為健全災害防救法令及體制，強化災害防救功能，以確保人民生命、身體、財產之安全及國土之保全，特於89年7月19日頒布「災害防救法」，將災害防救體系擴及行政院及相關部、會，並加強各種防救法令及措施。

目前各級政府對低收入戶採行之服務措施，包括提供家庭生活補助費、兒童生活補助、子女就學生活補助、全民健康保險保險費補助、部分負擔醫療費用補助、低收入戶學生就學費用減免、產婦及嬰兒營養補助、教育補助、輔助承購或承租國宅、住宅借住、老人生活津貼、身心障礙者生活補助等救助。另為提昇低收入者之工作能力，並輔以職業訓練、就業服務、創業輔導、以工代賑等積極性之服務，以協助其自立更生並改善生活環境。此外，也持續辦理災害救助、急難救助、醫療補助、遊民收容輔導等工作，協助民眾解決生活急困及滿足其基本生活之需求。

有關最近十年社會救助各項措施之補助情形，如表1-8所列。

表1-8　社會救助統計表

單位：新臺幣（千元）

年別	家庭生活補助	就學生活補助	以工代賑	醫療補助	中低收入住院看護補助	急難救助
100年	4,600,787	2,512,849	46,723	70,918	162,687	274,228
101年	6,254,677	3,533,313	173,626	71,756	162,830	269,103
102年	6,489,176	4,097,859	88,534	80,407	169,355	246,688
103年	6,261,748	4,067,655	48,161	89,873	180,504	253,491
104年	6,052,527	3,808,655	73,375	102,559	178,372	232,606
105年	6,158,955	3,813,416	143,700	122,615	202,352	223,192
106年	5,807,718	3,524,905	61,705	135,656	201,848	217,485
107年	5,679,763	3,323,595	115,752	156,597	211,655	221,302
108年	5,528,501	3,180,432	49,591	192,439	240,951	217,852
109年	5,609,795	3,045,780	34,773	195,085	244,596	222,794

資料來源：衛生福利部社會福利統計報表

1-5-2 社會保險與社會救助

社會保險與社會救助(Social Assistance)為各國社會安全制度的重要措施,其中以社會保險為主,社會救助為輔,二者相輔相成,於第四節中已經介紹過社會安全制度之概念,本節僅針對此一社會安全體系中的二大部門(社會保險與社會救助)加以比較分析,俾利於瞭解社會保險之特性。

一、社會保險與社會救助相同處

社會保險是國家所施行的強制性保險措施,被保險人遭遇疾病、殘廢、老年、失業、死亡等事故,失去所得機能時,予以保障其所得的制度。

社會救助是社會行政機構或私立社會福利機構,對貧苦、失依、不幸或遭遇其他困難、無力自助之個人或家庭,所提供的經濟援助或其他服務。社會保險與社會救助均為社會安全制度的重要措施,二者的最終目的大致相同,不外是透過國家的力量,以保障國民最低生活的安全為目的,亦即二者均提供經濟安全保障,所以相同的是皆為一種社會福利,但是執行的單位不同,執行的項目、層次和效果亦不同。

二、社會保險與社會救助相異處

雖然社會保險與社會救助的最終目地大致相同,但在本質上兩者仍有若干的相異點,社會保險與社會救助的相異處,可就下列數方面來探討:

(一)對象與功能:

就基本特性而言,社會保險是一種危險分攤的制度,係以全體國民的職業取向為主要對象;社會救助是一種所得移轉制度,係以老弱殘障等特定人口為實施對象。社會保險因屬強制性質,故參加保險人數眾多,可涵蓋全體國民,其功能在於防貧,具有未雨綢繆有備無患之作用,亦即針對危險事故提供事後補救及經濟協助,使個人或家庭免於陷入經濟生活之困頓與不安定,生活可獲得保障;而社會救助的實施對象多屬老弱殘障等弱勢族群,其功能在於濟貧,即受救助者之收入及資產不足以維持本身及家庭正常生活,有受領救助的資格時,予以補助其與正常生活所需的差距。

（二）財源方式：

社會保險的財源來自於社會保險費及政府補助；而社會救助的財源則來自於政府一般稅收或捐獻。社會保險的保險對象，原則上必須先盡到繳納保險費的義務後，才能享受保險給付的權利。至於社會救助的受領人，則不必繳納任何的費用，就能享有救助的權利。

（三）資產調查：

社會保險的給付是依據假定的需要來訂定，即當被保險人特定事件發生與法定條件符合時，即假定其有領取給付的需要，不需經過資產調查（Means Test）的手續來決定有無資格領受保險給付，故社會保險給付乃基於人們生活中的平均需要或共同需要。而社會救助的受領人必須先證明其收入及資產不足以維持本身及家庭正常生活時，才有受領救助的資格，亦即為證明的需要（Demonstrated Need），故社會救助乃基於個人的需要（Individual Need）來決定補助金額的多寡。

（四）成本計算：

社會保險乃由保險精算技術訂出保險費，使保險財務能達到收支平衡；社會救助則不用保險精算技術來計算成本，乃依政府逐年編列預算撥付，並視個人需要針對受救助者個人的收入與資產，由各地行政主管決定補助金額的多寡。

（五）給付標準：

社會保險的保險資格，給付條件與標準等在法律上皆有明文規定；社會救助則無法事先預知受救助者的補助金額，須取決於當年度政府的預算多寡分配及受救助者個別的狀況而定，且因不同地區其所得與生活水準等之不同，所核定的補助金額也有差異。

綜上所述，將社會保險與社會救助相異點整理如下：

表1-9 社會保險與社會救助之比較

種類 比較	社會保險	社會救助
對象與功能	全體國民 防貧	特定對象 濟貧
財源方式	保險費用與政府補助	政府稅收編列預算
成本計算	採用精算制度，按被保險人所遭遇的危險程度，及所領受的保險給付因素，加以考慮以訂出保險費	不採用精算制度，視個人需要由政府按年編列預算撥付
資產調查	不需資產調查	需要資產調查
給付標準	由法律明文規定，為強制性，參加保險人數眾多，但在某一時間的實際受益人數僅佔一部分	無法事先預知受救助者的補助金額，視受救助者的家庭狀況與需要而定，受救助者均能領受給付

NOTE

第一篇
社會保險總論

Chapter 02

社會保險財務

學習內容

2-1 社會保險財務處理方式

社會保險為政策性保險，不以營利為目的，政府常基於政策上的考量及政治利益，對於長期保險的處理，可能為了減輕被保險人的負擔，讓制度易於推行，並不像商業保險嚴密考慮長期正常成本的數理負擔，其長期給付成本的計算會因採行財務處理方式的不同而有差異，進而影響保險費率之釐定，由此可見財務處理方式之重要性。故本節將介紹一般社會保險常見的三種財務處理方式。

一、隨收隨付方式（Pay-as-You-Go）

亦稱完全賦課方式（assessment method），係指將當年度之保費收入完全用之於當年度之保險給付，並不提存責任準備金。此方式通常較適用於短期保險。

（一）圖形：

以橫軸代表年度，縱軸代表保險費率，並假設給付支出將逐年上升，則採隨收隨付財務處理方式之保險費率如圖2-1所示：

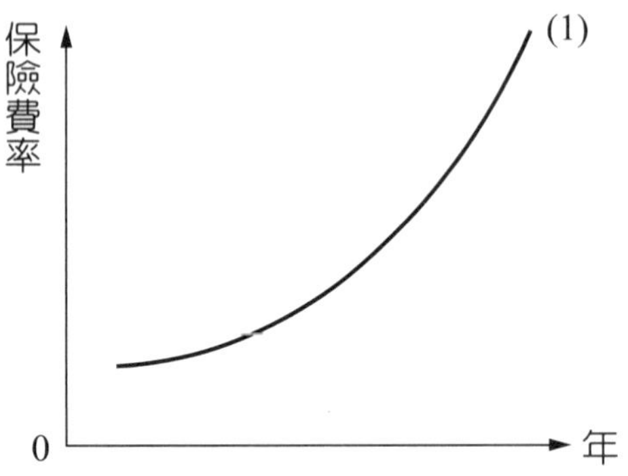

圖2-1 隨收隨付方式之保險費率

（二）優缺點：

1. 優點：

⑴ 制度實施初期保險費率低，被保險人的負擔較輕，推行較容易。

⑵ 因平衡財務收支的期間較短，故毋須考慮利率因素及複雜的精算技術。

⑶ 因無累積巨額基金，故其財務投資運用與基金管理問題較小。

2. 缺點：

(1) 保險費率將逐年提高，致使年輕及後代被保險人負擔愈來愈沉重。

(2) 因政治因素考量，難免影響保險費率的調整，導致財務困難。

(3) 缺乏資金累積，抵禦突發性風險的能力弱，影響人們對社會保險的信心。

二、完全提存準備方式（Full Funding）

係指將未來（如一次精算75年）給付所需費用均事前予以完全提存，並以平準保險費率（Level Premium Rating）來維持其財務之健全性。此方式通常適用於較長期性保險。

（一）圖形：

以橫軸代表年度，縱軸代表保險費率，並假設給付支出將逐年上升，則採完全提存準備方式之保險費率如圖2-2所示：

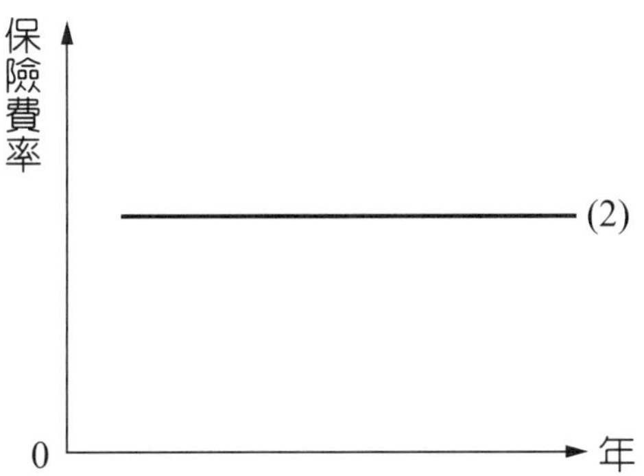

圖2-2　完全提存準備方式之保險費率

（二）優缺點：

1. 優點：

(1) 財務結構相當健全。

(2) 因累積大量責任準備金，其運用收益（基金的利息收入）能減輕被保險人的保費負擔。

(3) 因累積巨額保險基金，對國家財務金融具有相當調節功能。

2. 缺點：

(1) 制度實施初期保險費率很高，被保險人負擔過重，推行不易。

(2) 長期預測和財務管理有很強的專業性，難度較大。

(3) 因在未來期間常有增加給付情形，故亦將要求調整保險費率以應需要。

三、部分提存準備方式（Partial Funding）

亦稱修正混合方式(Mixed Method)為上述二種方式的折衷方式。係採階梯式保險費率，雖沒有提存完全之準備，但仍保有一定水準的準備金，當準備金不足支應保險給付時，則以費率調整為因應。

（一）圖形：

以橫軸代表年度，縱軸代表保險費率，並假設給付支出將逐年上升，則採部分提存準備方式之保險費率如圖2-3所示：

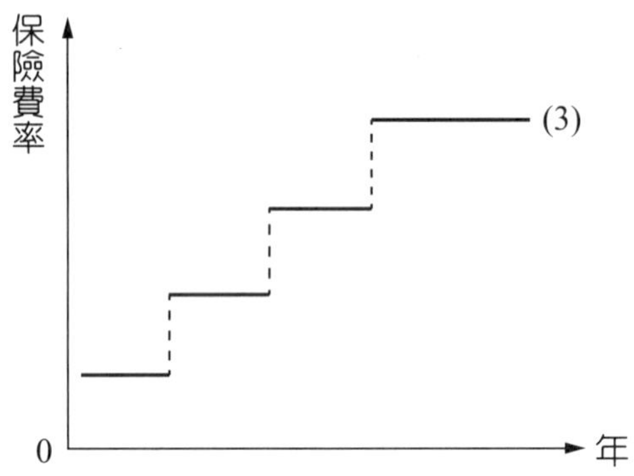

圖2-3 部分提存準備方式之保險費率

（二）優缺點：

1. 優點：

(1) 為補救上述二種方式的缺點所形成的折衷辦法。即與隨收隨付方式相比，它增強了抵禦風險的能力和經濟保障作用；與完全提存準備方式相比，於制度實施初期，它不會增加被保險人的過多負擔。

(2) 發揮世代間移轉（互助作用）。

(3) 在初期其保險費率較低且政府可適時調整保險費率，故此方式在理論上及實際上均較為可行的措施。

2. 缺點：

(1) 累積基金畢竟有限，隨著人口年齡結構等因素之變動，可能加重後代被保險人負擔，產生財務危機。

(2) 同樣科學合理的累積率難以確定，專業財務管理難度大。

(3) 亦可能受政治等因素考量，影響保險費率的調整。

四、三種財務處理方式之責任準備金

所謂責任準備金指狹義的責任準備金，若以將來法（亦稱預期法）來求算，其計算概念簡要表示如下：

責任準備金(V)＝保險給付現值－保險費現值

並以此一概念，探討三種財務處理方式其責任準備金之差異，且以圖2-4及圖2-5表示之。

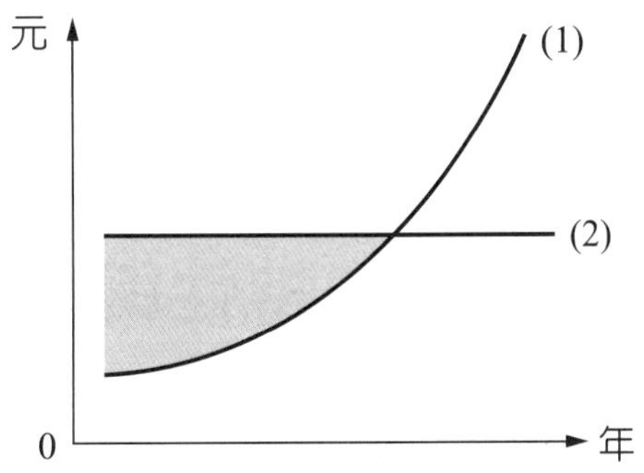

圖2-4 完全提存準備方式之責任準備金

註：與隨收隨付方式之保險費率比較，(1)代表隨收隨付方式之保險費率，(2)代表完全提存準備方式之保險費率。

（一）隨收隨付方式：

因其將來保險給付支出現值等於將來保險費收入現值，故責任準備金等於零。

（二）完全提存準備方式：

乃一次求算未來給付所需費用並精算出平準保險費，故可累積大量責任準備金，如圖2-4之斜線大三角形面積所示。（假設給付支出逐年上升）

（三）部分提存準備方式：

非一次求算未來給付所需費用，而僅為某段時期內（如25年）給付所需費用，同樣加以精算該段時期內之平準保險費，雖不像上圖提存完全之準備，但仍保有一定水準的準備金，故稱為部分提存準備。而當此準備金不足支應保險給付時，則調整費率為因應。其部分提存之準備金如圖2-5斜線小三角形面積所示。（假設給付支出逐年上升）

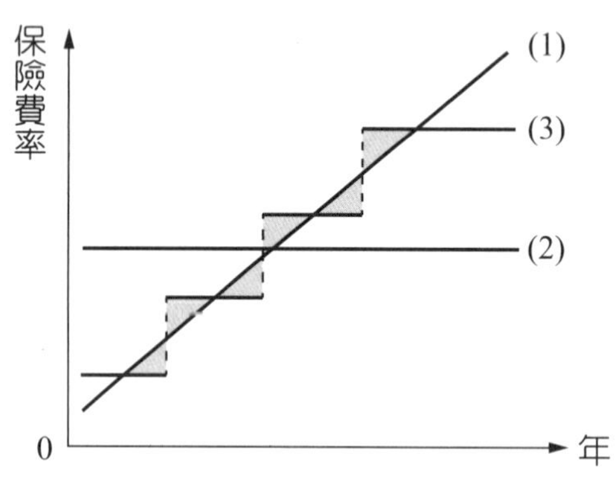

圖2-5　部分提存準備方式之責任準備金

註：與隨收隨付、完全提存準備方式之保險費率比較，(1)代表隨收隨付方式，(2)代表完全提存準備方式，(3)代表部分提存準備方式（即階梯式保險費率）。

2-2　社會保險費的特性與負擔

2-2-1　社會保險費的特性與結構

一、社會保險費的特性

社會保險的保險費（Social Insurance Contribution）為支付各項社會保險給付之主要財源，保險費率為計算保險費的主要依據，其費率的高低乃反映於保險給付支出的多寡，即由保險給付標準和條件來決定保險費率的高低而算出保險費。換言之，保險費乃以投保薪資乘上保險費率所得的數值，其特性主要有以下四點：

（一）保險費與保險給付之關聯性較弱：

社會保險之保險費的計算採「量能原則」，即依被保險者的能力（所得）高低，而非依危險事故發生機率之大小與保險給付高低而訂，由於社會保險的目的

在保障多數國民最低的基本經濟安全，重視社會適當性，故要保人繳納相同的保險費，在領受保險給付時並非均完全相同，將因保險種類不同而異。

（二）保險成本估計較不易：

社會保險所包括的範圍例如生育、傷害、疾病、殘廢及死亡等事故雖依據自然因素較多，較易估計；但失業、老年（退休）以及利率和薪資等，常受社會因素所影響，較難確定。與商業保險相較之下，社會保險在承保危險的分類與認定上較為粗略，同時保險成本估計較不易確定，主要原因在於社會保險為一強制性之社會保險，較注重社會政策的考量，但社會保險的給付結構經常受到經濟條件或社會狀況的影響而改變，進而影響長短期估算的精確性。

（三）保費負擔較輕：

保險費通常包括純保費與附加保費兩部分，前者係作為危險事故發生時支付保險給付之用，後者主要係指各種營業費用、佣金支出及預計利潤等而言，社會保險並非以營利為目的，自無預定利潤及佣金，且社會保險經營事業的行政業務費通常多數國家均由政府支付或編列預算補助，因此，社會保險費是指純保費，而無附加保費的部分。

（四）被保險人不須負擔全部保險費：

社會保險費負擔較輕的另一原因，在於被保險人不需全額負擔保險費，通常由勞資雙方分擔，或加入政府補助之三方分擔。

二、社會保險費負擔的結構設計

社會保險費負擔的結構，各國制度頗不一致，大體上可分兩種，一為所得比例制（Earning Related System），一為均等費率制（Flat Rate System）。根據量能原則，其費率計算方式為所得比例制，所得比例制可再細分為以下三種：(1)固定比例制，即對被保險人之實際收入課以固定比率之保險費，被保險人的收入雖有高低，但其費率則固定不變；(2)等級比例制，將被保險人之收入按等級區分，再就每一等級規定一標準額及標準費率計算保險費；(3)累進費率制，此一方法與所得稅之累進稅率計算原理相同，即對於保險費的規定，因其收入的高低而有差異，低收入者課取較低比例之保險費，高收入者依次遞增，分別課收較高比率的保險費，故保費的課收，非但因收入的增加而增加，且收費的百分率亦隨之按級遞增。

所得比例制的優點為對所有被保險人負擔較為公平，使低收入者負擔較低保費，但對醫療給付方面能產生所得重分配的效果，使低收入者能享受相同的醫療服務。

所謂均等費率制，即不論被保險人收入多寡，一律繳納同額的保險費，因此又稱為定額制。其優點為計算方便，且容易了解和行政處理。缺點則為低收入者與高收入者繳納同額的保險費，對低收入者負擔比率較高而有累退現象，有失公平，且違反社會保險保障低收入者基本生活安全的原則。又因費率計算之特性，若制度本身非單一固定給付，則會產生對低收入者之所得重分配的逆效果，造成社會不公平的現象。

目前各國制度，以採所得比例保險費制者為多，因其不僅負擔較公平，且富有彈性。均等費率制僅英國自僱者及南非等少數國家採用此制。

在保險費率方面，有固定保險費率與彈性保險費率之分，前者是由法律硬性規定固定保險費率，如欲提高或降低費率，必須經由修法的程序，否則即應按規定保險費率課收保險費；後者雖亦由法律規定保險費率，但並非限於某一固定比率，而是在某一範圍內，可依實際財務收支情況視需要予以調整。

採固定保險費率的優點可避免保險機構假借財務理由，任意提高費率，而增加勞工與雇主負擔。然其缺點則為缺乏彈性，無法配合實際需要，影響財務的健全性。

至於彈性保險費率制的優點在保險機構可視實際需要，適度調整費率，維持財務上的收支平衡，缺點則在過分借重保險費率的調整，以求財務平衡，而忽視有效運用基金及節省不必要的浪費。

尚有所謂綜合保險費率與分類保險費率制的區別，前者是將各種保險事故的保險費率合併為一種費率，用以課徵保險費，其優點在計算簡單，課徵方便；後者則將各種保險事故的保險費率分別訂定，其優點為可視個別保險事故責任的歸屬而課徵適當保險費，使各種保險事故的經費不致混合流用，財務責任明確，而其缺點則為計算與課徵保險費手續較繁複不便。

2-2-2 社會保險費的負擔

一般言之，社會保險的保險費負擔，通常除被保險人外，由政府與雇主分擔一部分或全部費用，以減輕被保險人的負擔，有利社會保險制度的推行，有關勞工、雇主及政府三方面分擔保險費的理由，簡述如下：

一、政府、雇主與被保險人分擔保險費的理由

（一）雇主負擔保險費的理由：

雇主負擔的保險費，算是工資的一部分，購買保險可分散風險，確保勞動力及提高生產效率，達到企業風險管理之目的，並基於雇主責任增進員工福利與安全。

（二）政府負擔保險費的理由：

社會保險的目的乃為了社會之安全與安定，政府負擔保費即是以國家力量支持，一來使保險制度持續維持，二來減輕勞工、雇主的負擔，善盡社會責任並提升國民生活條件。

（三）被保險人負擔保險費的理由：

被保險人分擔保費，會更注意安全，避免道德危險及浪費保險資源。此外，社會保險種類中有些亦有儲蓄的功能，被保險人支付保險費也等於是為自己儲蓄。

二、社會保險費負擔的方式

（一）雇主與被保險人共同分擔：

其分擔比例，大致有兩種情形，一為雇主與被保險人平均負擔，一為雇主負擔較大比例，被保險人負擔較小比例，如1883年德國疾病保險即規定雇主負擔1/3、被保險人負擔2/3。

（二）雇主、被保險人與政府三者共同負擔：

目前實施社會保險的國家，大多採用此種方式，其負擔比例紛歧，頗難概括說明，但現已漸改由雇主與被保險人共同負擔責任的趨勢。其中以勞工、雇主平均負擔，或者雇主負擔較大比例居多。如我國全民健保中之私立學校教職員的保險費負擔為被保險人40%、投保單位（雇主）30%、政府30%。

（三）雇主全額負擔：

職業災害保險，基於雇主責任（無過失原則），目前大多數之國家皆由雇主全額負擔此項保費。

（四）政府與被保險人共同負擔：

通常適用於自僱者或財力薄弱的一般國民，若全部保險費由被保險人負擔頗有困難，故規定由政府負擔部分保險費，至於政府與被保險人負擔的比例，則按各國政府的財力而定，例如我國全民健保中，無一定雇主參加職業工會者，被保險人自付60%、政府補助40%。

（五）政府全額負擔：

如我國低收入戶與榮民參加全民健保，保險費由政府全部負擔。

2-3 社會保險基金的運用

基金運用得當與否，關係整個保險財務結構的健全與被保險人的權益，並影響國家經濟發展與財政金融調節甚大。由於社會保險的財務處理方式不同，如健康保險（短期保險）與年金保險（長期保險）在制度上，有不同之功能與目的：短期保險基金之主要目的在於確保保險財務的短期變動，促進制度的圓滑運作，稱為安全準備金；長期保險基金則是將來保險給付的財源，在保險財務上屬應計負債，稱為責任準備金。

2-3-1 投資運用原則

長期保險制度，若採用完全提存方式，或賦課與完全提存之混合方式，則會累積出一筆巨大的社會保險基金，作為未來支付被保險人各種保險給付之準備。為使社會保險基金不受通貨膨脹而發生貶值的影響，並能增加保險收益，其基金的有效投資運用甚為重要。基於一般基金在金融市場上投資時之三大經濟原則，安全原則、收益原則、流動原則，除了經濟面之考量外，社會保險基金因本身具社會性，在運用上仍需考慮社會福利面之因素，此為社會保險基金運用之福利原則（Principle of Welfare）。其內容簡述如下：

一、安全原則（Principle of Security）

社會保險基金為未來保險給付的主要財源，任何基金的投資運用，如何避免或減少風險的發生，以維護基金的安全，實為投資運用的首要課題，因此，投資的種類多樣化，投資比例設有上限，以分散風險。

二、收益原則（Principle of Yield）

基金運用的目的無非在於增加收益，因此投資之時，應選擇高利潤的目標，以提高投資績效，獲得較高的報酬率。不過收益原則與安全原則常相衝突，因此決定投資時，須權衡二者孰輕孰重，決定取捨。

三、流動原則（Principle of Liquidity）

所謂流動性，係指基金的變現能力，雖然社會保險的基金，一時需用以支付大量給付的機會較少，但仍需重視其融通、變現、周轉、靈活運用等特性，尤其是短期保險，其基金並不具有長期儲蓄性，尤須注意流動原則。

四、福利原則（Principle of Welfare）

福利原則的相對觀點，即在投資之際除了收益性考量外，亦應兼顧社會利益，若有益於增長社會福利水準者，則可犧牲部分之收益性，此一福利原則為社會保險基金特有的運用規範。特別是為某一特定階層的社會保險制度，尤須遵守取之於被保險人，用之於被保險人的原則，縱使有時收益較低，亦應考慮投資。此一原則為各國社會保險基金運用的新趨向。

以下就以我國全民健康保險短期保險的安全準備、公教人員保險準備、勞工與國民年金保險等長期保險基金來源運用，扼要說明。

2-3-2　全民健康保險的安全準備

全民健康保險之財務收支，由保險人以作業基金方式列入年度預算辦理。全民健康保險法第76條規定為平衡保險財務，應提列安全準備。

一、來源

（一）本保險每年度收支之結餘。

（二）本保險之滯納金。

（三）本保險安全準備所運用之收益。

（四）政府已開徵之菸、酒健康福利捐。

（五）依其他法令規定之收入。

二、資金運用方式

全民健康保險法第77條規定全民健康保險資金之運用方式有下列三種：⑴公債、庫券及公司債之投資。⑵存放於公營銀行或主管機關指定之金融機構。⑶其他經主管機關核准有利於本保險之投資。

全民健康保險安全準備總額，以相當於最近精算一個月至三個月之保險給付支出為原則。保險年度收支發生短絀時，應由全民健康保險安全準備先行填補。當保險之安全準備低於一個月之保險給付總額或保險增減給付項目、給付內容或給付標準，致影響保險財務之平衡時，由保險人擬訂調整保險給付範圍方案，提健保會審議，報主管機關轉報行政院核定後，由主管機關公告。

三、全民健康保險紓困基金

（一）來源：

為達成全民健康保險全民納保之目標，並保障經濟困難無力繳納保險費被保險人之醫療權利，特依全民健康保險法第99條第1項規定，設置全民健康保險紓困基金。依健康照護基金收支保管及運用辦法第4條規定：全民健康保險紓困基金來自⑴政府循預算程序之撥款。⑵受贈收入。⑶全民健康保險紓困基金之孳息收入。⑷公益彩券回饋金收入。⑸菸品健康福利捐分配之收入。

（二）用途：

全民健康保險紓困基金用途有三⑴提供經濟困難，無力繳納保險費之被保險人無息申貸或補助本保險保險費及應自行負擔之費用。除申貸人自願提前清償外，每月償還金額，不得高於開始申貸當時之個人保險費之二倍。⑵協助弱勢族群排除就醫障礙支出。⑶補助中低收入戶參加全民健康保險應自付之保險費。

2-3-3　公教人員保險準備

根據公教人員保險準備金管理及運用辦法第2條規定：公教人員保險準備金之主管機關為銓敘部，其收支、管理及運用由本保險承保機關辦理，並由公教人員保險監理委員會負責審議、監督及考核。

一、來源

（一）保險財務收支之結餘款。

（二）本準備金運用之收益。

（三）其他經主管機關核定之收入。

二、運用範圍

（一）支應保險財務收支之短絀。

（二）計息墊付屬中華民國88年5月31日公教人員保險法修正施行前應由國庫撥補之保險給付支出。

（三）存放於承保機關指定之國內外金融機構。

（四）投資國內外債券及短期票券。

（五）投資國內外上市（櫃）公司股票及指數股票型基金。

（六）投資國內證券投資信託事業發行之證券投資信託基金受益憑證（以下簡稱國內基金）。

（七）投資國外基金管理機構所發行或經理之受益憑證、基金股份或投資單位（以下簡稱境外基金）。

（八）投資國內外資產證券化商品。

（九）從事國內外有價證券出借交易。

（十）從事國內外衍生性金融商品交易。

（十一）其他經主管機關核准之專案運用。

前項第2款計息墊付之利率，由主管機關定之。

第一項運用範圍涉及大陸地區或香港、澳門者，應符合金融主管機關及其他機關所定相關法令規定。

本準備金之運用，由承保機關擬訂年度投資政策書，於每年度開始前，擬編本準備金年度運用計畫，報經公保監理會之委員會議審查後，送主管機關核定並轉陳考試院備查。本準備金收支運用及委託經營情形，應由承保機關按月報公保監理會核閱，並按季提公保監理會委員會議報告。

三、保險準備金經營現況

107年度公教保險準備金預定目標收益率為4.00%。截至110年6月底保險準備金累積餘額為3,365億5,593萬1,000元，茲將保險準備金截至110年6月底止運用情形，參閱表2-1。

表2-1 保險準備金截至110年6月底止運用情形

單位：新臺幣千元

項目	餘額	占基金運用比例(%)
一、臺幣存款	31,110,009	9.24
二、外幣存款及雙元貨幣存款	30,535,701	9.07
三、國內上市（上櫃）公司股票及ETF	85,758,606	25.48
四、國內受益憑證	6,614,773	1.97
五、國外受益憑證（含ETF）	87,362,337	25.96
六、短期票券	35,619,157	10.59
七、國內債券	22,124,203	6.57
八、國外債券	33,725,145	10.02
九、計息墊付國庫未撥補數	3,706,000	1.10
合計	336,555,931	100.00

註：1.截至110年6月底國內投資金額為184,932,748千元，配置比例為54.95%；國外投資金額為151,623,183千元，配置比例為45.05%。

2.股票、受益憑證、債券及雙元貨幣存款餘額未列計金融資產評價調整。

3.外幣存款、雙元貨幣存款、國外受益憑證（含ETF）及國外債券餘額係按原始入帳匯率折算為新臺幣金額。

2-3-4 國民年金保險基金

國民年金保險基金之收支、管理及運用，由衛生福利部委託勞工保險局（以下簡稱勞保局）辦理；基金之運用，經衛生福利部同意，勞保局得委託金融機構辦理。基金之監督事項，由衛生福利部國民年金監理會辦理。

一、來源

國民年金保險基金來源有六：

（一）設立時中央政府一次撥入之款項。

（二）保險費收入。

（三）中央主管機關依法負擔及中央政府責任準備款項。

（四）利息及罰鍰收入。

（五）基金孳息及運用之收益。

（六）其他收入。

二、用途

國民年金保險基金之用途有五：

（一）老年年金給付、生育給付、身心障礙年金給付、喪葬給付及遺屬年金給付之支出。

（二）複檢費用之支出。

（三）依法負擔款項之支出。

（四）投資運用所需之管理支出。

（五）其他法定支出。

三、運用範圍

國民年金保險基金之運用範圍有十：（一）存放國內外金融機構之存款。（二）投資國內外債務證券。（三）投資國內外證券集中交易市場、店頭市場交易或承銷之權益證券。（四）投資國內基金管理機構所發行或經理之信託基金受益憑證。(五)投資外國基金管理機構所發行或經理之受益憑證、基金股份或投資單位。(六)投資國內外資產證券化商品。(七)投資國內外之衍生性金融商品及其他衍生性金融商品。由勞保局自行投資者,僅限於避險之交易。(八)從事有價證券出借交易。(九)以貸款方式供各級政府辦理有償性或可分年編列預算償還之經濟建設或經濟投資支出。(十)其他經監理會審議通過,並報請衛生福利部核准有利於本基金收益之運用項目。除了運用範圍規定外,對國內、國外投資均有所限制,且基金運用於國外投資比率,不得超過本基金運用總額百分之四十五。

四、投資衍生性金融商品

國民年金保險基金投資衍生性金融商品,應依規定辦理:(一)除保本型商品外,以不增加本基金財務槓桿為原則。(二)配合國外投資之新臺幣與外幣間匯率避險需要,得於中央銀行所定相關規定之限額及工具範圍內投資外匯衍生性金融商品。(三)從事衍生性金融商品時,應透過各國金融、證券、期貨主管機關核准之金融機構為之。基金投資衍生性金融商品之交易限額、停損限額、交易對象及風險管理措施,由基金運用局擬訂,提經監理會審議通過,報請衛生福利部核定。

基金運用局應於年度開始前擬編國民年金保險基金收支、應預估本基金未來財務收支狀況、參考經濟發展趨勢、金融市場利率走向、產業營運前景等因素,並諮詢專家學者意見,研訂投資組合,據以擬編基金管理及運用計畫,提經衛生福利部國民年金監理會審議通過,報請衛生福利部核定。基金之收支、管理與運用情形及其積存數額,基金運用局應按月提監理會審議通過,報請衛生福利部備查,衛生福利部並應按年公告之。

國民年金保險基金與勞工保險基金的運用除本身運用外,可委託專業機關代為操作運用,國民年金法第48條第2項規定訂定之。國民年金保險基金委託經營辦法亦在加強管理國民年金保險基金運用,其規定相關內容如下:

(一) 國民年金保險基金運用計畫所定委託經營項目之比例及金額範圍內辦理委託經營。委託經營之受託機構,除國內受託機構應符合目的事業主管機關法令規定外,以合於經營資產管理業務相關規定之國內、外資產管理機構及其分支機構為對象。基金之委託經營期間,每次最長不超過五年。

（二）基金運用局應以公開徵求方式遴選受託機構及保管機構，並就其經營計畫建議書評審選定之。基金運用局得就評審結果，依名次選定受託機構及保管機構辦理簽定委託契約、管理費或保管費提撥比率及分配委託經營額度。並應於選定受託機構、保管機構及委託經營額度後一個月內，報請衛生福利部及衛生福利部國民年金監理會（以下簡稱監理會）備查。每一受託機構之受託經營分配額度，不得超過委託當時本基金委託總額度百分之四十。本基金委託總額度包括已委託金額及新增委託金額。基金運用局應按季考核受託機構之經營績效，並於每季終了一個月內，報請監理會備查。

五、基金經營現況

截至110年6月底基金運用累積餘額為4,599億3,574萬7,207元，近三年（107～109年）平均績效6.48%，茲將資產配置項目參閱表2-2：

表2-2　國民年金保險基金資產配置表

110年6月底　　單位：新臺幣／元

項目	金額	基金運用比例(%)
自行運用	316,367,082,850	68.78
轉存金融機構	72,821,617,344	15.83
政策性貸款	11,484,314,179	2.50
短期票券	8,605,205,138	1.87
公債、公司債及金融債券	38,389,358,506	8.35
股票及受益憑證投資（含期貨）	85,645,168,044	18.62
國外投資	99,421,419,639	21.61
固定收益	47,305,068,042	10.28
權益證券	35,494,684,205	7.72
另類投資	16,621,667,392	3.61
委託經營	143,568,664,357	31.22
國內委託經營	33,469,887,597	7.28
國外委託經營	110,098,776,760	23.94
固定收益	29,380,092,112	6.39

項目	金額	基金運用比例(%)
權益證券	70,073,895,123	15.23
另類投資	10,644,789,525	2.32
合計	459,935,747,207	100.00

資料來源：勞動部勞動基金運用局

2-3-5　勞工保險基金

依勞工保險條例（以下簡稱本條例）第67條第2項規定訂定勞工保險基金之管理及運用，由勞動部勞動基金運用局辦理，其運用並得委託專業投資機構經營。經勞動部審議通過後，報請中央主管機關核定。

一、來源

勞工保險基金之來源有：

（一）創立時政府一次撥付之金額。

（二）保險費及其孳息之收入與保險給付支出之結餘。

（三）保險費滯納金。

（四）基金運用之收益。

（五）其他經核定之收入。

二、運用範圍

基金之運用範圍有五：（一）對於公債、庫券及公司債之投資。（二）存放於公營銀行或中央主管機關指定之金融機構。（三）自設勞保醫院之投資及特約公立醫院勞保病房整修之貸款。（四）對於被保險人之貸款。（五）政府核准有利於本基金收入之投資。

全民健康保險實施後，已經喪失自設勞保醫院之投資及特約公立醫院勞保病房整修貸款運用。自民國69年訂立台閩地區勞工保險基金管理及運用辦法；民國85年11月修正更名為勞工保險基金管理及運用辦法；民國99年6月修正規定基金投資包括：（一）公債、庫券及公司債外之國內外債務證券。（二）外幣存款。（三）以貸款方式供各級政府或公營事業機構辦理有償性或可分年編列預算償

還之經濟建設或投資。（四）國內外證券集中交易市場、店頭市場交易或承銷之權益證券。（五）國內基金管理機構所發行或經理之證券投資信託基金受益憑證。（六）外國基金管理機構所發行或經理之受益憑證、基金股份或投資單位。（七）國內土地、房屋及其開發與建設。（八）國內外資產證券化商品。（九）衍生性金融商品，由基金運用局自行投資者，僅限於避險之交易。（十）有價證券出借交易。（十一）其他經勞動部審議通過，並報請中央主管機關核准有利於本基金收益之運用項目。運用範圍涉及大陸地區或香港、澳門者，應符合金融主管機關及其他機關所定相關法令規定。除了運用範圍規定外，對國內、國外投資均有所限制，且基金運用於國外投資比率，不得超過本基金運用總額百分之五十。

三、投資衍生性金融商品

勞工保險基金投資衍生性金融商品，應依規定辦理：（一）除保本型商品外，以不增加本基金財務槓桿為原則。（二）配合國外投資之新臺幣與外幣間匯率避險需要，得於中央銀行所定相關規定之限額及工具範圍內投資外匯衍生性金融商品。（三）從事衍生性金融商品時，應透過各國金融、證券、期貨主管機關核准之金融機構。基金投資衍生性金融商品之交易限額、停損限額、交易對象及風險管理措施，由勞動部勞動基金運用局擬訂，經勞動部審議通過，報請中央主管機關核定。

基金運用局應於年度開始前擬編基金運用計畫，經勞動部審議通過，報請中央主管機關核定。基金之收支、運用情形及其數額，應按月提勞動部審核後，報請中央主管機關備查，並由中央主管機關按年公告。

四、基金經營現況

截至110年6月底勞工保險基金運用累積餘額為8,457億1,638萬6,645元。近三年（107～109 年）平均績效6.57%，茲將資產配置項目與比例參閱表2-3：

表2-3 勞工保險基金資產配置表

110年6月底 單位：新臺幣／元

項目	金額	基金運用比例(%)
自行運用	553,153,787,240	65.40
轉存金融機構	95,576,524,037	11.30
短期票券	15,700,254,615	1.86
公債、公司債、金融債券及證券化商品	77,159,760,397	9.12
房屋及土地	1,648,232,082	0.19
政府或公營事業貸款	930,000,000	0.11
被保險人貸款	31,009,232,512	3.67
股票及受益憑證投資（含期貨）	177,759,143,258	21.02
國外投資	153,370,640,339	18.13
固定收益	71,482,440,927	8.45
權益證券	73,702,901,167	8.71
另類投資	8,185,298,245	0.97
委託經營	292,562,599,405	34.60
國內委託經營	29,590,476,982	3.50
國外委託經營	262,972,122,423	31.10
固定收益	63,287,628,089	7.49
權益證券	119,977,871,427	14.19
另類投資	79,706,622,907	9.42
合計	845,716,386,645	100.00

資料來源：勞動部勞動基金運用局

2-4 社會保險與商業保險

一、社會保險與商業保險相同處

社會保險與商業保險皆為保險制度，其相同處有：

（一）提供經濟安全的保障：

社會保險與商業保險均基於特定危險事故的損失共同分擔及危險的轉移，針對危險事故發生的補救，使被保險人在事故發生後，經濟上得到支持，故皆為透過保險技術，自助他助，提供經濟安全保障。

（二）皆不須資產調查：

只要符合保險給付的條件，受益人領取保險給付是一種權利（社會保險是法定權利；商業保險是契約權利），不需經過資產調查。

（三）皆須繳納保費：

保險費為當事人之間的對價關係，故不論是社會保險或商業保險都須繳納足夠的保費來應付保險制度所需的給付費用。因此保費的計算與保險給付都建立在精算的基礎上，且對於有關保險範圍、給付內容及財務的條件提供完整的說明與規範。

二、社會保險與商業保險相異處

社會保險與商業保險的相異處，可就下列數方面來探討：

（一）經營方式：

社會保險往往是強制投保，不論要保人是否願意投保都得參加，主要由政府專設保險機構經營，如勞工保險局、中央健康保險局，皆由政府設立，其經營大都由政府獨占；商業保險則是任意投保，依個人意願與所得能力自願投保，開放民間經營，屬於競爭型態。

（二）保障之水準：

社會保險為提供最低收入保障，屬「陽春麵」式的給付水準；商業保險則可依個人需要及支付能力，只要符合保險公司的規定，保額高低可由個人與保險公司約定。

（三）給付之權利：

社會保險的給付是由法律規定，並能加以修改，為法定的權利；商業保險給付由保險人與要保人雙方契約規定，為契約的權利。

（四）經營原則：

社會保險為政策性保險，不以營利為目的，而是以保障國民最低收入安全及基本醫療照顧為目的；商業保險乃以營利為目的，商業保險公司在經營上則會考量到成本與利潤。社會保險重視社會公平，透過保費及給付結構之設計，將所有人皆納入社會保險團體裡，讓大家皆能享有最基本的保障。故社會保險強調社會適當原則的程度超過個人公平原則，亦即在求得社會公平後才談個人精算公平；商業保險重視個人公平，要保人的保費負擔與給付條件皆依精算結果及契約內容而定，強調個人公平性。

（五）成本之預測：

社會保險在計算成本時，因需考量經濟、人口、社會等變數，而這些變數較難精算估量，故其成本較難以預測；而商業保險其成本大部分可事先精算預測。

（六）基金之提存：

社會保險對保險給付不需完全提存基金準備，因為尚有新加入者強制繳納保險費且假定社會保險制度會無限期延續下去；商業保險因對要保人有充分保障，能夠長期給付，故採完全提存基金準備的方式，並不依賴新加入者的保險費。

（七）核保之手續：

社會保險對於符合投保資格條件者即可投保，同時基於強制原則可減少逆選擇問題而不需核保手續；商業保險對於投保者不論個人或團體均需核保手續，以避免道德危險。

綜上所述，將社會保險與商業保險相異點整理如下：

表2-4　社會保險與商業保險之比較

種類 比較	社會保險	商業保險
經營方式	強制性	任意性
保障水準	提供最低收入保障	基於個人需要及保費支付能力提供保險給付
給付權利	法定的權力，給付由法律規定，並能加以修改	契約的權力，給付由雙方契約規定
經營原則	非以營利為目的，強調社會適當性	以營利為目的，強調個人公平性
成本計算	成本較難以預測，可利用調整保險費率來應付通貨膨脹的影響	成本大部分可事先預測，受通貨膨脹的影響大
基金提存與運用	對保險給付不必完全提存基金準備，保險基金由政府負有投資運用的責任	對保險給付需完全提存基金準備，保險基金由民營保險公司自行投資運用
核保	不需要核保手續	個人及團體均需要核保手續費

三、社會保險與商業保險互補不足

社會保險與商業保險可互補不足，相互整合，理由如下：

社會保險依最低收入保障原則，僅提供國民最低收入安全及基本醫療照顧；而個人若嫌不足，可依其個別需要與支付能力自行投保商業保險，以獲得較高的給付。例如：全民健康保險有健保病床的分配，若個人希望住較高等級病房，其病房費差額可由其所購買之商業保險來支付，以補社會保險之不足。

商業保險因其強調個人公平，會造成有人因所得低負擔不起保費等問題，而無法獲得商業保險的保障；社會保險重視社會公平、強調社會適當，並採強制原則，如此才能達到對所有人提供最基本保障之目標。故社會保險可照顧到全民（包括那些無法獲得商業保險保障的人），以補商業保險之不足。

四、微型保險（Microinsurance）

是針對經濟弱勢民眾所安排的保險計畫，希望藉由小額保費支出，保障弱勢民眾不致因發生死亡或殘廢等保險事故，而使其家庭或個人頓時陷入生活困境中。微型保險在許多國家有成功推廣實例，近年來國際間對於微型保險之推動與發展，亦相當重視。為增進我國經濟弱勢民眾基本保險保障及協助建構健全之社會安全網，金管會除自94年7月1日起實施提高國人保險保障方案及加強對經濟弱勢民眾之保險宣導外，業於98年7月21日發布「保險業辦理微型保險業務應注意事項」，以鼓勵商業保險公司推動微型保險業務，2014年6月修訂。

（一）微型保險的定義與範圍

微型保險，指保險業為經濟弱勢者提供因應特定風險基本保障之保險商品，而所謂經濟弱勢者的範圍，基本上是以收入標準、職業及身分別等要件作為界定的主要標準，包括：

1. 無配偶且全年綜合所得在新臺幣35萬元以下者。
2. 屬於夫妻二人之全年綜合所得在新臺幣70萬元以下家庭之家庭成員。
3. 具有原住民身份法規定之原住民身份，或具有合法立案之原住民相關人民團體或機構成員身份或為各該團體或機構服務對象。
4. 具有合法立案之漁民相關人民團體或機構成員身份，或持有漁船船員手冊之本國籍漁業從業人或取得我國永久居留證之外國籍漁業從業人。
5. 依農民健康保險條例投保農民健康保險之被保險人。
6. 為合法立案之社會福利慈善團體或機構之服務對象。
7. 屬於內政部工作所得補助方案實施對象家庭之家庭成員。
8. 屬於特殊境遇家庭條例所定特殊境遇家庭或符合社會救助法規定低收入戶或中低收入戶之家庭成員。
9. 符合身心障礙者權益保障法定義之身心障礙者，或具有合法立案之身心障礙者相關人民團體或機構成員身分或為各該團體或機構服務對象。
10. 其他經主管機關認可之經濟弱勢者或特定身分者。

此外，保險業者也可以視國民所得、城鄉發展、實際經濟狀況、社會保險及安全制度、現有承保客戶所得分佈及核保作業等因素，於報主管機關核准後增加前開經濟弱勢者的範圍，以擴大本業務的承保對象。

（二）微型保險的特色

微型保險的目的主要是提供經濟弱勢者基本程度的人身保險保障，以填補政府社會保險或社會救助機制不足的缺口，所以微型保險制度的設計是以配合經濟弱勢者的需求為最主要的考量，具有以下幾項特色：

1. 以經濟弱勢者為承保對象。
2. 保險金額低，保費低廉。
3. 保障期間較短、保障內容簡單。
4. 不保證續保。
5. 以個人保險、集體投保或團體保險方式承作。

（三）微型保險之商品種類、保險金額及保險期間

因微型保險商品之承保對象為經濟弱勢民眾，故微型保險商品之設計內容不含生存或滿期給付之設計，商品種類以下列為限：

1. 一年期傳統型定期人壽保險。
2. 一年期傷害保險。
3. 以醫療費用收據正本理賠方式辦理之一年期實支實付型傷害醫療保險。

保險業辦理微型保險業務，應落實相關通報及核保作業，並應注意個別被保險人累計投保微型人壽保險之保險金額不得超過新臺幣五十萬元，累計投保微型傷害保險之保險金額不得超過新臺幣五十萬元，累計投保微型傷害醫療保險之保險金額不得超過新臺幣三萬元。如個別被保險人向二家以上公司投保，且其累計投保各該險種之保險金額超過前項所定之限額者，保險業得自行決定處理方式，惟不得有牴觸保險法第五十四條及第五十四條之一規定之情事，且應於保單條款中充分揭露。

NOTE

第二篇 社會保險個論

Chapter 03 健康保險

學習內容

3-1 健康照護制度

健康照護(Health Care)乃對身心異常狀態之治療、預防、檢查，確保其生理、心理與社會面的良好狀態，進而發揮其功能。世界衛生組織(World Health Organization, WHO)於1984年提出健康的定義：「健康是身體、心理及社會達到完全安適狀態，而不僅是沒有疾病或身體虛弱而已。(Health is a state of complete physical, mental and social well-being and not merely the absence of disease or infirmity.)」，健康保險即在保障國民身心健康，對於生育、疾病、傷害事故者，由保險提供良好的醫療服務，使其得以維護或恢復健康及工作能力；並保障國民的經濟安全，對於因罹患疾病或遭遇意外傷害，正在接受醫療而不能工作，以致未能取得報酬者，給予經濟補償，使其得以維持或恢復正常家庭生活。然而健康保險僅是健康照護體制(Health Care System)類型之一。以經濟合作暨開發組織(Organization For Economic Co-operation And Development , OECD)健康照護服務系統之分類方法， 將世界各國的健康照護體制依不同區分模式分為三大類型。

3-1-1 依健康照護體制(Organization)區分

一、國民保健服務模型(NHS, The National Health Service Model)

特色為範圍普及，財源來自一般稅收，醫療費用由國庫負擔，醫療服務機構的所有權及控制權為政府所有，醫療服務提供者以公立機構為主。實施國家例如：英國、瑞典、紐西蘭、加拿大等。

二、社會保險模型(NHI, The Social Insurance Model)

特色為強制性的全面保險，財源來自保險費，醫療機構由政府或私人擁有，醫療提供者以私立醫療機構為主，採此體制的國家最多。實施國家例如：德國、法國、日本和我國等。

三、私人保險模型(The Private Insurance Model)

以雇主為單位或以個人為單位購買私人健康保險，財務由個人或與雇主共同分擔，醫療服務機構由民間擁有。實施國家例如：美國。

各國很少單純只有一種類型存在，多屬於混合多種模式，見表3-1說明之。

表3-1 各國實施的類型

類型	國家
1.社會保險和私人保險混合	荷蘭
2.社會保險	比利時、法國、德國、日本、盧森堡、奧地利（私立醫療服務機構占大部分）
3.國民保健服務	愛爾蘭、西班牙、英國、丹麥、芬蘭、希臘、冰島、葡萄牙、挪威、瑞典
4.國民保健服務	加拿大
5.國民保健服務	澳洲、紐西蘭
6.48%國民保健服務，52%社會保險	義大利
7.私人保險	瑞士、美國

四、NHS與NHI之比較

- ✦ 相同點：均在保障國民健康，免予傷病威脅。
- ✦ 差異點：見表3-2 NHS與NHI之差異點。

表3-2 NHS與NHI之差異點

比較＼種類	NHS	NHI
參加對象	全體國民	有能力投保者
民眾滿意度	較低	較高
財源	一般稅收	保險費
對醫療提供給之管控能力	較高	較低
診療報酬支付方式	依薪資制和論人計酬制為主	以論量計酬制為主
醫療機構服務效率	較差	較佳
醫療費用控制效果	較佳	較差

3-1-2　依健康照護之責任歸屬區分

一、自費模式（The Voluntary Out-of-Pocket Model）

無任何保險介入，消費者（病患）自費就醫。在愛爾蘭有一半以上民眾自付一般科醫師就診費用。

二、自願性保險

由被保險人及企業依危險性大小分擔不同保險費（Risk-Related Premiums）。

三、強制性保險或公醫制

由被保險人及企業依所得或薪資高低繳交保險費或稅金（Income-Related Premiums or Tax）予公共保險人或公法人基金（Public Insured or Funding Bodies）或由一般稅支應所需費用。

3-1-3　依保險人與醫事服務機構間之關係區分

一、現金核退制（The Public Reimbursement-of-Patientmodel）

保險人與醫事服務機構間無任何關係，被保險人先行自費就醫後，由保險人核退醫療費用。

二、特約醫療模式（The Public Contract Model）

由保險人特約之醫事服務機構提供醫療服務。

三、自設醫療模式（The Public Integrated Model）

由保險人自設之醫事服務機構提供醫療服務。

3-2 診療報酬支付制度

所謂診療報酬，乃政府或保險人支付予醫療機構執行醫療服務所需之各項費用。而政府或保險人支付費用給醫療院所時使用之支付單位稱為診療報酬支付基準。醫療服務支付價格、利用量以及使用的支付基準等皆會影響醫療費用，其簡要公式如下：

$$TC = \sum_{i=1}^{n} P_i Q_i$$

其中TC為總醫療費用，P為支付價格，Q為數量，i為支付之項目，n為支付項目之總數，而支付基準即為支付項目(i)的分類方式。一般而言，支付基準可針對「服務項目」或以「人」或以「病件」等做為支付單位，一個國家其支付基準的設計與支付制度之優劣對醫療費用、醫療服務效率、醫療品質等皆有很大的影響。以下分別介紹各種支付基準及其優缺點。

一、支付基準（Unit of Payment）

診療報酬之支付基準或稱診療報酬支付方式，有其基本類型歸納如下：

（一）論量計酬（Fee for Service）：

又稱服務項目別支付方式，乃依政府或保險人訂定之收費標準表，按醫師實際提供醫療服務的項目與應診量計算報酬，可適用在門診及住院診療。

1. 優點：

(1) 醫師的報酬與服務量有關，故較不會減少必要的服務。

(2) 對熱誠提供服務的醫師有較多之報酬，具有激勵作用。

(3) 複雜困難的個案較不受排擠。

(4) 醫師需申報資料，故醫師執業型態的檔案資料透明化。

2. 缺點：

(1) 醫師容易過度提供醫療服務，缺乏節約誘因，甚至造成濫診虛報費用，助長醫療費用的上漲。

(2) 申報手續繁雜，行政成本較高。

(3) 醫師易選擇利潤較高之服務項目申報或提供。

(4) 服務量的成長推估不易，不利事先編列預算。

（二）論件計酬（Per Case or Case Payment）：

亦稱論病例計酬，即依每件病例基準計算報酬。因不同的疾病其診斷與治療方式亦不相同，所消耗的資源各異，故此制依病例組合來分類而非服務項目。換言之，乃依照醫師在特定期間內之實際應診件數請求診療報酬。美國於1983年在老人與殘障健康保險（Medicare）實施「診斷關聯群」（DRG，Diagnosis Related Groups），即屬論件計酬應用在住院方面之例。

1. 優點：

(1) 支付單位較論量計酬大，可使醫療供給者有較高的經濟誘因選擇更具成本效益的服務，較不易造成醫師濫診、虛報費用。

(2) 可以定義醫院的產品，有利管理。

(3) 相對於論人計酬，醫療供給者之酬勞仍與醫療服務較相關，醫療品質相對上較有保障。

(4) 醫師執業型態的檔案資料亦較論人計酬透明。

2. 缺點：

(1) 對於「醫療件數」之定義無明確之解釋，在處理上常造成歸類之困難，且缺乏客觀與公平性。

(2) 同一診斷關聯群中，個案之嚴重度差異仍大。

(3) 會誘使醫師在同一類病件中選擇病情較輕者。

(4) 對熱誠的醫師較缺乏激勵作用，為顧及成本效益，會使醫師減少對病人提供所需的服務。

（三）論人計酬（Capitation）：

俗稱人頭報酬制，乃依據被保險人之人數以及其醫療需要（如被保險人的年齡、性別等）事先決定該年度支付給醫療院所的費用，而不考慮被保險人實際醫療服務的利用情形。

1. 優點：

(1) 此制因與醫療服務提供量無關，可提供強烈經濟誘因，促使醫師降低醫療服務成本。

(2) 可簡化行政作業，不需將醫師工作分成許多細項計費。

(3) 預算較容易控制。

(4) 醫師之報酬較為固定。

2. 缺點：

(1) 同酬而不同工，勞逸不均。

(2) 誘發醫師拒絕較為複雜困難的個案。

(3) 醫師執業的檔案資料較不透明化。

(4) 因經濟（成本效益）誘因，使得醫師減少提供病人需要的服務。

（四）論日計酬（Per Diem）：

係依據醫院全年的住院人日數乘以標準的平均每人日住院費用來計算。所謂標準的平均每人日住院費用，通常是以前一年的資料為基礎，統計醫院全年之費用總額及住院人日數計算而得。

1. 優點：行政作業簡單。

2. 缺點：醫院為利潤考量，常傾向選擇病情較輕的病人或延長病人的住院天數，使得平均住院日數提高，因而造成住院費用的上漲。

（五）薪資制（Salary）：

即俸給制，由政府或保險人以薪資方式，按固定時間支付一定報酬給醫師，有時可和工作獎金或分紅並存。

1. 優點：

(1) 醫療費用之支付計酬方便，簡化行政作業。

(2) 費用易控制，容易事先訂定預算。

(3) 與服務量無關，可抑制不必要的醫療服務。

2. 缺點：

⑴ 在不同工同酬之情況下，易流於官僚式之惡習。

⑵ 醫師所得與公務員薪俸無甚差異，服務意願較低落。

⑶ 易減少病人所需醫療服務之提供。

（六）總額預算制或總額支付制（Global Budgeting）：

總額預算（支付）制係指政府或保險人預先針對其支付單位（如醫院或醫院之部門）以協商方式訂定一段期間內支付的總金額，以涵蓋其支付單位該期間內所提供醫療服務之費用，再以由上而下（Top Down）方式分配費用之制度。總額預算制支付之單位可分為兩大類：一為以組織為支付單位，例如以醫院或醫院之特殊部門為單位訂定預算。另一則針對服務類別（Service Type）以全包方式訂定預算，例如對全體醫師一年之服務訂定支出總額。

簡言之總額預算制，乃付費者與醫療供給者，就特定範圍的醫療服務，如牙醫門診、中醫門診，或住院服務等，預先以協商方式訂定未來一段期間（通常為一年）內健康保險醫療服務總支出（預算總額），以酬付該服務部門在該期間內所提供的醫療服務費用，並藉以確保健康保險維持財務收支平衡的一種診療報酬支付制度。總額支付制度可分為以下二種類型：

1. 支出目標制（Expenditure Target）：乃預先設定醫療服務支付價格及醫療服務利用量可容許之上漲率，當醫療服務利用量低於預先設定之目標時，將會有盈餘，但實際利用量超過目標時，超出部分將打折支付，因此，實際支出可能超出原先設定的目標。

2. 支出上限制（Expenditure Cap）：乃預先依據醫療服務成本及其服務量的成長，設定健康保險支出的年度預算總額，醫療服務是以相對點數反映各項服務成本，惟每點支付金額是採回溯性計價方式，由預算總額除以實際總服務量（以點數計算）而得；當實際總服務量點數大於原先協議的預算總額時，每點支付金額將降低，反之將增加。即固定年度總預算而不固定每點支付金額，可精確控制年度醫療費用總額。

⑴ 優點：

① 可有效控制醫療費用的預算，是維持保險財務平衡的重要機轉。

② 可發揮同儕制約的效果，改變以往僅由保險人監控費用而形成之對立局面。

③ 訂定地區別預算時，可促進醫療資源之合理分布。

(2) 缺點：

① 團體中少數醫師濫診，易影響眾人之收入。

② 透過協商機制，故協商之各方必須具有充分協調能力才能順利達成協議。

③ 不易正確推估預算總額。

上述支付基準中，論日計酬主要實施於住院部門，其餘支付基準在門診與住院皆可適用。現今，門診支付制度的主流是以論量計酬配合某種形式的總額支付制度，而在住院方面，以DRG為基準的總額支付制度為新趨勢。值得注意的是，支付基準影響醫療服務之效率及品質，支付基準分類單位愈小（如論量計酬）愈鼓勵醫療院所提供過多不當服務；支付基準分類單位愈大（如論人計酬）愈鼓勵醫療院所減少必要服務之提供。換言之，支付單位小時，須擔心醫療服務的浪費問題，而支付單位大時，則擔心醫療品質不佳問題。如何設計不影響品質且可抑制浪費的制度，為各國努力改革的一致方向。

二、前瞻性支付制度（Prospective Payment System, PPS）與回溯性支付制度（Retrospective Payment System, RPS）

（一）前瞻性支付制度（PPS）：

乃在即將來臨的會計年度開始時，預先訂定各服務項目，如DRG的支付標準或設定某部門的總額預算，而不論醫療院所實際盈虧，診療模式等變數均以預訂的費率支付的制度稱之。

（二）回溯性支付制度（RPS）：

乃事後依據醫療院所實際發生之成本支付費用稱之。

以上二者其支付標準設定的時間不同，PPS為事前決定醫療服務支付費率，而RPS為事後依實際成本支付費用。前者（PPS）因預定費用，可減少醫療院所不必要的服務，長期應可控制醫療費用的成長幅度。故如何設計好的支付制度，使服務效率提高，不影響品質又可抑制浪費，支付基準與支付費用（標準）設定的時間點為考量的重心。

3-3 各國健康保險制度一英、美、日

自1883年德國創辦強制性疾病保險以來，至今世界上已有上百個國家實施某種形式的健康照護制度，各國健康保險制度深受其政治、經濟、社會、文化及法制傳統影響，各國的制度形態均有顯著差異。

3-3-1 英國

英國的國民健保制度為具有社會福利性質的公醫制度。自二次世界大戰後，50年代便開始實施，迄今已有半個世紀之久。1911年制定國民保險法。國民保險法之醫療保險制度係以低收入之勞工為投保對象，並以被保險人及雇主所繳納之保險費為財源，給予被保險人本人一定金額之現金及實物給付。現金給付係指傷病津貼，實物給付係指一般醫師之醫療服務。1942年英國發表一項有關改革社會安全之「貝佛里奇」(The Beveridge Report) 報告，倡議實施由政府提供全民照護。1946年大戰結束，大選結果，工黨獲勝，更促使國民健保(National Health Service ACT)法案通過，並於1948年全面實施。

在1990年以前，國民健保制度(NHS)為由上而下，高度計畫導向的醫療體系。雖然英國全民享有健康照護，但這種官僚體系導致制度混亂、等候名單及未能快速因應民眾需求而導致民眾不滿。1979年起，針對當時的國民健保制度(NHS)予以檢討，1990年通過國民健保制度(NHS)與社區法案，將國民健保制度(NHS)注入市場競爭的觀念，以『內部市場』為改革的主軸，自1991年實施。

一、醫療體系

由英國政府所設立且資助的國民健保制度，全民均納入健康保險，保險支出費用則由國家稅收來支付(相對的稅金較高)，醫療服務則由公立機構所提供(公醫制度)。包括兩個層級的醫療體系：

(一)社區為主的第一線醫療網：

通常位於社區駐診提供醫療保健的一般家庭醫師及護士。

(二)第二層則為NHS的醫院服務：

由各科的專科醫師負責並接手由GP(第一線醫師)所轉介(refer)的病

人，或處理一些重大的意外事故及急診者。也就是以家庭醫師做基礎，透過家庭醫師才能看專科醫生。

二、醫療服務

英國健保制度提供以下的醫療服務：

（一）基層醫療：

醫療專業人員包括醫師、牙醫師、驗光師、藥師等提供基層醫療之門診服務，「執行委員會」（Executive Councils）負責行政監督、合約簽署與執行、處理病患之申訴等，占所有醫療預算的75-80%。

（二）住院醫療：

14個「區域醫院理事會」（Regional hospital Boards）處理住院醫療之事務，下轄400個「醫院管理委員會」（Hospital Management Committees）處理各轄區之住院醫療業務，教學醫院之住院醫療則另由「首長理事會」（Boards of Governors）負責。

（三）社區服務：

包括親子福利（Maternity and Child Welfare Clinics）、訪客衛生（Health Visitors）、接生婦（Midwives）、衛生教育（Health Education）、疫苗接種（Vaccination & Immunization）、救護服務（Ambulance Services）、環境衛生服務（Environmental Health Services）等。

三、醫療費用負擔

目前由NHS負擔的費用大約包括：家庭醫師的診療費、住院醫療費（但部分住院費用與項目仍需自費）、產前檢查與生產醫護費用等。由於英國施行醫藥分業，在就診後，可持醫師所開處方簽至藥局買藥，除了16歲以下兒童、19歲以下全時學生、老人、低所得者、殘障人士或孕（產）婦已獲醫藥免費證明外，須自行負擔藥價。

四、私人醫療服務

因為英國大多數的醫療服務為國營事業，造成效率低落的現象，加上看診方式通常以預約方式進行（假如非急需就診），可能被排在NHS醫院冗長的等待就診名單內，民眾就醫等待期長、選擇性少，醫療機構服務效率差，使得民眾對於醫療整體滿意度偏低。因此為獲得較快、較佳的醫療服務，有人會考慮自費接受私人提供的醫療，有些民眾也以購買私人的醫療保險來負擔此部分的可能相當高額的開支，至於應買那一家的醫療保險，可能需花些時間蒐集資料作比較，或請教有經驗的人，但以價格合理及有良好服務聲譽為原則。

五、「醫療互惠國」的限制

對於來自非英國所謂的「醫療互惠國」的人民，NHS醫療服務適用對象只限在英修習課程六個月以上的學生及其眷屬；可加入NHS享受免費醫療；至於居住不滿六個月者，則須自費就醫或購買醫療保險，但在緊急情況下須看急診時，則為免費。

3-3-2 美國

美國總統歐巴馬2010年3月24日簽署「病人保護及可負擔健保法」（Patient Protection and Affordable Care Act， 簡稱ACA）又被稱之為「歐巴馬健保案」（ObamaCare）在2014年1月正式上路。美國的醫療保險覆蓋率提高，接近全民健保。這項多達數千頁的健保改革法案，目的是要削減健保支出，並提供所有美國人能負擔的健保照顧。該法案內容涵蓋許多攸關健康醫療的新規定，例如：設立健保市場（Health Insurance Marketplace），亦稱「健康保險交易」（Health Insurance Exchange），讓合法美國居民可以投保受到聯邦管制和補貼的健保，見表3-3。

美國的健康照護體制既非為NHS，也非屬NHI模型，而是私人保險模型（Private Health Insurance）。美國的健康保險制度，包括公營及民營兩大類，公營的健保有兩大系統以及一個較小的計畫與ACA聯邦醫療保險：由聯邦政府與各州政府共同主辦，以窮人為主的醫療補助（Medicaid）、由聯邦政府主辦，提供給65歲以上老人及身障者為主的美國聯邦醫療保險（Medicare）、以及專門給中低收入家庭的兒童健保的「各州兒童健保方案」（State Children Health Insurance Programs, SCHIP）與2014年實施的ACA聯邦醫療保險經由州政府成立的市場補貼私人保險，以及擴大原有的貧民「醫療補助」（Medicaid）

方案。民營健保包括非營利性的藍十字（Blue Crosses）和藍盾（Blue Shields）等地區性的健保組織、營利性的商業健保公司、由大型雇主自營，提供給員工的健保、以及由醫院、醫師及私人健保組織所組成的「健康維護組織」（Health Maintenance Organizations , HMO）與管理照護服務（Managed Care Organizations , MCO）。

表3-3　美國健保改革法案要點

擴大醫療保險範圍	至2020年以前，大約3,200萬名原先沒有醫療保險的美國人可以享受到醫療保險，預計有2,200萬人可按照各州醫療保險「交易」（exchange）水平自行從私人公司購買保險。
強制健保	個人必須購買醫療保險，否則將支付罰款。
健保補貼	醫療保險額度高於收入的8%可獲得豁免；家庭收入6萬美元的4口之家可能獲得聯邦補助，不必強制購買。
罰款	如果屬於被要求強制購買人群而未購買保險，將從稅務角度來評估罰款金額。至2016年前，罰金為每人695美元，家庭最多罰2,085美元或是收入的2.5%，例如：2014年的個人罰款為95美元，或是收入的1%。
醫療補助	兩種類型的補助。其一為醫療保險金積分，將使收入為低收入4倍以下的家庭受益，其二為減少醫療聯合付款的額度。
不得拒保	保險業界同意擴大保險範圍，不能因患者的既往和現有病史拒絕為患者投保。
強制雇主保險	強制雇主為員工購買保險，否則雇主將面臨每位員工2,000美元的罰款。
子女保險	26歲以下的子女可作為依賴人，享受家庭醫療保險。
課徵健保稅	主要包括：家庭收入超過25萬美元的聯邦醫療保險計畫稅將上升0.9%，收入更高者的徵稅比率可能達3.8%。
健保選擇	設立保險交易所，讓小型企業和未獲雇主加保的個人選購保險。
推廣健康理念	法案還推廣一系列健康理念，例如：要求食品自動售賣機和連鎖餐館進行營養標示。

資料來源：1.http://www.watchinese.com/article/2012/4464看雜誌 第117期
2.自行整理

一、公營部分

美國於1935年所訂定的「社會安全法案」（SSA）包括三大類別，分別為社會保險（Social Insurance）、公共救助（Public Assistance）及聯邦政府對各州的社福及公衛綜合補助款（Block Grants）。

原本SSA中的社會保險並未涵蓋疾病醫療險，一直到1965年增訂Medicare相關條文後，美國才有健康醫療的社會保險。公共救助是聯邦政府與州政府共同提供財務，由州政府執行的對弱勢族群的社會福利服務方案。救助對象逐漸從盲人、老人、兒童、永久及重度身心障礙者擴展到需要醫療的窮老年人，並在1965年形成Medicaid，為符合政府規定的低收入家庭提供健保，後來也擴大到中低收入家庭的懷孕婦女與兒童。經費來源是聯邦政府與各州政府的整體財政收入。

故Medicaid與Medicare為美國政府最初開辦的健保方案，在1965年的「社會安全法案」增訂案中制訂通過實施。「各州兒童健保方案」（State Children Health Insurance Programs, SCHIP）則是在1997年實施的。ACA聯邦醫療保險2014年1月1日開始實施。

（一）醫療補助（Medicaid）：

醫療補助（Medicaid）是美國政府為低收入家庭所開辦的社會福利健保，但事實上它不是保險，因為這些經濟上的弱勢家庭繳不起保費，所以政府用社會福利予以救助，保障其就醫機會，使其免於疾病的威脅。

Medicaid是屬於美國社會安全體系當中公共救助的一環，傳統上由聯邦政府提供補助，州政府須提出相對配合款並負責管理與執行。因此，Medicaid的經費由聯邦政府與各州政府共同負擔，醫療補助（Medicaid）的給付項目，分為法定項目及選擇項目。法定項目是全國一致的基本給付項目，各州的方案一定要提供，否則得不到聯邦政府的相對補助款。法定項目包括住院、醫院門診、醫師診療、牙科治療與手術、入住護理機構（21歲以上）、居家健康照護、家庭計畫、鄉村健康診所、檢驗及放射科檢查、兒童及家庭護理師服務、助產士服務、早期及定期健康篩檢、診斷與處置（21歲以上）。選擇項目各州就不一樣，比較常見的項目有診所服務、入住護理機構（21歲以下）、心智障礙者的短期照護機構、視力檢查及配鏡、處方藥、肺結核治療、義肢及牙科服務等。

醫療補助（Medicaid）與美國聯邦醫療保險（Medicare）最顯著的差異，就是醫療補助（Medicaid）並非全國一套相同的方案，而是每一州都有自己不同的方案，但各州的方案當中仍有一些相同的基本給付項目及相似的收案條件。

（二）美國聯邦醫療保險（Medicare）：

美國聯邦醫療保險（Medicare）是美國國會在1965年為解決老年人醫療照護所面臨的資金問題，而通過立法成立的聯邦社會保險計劃。美國聯邦醫療保險（Medicare）雖提供了廣泛的給付，但卻同時有部分負擔和共同保險條款，而為彌補醫療費用與美國聯邦醫療保險（Medicare）給付額之間的差額，商業保險公司和藍盾、藍十字組織推出特殊保單稱為MEDIGAP保單。此外，美國聯邦醫療保險（Medicare）僅提供間斷性照護和有期間限制的照護，不包括長期醫療照護，商業保險公司亦推出長期照護保險（Long-Term Care Insurance, LTC）來彌補美國聯邦醫療保險（Medicare）對老年人長期照護需求上的不足。美國聯邦醫療保險（Medicare）幾乎向所有65歲以上的人和一些身心障礙者推出了二種基本醫療保險形式（Part A & Part B），A部分（Part A）是強制性的住院保險，B部分（Part B）是自願性醫療保險（補充醫療保險）美國聯邦醫療保險（Medicare）大大降低了65歲以上的人對個人醫療保單的需求，然由於美國聯邦醫療保險（Medicare）仍有自負額與共同保險條款規定，商業保險公司和藍盾、藍十字組織即推出MEDIGAP保單，來彌補醫療成本和Medicare給付間的缺口。

【Part A】

Medicare分成Part A到Part D四個部分。Part A是給付住院費用的保險（Hospital Insurance, HI），這部分只要是符合Medicare條件（年滿65歲、身心障礙及腎衰竭人士），都自動適用，但必須去登記納保。

【Part B】

Part B是給付其他醫療費用的補充醫療保險（Supplementary Medical Insurance, SMI），包括醫師服務費用、診斷檢驗、放射與病理檢查、門診服務、手術、血液透析、居家照護等費用。Part B是自由選擇參加，Part B與Part A最大的不同是Part B的經費來源是保費、部分負擔及聯邦綜合稅收Medicare的Part A與Part B並不是所有的項目都有給付（Medicare的總支出只佔美國老年人醫療總費用的一半而已），像處方用藥、長期護理之家、預防篩檢及視力檢查與配眼鏡等並未給付。因此，就有健保公司設計出稱為Medigap的方案，讓Medicare的被保險人選購，以給付這些Medicare沒有給付、以及Medicare所需要的自負額與部分負擔的項目。這些方案並非Medicare的方案，可是後來因為市面上相關的保單太過雜亂，造成一些被保險人的困擾，Medicare才出面整理並規定10套制式化的Medigap保單讓健保公司販售。

【Part C】

原本的Medicare只有Part A與Part B，在1997年，為了控制逐年上升的支出，Medicare增加一個新部分，稱為「Medicare加選擇」（Medicare+Choice），在2004年又改稱為" Medicare Advantage"（MA）。這部分是鼓勵Part A與Part B的被保險人選擇加入Managed Care的計畫，以獲得更多給付保障且減輕成本，也希望藉Managed Care的機制控制費用。

【Part D】

Part D是Medicare最新的發展，有關處方用藥的保險給付。「Medicare處方用藥改善及現代化法案」（Medicare Prescription Drug Improvement and Modernization Act of 2003）在2003年通過，12月8日經由布希總統簽署後將於2006年1月1日生效，這被認為是Medicare自1965年制訂以來最大的一次變革與給付的擴大。

Part D與Part B的架構很像，是屬於自由選擇參加，每位參加者要按月繳保費（每月$420），並且有特殊的一套成本分攤方法；Part D的經費也是來自保費、部分負擔及聯邦綜合稅收。Part D與Part C 相似之處則在於都是透過民營的健保組織做為媒介，由他們設計配套方案，提供給Medicare的保戶選購，並承擔財務風險。

（三）「各州兒童健保方案」（State Children Health Insurance Programs, SCHIP）：

「各州兒童健保方案」（State Children Health Insurance Programs, SCHIP）是在1997年實施的，目的在提供不符合Medicaid給付資格的低所得家庭中的兒童，當時估計約有一千萬名需要的兒童。SCHIP大致上與Medicaid性質相似，都屬於公共救助的一環，並且是由聯邦政府提供補助，州政府須提出相對配合款並負責執行的社會福利健保；不過SCHIP的辦理方式與Medicaid有些不同，它可以納入各州的Medicaid計畫中一起執行，也可以是各州單獨的計畫，或者兩者併行，由州政府自行決定採用哪一種模式。

（四）ACA聯邦醫療保險：

歐巴馬健保案，便是建構聯邦及州政府的健康保險交易平台，簡化目前無健保民眾購買或更換健康保險的流程，讓所有民眾可以在交易平台加入。聯邦與州政府要簽訂契約；聯邦政府提供補助，州政府提供健保交易平台。

聯邦醫療保險Part A（Hospital Insurance）與Part B（Medical Insurance）稱作傳統聯邦醫療保險，是為了年滿65歲以及其他患有殘疾的民眾提供的醫療保險方案，Part A給付住院費用，而Part B則給付醫師服務費用、門診服務費用。傳統聯邦醫療保險會幫助符合資格的民眾獲取所需要的保險，民眾要支付一些費用。但傳統聯邦醫療保險不承保的部分項目有視力、牙科、 聽力、處方藥等項目。民眾可以選擇增加其他保障，可參加私人保險公司提供的聯邦醫療保險Part D計畫增加支付處方藥費用，也可以參加註冊聯邦醫療保險輔助計畫（Medicare supplement plan）。或者參加註冊由私人保險公司提供的聯邦醫療保險Medicare Advantage plan（像HMO、PPO）、Part C。Part C包括Part A和Part B所提供的全部保障，包括單一計畫結合醫院費用以及醫生和門診護理，再參加私人保險公司提供的聯邦醫療保險Part D計畫增加支付處方藥費用。

歐巴馬健保中有下列醫療保險計劃，都包括了十項最基本的醫療服務：(1)門診服務(2)急診服務(3)住院治療如手術(4)產婦和新生兒護理(5)心理健康和物質使用障礙服務(6)處方藥(7)康復治療(8)實驗室檢查(9)預防性體檢和慢性病保養(10)兒科服務。

1. 白金計劃Platinum Plan（個人承擔10%，保險公司承擔90%）如果常年需要看病治療和手術住院的話，此計劃是首選！
2. 金計劃Gold Plan（個人承擔20%，保險公司承擔80%）。
3. 銀計劃Silver Plan（個人承擔30%，保險公司承擔70%）銀計劃是「市場標準」計劃（The Marketplace Standard），意思是指政府會按照銀計劃的平均價格做為準則給予補助。
4. 銅計劃Bronze Plan（個人承擔40%，保險公司承60%）對於那些不打算使用很多的醫療服務的個人和家庭，這是一個很好的選擇。對於低收入家庭而言，經政府補助之後，保費可能很少，甚至免費就可以享受銅計劃。

三種醫療保險計劃主要差異在於其自費比例，保費越高自費比例越低，且參加保險者可自行選擇醫療保險計劃，此外還有一個災難保險計劃（Catastrophic plan）。

5. 災難保險計劃（Catastrophic plan）：限於給30歲以下，或者符合豁免條件，收入不符合補助資格（低於100%FPL）Federal Poverty Level）聯邦貧窮標線的個人或家庭。保險項目以最基本底線為準則。

   2014年開始，任何65歲以下的美國合法居民（合法居民不僅限為公民或綠卡持卡者。凡是能合法留在美國的人都有資格申請，合法申請者都會被無條件接受）必須有保險。若錯過了3個月的開放申請日期，正常申請購買程序即被關閉，但若有下列不得已的原因（Life Changing Event人生變故），就能通過「特殊申請」（Special Enrollment）來購買保險；即在非開放投保期間，如果民眾發生以下任何一項情況，可以於60天內提交健保申請表格，申請加入新的健康保險計劃。

   (1) 失去原有的醫療保險如：失去工作或因減縮工時而失去公司保險資格、學生畢業、年滿26歲必須從父母的醫保計劃中分離出來、因為收入變化等原因不再符合 Medicare 、Medicaid或者CHIP。

   (2) 家庭人口變化，如：結婚、離婚、生孩子（領養孩子）、家人過世。

   (3) 住址變更，如：搬家，居住的地區（County）或郵政編碼（zip code）發生了變化、學生畢業或入學新的住宿地址、從其他國家搬到美國居住。

   (4) 其他變化：①收入變化影響你符合新的醫保計劃②歸化入籍變成美國公民③出獄④加入或離開美國志願隊（AmeriCorps）。

歐巴馬健保為強制性投保，投保期限是一年。民眾每年至少有一次機會可在聯邦醫療保險開放註冊期變更計畫並在規定時間內提出申請，2017年的歐巴馬公開登記日是從2016年的11月1日至2017年1月31日，否則就沒有醫療保險且會被罰款。

2017年罰款標準參照2016年罰款標準為成年人每人$695美元，兒童每人$347.50、美元。每個家庭罰款最多不超過$2,085美元，或是家庭收入超出納稅

申報門檻金額部分的2.5%，兩者取其高。通常在個人申報所得稅後，美國國稅局會從退稅款項中扣除這筆費用。

2017年歐巴馬健保保險費將平均上調22%，2016 年，參與歐巴馬醫療保險的保險公司有298 家，2017年將銳減至228 家。這將使超過1/5的消費者（包括美國有5 個州——阿拉斯加、阿拉巴馬、俄克拉荷馬、南卡羅來納和懷俄明州的居民）在購買醫療保險時，都只有一家保險公司可供歐巴馬醫療保險投保人選擇。

二、民營－私人健康保險（Private Health Insurance）

私人健康保險的取得來源，包括：商業保險公司、藍十字和藍盾組織、雇主的自己保險與管理照護計畫（Managed Care Plans）。而隨著健康保險成本的上升，強調成本抑制的管理照護計畫漸形重要。

（一）美國藍盾（Blue Shield）及藍十字（Blue Cross）組織：

藍盾（Blue Shield）及藍十字（Blue Cross）成立於一九三0年代，是美國歷史最久且規模最大的第二大非營利健康保險組織，在美國擁有80%以上健康險投保人數。藍盾及藍十字在美國各州設有分機構，不過這些地方機構的人事、財物都是完全獨立的，當然也有相互競爭及購併的情形發生。一般而言，醫療費用包括了病房費、檢驗費、藥劑費、手術費、醫師診療費等，藍十字是針對前三者（病房費、檢驗費、藥劑費）提供保障，而藍盾則針對後二者（手術費、醫師診療費）提供保障。原本藍盾及藍十字是分屬兩個不同的組織，但自一九七八年起開始合併經營，並提供基本醫療保障及高額醫療保障等兩類保險。1980到1990年代，Blues及健保公司經歷很大的轉型，紛紛朝Health Maintenance Organizations HMO的型態發展，同時民營的健保機構、醫院、醫師團體及個別執業醫師之間出現併購、合併、串連、整合的劇烈風潮。

藍盾及藍十字在是對醫療院所提供給付，而不是對保戶（參加者）提供補償，這種方式與我國現行全民健保的給付方式雷同，也就是說病人所享有的是醫療服務，而非金錢方面的補償。至於醫療費用就由醫療提供者（醫院、診所等）去向藍盾及藍十字申請。這種方式有別於現行商業健康保險「日額型」或「實支實付型」的給付方式。

（二）雇主提供的健康保險（Employer-Based Health Insurance）：

由雇主出面購買保險，為員工投保做為員工的福利，保險費由雇主與員工按比例分攤。

（三）管理照護服務（Managed Care）：

美國的健保體系最與眾不同之處，在於「管理照護服務」（Managed Care），這是在別的國家健保或醫療制度當中看不到的，Managed Care的對比是傳統上單純進行收費與採用論量計酬（FFS）給付方式的醫療財務（健保）機制的做法，在傳統的機制裡（像Blue Cross與Blue Shield），健保組織基本上不太去管控醫師或醫院的醫療行為，只透過成本分攤的方式（如部分負擔）降低病人不必要的就醫；但在Managed Care當中，健保機構則透過一些財務誘因、風險分攤、給付設計及審查等管理措施，規範或積極影響醫療提供者的醫療行為及服務的型態，所以稱為管理式照護服務。

「健康維護組織」（Health Maintenance Organizations），HMO是Managed Care眾多型態當中的一種，HMO的核心理念是從「Prepaid Care」來的，就是一群人在還沒有生病以前，先繳錢集資，再交由醫療提供者用這筆錢照顧這一群人的健康與醫療的需要HMO這個名詞是一直到1973年美國國會所通過的HMO法案當中才正式出現，是一健康照護的組織體系，組織成員支付固定預付費用，獲得綜合性醫療服務的提供，其主要特性如下：

(1) 責任組織並提供綜合性健康照護服務給其成員。

(2) 提供廣泛的綜合性健康照護服務。

(3) 醫師的選擇受限於與HMO有契約簽署關係者。

(4) 組織成員支付固定預付費用。

(5) HMO強調成本控制，其支付給醫師之報酬採薪水制或論人計酬制。

HMO的運作方式，就是整合醫療財務機構（如健保公司或組織）與醫療提供者（醫師及醫院），運用一定的財務經費，去照顧一群人的健康並提供必要的醫療，並共同承擔財務風險。問題在HMO的此核心原則會造成醫療提供者與病人的利益之間很大程度的對立，特別是營利性的HMO，為求更高的利潤，甚至對病人的就醫採取關卡式的監督與管制，讓病人喪失就醫的選擇權與自由。此

外，由於許多經營不善的營利型HMO紛紛關閉或拍售，病人被迫更換醫師或失去保險，在這樣的情況下，民眾對HMO的不信任與反彈越來越大。

然後再從HMO演變出來的幾種變相的HMO型態有PPO、 POS及EPO，在病人的就醫方面給予較大選擇空間，並在醫病關係方面有所改善，最後都被統稱為管理照護服務（Managed Care Organizations, MCO）。而所謂管理照護服務乃以有效成本控制方法提供所屬成員醫療服務的醫療費用計畫總稱。

Managed Care Organizations快速增加，相較於傳統的健保公司或Blues，MCO的保費較低，被保險人所須負擔的成本分攤也比較少（或不須部分負擔），給付範圍也比較廣泛，所以雇主紛紛選擇MCO來為員工投保。這些新型態的MCO後來居上超越HMO，並成為目前美國Managed Care及健保的主幹。目前大部分的公民營健保都採用或與Managed Care的方式搭配運作，Managed Care有六種較典型的模式，其中HMO有三種：Staff Model HMO、Group Model HMO、與Network/IPA model HMO；另外三種是POS、PPO及EPO。

1. 管理照護服務的模式：

(1) Staff Model HMO：Staff Model HMO有自己的醫院及受薪醫師的HMO，是屬於封閉型的醫療服務體系，登記的保戶的就醫完全在這個體系之內。

(2) Group Model HMO：Group Model HMO也是一種封閉型的醫療服務體系，只是他沒有自己聘雇的醫師，而是透過與一群包含一般照護與各專科醫師的醫師或團體簽約，由這群醫師團體為其登記的保戶提供醫療照護，這群醫師團體只能為這個Group-Model HMO服務，不可再與其他HMO簽約或看自己額外的病人。通常HMO會分配一定數量的病人給每一位一般照護醫師（Primary Care Physicians，PCP，包含一般科、家醫科及小兒科醫師），採論人計酬及Prepayment的方式，平常由PCP照顧好所屬病人；PCP同時也扮演醫療守門者（Gatekeeper）的角色，病人有任何症狀都要先到PCP那裡就診，再由PCP視其病情需要將病人轉給專科醫師診療或住院治療，病人不可以越過自己的PCPs自行找專科醫師診療及住院，否則費用要完全自付。這種HMO通常是以FFS給付專科醫師，但是會加上一些費用審查、貴重處置事先報備核准的管控措施，另外再配合獎金制度，整個體系盈餘有一定的比例會核發給醫師做為獎金。

(3) Network/IPA Model HMO：Network/IPA Model HMO其實是兩種很相近的HMO模式，與Group-Model HMO很類似，只有兩點不一樣，就是與其簽約的醫師或團體較廣，這群醫師或醫師團體可以同時為該HMO系統的保戶服務，也可以服務系統外的病人。登記在此HMO的保戶生病時也是只能依照HMO的規定，在其所提供的醫療網絡中就醫。在這裡，IPA代表的是Individual/Independent Practice Association，是指由單獨執業的醫師們所組成的團體，再由這些團體出面去與HMO簽訂合作合約。與前面三種HMO Models相比，後面三種Managed Care Plans某種程度上給病人較大的就醫選擇空間，但是雖然病人並未被限制只能在其系統內就醫（EPO除外），不過病人若到系統外的醫療提供者就醫，則必需負擔較多的費用。

(4) 供應者組織Preferred Provider Organizations（PPO）：乃與健康照護提供者訂立契約，以較便宜的費用提供醫療服務給其所屬成員之一種計畫。Preferred Provider Organizations（PPO）是目前最多人加入的管理照護服務（Managed Care Plan），PPO成功的地方在於為雇主及其所屬員工的情況與需求設計健保及醫療安排，保戶通常可以選擇自己喜好的醫師（Preferred Provider）做為自己的PCP，PPO甚至會應保戶的要求將其PCP納入簽約的醫師名單中，所以基本上保戶不需更換熟悉的醫師。但是保戶若至名單外的醫師或醫院就醫，只能獲得部分給付，自己自付的金額會加重。一般而言，PPO和POS對醫療費用的管控程度比HMO要來得低，大致是藉由使用費用審查、昂貴醫療事前報備核准等管控措施，再加上與醫師及醫院協議的折扣價給付，通常醫師申報量越多，給付金額的折扣也越重。

PPO與HMO有以下三個主要差異：

① PPO是採論量計酬制，以協商較便宜（折扣）的費用來支付診療報酬；HMO則採薪水制或論人計酬制。

② PPO原則上成員可自由就醫，有自由選擇醫師的權利，然僅以一些財務誘因（如減少自負額等）來鼓勵成員到與PPO有契約關係的醫師那兒就醫；HMO原則上限制成員就醫自由，醫師的選擇受限於與HMO有契約簽署關係者。

③ PPO一方面以財務誘因（如減少自負額等）來鼓勵成員到與PPO有契約簽署關係的健康照護提供者那兒就醫；一方面以龐大成員為後盾來和其健康照護提供者協商，以較便宜（折扣）的費用來支付其診療報酬，以此方法來控制健康照護成本。

(5) 專有供應者組織Exclusive Provider Organizations（EPO）：專有供應者組織Exclusive Provider Organizations（EPO）與PPO幾乎一樣，差別只在EPO對所屬保戶到系統所提供的醫療提供者名單之外就醫，完全不予給付。換言之，其成員若在特約的醫療供給網外就醫，則必須自己支付全部費用。

(6) 服務點計畫Point of Service（POS）：服務點計畫可稱為無限制的（Open-Ended）HMO或稱混合計畫，即結合了HMO與PPO的特性。容許保戶在要就醫時決定醫師，這是Point of Service（就醫之時點）的名稱根據。為鼓勵保戶使用系統所提供的醫療提供者名單，在系統內就醫的部分負擔很少或全免，然若在此供給網外就醫，雖會給付，但成員必須支付較高自負額或共同保險費用。

2. 管理照護服務的優缺點：

(1) 優點：

① 由於管理照護服務強調成本控制，健康保險保費的增加率已降低。

② 與傳統保險相較下，管理照護服務有較低的住院及外科利用率。

(2) 缺點：

① 由於強調成本控制，使得照護品質降低。

② 醫師的醫病自由受到限制。

3-3-3 日本

一、日本醫療保險制度介紹

日本的醫療保險制度在1922年4月制定健康保險法，首先建立以受雇者為對象的醫療保險制度，於1938年制定國民健康保險法，建立以自營業者、農林漁業者與無職業者為對象的國民健康保險制度。1961年所有國民都有義務加入國民健康保險開始全民保險。1973年70歲以上老人享有免費醫療，實施被保險者家屬醫療費用70%免負擔，同時建立了對被保險者負擔比例上限的高額療養費制度。1983年老人保健制度實施。1984年建立退職者醫療制度，實施醫療費用部分負擔，被保險者自行負擔10%。1994年，由患者負擔一定比例的住院伙食服務費。1997年提高醫療費用部分負擔，被保險者自行負擔20%的醫療費。2002年再提高被保險者醫療費用部分負擔至30%。2008年建立後期高齡者醫療制度。

二、日本醫療保險的特點

（一）醫療保險本身與養老保險構成日本社會保險的兩大支柱，在日本醫療、養老、失業、工傷四大保險中，醫療和養老是整個社會保險的最主要的支柱。

（二）醫療保險制度本身具有很大的慈善事業性質日本醫療保險建立的目的是為了穩定勞資關係、安撫勞動階層、謀求產業和平，因此最初的醫療保險雖然覆蓋面不寬，但囊括了傷病、死亡、分娩，甚至包括了家屬醫療費用的支出和探視慰問費用。1973年被稱為日本的"福利元年"，除對70歲以上老人實行免費醫療、把對家屬的保險水平由50%提高到70%外，還新設了高額治療護理費支付制度，提高了分娩費和喪葬費。

（三）醫療保險本身種類繁多，構成複雜，制度間不統一，從醫療保險制度本身來看，分為受雇者保險和地區保險兩部分，兩大部分又分別由健康保險、國民健康保險、船員保險和共濟組合四大部分組成；從制度運作來看，有分別由國家公務員、地方公務員、私立學校教職員參加的共濟組合式的營運，有由700人以上大企業參加的健康保險組合式的營運，有一般受雇者以政府為保險人的政府掌管營運和一般公民的國民保險營運；

從保險的內容來看，不僅包括醫療費用的支付和負擔，還包括分娩補貼、育嬰補貼、喪葬費、療養補貼等；從保險對象來看，不僅包括被保險者本人，還包括其贍養家屬。從繳費比率來看，有按定額繳納的、按工資比率繳納的，按工資比率繳納的由 4.92~10.0%不等；國庫負擔情況也各有不同，除事務性經費外，國庫還對醫療保險的部分支出費用予以補貼，補貼部分既有按比例計算的，也有按定額計算的。

（四）醫療保險原則上應由投保人繳納的保險費支付醫療費用，但日本的醫療保險的資金來源由保險費和稅收兩部分組成。國庫負擔部分是由稅收來彌補的。彌補的金額各制度有所不同。

（五）日本的醫療保險結算採用醫療行為報酬方式，又稱診療報酬方式，診療報酬由國家確定。即國家分別對診察、檢查、治療等醫療行為制定出價格，醫生為患者看完病後合計出上述金額向保險部門報銷。由於這種方式是將所有醫療行為進行累加，又被稱為「論件計酬」。

三、日本醫療保險制度類型

（一）國民健康保險：

該制度的營運主體是全國市町村（特區）17和國民健康保險組合。被保險對象分為兩大部分：一是普通國民包括農民、自營業者；另一部分是一般受雇者保險的退休人員。2018年加入者有30,256千人。

（二）健康保險：

健康保險制度是1922年隨著健康保險法的頒布建立起來的，健康保險法規定，受雇於5人以上企業的勞動者極其家屬都必須加入健康保險，其中包括一般受雇者和日受雇者。一般受雇者和日受雇者的健康保險營運主體分全國健康保險協會與健康保險組合兩部分。一般受雇者的企業可以申請建立健康保險組合，如有700人以上的企業可向厚生勞働省申請核准後建立健康保險組合為營運主體。2018年加入者有68,955千人。

（三）船員保險：

船員保險是考慮到船員工作的特殊性，依船員保險法於1939年專門創立的醫療保險制度，該制度的營運主體為全國健康保險協會。2018年加入者有119千人。

（四）各種共濟：2018年加入者有8,575千人

1. 國家公務員的醫療保險：日本國家公務員的醫療保險依照國家公務員共濟組合法建立的共濟組合管理營運，由於該機構專門經辦公務員醫療、傷亡、生育保險。

2. 地方公務員的醫療保險：日本地方公務員的醫療保險依照地方公務員共濟組合法建立的共濟組合管理營運，由於該機構專門經辦公務員醫療、傷亡、生育保險。國家公務員共濟組合、地方公務員共濟組合成了公務員醫療保險的代名詞。共濟組合具有特殊法人資格，受國家和地方政府的監督。法律規定公務員必須加入共濟組合，公務員醫療保險的對象是公務員本人及其撫養的家屬。

3. 私立學校教職員醫療保險：日本私立學校教職員原來是參加一般受雇者的健康保險，50年代後期從一般受雇者保險中分離出來成立了獨立機構－私立學校振興共濟事業團，專門經辦私立學校教職員養老保險和醫療保險。私立學校振興共濟事業團和國家公務員共濟組合一樣具有特殊法人資格，接受日本文部科學省的監督。保險對象是所有私立學校的教職員及其家屬。

（五）後期高齡者醫療制度：

2008年建立後期高齡者醫療制度，以超過75歲或，65歲至75歲的人有一定障礙者，2018年加入者有17,718千人。該制度的營運主體是後期高齡者醫療廣域連合。

四、醫療保險的資金來源

醫療保險的資金主要來自兩部分：投保企業和個人繳納的醫療保險費和國家財政稅收的補貼。醫療保險是強制保險，一般雇員和公務員從工資中自動扣除保險費。但參加國民健康保險的非工資收入者（農民和自營業者），只能自己到市町村政府繳納，因此造成國民健康保險的繳費率只有93%，按制度規定，滯納保險費者醫療費必須自行負擔，而受雇者保險費的繳納率可以達到100%。

保險費負擔比率各制度間有一定的差別。受雇者保險按工資比例，原則上雇主和個人各負擔一半。一般受雇者保險中政府營運的部分，其保險費率為10%，勞資各負擔5%；健康保險組合營運部分，由於均是大企業，雇主負擔比率高於雇員分別為4.044%和3.273%，合計為工資總額的7.318%；日受雇者將其日工資分為1-11個級，每級按定額徵收，金額從390日圓到3230日圓。船員保險徵收比率為9.60%。

公務員由於受雇於國家和地方政府，保險費雖然也是勞資各半，事實上雇主一方的保險是由國家和地方稅收出資，國家公務員部分由於包括了國有企業、其繳費比率參差不齊，原則上個人繳費部分在2.36~3.833%之間；地方公務員個人繳費比率為3.38%~4.7378%。私立學校教職員的繳費比率為 7.599%，勞資各負擔3.7995%。普通國民的地區保險是按每戶定額收取保險費。

國家財政對醫療保險的補貼也因制度不同而有所區別。政府營運的一般受雇者保險事務費全額和給付額的16.4%由國家負擔；各健康保險組合營運的一般受雇者保險，國家除補貼部分事務費外，每年依據給付情況予以補貼。船員保險的事務費由國家全額負擔，國家公務員和地方公務員保險的事務費全部由國家財政和地方財政負擔，私營學校教職員的保險，國家只負擔部分事務費。對國民健康保險組合國家負擔的比例較大，除所有事務費外，國家對保險金給付的負擔比率達41%。對後期高齡者醫療制度公費負擔的比例50%。(国：都道府県：市町村4：1：1)。

此外，醫療保險規定：對無工作能力、無收入來源、無法繳納保險者，經核實可劃為生活保護範圍，免繳保險費，享受免費醫療。低所得的農民和自營業者可減免部分保費。

在醫療給付有設部分負擔，義務教育學生至70歲以下負擔30%，學前義務教育負擔20%，70至75歲以上負擔10%。

將上述各國健康保險制度簡單說明比較，見表3-4。

表3-4　各國健康制度比較

國家／比較	臺灣	日本	美國	英國
施行日期	1995年3月1日	1961年	1965年	1948年7月
健康照護體制	社會保險	社會保險	社會保險 +私人保險	國民保健服務
特色	醫療服務機構由政府或私人擁有	醫療服務機構由政府或私人擁有	醫療服務機構由政府或私人擁有	醫療服務機構的所有權及控制權為政府所有
財務	財源來自稅收與保險費，以保費為基礎	財源來自稅收與保險費，以保費為基礎	財源來自稅收與保險費，使用者付費	一般稅為主，指定用途稅為輔，以稅為基礎
主要制度形式	全民健康保險	國民健康保險	ACA聯邦醫療保險或私人健康保險	國民健康服務
福利結構	相對的集體平等主義	相對的集體平等主義	依個人選擇而有差異	所有國民享有同等的福利，集體平等主義
就醫的可近性	高，無就醫障礙	高，無就醫障礙	高	高

第二篇 社會保險個論

Chapter 04 老年殘廢遺屬保險

學習內容

4-1 老年殘廢死亡事故及其保障制度

近年來在年金保險有關年金給付費用支出方面，因受到現有被保險人與受益者間比例的改變，依賴人口比率的增加，以及平均餘命的延長等因素而使得支出不斷增加。由此可見，自世界主要工業化國家人口結構的改變，高齡化社會的來臨、衛生保健條件的改善，以及少子化現象等諸因素的相互影響，使得人類的平均壽命普遍提高，而對老年經濟保障制度與健康保險的維護更為重要。

在社會保險年金制度的領域裡，有關年金保險的種類除依保險事故別而分有老年年金、殘廢年金及遺屬年金等三種的劃分外，對於三種年金保險給付水準的處理與規劃，又可依其保障程度及職業別而有所謂基礎年金（Basic Pension）與附加年金（Additional Pension）的設計，歸屬第一層保障，均採強制性方式辦理。

惟並非各國社會保險年金制度的規劃均作相同的設計，有些制度並無所謂基礎年金及附加年金的規定，但其規劃的目的大致相同，旨在作第一層的基本經濟保障，例如美國的老年遺屬殘廢保險，有些制度則設有基礎年金與附加年金；例如英國的國民保險與日、韓的厚生年金保險與國民年金制度等。然在一般企業員工退休金制度的領域裡，其給付項目大都以老年退休為主，殘廢或死亡等事故為輔，有些計畫則併入員工團體保險中考量，歸屬第二層保障，多採任意性方式辦理。

4-1-1 老年殘廢與死亡事故

老年殘廢與死亡事故的共同特性為屬於本人經濟活動及其家屬依賴生計的終止，產生經濟不安全的問題。換言之，勞工因到達法定退休年齡，勢必退出勞動市場而喪失其正常收入來源，或者因傷病致成殘廢或面臨死亡的可能而縮短其賺錢期間，致使影響其家庭生活安全。茲將老年殘廢與死亡事故的定義及導致經濟不安全的因素，加以說明於後。

一、老年 (Old-Age)

（一）定義：通常係以年齡為衡量的標準。何種年齡（年歲）才算老年的開始，各國因社會經濟結構及平均餘命等的不同而異，一般大都以65歲

為老年的開始年齡。依聯合國的統計標準亦指65歲以上的人口。值得注意的是，「老年」與「退休」間具有密切關聯，但不一定相同。理由為「老年」通常均以個人年齡為衡量的標準，而「退休」除依照年齡訂定外，還會考慮個人的健康狀況及工作能力等因素來決定。

（二）導致經濟不安全的因素：有關導致經濟不安全的因素，可歸納成下列各點：

1. 年老退休喪失工作收入，所得能力大幅減弱。
2. 生活水準日漸提升及醫療保健費用等的提高，致往後生活費用無法大幅降低。
3. 無適當的儲蓄準備。

二、殘廢（Disability）

（一）定義：指身體損傷經醫師診斷為其永不能復原者稱之。勞工因罹患傷病導致殘廢時，通常依其工作能力或所得能力損失情形來劃分其殘廢程度，以供認定殘廢等級的參考。因此，殘廢的確定必須經由罹患傷害或疾病治療終止後，仍無法治療恢復其身體健康，以致工作能力損失者，故殘廢可視為傷病的延長事故，亦即間接事故。而依殘廢的發生是否屬於職務性，可將殘廢分為普通殘廢與職業災害殘廢兩種。

（二）導致經濟不安全的因素：有關導致經濟不安全的因素，可歸納成下列各點：

1. 工作能力減低，致收入減少。
2. 完全喪失工作能力，在尚未到達老年退休年齡前，即須提早退出勞動市場（稱為早期老年，Premature Old-Age），致喪失收入。
3. 無適當的儲蓄準備。
4. 仍有基本生活費用支出。

三、死亡（Death）

（一）定義：指所有維持個人生命所需的功能與新陳代謝過程的永久停止狀態

而言。事實上，社會保險中所稱的「死亡」事故，通常係指勞工在其勞動期間因傷病導致死亡而言，即一般所謂勞工本人的早死。值得注意的是，勞工遭遇死亡所造成的經濟不安全，只有在勞工死亡後留有經濟上未完成的責任時（如遺有受扶養家屬或待償還的抵押借款等），才會發生，依此定義，若在非勞動期（如三歲）死亡時，將不被認為是經濟觀點上的早死。

（二）導致經濟不安全的因素：有關導致經濟不安全的因素，可歸納成下列各點：

1. 人類生命價值（Human Life Value）的損失，亦即勞工因早死導致其預期勞動期間原應為其家庭負擔的未來收入損失。例如：一個勞工其將來淨收入的估算值（人類生命價值）為800萬元，則其早死將導致約略800萬元的生命價值損失。
2. 遺有受扶養家屬及尚未完成的財務負擔責任。
3. 無足夠資產與其他所得來替代。
4. 產生額外費用（如喪葬費等）支出。

4-1-2　老年殘廢與死亡保障制度

老年殘廢與死亡保障之各種具體措施，有依個人能力來處理的，如投保普通個人壽險、商業年金保險、儲蓄等；也有由企業提供的，如企業年金（Occupational Pension）、投保團體人壽保險等；以及由政府經營辦理的，如國民年金（National Pension）、社會保險、公積金（Provident Fund）、社會救助等。以下僅針對政府提供的老年殘廢與死亡保障的部分，做進一步探討與歸納整理，並於第二節詳細介紹年金制度之內容。

一、就給付方式區分

（一）一次給付制（Lump Sum Payment）：簡言之，即提供一次可領取全部給付金額的經濟安全保障制度。

（二）年金給付制（Pension Payment）：即提供定期性繼續支付給付金額的經濟安全保障制度。

二、就財源方式區分

（一）稅收制：以稅收支付給付費用的制度，較適於稅制健全的國家。

（二）公積金制（Provident Fund System）：是一種強制儲蓄制。由勞雇雙方按勞工薪資的一定比率，強制提撥金額到勞工個人儲金帳戶，並以此帳戶內的本利和來提供基本經濟安全保障的制度。

（三）社會保險制：以保險費為其主要財源，重視自給自足的精神及強調請領給付者的義務。

三、就制度方式區分

（一）國民年金：即以全民為給付對象，而由政府提供保障基本生活的年金給付制度。

（二）社會保險：即政府為推行社會政策，應用保險技術，採強制方式，對於全體國民或多數國民遭遇老年、殘廢與死亡等特定危險事故時，提供保險給付以保障最低收入安全為目的之制度。（以下提及的社會保險制度僅針對其老年殘廢與死亡保險部分）

（三）公積金制：指按勞工薪資提撥一定比率或數目之薪資至個人儲金帳戶或基金處，由勞、雇雙方分擔（或由雇主全額負擔），受雇者符合條件時，將已提撥金額加計利息或其他利潤給付予該受雇者之制度。

（四）社會救助：即政府對因故有經濟問題者，經資產調查，確認有受救助的需要後，利用稅收給予給付以維持其最低生活水準的一種制度。多數實施社會救助的國家，均以其作為補充社會保險或國民年金給付不足的措施。

4-2 年金制度的理論基礎

4-2-1 年金制度實施的方式——就體制架構區分

在歐美國家所推動的社會安全及社會福利制度中，社會保險中的國民年金制度更是為了推行社會福利制度所制定的重要政策，其實施的方式一般可分為俾斯麥模式（Bismarck Model）及貝佛里奇模式（Beveridge Model）兩種，內容介紹如下：

一、俾斯麥模式（德國年金保險體制又稱分立制）

強調普及式的福利，其社會保險強調均一費率及均一給付，其中，均一費率是指所有的勞工及自雇者均繳交均等的費用，惟勞工所繳交的費用是由雇主及政府分攤；而均一給付是指每一位被保險人均有相同的給付，但對小孩及婦女等依賴人口的需求則由政府提供補充性的給付。依職業別不同而設立之年金保險制度所構成，其主要的年金保險制有五種，即勞工年金保險（又稱體力勞動者年金保險）、職員年金保險（又稱非體力者年金保險）、礦工年金保險、手工業者年金保險及農民年金保險。前三者為受雇者年金保險，又通稱一般勞動者年金保險；後兩者為自僱者年金保險。

二、貝佛里奇模式（英國國民保險體制又稱單一制）

著重社會保險的精神，具強制性，且以勞工為主要的投保對象，英國全體國民都需參加國民保險制度，國民保險提供各種與生、老、 病、死、傷、殘有關的現金給付，提供雙層之經濟保障。第一層保障為提供全體國民均享有之均等給付（定額）年金（提供國民最低之生活保障故稱基礎年金），第二層保障為提供受雇者之所得相關年金，但允許公務員年金及企業年金除外適用，第二層之所得相關年金，則視受雇者薪資高低，提供不等之年金，但允許個人採「契約」外包方式，參加雇主之職業年金措施，或自行參加私人年金，而可以不參加所得相關年金方案，因此可以稱之為「附加年金」。

除了俾斯麥模式與貝佛里奇模式之外，還有強調普及式的社會安全制度的瑞典模型（Swedish Model），此一模型是由社會安全制度，積極的勞動市場政策，以及龐大的公共服務部門所共同形成的，由於社會安全制度是瑞典國家的核心，1990年以前，此一模式在瑞典的推動均極為成功，故被稱為是瑞典模式，一直到1990年代的末期，因為受世界大戰及經濟危機的影響，瑞典政府才將其修正為新的年金政策，稱之為法定附加年金給付ATF（Earning-Related Supplementary 或現稱National Supplementary Pension），而此一制度的支付方式大抵可分為三個層次。

第一層為基本年金，第二層為法定強制性與薪資有關之制度，第三層則是依勞僱協約所提供之企業附加年金。

不論是採用哪一種模式，社會福利的產生基本上都是為了保護老年的經濟安全，而針對老年經濟安全的議題，則根據世界銀行於1994年所出版的「避免老年危機」的研究報告中，曾提出老人經濟保障制度可透過三種功能來達成，分別是再分配、儲蓄，以及保險等三個層面來達到保障老人經濟安全的目的，其中，第一層為採強制性的法定公共制度，包括社會保險、社會救助或社會津貼，以減少老人的貧窮問題；第二層採任意性的員工退休金制度，第三層則是採任意式的人身保險持續方式，透過這三層的保障及其共保之方式，可以解決老人的經濟風險，從而達到經濟保障的目標。

表4-1 年金制度架構比較表

<table>
<tr><th>年金模式</th><th>俾斯麥模式</th><th>貝佛里奇模式</th><th>混合模式</th></tr>
<tr><td>國家</td><td>德國</td><td>英國</td><td>瑞典</td></tr>
<tr><td>實施期間</td><td>1889</td><td>1908</td><td>1913</td></tr>
<tr><td>年金特色</td><td>強制性
以勞動人口為主</td><td>第一層具普及性
第二層具選擇性</td><td>普及性
強制性</td></tr>
<tr><td>第一層</td><td rowspan="3">老人年金涵蓋範圍包括：
1. 受僱人員
2. 自雇者
3. 照顧未滿三歲子女者
4. 領取社會給付（失業保險者）志願從事照護的勞工</td><td>公共年金
（國民基礎年金）</td><td>基本年金</td></tr>
<tr><td>第二層</td><td>公共年金
企業年金</td><td>法定強制與薪資相關</td></tr>
<tr><td>第三層</td><td>個人年金
（私人商業保險）</td><td>勞動與雇主協約提供之企業附加年金</td></tr>
</table>

資料來源：林慧芬，國政研究報告網，2003年

4-2-2 年金制度實施的方式——就財源方式區分

全球在一百九十四個國家或地區中，已有一百七十個國家實施老年、遺屬與身心障礙保障制度。而相較於一次給付制度，年金制度在全球各國的社會保險制度中已成為主流趨勢，我國的國民年金保險制度更是後來居上，不僅保障範圍擴及無業的國民，並給予國民年金開辦前已年滿六十五歲或加保前即為重度以上身心障礙者得依規定領取「老年基本保證年金」或「身心障礙基本保證年金」，被保險人如同時符合身心障礙年金和老年年金請領條件者還可以擇優領取，再加上各種保費補助設計，此種完善規劃甚至連最早提倡社會保險制度的德國，其制度設計都不如我國優厚。

目前已實施年金制度的國家：加拿大、丹麥、紐西蘭、澳大利亞、瑞典、臺灣、美國、英國、法國、德國、日本、韓國新加坡、智利、墨西哥等。實施的方式可區分為三種類型，分別為稅收制、社會保險制及公積金制。

一、稅收制

指年金的給付對象採以普遍或全民的社會津貼方式或社會救助方式辦理。最主要是以居住條件或是以所得調查來作為給付條件，而這些給付的財源則來自於國家的稅收，因此稱之為稅收制。

二、社會保險制

政府應用保險技術，採用強制性要求全體國民或符合一定條件的國民強制納入保險體系中，並在老年、身心障礙或死亡時，提供保險給付，來保障被保險人或其遺屬基本的經濟生活保障。我國的國民年金制度即是採取社會保險的模式辦理，但更增加許多社會福利的內涵。

三、公積金制

政府規定由勞雇雙方依員工薪資所得按月提撥一定百分比充當公積金，採本金加利息儲存的一種強制儲蓄制度，而每一員工均設有個人帳戶，在發生特定事故時，可以從個人帳戶中請領其本息以應需要。

4-2-3　年金制度實施的方式——就提撥方式區分

退休金制度的提撥方式主要有分為二種：確定給付制（Defined Benefit, DB）和確定提撥制（Defined Contribution, DC）。「確定給付制」係指企業建立退休金制度時，預先設定員工退休時可領取之退休給付標準，以該標準精算應提存之準備金，目前勞基法退休金制度即採此方式設計。所謂「確定提撥制」簡單來說就是預先設定固定的提撥標準，勞工屆齡退休時退休金的給付，即為提撥金額及其孳息的累積總額，目前勞工退休金條例中個人帳戶制即屬於此類。其二制度之主要不同點列於表4-2。

表4-2 退休金制度的提撥方式之比較

項目＼退休金制度	確定給付制	確定提撥制
特性	雇主允諾員工之退休金給付是確定的、事前決定，但產生確定退休給付所需提撥的金額卻是變動的。	確定提撥制下所提撥的金額是固定的但未來的退休給付卻是不確定的。
提撥方式	由雇主或政府承諾員工在退休時支付一定額度的退休金。退休金數額之決定與薪資水準及服務年資有關。	由雇主在員工工作期間，定期提撥一定金額到員工退休金帳戶中。
投資風險	由雇主或政府承擔，有實質的財務風險。	由員工承擔，通貨膨脹致使實質退休所得下降。
對雇主的成本	變動，退休金之精算成本為估計值，較不確定。	固定，無須複雜之精算技術，可節省管理費用。
員工離職時	非可攜帶式退休金，年資中斷，無法領到退休金。	可攜帶式退休金，不必擔心因公司關廠或離職而領不到退休金。

資料來源：自行整理

4-2-4 年金制度實施的方式——就給付標準區分

年金保險係指為保障因老年、殘障與死亡等所導致勞動能力喪失之本人，或失去家庭支柱的遺族，發生所得中斷、減少之情況，而給予給付之制度。針對老年、殘廢與死亡的生活保障，因有長期給付的需要，普遍採行年金給付方式。而社會保險體系中的年金保險與以全民為對象但未必採行社會保險方式辦理的國民年金等，可統稱為公共年金(Public Pension)。各國老年公共年金制度，就給付標準（公式）而言，可包括下列三種類型（圖4-1）：

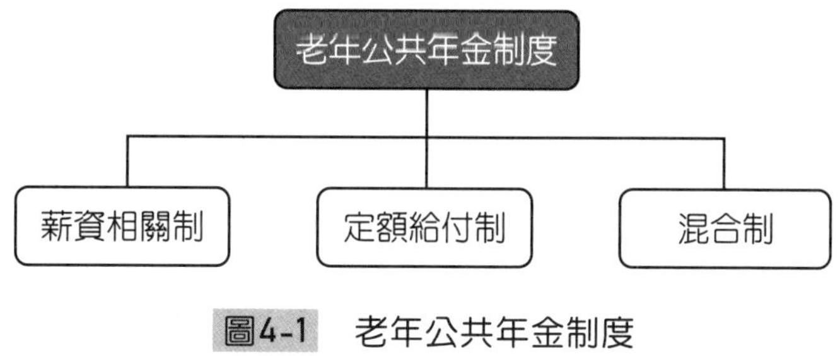

圖4-1 老年公共年金制度

一、薪資相關制（Earning-related Pension System）

即年金給付額的計算，乃考量投保薪資的高低與投保年資的長短而有不同，通常所得愈高所能領取的給付愈多。然為強化所得重分配的功能，於設計給付公式時，往往設法縮短高低所得者間的給付差距，亦即年金給付額與所得不一定成等比例的直接數理關係。至於其據以計算給付的薪資，有以給付前最後數年的薪資（Final Salary）為計算的基礎；也有以全部工作生涯的薪資（Career Salary）為計算的基礎。採全部工作生涯的薪資計算基準，因各期投保薪資均會影響年金金額，具抑制薪資於最後數年浮報，較符合公平性。

二、定額給付制（Flat Rate Pension System）

即符合年金給付條件時，不論個人薪資所得的高低，均享領相等的給付。其目的在於維持受領人的基本生活。

三、混合制（Two-part Formula Pension System）

即混合上述兩制的方法而得，其年金給付金額等於定額給付金額加上薪資相關給付金額。不論所得高低均領取相同定額給付，可保障低所得者的基本經濟安全，再輔以薪資相關給付金額，使高低所得者最後所領取的給付金額仍有差距，可鼓勵持續勞動並維持個人退休前後的生活水準。

4-3 美、日老年殘廢遺屬保險（年金保險）的內容

4-3-1 美國之老年殘廢遺屬保險

美國社會安全制度以1935年8月14日社會安全法案通過實施之全國性的老年、遺屬及殘廢保險（Old-Age，Survivors，and Disability Insurance，簡稱OASDI）為其最重要之方案。此方案最初之承保對象係為受僱勞工、商業之退休工作者；該法案在1939年修正增加遺屬給付，將老年給付之對象擴大至被保險人之扶養親屬及遺屬，並提出以一年分為四季作為累積計算被保險人是否符合請領老年給付條件之作法。1956年修正加入殘廢保險；1958年修正加入殘廢被

保險人之受扶養親屬給付；1960年修正放寬65歲前之任何年齡均可申領殘廢給付；1965年修正針對65歲及65歲以上老人開辦醫療照護保險，逐步建立起主要的社會安全體系。

一、保險對象

初期僅保障商業與工業界的受雇者，嗣後承保對象不斷擴大，涵蓋所有擔任有酬工作者，包括自僱者。因此，無論從事工作者年齡、性別或是否為公民，只要是在美國境內從事工作者均在承保之列。 附帶一提，自1984年1月起總統、副總統、國會議員及新任用的聯邦政府公務員等均為適用對象。

除外對象包括臨時性的農業與家事受僱工作者、淨所得低於四百元美金的自營作業者與1984年以前受僱於聯邦政府的工作人員等。至於鐵路工人，聯邦政府受雇者及許多州和地方政府的僱用人員，另由特殊制度含括。

二、財務來源

因採社會保險方式辦理，故保險費為主要財源。不過由於其社會安全體系僅限於勞動者，而非全民性的國民年金制度，其財務來源主要是來自雇主與雇員所共同繳納的薪資稅，財務獨立，甚少由政府提供補助。其負擔比例如下：

- ✦ 被保險人：受雇者-繳納薪資的6.2%。
- ✦ 自僱者：繳納薪資的12.4%。
- ✦ 雇主：繳納薪資總額的6.2%。
- ✦ 政府：除負擔在1968年前年滿72歲者之特別老年月給付的費用及資產調查之津貼的所有行政費用外，原則上不負擔社會保險年金給付之財源。

在OASDI下之基金稱為「社會安全信託基金（Social Security Trust Fund），設立之最初目的是為鼓勵高齡者退出勞動市場，舒緩高失業率壓力，發展至今幾乎涵蓋所有勞動者。信託基金財務採隨收隨付之部份提存準備制（Partial Funding），以避免因完全或部分提存準備的財務處理方式累積過於龐大之基金，造成投資與管理之困難。

三、給付內容

（一）老年年金：年滿65歲（得提早自62歲開始享領但為減額給付）；正常給付年齡將由65歲逐步延長，每年延長2個月至2027年延為67歲有40季投保年資（40 Quarters of Coverage, QC）。

（二）殘廢年金：事故發生（成為殘廢）前有1/4期間的投保年資持續12個月以上的身心障礙，而無法從事實質上的有報酬活動或導致死亡。

（三）遺屬年金：死亡時為年金受領人或至死亡事故發生前有1/4期間的投保年資。

四、給付標準

美國的年金給付標準係採薪資比例制，老年年金金額與薪資高低相關，但並非等比例的關係，其月給付額係按基本年金額（Primary Insurance Amount, 簡稱PIA）計算。各項年金以PIA的百分比表示，而PIA則由「指數化月平均收入」（Average Indexed Monthly Earnings, 簡稱AIME）計算得出。

（一）老年年金：

65歲正常退休年齡退休者，若單身則每月領100%PIA，若有眷屬且符合給付條件者，可加領眷屬補助津貼（Dependents' Allowance），但有家庭最高給付額限制（Maximum Family Benefit, MFB）。提早退休者減額給予，延後退休者給付增額給予。另老年年金給付亦有薪資限制（Earning Teat or Retirement Test）的規定。

（二）殘廢年金：

殘障者本人的年金額與基本年金額（PIA）同額（亦即100% PIA），若有眷屬且符合給付條件者，可加領眷屬補助津貼（Dependents' Allowance），同樣有家庭最高給付額限制（MFB）。

（三）遺屬年金：

1. 死亡者的配偶，原則上從65歲以後，可領取100%PIA的遺屬年金，而寡婦（鰥夫）亦可從60歲開始領取，然須減額給付。再者，若配偶為殘障者，其領取減額給付的年齡可降至50歲。

2. 若寡婦（鰥夫）必須照顧16歲以下的小孩或照顧殘障小孩，則寡婦（鰥夫）可不受年齡條件的限制，即可領取75%PIA的遺屬年金。

3. 原則上18歲以下的孤兒，每人可領取75%的遺屬年金。

4. 由死亡者扶養的62歲以上的父或母，再一定的條件下亦可領取82.5%PIA的遺屬年金，若父母皆領時，則為150%（即各75%）PIA的遺屬年金。

註：

(1) 遺屬年金亦和退休年金相同設有家庭最高給付額（MFB）限制及薪資限制的規定。

(2) 老年年金年滿65歲方得領取（逐步延長至67歲），但62至64歲可獲減額給付，即對於未達完全退休年齡的被保險人採取年度收入測試（Annual Earnings Test），已達完全退休年齡（Full Retirement Age, FRA）的被保險人則不再做此測試。

4-3-2 日本之老年殘廢遺屬保險

現今日本所面臨的最大問題，就是如何在已經社會高齡化的社會結構下，能夠打造出一套保障老年人口生活需求的年金制度。因此日本政府便制定了養老金保險制度。它由國民年金、厚生年金和共濟年金等組成。日本年金制度主要立法於1941年（昭和16年），日本政府設立以受雇者為對象的「厚生年金保險制度」（厚生年金指日本厚生省發給的老年、傷殘年金），此為日本年金制度的初始。經過戰後混亂期，1961年（昭和36年），日本開始實施以自營業者與農民為對象的「國民年金制度」，進而將日本全體國民皆納入年金體系。

現行日本的老年經濟安全保障體系，在涵蓋的範圍已經相當完備，從制度上來講，日本年金所呈現的是三層式的年金體系。

第一層為「國民年金保險」

國民年金保險或基礎年金，強制全民必須加入，就是我們所稱謂的「社會養老保險」，具有強制加入的特點。2018年底加入者為6,746萬人。日本的總人口幾乎一半以上都加入了。所有居住在日本境內，年齡介於20歲至未滿60歲的居民，皆具備國民年金的加保資格。

第二層為「厚生年金或共濟年金保險」

加入者以大中型企業的職工為主體，也具有一定的強制性。2018年底，厚生年金加入者為3,981萬人，共濟年金保險加入者為448萬人。凡是加入第二層者全部自動加入第一層的「國民年金保險」。

第三層為任意加入的養老保險

則為企業年金及各保險公司提供之私人年金，與政府較無涉，其中有「厚生年金基金」、「企業年金」等。第一層和第二層屬於社會養老保險，都由政府來運作，並具有強制性，因此其性質為公共的養老保險制度。而加入第三層者，也都是在加入了第一層和第二層之後任意加入。2018年，厚生年金基金加入者為1,644萬人。

日本在1959年制定「國民年金法」，加入者為20歲至未滿60歲而未適用其他公共年金者，且70歲以上高齡者提供老年福利年金，並於1961年正式實施，同時並建立各種不同的年金保險制度之間，彼此通算的方法。大體而言，日本的法定年金保險制度大抵可分為六種，分別是共有國民年金保險、厚生年金保險、國家公務員共濟組合保險、地方公務員共濟組合保險、私立學校教職員共濟保險以及農林漁業團體職員共濟組合保險等六種。而每一種制度之被保險人均可以為國民年金之被保險人，因此，許多被保險人皆享有雙重年金保障。日本國民年金保險制度的財務來源，主要來自保險費及準備金的孳息收益，政府僅負擔給付費用的三分之一，行政事務費用及經濟上有困難者，得免繳保險費期間的保險費用，但不補助保險費，日本年金制度在至少每5年即進行一次的「財政再計算」時，同時提出必要的因應措施。

有關日本年金保險的重要紀事詳如表4-3。

表4-3　日本年金保險的重要紀事

時間	內容
1941年	勞動者年金保險法制定
1944年	勞動者年金保險法修正（更名為「厚生年金保險法」）
1954年	厚生年金法修正（將給付開始年齡提高到60歲）
1959年	國民年金法制定（全民年金）、實施福祉年金

時間	內容
1961年	全體國民皆納入年金體系
1965年	厚生年金保險法修正（1萬日圓年金、創設厚生年金基金）
1969年	厚生年金保險法修正（2萬日圓年金）
1973年	年金制度修正（5萬日圓年金、導入物價連動制）
1985年	年金制度修正（導入基礎年金、確立婦女年金權等）
1994年	年金制度修正（決定分階段將給付開始年齡提高至65歲、部份年金、淨所得連動、導入獎金保險費、雇用保險合併給付調整等）
1999年	年金制度修正（削減5%所得比例年金的給付水準，分階段延後厚生年金的給付年齡至65歲、凍結保險費率、提高基礎年金的國庫負擔比率至1/2）
2000年	年金制度修正（將厚生年金給付年齡60歲，自2013年起，每3年提高1歲至2025年為65歲；給付金額適當化調降5%；65至70歲高齡勞動者納入強制加保等）
2002年	年金制度修正（農林共濟年金整合至厚生年金）
2004年	年金制度修正（提高保費、降低給付水準、增加國庫負擔比例、建立「自動平衡調整機制」等）
2011年	年金制度修正（2013年4月起，厚生年金的給付年齡至65歲）
2012年	年金制度修正（受雇者年金制度一元化於2015年10月1日起實施，將基礎年金國庫負擔比例恆常固定為2分之1，施辦年度定於2014年4月1日起配合消費稅調漲一併實施、提供父子家庭遺屬基礎年金之給付於2014年4月起實施、針對短期勞工，擴大厚生年金與健康保險適用範圍於2016年10月起實施）
2018年	年金制度修正（擴大勞工保險的適用範圍，按年逐步擴大，現行法為僱用人數500人以上之企業適用，2022年10月則下調為僱用人數100人的企業適用，2024年10月則降為僱用人數50人規模的企業適用。國民年金、厚生年金等原本60歲到70歲的開始受領期間，擴大到60到75歲之間。2020年4月起適用。針對60到64歲高齡厚生年金中給予特別給付的在職老年年金，停止給付門檻從現行的28萬調高至47萬（年金跟工資總計）

一、保險對象

日本的國民年金保險被保險人涵蓋全體國民，而厚生年金保險及其他各種共濟組合年金保險，則為一般受雇者、公務員、私校教職員、農林漁業團體職員；保險對象可分為三類。

（一）第一類：20歲到未滿60歲的自由職業者、個體經營者、農民和無業居民。這些對象被稱為「第1號被保險人」。2018年底加入者為1,471萬人。

（二）第二類：大中型企業的職工以企業為單位，加入厚生年金或共濟年金者。這些對象被稱為「第2號被保險人」。2018年底加入者為4,428萬人。

（三）第三類：第2號被保險人的配偶。這些對象被稱為「第3號被保險人」。2018年底加入者為847萬人。

二、保費負擔

根據日本國民年金法規定，國民養老保險的保費由國家和國民共同承擔。凡是加入保險者必須繳納保費的2/3，剩下的1/3由日本政府承擔。從2010年7月中旬開始，日本政府負擔部分由1/3提高到1/2，減輕國民的保費負擔。

根據被保險人身份的不同，其繳納的保費也不相同，可歸納三項。

（一）第1號被保險人：不論個人收入多少，一律以每月16,540日圓（2017年4月）繳納。自2005年4月起，以後每年的調整金額為280日圓，一直調整到2017年的16,900日圓為止。

（二）第2號被保險人：由於第2號被保險人參加了厚生年金保險，在繳費時，兩種保費合算繳納。其中一部分從厚生年金轉移到國民年金中，個人繳費手續也不再繁瑣。自2004年10月起，將一般勞工保險費率由13.58%（勞雇各半負擔），每年調升0.354%，至2017年固定在18.3%不再調高。

（三）第3號被保險人：不用承擔保費。這是日本政府鼓勵主婦專門從事家務，減少就業壓力的一種優惠舉措。

三、給付標準

給付標準而言：日本的國民年金保險，給付標準原則上為定額給付制，惟老年基礎年金其給付標準為視繳費期間多寡而採不定額給付；厚生年金保險原則上為薪資相關年金制。將厚生年金之給付水準，由2004年的所得替代率59.3%，逐步調降到2023年後維持在50.2%，透過「自動平衡調整機制」的採用，納入出生率、勞動力減少；平均餘命增加等變動指數之考量，迅速地配合人口結構、社經情勢等變化而自動調整，適度抑制給付金額的調升幅度，不僅可維持年金財務長期平衡，亦可避免制度頻繁地反覆修正。

四、給付內容與條件

日本年金制度之給付內容可分為老年年金、身心障礙年金與遺屬年金，均分基礎與厚生兩部份，其給付條件如下：

（一）老年基礎年金與老年厚生年金給付條件：

主要有二：

1. 老年基礎年金的給付請領年齡規定為65歲，可申請提前至60歲開始請領給付，或延後至66歲後請領給付，提前要減額給付最多減少24%，延後有增額給付最多增加到84%，而老年厚生年金的給付請領年齡規定與老年基礎年金相同。可申請提前至60歲開始給付，或延後至66歲後給付，養老金領取上限75歲。
2. 為二者皆規定須繳納保費達一定期間。

（二）身心障礙基礎年金與身心障礙厚生年金給付條件：

主要有三：

1. 為國家法律所定的身心障礙程度，身心障礙基礎年金的身心障礙程度要符合一、二級者，身心障礙厚生年金的身心障礙程度要符合一級至三級者。
2. 二者皆規定須繳納保費達一定期間。
3. 初診當日即有被保險人資格，身心障礙基礎年金另增加20歲以前因傷病申請身心障礙基礎年金。

（三）遺屬基礎年金與遺屬厚生年金給付條件：

主要有三：

1. 符合遺屬基礎年金的短期條件是當被保險人死亡，或死亡本人曾為被保險人且為60歲以上未滿65歲之擁有國內住所者，遺屬厚生年金的短期條件有三點。

(1) 被保險人死亡時。

(2) 於被保險人加保期間內因傷病看診，並於初診日起5年以內死亡者。

(3) 具一、二級身心障礙厚生年金請領資格，或達到請領資格累積年數者死亡時；長期條件兩者相同。

2. 二者被保險人必須在死亡時已繳納一定期間保費。

3. 給付之遺屬對象遺屬基礎年金是：(1)妻子擁有子女者。(2)子女。遺屬厚生年金是：(1)遺屬基礎年金之給付對。(2)妻子無子女者。(3)55歲以上之丈夫、父母或祖父母（60歲起給付）。(4)孫子。

第二篇 社會保險個論

Chapter 05

職業災害保險

學習內容

5-1 職業安全與衛生問題

科學技術進步與革新的現代社會並不能杜絕生產勞動過程中職業災害事故的發生，職業災害仍然是勞動者面臨的普遍風險，各國政府莫不積極推行工作安全檢查制度，加強廠礦安全衛生設施等，以作為事前的防範，使職業災害得以減少至最低限制。

臺灣地區整體的就業市場乃是隨社會結構的轉變與經濟情勢的變動而變化。積極面而言，在於如何減少失業人數，以降低對於民眾生活的衝擊，促進就業意願；消極面而言，對於已失業者及遭遇職災之勞工如何妥善照應、輔導其再就業，均是現階段政府相關部門的當務之急。為預防職業災害或職業病之發生，除應有必要之安全衛生設備及措施外，並應強化安全衛生管理制度、落實安全衛生教育訓練、宣導及促進安全衛生文化之發展，方能提升事業單位職業安全衛生管理水準。

為保障勞工之權益，加強職業災害之預防，促進就業安全及經濟發展，在各界積極推動下，「職業災害勞工保護法」於民國90年10月11日由立法院三讀通過，自民國91年4月28日起施行。依據105年勞動檢查年報的職業安全衛生法重大職業災害各項資料統計分析：民國105年共322件，傷亡人數371人，其中有12位勞工重傷，321位勞工身亡。

5-1-1 職業災害之定義

根據「職業安全衛生法第二條」，勞工在職業場所之建築物、設備、原料、材料、化學物品、氣體、蒸氣、粉塵等或作業活動及其他職業上原因引起勞工疾病、傷害、失能或死亡者，可稱為職業災害，包括職業傷害及職業病。依職業安全衛生法的規定來定義職業災害，將職業災害分成三種型態。第一種是因為工作場所設備或環境所引起的災害，第二種是因為工作過程所發生的災害，第三種則是因為其他職業上的原因，所發生的災害。亦即，職業災害之認定，須有「職務執行性」與「職務起因性」作判斷。我國勞動法規中有關職業災害之認定，分別見諸於職業安全衛生法及勞工保險條例之相關規定。

一、依據職業安全衛生法第2條就各項定義之規定

（一）所稱勞工，謂受僱從事工作獲致工資者。

（二）所稱雇主，謂事業主或事業之經營負責人。

（三）所稱事業單位，謂本法適用範圍內僱用勞工從事工作之機構。

（四）所稱職業災害，謂勞工就業場所之建築物、設備、原料、材料、化學物品、氣體、蒸氣、粉塵等或作業活動及其他職業上原因引起之勞工疾病、傷害、殘廢或死亡。

二、依據勞工保險被保險人因執行職務而致傷病審查準則第3條之定義

被保險人因執行職務而致傷害者，為職業傷害。被保險人於勞工保險職業病種類表規定適用職業範圍從事工作，而罹患表列疾病者，為職業病。

三、現行勞工保險條例第34條第1項所訂之勞工保險職業病種類詳見附錄D

勞工保險職業病種類表共分為8類69項。該表第8類第2項規定：「其他本表未列之有毒物質或其他疾病，應列為職業病者得由中央主管機關核准增列之」。勞動部（改制前行政院勞工委員會）於97年5月1日核准增列「勞工保險職業病種類項目」分為六類52項；98年5月1日增列42項；99年9月3日增列2項；100年7月7日修正5.23項之適用職業範圍。101年增列2項， 104年增列3項。目前職業病項目，合計已達170項。

5-1-2　職業災害適用準則

勞工保險被保險人因執行職務而致傷病審查準則：

一、執行職務而致傷害。

二、上、下班，於適當時間，從日常居、住處所往返就業場所之應經途中發生事故。

三、夜校學生或建教合作班學生，於上、下班直接往返學校與就業場所之應經途中發生事故。

四、作業開始前，在等候中，因就業場所設施或管理之缺陷所發生之事故。

五、因作業之準備行為及收拾行為所發生之事故。

六、於作業終了後，經雇主核准利用就業場所設施，因設施之缺陷所發生之事故。

七、因勞務管理上之必要，或在雇主之指揮監督下，從飯廳或集合地點赴工作場所途中或自工作現場返回事務所途中，為接受及返還作業器具，或受領工資等例行事務時，發生之事故。

八、於作業時間中斷或休息中，因就業場所設施或管理上之缺陷發生事故而致之傷害。

九、於工作時間中基於生理需要於如廁或飲水時發生事故而致之傷害。

十、於必要情況下，臨時從事其他工作，該項工作如為雇主期待其僱用勞工所應為之行為而致之傷害。

十一、因公差由日常居、住處所或就業場所出發，至公畢返回日常居、住處所或就業場所期間發生事故而致之傷害。

十二、經雇主指派參加進修訓練、技能檢定、技能競賽、慶典活動、體育活動或其他活動發生事故而致之傷害。

十三、經所屬團體指派參加前項各類活動發生事故而致之傷害。

十四、執行職務關係，因他人之行為發生事故而致之傷害，視為職業傷害。

十五、執行職務時，因天然災害直接發生事故導致之傷害，不得視為職業傷害。但因天然災害間接導致之意外傷害或從事之業務遭受天然災害之危險性較高者，不在此限。

十六、利用雇主為勞務管理所提供之附設設施，因設施之缺陷發生事故而致之傷害。

十七、參加雇主舉辦之康樂活動或其他活動，因雇主管理或提供設施之瑕疵發生事故而致之傷害。

十八、因職業傷害或罹患職業病，經雇主同意直接往返醫療院所診療或下班後直接前往診療後返回日常居住處所應經途中發生事故而致之傷害。

十九、於工作日之用餐時間中或為加班、值班，如雇主未規定必須於工作場所用餐，而為必要之外出用餐，於用餐往返應經途中發生事故而致之傷害。

注意：下列不得視為職業傷害（個人因素）：

（一）非日常生活所必需之私人行為。

（二）未領有駕駛執照駕車者。

（三）受吊扣期間或吊銷駕駛執照處分駕車者。

（四）經交叉路口闖紅燈者。

（五）闖越鐵路平交道者。

（六）酒醉駕車者。

（七）行駛高速公路路肩者。

（八）逆向行駛單行道或跨越雙黃線行駛者。

5-1-3 解決職業災害的方法

一、損失預防措施的採用

損失預防措施的採用，乃作為事前的防範，可兼顧減低職業災害的頻率與額度；是積極有效的方法。而這些措施乃在確認職業災害事故之原因，並採取正確的方法加以預防。確認職業災害事故的原因，最具代表者為骨牌理論（Domino Theory），屬行為學派，為亨瑞奇（Heinrich）於1957年提出工業意外事故的發生，好像骨牌的傾倒一般，是一連串緊接的事件造成的，五個危險因素如下：（一）環境情況、（二）人為錯誤、（三）人的行為因素或機械因素、（四）意外事故、（五）損失，主張損失防阻應從「人的行為或機械的危險因素」著手，著重於人為因素；另一項為機械學派，乃強調環境因素的重要性，特別要求工廠及設備的最佳設計與結構，來防止或減低災害事故的發生，此二學派被視為預防職業災害事故發生的理論依據。

二、職業安全衛生與職業災害補償等相關法規的制定

為減低職業災害事故的發生，制定職業安全衛生相關法規，來改進勞工職

業安全與衛生;並提供職業災害的事後補償,以保障勞工的生活安全及健康恢復。以我國為例,職業災害保險(Employment Injury Insurance)為社會保險制度中最普遍實施的勞工福利措施,職業安全衛生與職業災害補償方面的重要法規,扼要說明於後。

(一)勞工保險條例:

於民國47年制定,旨為保障勞工生活,促進社會安全而制定,依據勞工保險條例第二條規定,勞工保險分為二類:一為普通事故保險,分生育、傷病、醫療、失能及死亡五種給付。另一為職業災害保險,分傷病、醫療、失能及死亡四種給付。

(二)職業安全衛生法:

於民國63年制定,旨為防止職業災害,保障勞工安全與健康而制定。原名勞工安全衛生法,於102年更名。

(三)勞動基準法(勞基法第七章職業災害補償):

於民國73年制定,依據勞動基準法第59條規定,勞工因遭遇職業災害而致死亡、殘廢、傷害或疾病時,雇主應依規定予以補償,但同一事故,依勞工保險條例或其他法令規定,已由雇主支付費用補償者,雇主得予以抵充之。

(四)勞動檢查法:

於民國20年制定原名工廠檢查法,82年修正公布名稱及全文 40條。旨為實施勞動檢查,貫徹勞動法令之執行、維護勞雇雙方權益、安定社會、發展經濟。

(五)職業災害勞工保護法:

於民國90年制定,並自民國91年4月28日起施行,旨為保障職業災害勞工的權益,加強職業災害的預防,促進就業安全及經濟發展而制定。

職業災害勞工保護法,不僅將未加入勞工保險的職災勞工列入保護範圍;更明文規定未來勞工發生職災時,可向勞工保險局申領5年的生活津貼。本法還賦予職災勞工對於資遣費及退休金可擇一行使請求權的權利,補強了舊有法制的漏洞。其一般規定如下:

1. 職業災害勞工保護法之特色：

   (1) 保障遭受職業災害勞工之生活：包括提供津貼補助、器具補助、看護補助、以及死亡時之遺屬救助。

   (2) 涵蓋未參加勞工保險之勞工：受害勞工如未參加勞保，且雇主又未按勞動基準法規定予以補償時，得申請職業災害殘廢、死亡補助；本法並對該雇主加強處罰，罰鍰做為本法專款使用。

   (3) 保障承攬關係之勞工：針對國內工程層層轉包之情形普遍，本法特別規定，勞工可向最上包求償，以保障其權益。

   (4) 提供受害勞工職業訓練：對職業災害勞工工作能力受損者，輔導其參加職業訓練，以重返職場。

   (5) 強化職業病防治體系：包括培訓職業病醫師，強化職業疾病鑑定，將可有效解決職業疾病之爭議，保障罹病勞工之權益。

   (6) 強化勞工安全衛生意識：除辦理各項勞工安全衛生教育訓練及宣導外，並配合國際工殤日，訂定每年4月28日為工殤日，以紀念罹災勞工，提醒國人尊重生命之價值。

2. 職業災害勞工保護法的適用期限：職業災害勞工保護法民國91年4月28日開始施行後，發生職業災害之勞工均可適用本法申請各項補助，但無法溯及既往。

3. 職業災害勞工保護法施行後，雇主或勞工毋須另外繳交保險費：職業災害勞工保護法中，補助加入勞工保險勞工所需之經費由勞工保險基金職業災害保險收支結餘中提撥，補助未加入勞工保險勞工所需之經費由政府編列公務預算支應；因此雇主及勞工都不須另外繳費。

5-1-4　辦理職業災害預防，實施計畫之項目

一、加強職業流行病學研究，建立職業疾病監控系統。

二、強化職業疾病醫師之培訓及醫師職業醫學訓練，提升醫師職業疾病診斷能力，建構職業疾病通報系統。

三、推動機械器具之型式檢定制度，落實機械本質安全化，防止機電災害之技術。

四、推動營造業整合型安全施工循環機制，有效降低營造墜落、倒塌災害技術。

五、推動製程安全改善，建立安全風險評估制度及火災爆炸防止技術。

六、推動事業單位安全衛生自護制度，辦理管理階層安全稽核訓練，強化事業單位自主管理體系之建立。

七、推動區域性、衛星式及同質災害性安全衛生合作及技術制度。

八、推動現場安全行為採樣及安全觀察，建立虛驚事故陳報技術。

九、大型防災指導人員培訓，提供中小企業臨場諮詢服務。

十、加強人因工程控制技術研究，提供勞工健康及衛生技術諮詢服務。

十一、執行危險物及有害物通識制度、作業環境測定制度。

十二、其他經中央主管機關認定之重大防災事項。

5-2 職業災害保險的內容

根據國際勞工組織的估計，全世界每年發生各種類型的職業災害事故超過278萬人死亡。每年有大約3.74億人，因此致殘而完全喪失勞動能力。各類職業災害事故（包括工業災害與職業病）所造成的直接經濟損失，相當於世界各國國內生產總值的3.94%。

世界各國多採「無過失責任原則」，發生職業災害時必須由雇主負起完全賠償責任。以社會保險之歷史發展可以發現，世界上實施職業災害補償制度的國家中，約有三分之二以上採用社會保險方式辦理。 職業災害保險（Employment Injury Insurance）為社會保險制度中最普遍實施的勞工福利措施，藉由實施職業災害保險，作為事後的補償，以保障勞工的生活安全及健康恢復。

政府規劃設計職災勞工保障制度上，將勞工保險與普通事故保險脫勾，採取單獨立法，以期建構最完善、充分保障之職業災害勞工保障制度，勞動部於2014年訂立「職業災害保險法」草案，職保分離，強制納保。政府110年4月30制定勞

工職業災害保險及保護法。自111年5月1日施行。我國現行職業災害保險法制係規定於勞工保險條例中，採綜合保險方式辦理。依勞工保險條例第2條規定，勞工保險分為普通事故保險及職業災害保險二類。本節僅就現行勞工保險條例已修訂職業災害保險之各項內容簡略概述。

5-2-1　保險對象

以實際從事工作獲致報酬之勞工為主要加保對象，分為強制被保險人與自願被保險人二種，並以強制加保為主，自願加保為輔。

一、強制被保險人，依據勞工保險條例第6條之規定

年滿十五歲以上，六十五歲以下之左列勞工，應以其雇主或所屬團體或所屬機構為投保單位，全部參加勞工保險為被保險人：

1. 受僱於僱用勞工五人以上之公、民營工廠、礦場、鹽場、農場、牧場、林場、茶場之產業勞工及交通、公用事業之員工。
2. 受僱於僱用五人以上公司、行號之員工。
3. 受僱於僱用五人以上之新聞、文化、公益及合作事業之員工。
4. 依法不得參加公務人員保險或私立學校教職員保險之政府機關及公、私立學校之員工。
5. 受僱從事漁業生產之勞動者。
6. 在政府登記有案之職業訓練機構接受訓練者。
7. 無一定雇主或自營作業而參加職業工會者。
8. 無一定雇主或自營作業而參加漁會之甲類會員。

而於經過主管機關認定其工作性質及環境無礙身心健康之未滿十五歲勞工亦適用之。此處所稱勞工，亦包括在職外國籍員工。

二、自願被保險人，依勞工保險條例第8條及第9條之規定，有以下幾種類型

（一）第8條：得自願參加保險之人員

1. 受僱於第6條第1項各款規定各業以外之員工。

2. 受僱於僱用未滿五人之第6條第1項第1款至第3款規定各業之員工。

3. 實際從事勞動之雇主。

4. 參加海員總工會或船長公會為會員之外僱船員。

（二）第9條：得繼續參加勞工保險之人員

1. 應徵召服兵役者。

2. 派遣出國考察、研習或提供服務者。

3. 因傷病請假致留職停薪，普通傷病未超過一年，職業災害未超過二年者。

4. 在職勞工，年逾六十五歲繼續工作者。

5. 因案停職或被羈押，未經法院判決確定者。

5-2-2　各種保險給付內容之規定

一、醫療給付

民國84年全民健保開辦後，普通事故醫療給付業務劃歸中央衛生主管機關統籌辦理，職災醫療給付業務則基於雇主職災補償責任、便民及行政精簡原則，經行政院指示，由勞工保險局委託中央健康保險局辦理。

職業災害醫療給付分門診及住院診療，被保險人發生職業災害或罹患職業病，依勞工保險條例第42條之1規定向投保單位或勞工保險局請領職業傷病門診單或住院申請書，至全民健康保險特約醫事服務機構申請診療。

（一）請領資格：

1. 被保險人於保險效力開始後、停止前發生職業傷病事故並符合「勞工保險被保險人因執行職務而致傷病審查準則」規定，需門診或住院者。

2. 被保險人在保險有效期間發生職業傷病事故，於保險效力停止後一年內需住院者。

3. 被保險人在保險有效期間發生職業傷病事故後，於依「被裁減資遣被保險人繼續參加勞工保險及保險給付辦法」規定參加勞工保險期間，需門診或住院者。

（二）給付標準：

1. 被保險人遭遇職業傷害或罹患職業病應向全民健康保險醫事服務機構申請診療，免繳交健保規定之部分負擔醫療費用，被保險人之保險醫療費用由勞保局支付。普通膳食費及一般治療飲食費，給付三十日內之半數，醫療費用支付標以全民健康保險有關規定辦理。

2. 被保險人如在國外遭遇職業傷病並就診，回國申請核退之支付標準：門診或住院診療費用，勞工保險局核實給付，但申請費用高於其急診、門診治療當日或出院之日起前三個月全民健康保險給付特約醫學中心門診每人次、住院每人日平均費用標準者，其超過部分不予給付。另計算核退醫療費用時，有關外幣兌換匯率基準日，以申請日之該外幣平均兌換率計之。

二、傷病給付

依據勞工保險條例34條第1項規定：「被保險人因執行職務而受傷害或職業病不能工作，以致未能取得原有薪資，正在治療中者自不能工作第四日起，發給職業傷害補償費或職業病補償費」。

同條例第36條規定：「職業傷害補償費及職業病補償費，按被保險人平均月投保薪資百分之七十發給，每半個月給付一次；如經過1年尚未痊癒者，其職業傷害補償費或職業病補償費減為平均月投保薪資之半數，但以1年為限」。

三、失能給付

依照勞工保險條例第54條第1項規定：「被保險人遭遇職業傷害或罹患職業病，經治療後，症狀固定，再行治療仍不能期待其治療效果，經保險人自設或特約醫院診斷為永久失能，並符合失能給付標準規定發給一次金者，得按其平均月投保薪資，依規定之給付標準，增加給付百分之五十，請領失能補償費」。

第54條第2項規定：「前項被保險人經評估為終身無工作能力，並請領失能年金給付者，除依第53條規定發給年金外，另按其平均月投保薪資，一次發給20個月職業傷病失能補償一次金」。

第53、54條失能種類、狀態、等級、給付額度、開具診斷書醫療機構層級及審核基準等事項之標準，由中央主管機關定之。

前項標準，應由中央主管機關建立個別化之專業評估機制，作為失能年金給付之依據。

（一）平均月投保薪資及平均日投保薪資之計算：

1. 失能年金：按被保險人加保期間最高60個月之月投保薪資平均計算。

2. 失能一次金（含職業傷病失能補償一次金）：按被保險人發生保險事故（即診斷永久失能日期）之當月起前6個月之實際月投保薪資平均計算；平均日投保薪資以平均月投保薪資除以30計算之。

3. 被保險人同時受僱於2個以上投保單位者：其普通事故保險給付之月投保薪資得合併計算，不得超過勞工保險投保薪資分級表最高一級。但連續加保未滿30日者，不予合併計算。

（二）給付額度：

1. 失能年金：

⑴ 依被保險人之保險年資計算，每滿1年，發給平均月投保薪資之1.55%（即平均月投保薪資 × 年資 × 1.55%）。

⑵ 金額不足新台幣4,000元者，按新台幣4,000元發給。

⑶ 被保險人具有國民年金保險年資者，已繳納保險費之年資，每滿1年，按其國民年金保險之月投保金額1.3%計算發給（即國保之月投保金額 × 繳費年資 × 1.3%）。

⑷ 合併勞工保險失能年金給付及國民年金保險身心障礙年金給付後，金額不足新台幣4,000元者，按新台幣4,000元發給。

⑸ 因職業傷害或罹患職業病失能者，另一次發給20個月職業傷病失能補償一次金。

⑹ 保險年資未滿1年者，依實際加保月數按比例計算；未滿30日者，以1個月計算。

⑺ 眷屬補助：請領失能年金給付者，同時有符合下列條件之配偶或子女時，每一人加發依第53條規定計算後金額25%之眷屬補助，最多加計50%。

2. 失能一次金：因普通傷害或罹患普通疾病失能者，最高第1等級，給付日數1,200日，最低第15等級，給付日數30日。因職業傷害或罹患職業病失能者，增給50%，即給付日數最高為1,800日，最低為45日。

四、死亡給付

依照勞工保險條例第64條規定：「被保險人因職業災害致死亡者，除由支出殯葬費之人依第63條之2第1項第1款規定請領喪葬津貼外，有符合第63條第2項規定之遺屬者，得請領遺屬年金給付及按被保險人平均月投保薪資，一次發給十個月職業災害死亡補償一次金」。

同條第二項規定：「前項被保險人之遺屬依第63條第3項規定一次請領遺屬津貼者，按被保險人平均月投保薪資發給40個月」。

（一）喪葬津貼：

1. 被保險人在保險有效期間因職業傷害或罹患職業病死亡時，由支出殯葬費之人，按被保險人死亡之當月（含）起前6個月之平均月投保薪資，請領喪葬津貼5個月。
2. 被保險人死亡，其遺屬不符合請領遺屬年金給付或遺屬津貼條件，或無遺屬者，由支出殯葬費之人，按被保險人死亡之當月（含）起前6個月之平均月投保薪資請領10個月喪葬津貼。

（二）遺屬津貼：

被保險人於98年1月1日勞保年金施行前有保險年資者，在保險有效期間因職業傷害或罹患職業病而致死亡者。不論其保險年資，除按其平均月投保薪資，一次發給喪葬津貼5個月外，遺有配偶、子女及父母、祖父母或受其扶養之孫子女及兄弟、姊妹者，並給與遺屬津貼40個月。

（三）遺屬年金給付：

1. 被保險人在保險有效期間死亡者：依被保險人之保險年資合計每滿一年，按其平均月投保薪資之1.55%計算。
2. 給付金額：前述計算後之給付金額不足新臺幣3,000元者，按新臺幣3,000元發給。

3. 職災致死亡者：因職災發生而死亡，除發給年金外，另加發10個月職災死亡補償一次金。

4. 遺屬加計：同一順序遺屬有2以上時，每多1人加發25%，最多加計50%。

五、失蹤津貼

勞工保險條例第19條第5項規定：「被保險人如為漁業生產勞動者或航空、航海員工或坑內工，除依本條例規定請領保險給付外，於漁業、航空、航海或坑內作業中，遭遇意外事故致失蹤時，自失蹤之日起，按其平均月投保薪資百分之七十，給付失蹤津貼；於每滿3個月之期末給付一次，至生還之前一日或失蹤滿一年之前一日或受死亡宣告判決確定死亡時之前一日止。」

另依同條文第6項規定：「被保險人失蹤滿一年或受死亡宣告判決確定死亡時，得依第64條規定，請領死亡給付」。

5-3 失業問題與就業安全

無論是因產業外移所引發的關廠、歇業，造成大量的中高齡勞工失業，亦或者是因景氣循環、全球企業生產分工所導致的大量裁員等現象，意謂勞工工作權的喪失，殘破不堪、欠缺協調整合的就業安全及社會安全法制，使得勞工及其家庭在面對失業的風險事故時，完全暴露在沒有任何保障的困境之中，以致依賴薪水保障的勞工及其家庭因所得中斷而陷入貧窮，因失業而自殺的事件更時有所聞。

政府於88年1月1日於勞工保險開辦失業給付業務，以保障失業者於一定期間基本經濟生活。為建構完整的就業安全體系，將失業保險與勞工保險體系分離，單獨制訂「就業保險法」，自92年1月1日起施行就業保險，並與就業服務及職業訓練三者緊密結合，相關內容於本書第八章詳細論述之。

5-3-1 失業的意義

根據1988年國際勞工組織通過的「促進就業和失業保險公約」中，對失業所下的註解為：「能夠工作、可以工作，並且確實在尋找工作，而不能得到適當職

業，致使沒有工資收入的人」。所謂能夠工作，是指具有工作能力而言；而罹患重病或四肢殘缺的人，抑或年老體弱力衰者，為工作能力的喪失，其因喪失工作能力而失去工作機會，雖然沒有工作，也不能稱之為失業。此外，須確實在尋找工作（即有工作意願），若一個人雖有工作能力而無工作意願，每天游手好閒不務正業，自己不願意就業，也不算是失業。我國在辦理勞動力調查時，界定「失業者」的條件為：無工作而隨時可以工作（即有工作能力）且正在尋找工作者。

5-3-2　失業的成因與類型

根據不同的標準，可以將失業劃分為不同的類型。簡要說明如下：

一、依失業的原因是主觀抑或客觀加以劃分

失業可分為自願失業和非自願失業。再依照造成失業的客觀原因的不同，非自願失業又可進一步分為下列五種型態：

（一）摩擦性失業（Frictional Unemployment）：

又稱為異動性失業，一般是由於勞動者缺乏就業資訊，而延長了尋找工作的時間。換言之，即求職者與提供工作的企業單位間存在著時間滯差而形成的失業。例如某一勞工原來工作不做了，而要找尋另一個工作，一時找不到合適的，而造成失業。

（二）季節性失業（Seasonal Unemployment）：

季節性失業的發生是經濟活動受到氣候條件、社會風俗或購買習慣等變動所引起的。例如：建築業在雨季、農業在農產品不收成的季節，則有季節性失業的現象。

（三）技術性失業（Technological Unemployment）：

因使用新的機器設備和材料，採用新生產技術或新管理方式，導致社會局部生產勞動過剩而形成的失業。

（四）結構性失業（Structural Unemployment）：

因經濟結構改變而勞動力結構不能與之相適應而導致的失業。技術性失業近似結構性失業。

（五）循環性失業（Cyclical Unemployment）：

亦稱為週期性失業或景氣性失業，由於經濟循環中景氣變動的過程所造成的失業。例如：在不景氣時期，普遍發生解聘員工現象，所造成的失業稱之。

二、依失業程度的不同加以劃分

失業可分為完全失業和部分失業。

三、依失業狀態的不同加以劃分

失業可分為顯性失業和隱性失業，後者的特徵經常是表面上有工作且工作時間正常，但是報酬低或學非所用未能發揮所長等，其失業現象隱藏著，隨時可能離職而造成失業。隱藏性失業並非真正失業，而只是低度就業。

綜上所述，應對失業的類型有一基本認識，惟應注意者，自願性失業、部分失業和隱性失業通常不在失業統計之列。

5-3-3　失業率與失業問題

一、失業率

失業問題的嚴重與否，可藉由失業率，亦即計算失業人口占社會勞動力人口的比率來反映。失業率高代表失業問題嚴重，失業率低，則相反。自然失業率（正常性失業率）大約為5%，即勞動力就業率若在95%左右的範圍內，即視為「充分就業」。失業率的高低，歷來受到各國政府關注，不僅代表經濟發展狀況，亦可能影響社會政治的穩定。故各國政府無不致力於提供較充分的就業資訊、建立更有效的就業服務機構、強化就業輔導、迅速協助失業者找到工作就業，並輔以職業訓練等，以促進國民就業，減少失業率。

二、失業問題

失業會造成個人、家庭、經濟、社會及政府等多方面的影響，如造成個人及家庭生活不安定、教育失學、導致經濟停滯、造成社會不安、增加國家負擔等。因此，各國對於失業問題亦全力謀求解決對策，主要採取財政、經濟及金融等措施，並與社會政策相配合，以兼顧時效性與效益性。至於在社會政策方面，主要採行方案有：辦理失業保險、失業救助、發放求職者津貼、加強就業輔導工

作、增進失業者就業能力、穩定僱用措施、開創就業機會、規範外籍人士在國內就業等。

5-3-4 就業安全

就業安全的意義乃使求職者得到保障，免於失業的恐懼與不安。如前所述，各國政府大都採行失業保險制度方式來解決失業勞工在失業期間的最低生活安全問題，以維護其生存權。同時政府的就業服務機構則積極為其找尋適當工作，且若因缺乏技術不能就業，則輔以職業訓練，提高其技術能力，以便再就業並可減少失業威脅。失業保險、就業服務與職業訓練形成一就業安全體系。茲將構成就業安全體系之三大環節說明如下：

一、就業服務

建立就業服務機構，強化就業輔導，提供勞資雙方找尋工作及人才的機會，減少人力供需失調所引起的摩擦性失業。

二、職業訓練

就業後是否能勝任工作，或者提供雇主任用的人力是否合於所需，需靠職業訓練的輔助，舉辦各種職業教育與訓練，擴大就業功能，減少失業威脅。

三、失業保險

使勞動者不致因短暫的失業，而造成生活不安定。於勞動者失業時，給予失業給付，在一定期間內，可維持最低生活，而從容尋找新的就業機會。然失業保險須與就業服務相配合，使勞動者一旦失業，一方面領取失業給付，另一方面就業服務機構即為其安排新的工作，迅速協助其再就業。

5-3-5 我國增進就業安全之政策

我國失業率自97年8月之4.14%，逐月攀升至98年平均失業率5.85%，顯示我國就業市場在過去受到金融風暴衝擊之影響甚鉅。此後逐漸下降，至108年失業率已降至3.73%，就業人數1,150萬人，109年COVID-19疫情，使失業率逐漸攀升至110年6月失業率至4.8%。政府自96年10月起陸續推出「立即上工計畫」、「97-98年短期促進就業措施」、「振興經濟擴大公共建設投資計畫」及「培育優質人力促進就業計畫」等措施，增加就業市場之勞動需求，緩和失業情勢之惡化；另自98年5月起，延長中高齡及身心障礙者之失業給付請領期間，由6個月提高至9個月，保障弱勢勞工基本生活；98年2月16日將「微型企業創業貸款」及「創業鳳凰婦女小額貸款」整併為「微型創業鳳凰貸款」，貸款金額從50萬提高至100萬元、為期 7 年、前2年免息、免保人、免擔保品之貸款，以及創業前、中、後全程創業諮詢輔導陪伴措施。101年擴大弱勢照顧，將獨力負擔家計者納入貸款特定對象；此外，依據積極性勞動市場概念，推動中、長期「促進就業方案」，透過「擴大產學合作」、「強化職業訓練」、「提升就業媒合成功率」、「提供工資補貼」、「協助創業與自僱工作者」、「加強短期就業措施」、「創造中高齡者友善工作環境」、「促進勞資關係發展」、「確保勞動條件權益」、「完善職業災害保險法制」、「提升職業安全衛生標準」等積極勞動市場政策策略，持續推動短、中、長期促進就業措施，以加強與活絡勞動市場機制，舒緩失業問題，協助解決多元化之失業問題。

因應嚴重特殊傳染性肺炎（COVID-19，以下簡稱新冠肺炎）相關措施政府應協助受疫情影響之事業單位及勞工，支持事業單位穩定營運，維持勞工生計，並加強跨國勞動力管理，落實防疫。

一、協助減班休息勞工穩定就業，充電再出發訓練計畫，鼓勵勞工利用暫時減少正常工時時段，參加訓練課程，持續發展個人所需技能並維持生計，推動「安心就業計畫」，針對減班休息勞工提供部分薪資差額補貼，以協助穩定就業，並自109年3月27日起開始受理申請。截至110年5月底止，核發人數計4萬3,912人。

二、推動安穩僱用計畫，獎勵雇主僱用特定類型之失業勞工。

三、推動安心即時上工計畫，協助勞工穩定經濟生活為協助受疫情影響之勞，由政府提供符合公共利益的計時工作，並核給工作津貼，以降低薪資減損對其生活造成之影響。補貼標準每小時按基本工資核給，每月最高工作80小時，最長工作6個月。

四、提供自營作業者或無一定雇主之勞工生活補貼，109年4月20日公告「勞動部對受嚴重特殊傳染性肺炎影響勞工紓困辦法」，提供自營作業者或無一定雇主之勞工生活補貼之申請相關事項，針對低薪、弱勢自營作業者及無一

定雇主勞工，提供生活補貼。經勞保局審核通過者，每人每月補助新臺幣1萬元，一次發給3個月，共計新臺幣3萬元，以維持勞工生活所需。截至109年11月30日止，累計核付人數計112萬6,046人，核付金額計337億8,138萬元。

五、辦理勞工紓困貸款及利息補貼，自109年4月30日起開辦勞工紓困貸款，由銀行提供自有資金，財團法人中小企業信用保證基金提供信用保證，每人貸款最高10萬元，貸款期限3年，貸款利率1.845%，勞動部補貼勞工第1年貸款利息，截至109年6月3日17時止額滿停止受理，共計受理110萬4,695件。經37家銀行審核後，核准93萬2,497件，貸款人簽約對保後，銀行撥款91萬7,925件，撥款金額為917億5,608萬元。

六、推動職場防疫輔導措施，鑑於新冠肺炎疫情影響，協助事業單位依職場感染風險等級採取對應防疫措施，以提升事業單位對職場生物病原體暴露危害之辨識能力，有效防止疫情於職場傳播，並補助受疫情影響之事業單位積極改善工作環境，共同度過難關。

七、補助受疫情影響之企業積極改善工作環境，優先提供受疫情影響之中小企業與高風險製造業購置機械安全裝置、改善製程及安全衛生設備及促進勞工身心健康等振興補助。

八、辦理失業勞工子女就學補助，針對受疫情影響非自願離職之失業勞工，其子女就讀高中職、大專校院者，自109年4月15日起至5月31日止增辦108學年度第2學期失業勞工子女就學補助，以減輕失業勞工子女就學負擔，照顧失業勞工生活。本次補助969位失業勞工，1,154名失業勞工子女，補助金額計2,517萬3,600元。

九、擴大補助企業推動工作與生活平衡措施，109年3月17日公告擴大補助企業推動工作與生活平衡措施，提高工作生活平衡補助額度、新增補助科目，並延長申請補助期間，以鼓勵企業在疫情期間，支持勞工身心調適及兼顧家庭照顧，至109年9月30日截止受理，計核定補助468家事業單位，補助金額計1,942萬2,831元。

十、補助受疫情影響之庇護工場防疫費用、租金及員工薪資，110年3月16日公告庇護工場得以本補助計畫行政補助費，購買防疫用品或辦理防疫衛教課程等，經地方政府審核後不受庇護工場人事費百分之十限制。109年4月20日公告疫情期間每家庇護工場每月得再補助最高新臺幣4萬元，合計不高於實際租金，最長以6個月為限，109年計補助87家，金額為1,519萬541元。庇護員工如因庇護工場受疫情影響有減班休息情形，本部「安心就業計畫」補貼庇護員工投保薪資差額50%，最長24個月。

十一、補助視障按摩院所防疫費用109年4月28日公告補助視障按摩據點購置營運所需防疫物資及店內清潔消毒費用，協助於疫情期間穩定營運，依據據點內視障按摩師人數，4人以下最高補助2萬元、5至6人最高補助3萬元、7人以上最高補助5萬元。109年計補助824家，金額為2,054萬9,321元。

十二、視覺功能障礙者從事按摩工作補貼計畫為協助受疫情影響收入減少之視障按摩師，本部於109年5月6日訂定發布「視覺功能障礙者從事按摩工作補貼計畫」，並於109年5月14日修正，除由地方政府受理外，增加按摩職業工會受理申請管道，並由本部勞動力發展署審核撥款，每月1萬5千元補貼，一次發給3個月4萬5千元，如已請領本部或協助受貿易自由化其他機關相同性質之補助者，將補貼其差額。109年計補助2,598人，金額為1億1,536萬6,000元。

十三、持續辦理失業給付109年至110年5月底止，失業給付核付67萬8,354件（含初次認定及再次認定），金額154億5,237萬餘元。

十四、提供勞、就保保險費及勞工退休金緩繳協助措施，自110年5月28日起至110年11月30日止得向勞保局提出申請上開緩繳措施，緩繳期間6個月，緩繳月份為110年4月份至9月份計6個月，自寬限（限繳）期滿日起算，得延後半年繳納，緩繳期間免徵滯納金。

十五、提供微型創業者貸款延緩還款措施及利息補貼，為提供受疫情影響之失業者創業職涯選項，擴大創業鳳凰貸款適用對象至年滿20歲之失業者，於109年1月15日後所營事業依法設立登記者，皆得申請貸款額度最高200萬元之創業貸款，並加強已貸款戶之還款優惠措施，因疫情導致還款困難時貸款人得向承貸金融機構提出暫緩繳付貸款本息1年、展延貸款還款期限1年，暫緩繳付貸款本息期間之利息，由勞動部補貼。本項措施於109年3月25日公告並開始受理，截至110年5月底止，擴大適用對象貸款協助867件、還款緩衝措施核定338件。

十六、因應疫情辦理跨國勞動力管理措施：

（一）放寬已入境履約工作之外國人，其工作期間逾90天者申請許可免除相關學經歷限制。

（二）為減少人員跨境流動，防疫期間彈性延長移工累計在臺工作年限雇主得於原聘僱許可期間屆滿前後14日內，檢附申請書及相關文件向本部申請3、6個月或1年之聘僱許可，並以1次為限。

（三）移工居家及集中檢疫相關措施為因應新冠肺炎疫情。

（四）修正移工入境檢疫辦理方式，並請地方政府配合實地查核。

（五）防疫期間移工之工作、生活及外出管理行政指引。

（六）外國人延後或取消請假返國之交通必要費用補償作業規範，鼓勵雇主與移工協商延後或取消請假返國休假，並補償移工因配合防疫，延後或取消請假返國之交通必要費用之損失。

（七）因應國內疫情，移工定期健康檢查得延後3個月辦理。

（八）製造業雇主於防疫期間同意移工轉出後，該名額不計入外國總人數之計算。

（九）為減少人員跨境流動，聘僱許可期間屆滿，且未辦理期滿續 聘或期滿轉換移工，可申請短期聘僱許可或辦理轉換雇主或工。

（十）強化宣導移工防疫資訊。

（十一）補助移工集中檢疫及交通費用。

根據國際勞工組織（International Labor Organization，簡稱 ILO）2021年公布的「World Employment and Social Outlook：Trends 2021」報告指出：2019年全球平均青年失業率為13.5%，2020年全球平均青年失業率為14.6%，人數皆達6,700萬人，比較2019年全球平均失業率是4.0%，失業人數1.20億人，2020年全球平均失業率是5.2%，失業人數高達1.54億人，並預估2021年與2022年的失業率分別為5.8%和5.7%，失業人數分別為1.99億人和2.05億人，COVID-19危機嚴重影響了世界各地的勞動力市場，對年輕人的傷害大於其他年齡組。在全球範圍內，2020 年青年就業下降了8.7%，而成年人則下降了3.7%。突顯出青年失業的問題，世界各國都將解決青年就業問題列為政府施政的優先議題。

為使青年人口能順利進入勞動市場，行政院於96年推動「96-98青年就業促進方案」，於99年續推動「99-101協助青年就業接軌方案」。106年辦理「青年就業領航計畫」，鼓勵高中職應屆畢業生先就業再升學，自106年起試辦3年，結合企業提供工作崗位訓練，提升高中職應屆畢業生就業能力及協助媒合就業，提供每人每月1萬元補助，最長補助3年，最高補助36萬元。另提供雇主每月5,000元訓練指導費，最長補助2年，最高補助12萬元。依據青年不同發展階段需求，結合產業與教育資源推動各項青年訓練計畫，107年辦理「雙軌訓練旗艦計畫」、「補助大專校院辦理就業學程計畫」、「產學訓合作訓練」、「青年就業旗艦計畫」、「青年專班訓練」及「產業新尖兵試辦計畫」，以加強青年專業知能與就業技能，提升職場應用能力，順利與職場銜接。110年截至5月底止，共培訓2萬8,260人。為促進青年就業，勞動部推動就業與技術傳承合作，整合「職涯輔導」、「職業訓練」及「就業媒合」三大專業體系，建構訓用合一模式，提升青年技能並順利接軌職場。另為加強協助青年就業，勞動部整合8部會資源規劃「投資青年就業方案」，並經行政院108年5月31日核定。方案從產業人力需求到青年職涯規劃、技能發展與就業服務等4個面向，橫向連結資源推動48項措施，依青年不同階段就業需求提供差異化之就業協助，自108至111年為期4年投入近95億元，投資加值15至29歲青年未來。110年截至5月底止，計協助7萬2,448名青年就業。勞動部勞動力發展署於109年推動「108學年應屆畢業青年就業措施」，以提升企業於疫情期間用人意願，增加青年就業機會，其中擴大辦理青年就業旗艦計畫，如果企業在訓練期間提供學員薪資達3萬元以上，訓練期間延長為9個月，訓練每名青年最高可獲補助10.8萬元，109年計補助2,441家事業單位，有1萬1,720名青年參與。

我國對抗工作危機所推行之措施與方案，與各國採取之策略大體一致，勞動部於108年度訂立六大勞動政策：「縮短勞工的年總工時」、「扭轉勞工低薪的趨勢」、「支持青年與中高齡就業」、「立法保護非典型勞動」、「保障過勞與職災勞工」、「公平的集體勞資關係」。依據行政院110年度施政方針，配合核定預算額度，並針對社會情勢變化及未來發展需要，編定110年度施政計畫。以「安穩工作」、「安心職場」及「安全勞動」為施政目標，致力打造更順暢的就業網絡，提升優質的勞動力品質，促進人才活絡交流，同時朝向建構全方位的勞動保護政策

而努力，俾使勞工在職場上都能享有合理的勞動權益保障，以及安全無虞的工作環境，進而穩定勞資關係及勞動市場，期能提升勞工福祉及落實工作與生活平衡。

有關110年度勞動部之施政重點如下：

一、推辦職訓多元管道，強化就業服務網絡

（一）強化就業保險制度，持續檢討相關規定，提升促進就業功能。

（二）配合「智慧機械產業推動方案」、「亞洲．矽谷推動方案」及「長期照顧十年計畫2.0」等國家重要產業發展政策，透過各項職業訓練措施，協助培育國家優質勞動力。

（三）依據產業需求及職涯發展就業方向，強化職業訓練，依勞工階段性職涯需求，整合產學訓資源，透過公私協力辦理客製化訓練及職涯發展服務。

（四）整合網實多元就業服務通路，提供即時、快速、正確之就業資訊，增進就業媒合效率。

（五）提供僱用獎助、跨域就業補助、臨時工作津貼及缺工就業獎勵等措施，協助失業勞工就業及鼓勵雇主僱用勞工，積極促進國民就業。

（六）提供青年尋職支持，提升青年就業能力，推動創新就業訓練模式，建立工作卡制度以協助青年就業。

（七）推動中高齡者及高齡者就業促進措施，並落實中高齡者及高齡者就業促進法，以建構友善就業環境，促進勞動力運用。

（八）配合國家重大產業政策，策進產業及訓練夥伴發展，擴大應用職能基準，強化技能檢定內涵，促進教訓檢用連結，支持產業發展所需勞動力。

（九）運用就業促進計畫，協助失業者在地就業；提供創業諮詢輔導服務及創業貸款利息補貼，協助微型創業，促進就業。

二、加強外國人聘僱及管理，參與國際勞動事務合作及交流

（一）因應產業環境變化，透過勞資學政社會對話平臺，研商重大跨國勞動力政策規劃及評估。

（二）健全跨國勞動力法制，保障外國人在臺工作權益，並衡平國人就業權益及企業用人需求。

（三）加強國內外仲介公司許可管理，並強化雇主及移工法令宣導、暢通諮詢申訴管道。

（四）協調聯繫移工來源國，加強移工之引進及管理業務。

（五）推動雇主聘僱外國人線上申辦服務，強化許可審查標準化作業流程，及直接聘僱移工服務，減輕移工來臺費用負擔。

（六）建構國際組織聯盟合作，持續與新南向國家交流，以提升產業國際競爭力。

（七）參與國際勞動組織及勞動議題諮商談判與合作交流。

三、建構完善且彈性之勞動基準保障機制，推動公平之集體勞動關係

（一）落實基本工資審議機制，持續推動最低工資法制，以保障勞工基本生活。

（二）建立安全及彈性之工時制度，檢討工時相關規定。

（三）健全勞動三權法制規範，營造有利結社環境，強化工會協商實力及意願，促進勞資自治協商，增進勞資爭議處理機制。

四、建構職場平權環境，鼓勵企業營造友善職場

（一）落實就業平等法令，強化宣導相關教育及申訴審議案件處理。

（二）推動雇主提供哺（集）乳室及托兒設施措施，營造友善職場之育兒環境。

（三）培訓企業規劃友善職場措施之知能，輔導及補助企業辦理友善職場措施，促進員工工作與生活平衡。

五、完備職業災害保險制度，強化職場安全衛生防護機制

（一）健全職業災害保險制度，持續檢討相關規定，提升職業災害勞工及其家屬保障。

（二）加強職業安全衛生管理及提升勞動監督檢查效能。

（三）強化職業衛生及勞工健康服務，落實危險性機械設備檢查及管理。

（四）建構職業安全衛生智能發展及智慧化產業管理機制。

（五）提升職場安全及友善勞動環境，輔導企業改善安全衛生工作環境，培育勞工健康服務專業人才。

（六）健全職業傷病防治及重建服務網絡，協助職業災害勞工重返職場。

六、強化勞工保險及退休金制度，保障勞工退休生活

（一）健全勞工保險制度及財務，持續檢討相關規定，保障勞工老年經濟生活安全。

（二）強化勞工退休準備金查核，落實勞工退休準備金制度。

（三）健全勞工退休相關法制，提升勞工退休權益保障。

（四）加強辦理勞工退休制度法令宣導，鼓勵勞工自願提繳退休金。

（五）積極深化投資研究，精進資產配置規劃，強化基金投資效能。

（六）建構多元投資策略，落實聯合國永續發展目標，提升基金長期穩健報酬。

NOTE

第三篇 我國社會保險制度

Chapter 06

社會保險制度概況

學習內容

6-1 社會保險制度的變革

6-2 年金制度的概況與架構

6-3 農民保險

6-4 國民年金保險

6-1 社會保險制度的變革

我國社會保險制度的實施，源自民國39年開辦勞工保險，隨後在民國40年開辦軍人保險，民國47年公教人員保險、退休人員保險、私立學校教職員保險等各類保險，並逐漸擴大保險對象以及給付範圍。

民國74年試辦農民健康保險，並於78年全面實施農民健康保險。為照顧低收入戶，民國79年開始辦理低收入戶健康保險。民國84年3月，政府將以前各類保險中的健康保險醫療給付部分，予以綜合開辦全民健康保險，民國92年將勞工保險中之失業給付單獨立法而實施就業保險，民國97年國民年金保險的開辦，使得我國的社會安全網得以全面性建構。

表6-1 我國社會保險的發展

時間（民國）	立法（或修法）	制度
39年3月		創辦勞工保險（臺灣省勞工保險辦法）
39年5月	軍人保險辦法	
39年6月		軍人保險實施
42年10月	軍人保險辦法改訂陸海空軍軍人保險條例	
45年12月	陸海空軍軍人保險條例 第一次修正	
47年1月	公務人員保險法公布	
47年7月	勞工保險條例公布	
47年9月		公務人員保險實施
53年3月	退休人員保險辦法公布	
54年8月		退休人員保險實施
54年9月	退休人員保險辦法 第一次修正	
57年7月	勞工保險條例 第一次修正	
59年2月	陸海空軍軍人保險條例修訂改稱軍人保險條例	
62年4月	勞工保險條例 第二次修正	
63年1月	公務人員保險法 第一次修正	
64年2月	退休人員保險辦法 第二次修正	

時間（民國）	立法（或修法）	制度
68年2月	勞工保險條例 第三次修正	
69年8月	私立學校教職員保險條例公布	
69年10月		私立學校教職員保險實施
71年1月	公務人員眷屬疾病保險條例	
71年7月		公務人員眷屬疾病保險（配偶）實施
73年1月		私立學校教職員退休保險實施
73年7月	勞動基準法公布	
74年5月	退休公務人員疾病保險辦法	
74年5月	退休公務人員配偶疾病保險辦法	
74年7月		退休公務人員疾病保險實施
74年7月		退休公務人員配偶疾病保險實施
74年7月		私立學校退休教職員疾病保險實施
74年7月		私立學校退休教職員配偶疾病保險實施
74年10月		試辦農民健康保險（農民健康保險暫行試辦要點）
77年2月	勞工保險條例 第四次修正	
78年6月	農民健康保險條例公布	
78年7月		農民健康保險正式實施 公務人員眷屬疾病保險（父母）實施
78年9月		臺灣省各級民意代表村里長及鄰長健康保險實施
79年1月		私立學校教職員眷屬疾病保險（配偶）實施
79年7月		低收入戶健康保險實施
80年1月	殘障者健康保險辦法公布 （將殘障者優先納入各類保險中）	
80年11月		私立學校教職員眷屬疾病保險（父母）實施
81年6月	農民健康保險條例 第一次修正	

時間（民國）	立法（或修法）	制度
81年7月		公務人員眷屬疾病保險（子女）實施
83年4月		退休公教人員及其眷屬疾病保險（將退休公務人員及退休私校教職員本人及配偶等四種保險合併）實施
83年8月	全民健康保險法公布	
83年10月	全民健康保險法 第一次修正	
84年1月	公務人員保險法 第二次修正	
84年1月	私立學校教職員保險條例修正	
84年2月	勞工保險條例 第五次修正	
84年3月		全民健康保險實施
84年4月	退休人員保險辦法 第三次修正	
87年12月	勞工保險失業給付實施辦法	
88年1月		勞工保險失業給付制度實施
88年5月	公務人員保險法 第三次修正並更名為公教人員保險法	公教人員保險實施（將原公保與私校保合併為一體系）
88年7月	勞工保險失業給付實施辦法 第一次修正	
88年7月	全民健康保險法 第二次修正	
89年1月	公教人員保險法 第四次修正	
89年6月	農民健康保險條例 第二次修正	
89年7月	勞工保險條例 第六次修正	
89年12月	勞工保險失業給付實施辦法 第二次修正	
90年1月	全民健康保險法 第三次條文修正	
90年12月	勞工保險條例 第七次修正	
91年5月	就業保險法公布	
91年6月	公教人員保險法 第五次修正	
91年6月	農民健康保險條例 第三次修正	
91年7月	全民健康保險法 第四次修正	
92年1月		就業保險實施

時間（民國）	立法（或修法）	制度
92年1月	勞工保險條例 第八次修正	
92年1月	勞工保險條例 第九次修正	
92年2月		廢止勞工保險失業給付實施辦法
92年6月	全民健康保險法 第五次修正	
94年1月	軍人保險條例 第三次修正 公教人員保險法 第六次修正	
94年5月	全民健康保險法 第六次修正	
94年6月	退休人員保險辦法 第四次修正	
96年1月	就業保險法 第一次修正	
96年8月	國民年金法 公布	
97年5月	勞工保險條例 第十次修正	
97年8月	勞工保險條例 第十一次修正	
97年8月	國民年金法 第一次修正	
97年10月		國民年金實施
97年11月	農民健康保險條例 第四次修正	
98年1月	勞工保險條例 第十二次修正	勞工保險年金給付實施
98年4月	勞工保險條例 第十三次修正 就業保險法 第二次修正	
98年5月	就業保險法 第三次修正	
98年7月	公教人員保險法 第七次修正	
98年11月	勞工保險條例 第十四次修正	
99年1月	全民健康保險法 第七次修正 農民健康保險條例 第五次修正	
99年5月	軍人保險條例 第四次修正	
100年4月	就業保險法 第四次修正 勞工保險條例 第十五次修正	
100年6月	全民健康保險法 第八次修正 國民年金法 第二次修正	
100年8月	國民年金法 第三次修正	
100年12月	國民年金法 第四、五次修正	

時間（民國）	立法（或修法）	制度
101年12月	就業保險法 第五次修正 勞工保險條例 第十六、十七次修正	
102年1月	農民健康保險條例 第六次修正	
102年5月	勞工保險條例 第十八次修正	
103年1月	公教人員保險法 第八次修正 勞工保險條例 第十九次修正 國民年金法 第六次修正	
103年5月	退休人員保險辦法 第六次修正 勞工保險條例 第二十次修正	
103年6月	就業保險法 第六次修正	
104年2月	就業保險法 第七次修正	
104年6月	公教人員保險法 第九、十次修正	
104年6月	長期照顧服務法公布	並自公布後二年施行
104年7月	勞工保險條例 第二十一次修正	
104年12月	公教人員保險法 第十一次修正 國民年金法 第七、八次修正 農民健康保險條例 第七次修正 軍人保險條例 第五次修正	
105年11月	國民年金法 第九次修正	
106年1月	長期照顧服務法 第一次修正	一百零六年六月三日施行
106年8月	公務人員退休資遣撫卹法、公立學校教職員退休資遣撫卹條例及政務人員退職撫卹條例修正	一百零七年七月一日施行
106年11月	全民健康保險法 第十次修正	
107年6月	「陸海空軍軍官士官服役條例」部分條文修正	一百零七年七月一日施行
107年6月	農民健康保險條例 第八次修正	
107年10月	農民職業災害保險試辦辦法	一百零七年十一月一日施行
108年1月	農民健康保險條例 第九次修正	
108年4月	農民職業災害保險試辦辦法 第一次修正	
108年5月	軍人保險條例 第六次修正	

時間（民國）	立法（或修法）	制度
108年6月	長期照顧服務法 第二次修正	
108年8月	農民職業災害保險試辦辦法 第二次修正	
108年12月	國民年金法 第十次修正	
109年1月	全民健康保險法 第十一次修正	
109年6月	國民年金法 第十一次修正	
109年6月	農民退休儲金條例	一百十年一月一日施行
110年1月	全民健康保險法 第十二次修正	
110年4月	勞工職業災害保險及保護法	自一百十一年五月一日施行
110年4月	農民職業災害保險試辦辦法 第三次修正	
110年4月	勞工保險條例 第二十二次修正	
110年6月	長期照顧服務法 第三次修正	

從表6-1可知，自民國39年創辦勞工保險制度，其後陸續開辦各種社會保險制度，主要有：軍人保險、公務人員保險、退休人員保險、私校教職員保險、農民健康保險、全民健康保險等制度。惟應注意者，在全民健保實施以前，因國民對於健康照護的需求越來越迫切，而當時缺乏統一的政策與規劃，導致各種健康保險紛紛開辦，曾擴展到十三種制度，包括有公務人員保險、公務人員眷屬疾病保險、私立學校教職員保險、私立學校教職員眷屬疾病保險、退休人員保險、退休公務人員疾病保險、退休公務人員配偶疾病保險、私立學校退休教職員疾病保險、私立學校退休教職員配偶疾病保險、勞工保險、農民健康保險、各級地方民意代表村里長及鄰長健康保險、低收入戶健康保險。之後將四種有關退休人員及其配偶的疾病保險，合併為退休公教人員及其眷屬疾病保險，使健康保險的制度由十三種減為十種。然在公教人員全家享有健康保險保障之時，勞工及農民眷屬卻全未保險。故於民國84年整合各種保險的醫療給付，並將尚未參加保險的國民一起納入全民健保，上述十種保險中屬於綜合保險的公保、勞保、農保、私校教職員保險及退休人員保險等，僅辦理其原有各項現金給付業務，剩餘五種保險歸併全民健保後即予廢止，並於民國90年，將軍人、軍校學生及替代役役男納入全民健保的適用範圍。

民國88年5月公立學校教職員保險與私立學校教職員保險合併為一體系成為公教人員保險，此外，我國高齡化問題漸受重視，國人對老年經濟生活保障需求殷切，然因社會中仍有眾多民眾尚無政府第一層老年經濟保障，故於民國96年8月公布國民年金法民國97年10月開辦。再者有關失業保障，勞工保險於民國88年實施失業給付制度，而於民國91年5月公布就業保險法，將失業保險業務由勞保體制脫離，單獨立法辦理，民國92年1月實施就業保險，並與職業訓練及就業服務結合，以建構完整的就業安全體系。

另將我國現行社會保險之組織體系，整理如下：

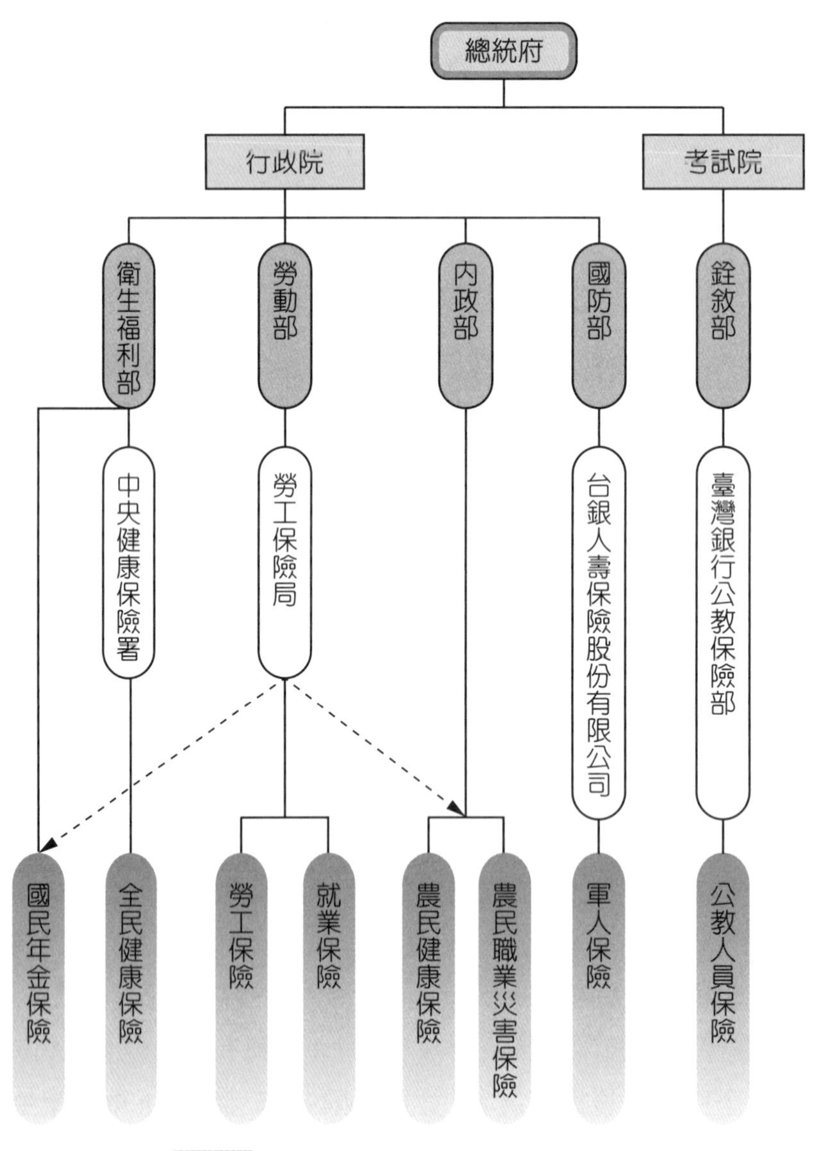

圖6-1 我國現行社會保險之組織體系

茲就勞工保險、軍人保險、公教人員保險、農民健康保險、國民年金保險等制度的保險給付項目與保費分擔概況，以表6-2說明之。

表6-2　我國社會保險制度的給付項目與保費分擔概況

<table>
<tr><th colspan="2" rowspan="2">制度別
項目</th><th rowspan="2">勞工保險</th><th rowspan="2">軍人保險</th><th colspan="2">公教人員保險</th><th rowspan="2">農民健康保險</th><th rowspan="2">農民職業災害保險</th><th rowspan="2">國民年金保險</th></tr>
<tr><th>公務人員</th><th>私校教職員</th></tr>
<tr><td colspan="2">保險給付項目</td><td>生育、傷病、殘廢、老年、死亡（註1）</td><td>死亡、殘廢、退伍、育嬰留職停薪津貼</td><td colspan="2">殘廢、養老、死亡、眷屬喪葬、育嬰留職停薪津貼</td><td>生育、身心障礙、喪葬津貼</td><td>傷害、就醫津貼、身心障礙、喪葬津貼</td><td>老年年金、身心障礙年金、遺屬年金、喪葬給付</td></tr>
<tr><td rowspan="2">保險費率</td><td>法定</td><td>8.5%~13%（註2）</td><td>3%~8%</td><td colspan="2">7%~15%</td><td>6%~8%</td><td></td><td>6.5%~12%</td></tr>
<tr><td>現行</td><td>11.5%（註3）</td><td>9.94 %</td><td>8.28%（註4）</td><td>12.53%（註5）</td><td>2.55%</td><td>0.24%</td><td>9.5%（註5）</td></tr>
<tr><td rowspan="3">保險費分擔比例</td><td>被保險人</td><td>有一定雇主：20%
無一定雇主：60%</td><td>軍官：35%
義務役士官兵：0%</td><td colspan="2">35%</td><td>30%</td><td>60%</td><td>一般民眾：60%
低收入戶：0%
所得未達一定標準者：30%~45%
身心障礙者：0~45%</td></tr>
<tr><td>雇主</td><td>有一定雇主：70%</td><td></td><td></td><td>32.5%</td><td></td><td></td><td></td></tr>
<tr><td>政府</td><td>有一定雇主：10%
無一定雇主：40%</td><td>軍官：65%
義務役士官兵：100%</td><td>65%</td><td>32.5%</td><td>70%</td><td>40%</td><td>一般民眾：40%
低收入戶：100%
所得未達一定標準者：70%~55%
身心障礙者：100%~55%</td></tr>
</table>

註：1.勞工保險尚有職業災害保險醫療給付項目，其醫療委託中央健康保險署辦理。

2.此為勞工保險的普通事故保險費率，另職業災害保險費率，則依職業災害保險適用行業別及費率表之規定。表中所列的保險費分擔比例是普通事故保險部分。職業災害保險原則上由投保單位負擔100%，若無一定雇主，則由被保險人負擔60%政府負擔40%。

3. 勞工保險普通事故保險費率於110年1月1日調整為10.5%，就業保險費率1%。

4. 公教保險費率於108年1月1日調整為8.28%。

5. 私校教職員保險費率於108年1月1日調整為12.53%。

6. 國民年金保險費率於110年1月1日調整為9.5%。

資料來源：行政院

從表6-2可知，勞工保險、軍人保險、公教人員保險、農民健康保險及國民年金，其保險綜合程度互有差異，勞工保險的給付項目最多，全民健保實施後，仍有生育、傷病、殘廢、老年、死亡的現金給付項目。且自民國88年實施失業給付制度後，其綜合保險亦趨完全。而公教人員保險仍有殘廢、養老、死亡、眷屬喪葬的現金給付，全民健保實施後，原生育、傷病醫療給付併入健保體系。至於農民健康保險，於健保實施後，原傷病醫療給付劃歸健保體系，給付項目除生育現金給付外，尚有殘廢與喪葬津貼二項現金給付。顯然，上述各種制度，於全民健康保險實施後，其醫療給付部分已歸併全民健保辦理，而尚存有原本的各項現金給付業務，僅勞保職業災害保險目前尚有醫療給付，其職災醫療給付醫療委託中央健康保險局辦理。

民國97年10月開辦國民年金保險制度，將年滿25歲未滿65歲，未參加軍、公教、勞保，且未曾領取相關社會保險老年給付者及自農保退保之年滿15歲未滿65歲者強制加入，另開辦前已領取勞保老年給付或開辦後15年內領取勞保老年給付其年資未滿15年，未滿65歲且未領取其他社會保險老年給付者亦強制參加；新進人員強制參加國民年金保險，並保障老年、殘廢與死亡事故，提供老年年金、身心障礙年金、遺屬年金與喪葬給付。民國98年1月勞工保險年金開辦讓勞工也可享有年金給付，民國98年4月起陸續修改相關法規增加勞工、公教人員及軍人的育嬰留職停薪津貼，我國的社會保險制度已顧及全體國民，而不再是僅保障在職者的社會保險制度，且制度種類名稱，亦因前述在職者至全體國民的演變，而從原本各種以職業團體命名的社會保險制度，漸發展出依保險事故及國際勞工局分類模式的社會保險制度（如全民健康保險、國民年金保險等）。

6-2 年金制度的概況與架構

1994年世界銀行在研究了許多國家的實施經驗後，提出了「三層保障」的老年經濟安全保障制度：第一層是以稅收為財源的基礎年金，目標在保障國民的

基本生存權利；第二層是以個人薪資為基礎強制提存的職業年金，目標在維持個人退休前後生活水準的一致性；第三層以個人自願性的商業年金及儲蓄為財源，目標在提高個人退休後的生活水準。

2005年世界銀行再提出提出多層模型（multi-pillar model）：

第零層是社會救助，第一層是強制年金保險，可以是隨收隨付制的薪資所得相關年金，或是稅收支應的定額給付的國民年金；第二層是強制個人儲蓄帳，或是強制性確定提撥制年金；第三層是自願性私人財務管理，包括私人保險、儲蓄，或是自願提撥的個人儲蓄帳；第四層是非財務型的倫理性家庭供養制度，例如家庭支持、健康照顧方案、長期照顧方案、老年住宅方案等。

我國近年來亦積極推動類似分層的老年經濟安全保障制度設計，其中第零層的規劃，是以中低收入戶之生活津貼與榮民就養給與的社會救助；第一層的規畫，是以現行公（教）、軍、勞、農保的內涵，整合成國民年金系統，提供老年國民基本生活保障的法定公共年金；第二層是以薪資基礎強制提撥的職業年金，概念上包括了「公務人員退休撫卹基金」、「私立學校教職員退休撫卹基金」、「職業軍人退休撫卹基金」與「勞退休基金」所提供的法定職業退休金。「勞工退休金條例」，還加上第三層性質的自願性提撥設計，同意受雇人自願就薪資的百分之六以內金額提撥為退休的準備，這個設計並且提供遞延課稅的誘因。

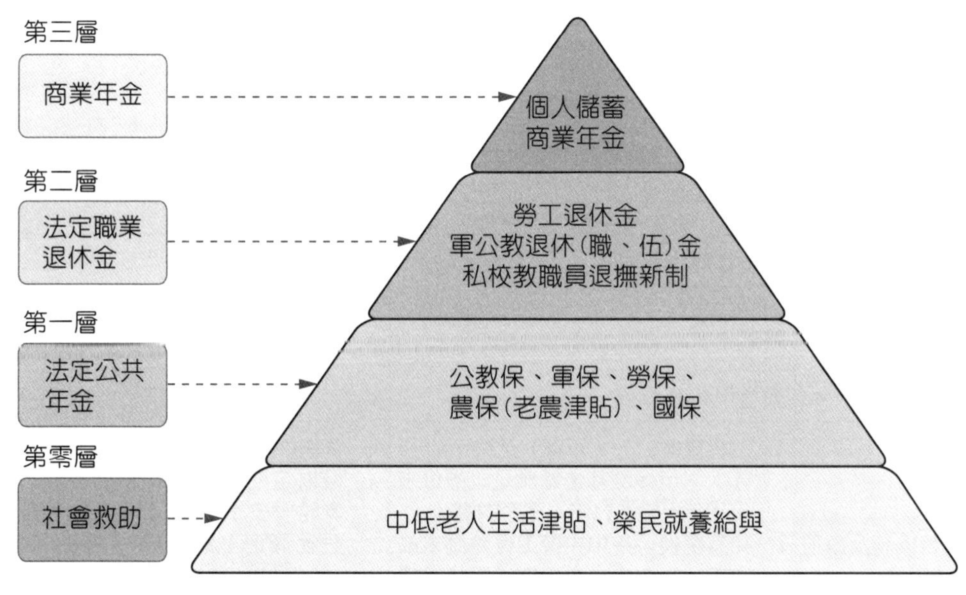

圖6-2 我國多層次老年經濟安全制度示意圖

資料來源：銓敘部

表6-3 我國老年經濟安全保障制度彙整

<table>
<tr><th>身份</th><th colspan="2"></th><th colspan="2">勞工</th><th>軍職人員</th></tr>
<tr><td rowspan="18">第一層社會保險</td><td colspan="2">第一層
（社會保險）</td><td colspan="2">勞工保險
（普通事故保險）</td><td>軍人保險</td></tr>
<tr><td colspan="2">實施日期</td><td colspan="2">39年3月</td><td>39年6月</td></tr>
<tr><td colspan="2">法令依據</td><td colspan="2">勞工保險條例</td><td>軍人保險條例</td></tr>
<tr><td colspan="2">主管機關</td><td colspan="2">勞動部</td><td>國防部</td></tr>
<tr><td colspan="2">承保機關
（保險人）</td><td colspan="2">勞工保險局</td><td>臺銀人壽保險軍人保險部</td></tr>
<tr><td colspan="2">監理機關</td><td colspan="2">勞動部</td><td>無</td></tr>
<tr><td colspan="2">投保單位</td><td colspan="2">勞工受僱或所屬單位</td><td>服務機關</td></tr>
<tr><td colspan="2">適用對象</td><td colspan="2">年滿 15 歲以上、65 歲以下勞工</td><td>現役軍官、士官、士兵</td></tr>
<tr><td colspan="2">給付項目</td><td colspan="2">生育、傷病、失能、老年、死亡</td><td>身障、退伍、死亡、育嬰留職停薪、眷屬喪葬</td></tr>
<tr><td rowspan="2">保險費率（%）</td><td>法定</td><td colspan="2">6.5-12（不含就業保險費率1%）</td><td>8-12</td></tr>
<tr><td>現行</td><td colspan="2">10.5（不含就業保險費率1%）</td><td>9.94</td></tr>
<tr><td colspan="2">月投保薪資</td><td colspan="2">25,250-45,800元（111.1.1起）</td><td>月支本俸</td></tr>
<tr><td rowspan="7">保險費負擔比率</td><td rowspan="3">被保險人</td><td>有一定雇主</td><td>20</td><td rowspan="3">35</td></tr>
<tr><td>職業工會</td><td>60</td></tr>
<tr><td>漁會甲類會員</td><td>20</td></tr>
<tr><td>雇主</td><td>有一定雇主</td><td>70</td><td>—</td></tr>
<tr><td rowspan="3">政府</td><td>有一定雇主</td><td>10</td><td rowspan="3">65</td></tr>
<tr><td>職業工會</td><td>40</td></tr>
<tr><td>漁會甲類會員</td><td>80</td></tr>
<tr><td></td><td colspan="2">費率調整機制及政府法定責任</td><td colspan="2">1. 階梯費率6.5%（98年）至12%（116年）。但保險基金餘額足以支付未來20年保險給付時，不予調高
2. 如有虧損，在中央勞工保險局未成立前，應由中央主管機關審核撥補（§69）</td><td>1. 費率由承保機構聘請精算師或委託精算機構定期精算,並由主管機關評估保險實際收支情形及精算結果,報請行政院覈實 釐定,並應送立法院備查（§10）
2. 105年1月1日以後之虧損，除戰爭、武裝衝突或其他不可抗力因素應計給之給付金額由中央政府審核撥補外，應調整費率挹注（§5）</td></tr>
</table>

<table>
<tr><th colspan="2">公教人員</th><th>農民</th><th colspan="2">未就業國民</th></tr>
<tr><th colspan="2">公教人員保險</th><th>農民健康保險</th><th colspan="2">國民年金保險</th></tr>
<tr><td colspan="2">公：47年9月
私校：69年10月</td><td>74年10月</td><td colspan="2">97年10月</td></tr>
<tr><td colspan="2">公教人員保險法</td><td>農民健康保險條例</td><td colspan="2">國民年金法</td></tr>
<tr><td colspan="2">銓敘部</td><td>行政院農業委員會</td><td colspan="2">衛生福利部</td></tr>
<tr><td colspan="2">臺灣銀行公教保險部</td><td>勞工保險局</td><td colspan="2">勞工保險局</td></tr>
<tr><td colspan="2">公教人員保險監理委員會</td><td>農民健康保險監理委員會</td><td colspan="2">國民年金監理會</td></tr>
<tr><td colspan="2">服務機關</td><td>所屬農會</td><td colspan="2">（個人）</td></tr>
<tr><td colspan="2">1.法定機關（構）編制內之有給專任人員
2.公私立學校編制內之有給專任教職員</td><td>農會會員、年滿15歲以上從事農業工作之農民</td><td colspan="2">年滿25歲、未滿65歲，未能參加相關社會保險者</td></tr>
<tr><td colspan="2">失能、養老、死亡、眷屬喪葬、育嬰留職停薪、生育</td><td>生育、身障、喪葬</td><td colspan="2">身障、老年、喪葬、遺屬、生育</td></tr>
<tr><td colspan="2">7-15</td><td>6-8</td><td colspan="2">6.5-12</td></tr>
<tr><td colspan="2">12.53（適用年金制度者）；
8.28（不適用年金制度者）</td><td>2.55</td><td colspan="2">9.5</td></tr>
<tr><td colspan="2">本俸（薪）或年功俸（薪）</td><td>10,200元</td><td colspan="2">18,282元</td></tr>
<tr><td colspan="2" rowspan="3">35</td><td rowspan="3">30</td><td>低收、重度以上身障</td><td>0</td></tr>
<tr><td>所得未達一定標準、輕、中度身障</td><td>35-45</td></tr>
<tr><td>一般身分</td><td>60</td></tr>
<tr><td>—</td><td>32.5
（私校）</td><td>—</td><td colspan="2">—</td></tr>
<tr><td rowspan="3">65（公務人員及公校）</td><td rowspan="3">32.5</td><td rowspan="3">70</td><td>低收、重度以上身障</td><td>100</td></tr>
<tr><td>所得未達一定標準、輕、中度身障</td><td>55 70</td></tr>
<tr><td>一般身分</td><td>40</td></tr>
<tr><td colspan="2">保險財務如有虧損，其屬於88年5月30日以前之虧損及潛藏負債部分，由財政部審核撥補；其屬於88年5月31日以後之虧損部分，應調整費率挹注（§5）</td><td>本保險年度結算如有虧損，除由辦理本保險業務機構之主管機關審核撥補，並得申請中央主管機關予以補助外，中央主管機關應即檢討虧損發生原因；如認為應調整保險費率時，應即依規定程序予以調整（§44）</td><td colspan="2">1. 階梯費率6.5%（97年）至12%（120年），但保險基金餘額足以支付未來20年保險給付時，不予調高
2. 本保險之財務，由政府負最後支付責任（§49）</td></tr>
</table>

身份		勞工	軍職人員
第一層社會保險	在保人數（萬人）	1,055.5（109/12）	21.8（109/12）
	基金餘額（億元）	7,851（109/12）	149（109/12）
	未來基金餘額分析（依最新精算結果）	1. 最適精算假設下之長期平衡費率應為27.94% 2. 預估115年基金累積餘額將轉為負值	－
	領取老年給付(年金)資格比較		
	年金請領年齡	60歲（107年起調高1歲，其後每2年提高1歲，至65歲止）	（現行僅得領取一次金。給付規定：滿5年者，給付5個基數；6-10年，每超過1年增給1個基數；11-15年，每超過1年增給2個基數；第16年起，每超過1年增給3個基數；保險滿20年者，每超過年給付1個基數，最高以45個基數為限。計30年年資可達45個基數。）
	請領年金資格要件	保險年資合計滿15年	
	老年給付計算基準	最高 60 個月投保薪資予以平均	
	採計年資上限	無	
	年資給付率	1.55%	
	展延及減額年金	每延後1年加發4%，最多加發20%；每提早1年減給4%，最多減給20%	
	與其他保險之銜接機制	1. 與國保採年資併計、分別給付機制 2. 與其他保險採年資保留機制	採年資保留機制

<table>
<tr><th>公教人員</th><th>農民</th><th>未就業國民</th></tr>
<tr><td>59.4（109/12）</td><td>104.6（109/12）</td><td>310.6（109/12）</td></tr>
<tr><td>3,260（109/12）</td><td>—</td><td>4,178（109/12）</td></tr>
<tr><td>1. 精算未來50年平準費率：12.53%（適用年金制度者）及8.28%（不適用年金制度者）
2. 維持上述費率情況下，準備金足以支應未來50年之給付</td><td>1. 開辦即發生虧損，短絀由國庫撥補，不足額向勞保基金借貸。至108年12月底，累積虧損1,639億元
2. 精算長期平衡費率為6.84%</td><td>1. 保險最適提撥率20.32%
2. 費率維持9.5%，基金於138年用盡；費率每2年調高0.5%至12%，基金於141年用盡</td></tr>
<tr><th colspan="3">領取老年給付(年金)資格比較</th></tr>
<tr><td rowspan="2">一次金：退休（職）、資遣、繳費滿15年且年滿55歲退保者，可領取一次金，年資每滿1年給與1.2個月（註1），最高36個月（103年6月1日起：最高42個月，但辦理優惠存款者最高36個月）
年金：適用私校教職員、無月退休（職、伍）給與及優惠存款制度之被保險人，除須符合一次金請領條件外，尚須符合下列年資及起支年齡條件：(1)65歲，投保年資15年；(2)60歲，投保年資20年；(3)55歲，投保年資30年</td><td rowspan="7">1. 農保本身無老年給付，以「老年農民福利津貼」替代
2. 老農津貼（每月 7,550 元）領取資格：
(1)年滿65歲國民
(2)在國內設有戶籍，且於最近3年內每年居住超過183 日
(3)申領時參加農保之農民且加保年資合計15年以上者
(4)申領時已領取勞工保險老年給付之漁會甲類會員且會員年資合計15年以上
(5)已領取社會保險老年給付者，於87年11月13日以後再加入農保者或加入勞工保險之漁會甲類會員，不得申領。
(6)自102年1月1日起，申請領取老農津貼之老年農民應符合排富條款
(7)於103年7月18日前已參加農保，且持續加保，於申領時加保年資合計6個月以上未滿15年者，發給半額津貼</td><td>65歲</td></tr>
<tr><td>年滿65歲</td></tr>
<tr><td>一次金：退保當月保險俸（薪）額
年金：退保前10年平均保險俸（薪）額</td><td>18,282元</td></tr>
<tr><td>最高35年</td><td>最高40年</td></tr>
<tr><td>0.75%-1.3%（總給付率最高 45.5%）</td><td>1.3%</td></tr>
<tr><td>每提前一年減給4%，最多減給20%</td><td>—</td></tr>
<tr><td>1. 退保時如不合請領公保養老給付條件，得於之後成就其他社會保險請領條件或65歲時，再依公保退保時年資，請領公保養老給付（§26）
2. 公保及勞保年資均未達15年，但合計勞保年資達15年者，可依基本年金率（0.75%）及公保年資請領公保年金給付（§49）</td><td>國保年資可供勞保及公保（具有任期之公職被保險人）併計年資，以成就勞保及公保老年年金給付條件。</td></tr>
</table>

身份			勞工		
第二層退休金制度	第二層（退休金制度）		勞工退休金制度		約聘僱人員離職儲金
			舊制	新制	
	法令依據		勞動基準法	勞工退休金條例	各機關學校聘僱人員離職儲金給與辦法
	實施日期		73年8月	94年7月	84年7月
	主管機關		勞動部	勞動部	銓敘部
	人數（萬人）		79.3（109/12）（註2）	708.4（109/12）	—
	費率（%）	法定	2-15	6	12
		現行	每年3月底前足額提撥	6	12
	雇主責任		雇主負擔	雇主提撥不得少於6%	政府與約聘僱人員各按12%費率負擔 50%（6%）
	員工責任		—	員工可相對提撥，以6%為上限	
	基金規模（億元）		8,976（109/12）	27,225（109/12）	—
	未來基金餘額分析（依最新精算結果）		—	—	—
	政府法定責任		雇主按月提撥之勞工退休準備金匯集為勞工退休基金，最低收益不得低於當地銀行2年定期存款利率之收益；如有虧損，由國庫補足	勞工退休金運用收益，不得低於當地銀行2年定期存款利率；如有不足由國庫補足之	—

註1：此係公保被保險人88 年5月31日以後保險年資之給付標準，而88年5月30日以前之保險年資，依原公務人員保險法或原私立學校教職員保險條例規定標準計算。

註2：勞工退休金舊制人數係指實際適用人數。

軍職人員	公教人員		農民	未就業國民
軍公教人員退休撫卹制度	政務人員離職儲金	私立學校教職員退休撫卹制度	農民退休儲金	(無退休金制度)
公務人員退休資遣撫卹法、公立學校教職員退休資遣撫卹條例、陸海空軍軍官士官服役條例	政務人員退職撫卹條例	學校法人及其所屬私立學校 教職員退休撫卹離職資遣條例	農民退休儲金條例	
84年7月、85 年2月、86年1月	93 年1月	99 年1月	110年1月	
銓敘部、教育部、國防部	銓敘部	教育部	行政院農業委員會	
67.2（109/12）	—	5.0（109/12）	—	
軍、公、教：12－18	12	12	10 以下	
13	12	12	—	
65%	65%	65%（私立學校、學校主管機關各32.5%）	農民於基本工資10%範圍內提繳後，政府提繳相同金額	
35%	35%	35%		
6,555（109/12）	—	610（109/12）	—	
1. 精算最適提撥率：公務人員 26.27%、教育人員30.24%、軍職人員12.34% 2. 維持現行提撥費率13%，預估基金用盡年度（新制）：公務人員130年、教育人員129年、軍職人員未來50年內不會用盡		—	—	
1. 由政府負最後支付保證責任 2. 當退撫基金 3 年實際平均運用收益低於臺灣銀行2年期定 期存款利率計算之收益，由國庫補足其差額	—	儲金統一管理運用時之收益及選擇風險程度最低之投資組合運用收益不得低於當地銀行2年期定期存款利率，如有不足，由國庫補足之	農民退休儲金運用收益，不得低於以當地銀行2年定期存款利率計算之收益；有不足者，由國庫補足之。	

資料來源：勞動部勞工保險局網站（http://www.bli.gov.tw/）、臺灣銀行網站（http://www.bot.com.tw/Pages/default.aspx）、勞動部網站（https://www.mol.gov.tw/）、公務人員退休撫卹基金網站（http://www.fund.gov.tw/mp.asp?mp=1）、財團法人中華 民國私立學校教職員退休撫卹離職資遣儲金管理委員會網站（http://www1.t－service.org.tw/bin/home.php）、勞動部勞動基金運用局網站（https://www.blf.gov.tw/）、勞工保險普通事故保險費率精算及財務評估（107 年）、國民年金保險費率精 算及財務評估報告（107 年）、公教人員保險第 7 次保險費率精算（106 年）、公務人員退休撫卹基金第 7 次精算評估報告（108年）。

6-3 農民保險

6-3-1 農民健康保險

政府為推行社會政策，維護農民健康，增進農民福利，促進農村安定，集合多數農民所繳的保險費，及政府的補助，幫助農民如遭遇死亡、疾病、殘廢等事故時，提供現金的補助以增進農民福利。於民國69年行政院指示內政部會同有關機規劃籌辦農民健康保險事宜，民國73年行政院指示由臺灣省政府先以行政命令試辦，臺灣省政府研擬臺灣省農民健康保險暫行試辦要點，民國74年10月試辦，全省有41個鄉鎮市農會所屬的會員加入保險，於民國77年10月全面試辦。復於民國78年6月公布農民健康保險條例，於同年7月實施。經民國81年6月、民國89年6月、民國91年6月、民國97年11月、民國99年1月及民國102年1月均有修正部分條文。

6-3-2 農民職業災害保險

為提高農民職業安全保障，使遭受職業災害農民及其家屬能獲得適當經濟補償，參考勞工職業災害保險，建立農民職災保險制度。「農民健康保險條例」部分條文修正107年5月18日立法院三讀通過，107年6月13日總統公布，並經行政院定自107年11月1日施行，自該日起，農民健康保險之主管機關將改隸行政院農業委員會，並開始試辦農民職業災害保險，採自願性加保，原則採「先傷後病」方式，優先試辦因果關係較為明確之「職業傷害」，若農民因從事農業工作而致傷害，試辦期間給付種類分為傷害給付、就醫津貼、身心障礙給付及喪葬津貼四種。

另自108年8月7日起，行政院農業委員會修正「農民職業災害保險試辦辦法」擴大納保對象，具有實際從事農業工作之全民健康保險第3類被保險人身分者(須已領取相關社會保險老年給付或外籍配偶)，亦得參加農民職災保險。

自110年5月1日起，行政院農業委員會修正上開試辦辦法，再次擴大納保對象，增列具農業生產技術能力，且以區域性從事農業生產工作之農民，得參加農民職災保險；另提高傷害給付金額，將傷害給付分為「一般傷害給付」及「增給傷害給付」。

6-3-3　投保業務

一、主管機關

在中央為內政部；在直轄市為直轄市政府；在縣（市）為縣（市）政府。

二、承保單位

農民保險業務暫委託勞工保險局辦理，並為保險人。

三、投保單位

（一）農會法第十二條所定之農會會員其所屬基層農會為投保單位。

（二）非農會會員，應以其戶籍所在地之基層農會為投保單位。

四、保險對象

（一）農民健康保險

農民健康保險投保對象包括農會會員及年滿15歲以上從事農業工作之農民。自105年1月1日起，不論農會會員或其他從事農業工作之農民申請參加農民健康保險，應具備下列各款資格條件：

一、年滿15歲以上者。

二、無農業以外之專任職業者。

三、每年實際從事農業工作時間達90日以上者。

四、全年實際出售自營農、林、漁、畜產品銷售金額平均每人達月投保金額三倍以上或投入農業生產資材平均每人達月投保金額二分之一以上金額者。

五、未領有其他社會保險養老給付或老年給付者。

六、農業用地應與其戶籍所在地之農會組織區域座落在同一直轄市、縣（市）或不同直轄市、縣（市）而相毗鄰之鄉（鎮、市、區）範圍內。

七、農民持以參加農保之農地，不論其何時變更為非農業用地，在經都市計劃主管機關認定符合農業發展條例第38條之1第1項第1款或第2款情形，並核發相關證明文件，且符合相關規定者，得參加農保。

八、農民持以參加農保之農業用地符合中央農業主管機關之休耕政策，其於休耕期間得視為從事農業工作。

九、合於下列各目情形之一者：

1. 自有農業用地者：以本人、配偶、直系血親、翁姑或媳婦所有三七五減租耕地以外之農業用地，林地平均每人面積0.2公頃以上、其餘農業用地平均每人面積0.1公頃以上，或依法令核准設置之室內固定農業設施平均每人面積0.05公頃以上，從事農業生產者。

2. 承租農業用地或其他合法使用他人農業用地，符合下列情形之一者：

⑴ 以本人或其配偶承租375減租耕地平均每人面積0.2公頃以上，從事農業生產者。

⑵ 以本人或其配偶承租375減租耕地以外之農業用地，林地平均每人面積0.4公頃以上、其餘農業用地平均每人面積0.2公頃以上，從事農業生產。

⑶ 自有林地面積未達0.2公頃、其餘農業用地面積未達0.1公頃，且連同承租農業用地面積合計，林地平均每人面積達0.4公頃以上、其餘農業用地平均每人面積達0.2公頃以上，從事農業生產者。

⑷ 合法使用政府機關、公立學校或公營事業機構之農業用地，林地平均每人面積0.4公頃以上、其餘農業用地平均每人面積0.2公頃以上，從事農業生產者。

⑵及⑶承租375減租耕地以外之農業用地應訂有租賃契約，並經地方法院或民間之公證人公證。但符合下列情形之一者，得不經公證：

1. 向政府機關、公立學校、公營事業機構承租農業用地。

2. 經由中央或地方農業主管機關指定之單位納入輔導且租賃契約經中央或地方農業主管機關備查。

3. 農會為公正第三人，查證確認該租賃契約存在，並經直轄市、縣（市）主管機關備查。

⑴ 養蜂農民：所持飼養蜂箱總數，達一百箱以上，且依中央農業主管機關所定農民從事養蜂事實申報及登錄作業程序，申報從事養蜂工作者。但申報有案未滿二年之青年養蜂農民，得僅持有飼養蜂箱達五十箱以上。（107年3月16日起增列之加保資格）

⑵ 實際耕作者：經中央農業主管機關所屬農業改良場認定於農業用地依法實際從事農業生產。（107年3月16日起增列之加保資格）

⑶ 雇農：民國90年5月9日已修正刪除，但修法前已審查通過為非會員雇農資格，其於繼續受僱期間可繼續參加農保。

（二）農民職災保險

1. 加保資格

農民職業災害保險加保對象為實際從事農業工作之農民健康保險被保險人，符合加保資格者得依其意願申請加保。另自108年8月7日起，具有實際從事農業工作之全民健康保險第3類被保險人身分者（須已領取相關社會保險老年給付或外籍配偶），得參加農民職災保險。對未具農保及全民健康保險第3類被保險人身分，惟具農業生產技術能力，且以區域性從事農業生產工作者，自110年5月1日起，亦得參加農民職災保險。

2. 加保手續

實際從事農業工作之農民健康保險被保險人或全民健康保險第3類被保險人身分者（須已領取相關社會保險老年給付或外籍配偶）或具農業生產技術能力，且以區域性從事農業生產工作者，得填具申請表，並檢具國民身分證或居留證明文件，親自向戶籍所在地或配偶戶籍所在地之基層農會申請參加農民職災保險。

3. 退保手續

⑴ 由於農民職業災害保險（下稱農民職保）加保對象為實際從事農業工作之農民健康保險（下稱農保）被保險人，因此，若農保資格喪失，自然喪失農民職保資格。

⑵ 以全民健康保險第3類被保險人參加農民職災保險者，若其喪失前開資格者，亦喪失農民職災保險資格。

⑶ 由於農民職保採自願性加保，因此，農民亦可自願退出農民職保。

6-3-4 保險財務

一、農民健康保險

（一）保險費率：本保險之保險費率，由中央主管機關按被保險人月投保金額6%至8%擬訂，報請行政院核定之。為配合全民健保的實施，目前農保之保險費率，核定為2.55%。

（二）月投保金額：被保險人月投保金額，由保險人按勞工保險前1年度實際投保薪資之加權平均金額擬訂，報請中央主管機關核定之。目前農保被保險人之月投保金額為10,200元。

（三）保費負擔方式：本保險之保險費，由被保險人負擔30%，政府補助70%。

1. 政府補助之保險費，在直轄市，由中央主管機關負擔40%，直轄市負擔30%；在縣（市），由中央主管機關負擔60%，縣（市）負擔10%。

2. 被保險人每月應負擔保費之計算方式：月投保金額×保險費率×被保險人負擔之保險費比例（10,200×2.55%×30%=78元）

二、農民職災保險

（一）保險費率：本保險自107年11月1日起試辦，保險費率為0.24%。

（二）月投保金額：被保險人月投保金額為10,200元。

（三）保費負擔方式：本保險之保險費，由被保險人負擔60%，政府補助40%。

1. 政府補助之保險費，在直轄市，由中央主管機關負擔20%，直轄市負擔20%；在縣（市），由中央主管機關負擔30%，縣（市）負擔10%。

2. 被保險人每月應負擔保費之計算方式：月投保金額×保險費率×被保險人負擔之保險費比例（10.200×0.24%×60%=15元）

6-3-5 保險給付

傷害、疾病二種事故的醫療給付規劃在全民健康保險；僅就生育給付、身心障礙給付、喪葬津貼及老農津貼介紹。

一、農保生育給付

（一）請領資格：被保險人或其配偶合於下列情形之一者，得請領生育給付

1. 參加保險滿二百八十日後分娩者。
2. 參加保險滿一百八十日後早產者。
3. 參加保險滿八十四日後流產者。

（二）給付標準

1. 分娩或早產者，按其事故發生當月之投保金額一次給與二個月。
2. 流產者，按其事故發生當月之投保金額一次給與一個月。
3. 雙生以上者比例增加。

被保險人或其配偶難產者，得申請住院診療；其已申領住院診療給付者，不得再依前項規定請領生育給付。

（三）給付之核發

申請手續完備經審查應予發給者，勞保局於收到申請書之日起10個工作日內核付，並於核付後約3至5個工作日匯入申請人所指定國內金融機構之本人名義帳戶。

（四）注意事項

1. 請領生育給付，應自分娩之當日起2年內提出申請，逾期不予給付。
2. 夫妻同為本保險之被保險人時，其生育給付以1人請領為限，不得重複請領。
3. 農保被保險人配偶（妻）參加國保，已申請國保生育給付，被保險人（夫）申請農保配偶生育給付時，依國民年金法第32條之1第2項及內政部100年8月5日台內社字第1000132931號函規定，二者僅可擇一請領。
4. 農保被保險人於農暇之餘從事非農業勞務工作，而於同時參加農、勞保期間分娩；或原參加勞保者在保險有效期間懷孕，嗣於勞保退保後1年內參加農保期間分娩，同時符合勞保生育給付及農保本人生育給付請領條件時，均依農保條例第6條第3項規定，僅得擇一請領；惟女性勞保被保險人之配偶為農保被保險人，得分別請領勞保本人生育給付及農保配偶生育給付。

二、農民職保傷害給付及就醫津貼

（一）請領資格

1. 農民健康保險被保險人於自願參加農民職業災害保險有效期間內發生職業傷害，被保險人得依農民職業災害保險試辦辦法規定，請領保險給付。
2. 上開被保險人因實際從事農業工作而致傷害不能從事工作，以致喪失或減少收入，正在治療中者，自不能工作之第4日起發給傷害給付及就醫津貼。

（二）給付標準：分為「一般」或「增給」二種

1. 一般傷害給付按被保險人當月月投保金額70%發給，每半個月給付一次；如經過一年尚未痊癒者，其傷害給減為當月月投保金額50%，且以一年為限。
2. 增給傷害給付按被保險人發生保險事故之當月月投保金額2倍之70%按日發給；如經過一年尚未痊癒者，其傷害給付減為發生保險事故之當月月投保金額2倍之50%，且以一年為限。
3. 適用「一般」或「增給」傷害給付：依被保險人「發生保險事故時」是否加收「增給傷害給付」保費為準，被保險人請領前項傷害給付，以每滿15日為一期，於期末之翌日起請領；未滿15日者，以職業傷害治療終止之翌日起請領。
4. 被保險人無論參加「一般」或「增給」傷害給付，就醫津貼皆相同；就醫津貼於被保險人請領傷害給付時併同申請（不需另外填具申請書），由保險人依傷害給付核給日數一併核給。就醫津貼分門診及住院診療，門診每日新臺幣50元，住院診療每日新臺幣900元。
5. 給付金額=傷害給付+就醫津貼。

（三）請領手續

請領傷害給付及就醫津貼應備下列書件，送所屬投保農會轉勞保局提出申請：

1. 農保（農職保）資格審查書件應檢具：

⑴ 現住人口詳細記事之戶口名簿影本（如有使用不同戶親屬土地加保之情形，另行檢附土地所有權人現住人口詳細記事之戶口名簿影本）。

⑵ 加保農地之土地資料或承租契約等相關證明文件。

2. 給付審查書件應檢具：

⑴ 農民職業災害保險傷害給付申請書及給付收據。

⑵ 農民職業災害保險職業傷害診斷書。

⑶ 如有目擊者，請檢送目擊者證明書。

⑷ 如於從事農業工作途中發生交通事故者，請另填勞保局印製之「農民職業災害保險被保險人從事農業工作途中發生事故而致傷害證明書」及檢附被保險人駕照影本或農業機械使用證影本，如經警察等機關處理者，請一併檢送紀錄。

3. 備齊上列書據證件後，請交由被保險人所屬投保農會核章後轉送勞保局辦理。

（四）給付之核發

申請手續完備經審查應予發給者，勞保局於收到申請書之日起10個工作日內核付，並於核付後約3至5個工作日匯入申請人所指定國內金融機構之本人名義帳戶。

（五）注意事項

1. 領取傷害給付之請求權時效為2年。
2. 於請領傷害給付時，依傷害給付請領日數一併給付就醫津貼。
3. 請領傷害給付需有實際治療及不能工作4日以上始得請領，若僅有治療而仍有工作者，不得請領傷害給付，亦不得單獨請領就醫津貼。
4. 被保險人於請領職災保險給付時，如未繳納農民健康保險保險費及農民職災保險保險費者，不得請領。
5. 被保險人同時參加農民健康保險、農民職災保險、勞工保險者，發生同一保險事故而上開保險皆得請領保險給付時，僅得擇一保險領取。

6. 傷害事由、經過、申請不能工作給付期間及相關證明書件應據實填寫，如以詐欺或其他不正當行為企圖領取保險給付，或為虛偽之證明、報告、陳述者，將按領取之保險給付處以2倍罰鍰；涉及刑責者，移送司法機關辦理。

三、身心障礙給付

（一）給付資格

被保險人於保險有效期間因傷害或疾病或遭受職業傷害，經治療後，症狀固定，再行治療仍不能期待其治療效果，如身體遺存障害，適合身心障礙給付標準規定之項目，並經醫療機構診斷為永久身心障礙者，得申請身心障礙給付。

（二）給付標準

1. 農保身心障礙給付係按農民健康保險身心障礙給付標準及其附表所定之障礙項目、障礙等級及給付日數審核辦理；農民職業災害保險身心障礙給付準用農民健康保險身心障礙給付標準規定辦理。

2. 被保險人如因職業傷害致身心障礙，並符合農民健康保險身心障礙給付標準規定之項目者，得按其平均月投保金額，依規定之給付標準，增給50%，最高可給付612,000元，最低為15,300元。

（三）請領手續

請領身心障礙給付應備下列書件，送所屬投保農會轉勞保局提出申請：

1. 農保資格證明文件

   (1) 現住人口詳細記事之戶口名簿影本（如有使用不同戶親屬土地加保之情形，另行檢附土地所有權人現住人口詳細記事之戶口名簿影本）。

   (2) 加保農地之土地資料或承租契約等相關證明文件。

2. 給付審查書件

   (1) 農民健康保險及農民職災保險身心障礙給付申請書及給付收據。

   (2) 農民健康保險身心障礙診斷書。

   (3) 經醫學影像檢查者，附檢查報告及相關影像圖片。

(4) 申請職災保險身心障礙給付時，另外應檢附職業傷害證明文件。

3. 農民健康保險身心障礙診斷書由醫療院所於開具後5日內逕寄勞動部勞工保險局，請將「農民健康保險身心障礙診斷書逕寄勞動部勞工保險局證明書」連同申請給付應備書件交由投保農會核章轉送勞動部勞工保險局辦理。

（四）給付之核發

申請手續完備經審查應予發給者，勞保局於收到申請書之日起10個工作日內核付，並於核付後約3至5個工作日匯入申請人所指定國內金融機構之本人名義帳戶。

（五）注意事項

1. 被保險人在保險有效期間罹患之傷病，經治療後，身體遺存永久障害者，應自診斷身心障礙之日起2年內（但器官喪失、缺損或機能完全喪失，例如：眼睛失明、終身定期洗腎應自事實發生日起；胸腹部明定器官切除，例如脾臟切除，應自器官切除出院之日起）提出身心障礙給付之申請，超過上述2年期限，不得請領身心障礙給付。

2. 身心障礙診斷書所載之障礙部位及症狀，應以治療後，症狀固定，再行治療不能期待其治療效果而診斷為永久身心障礙當時之症狀開具。

3. 農保被保險人申請身心障礙給付時，請用專用表格「農民健康保險身心障礙診斷書」，每一勾填處及每一頁面相連處均應加蓋醫師章，始為有效；診斷醫師請視治療結果，依專業認定，詳實填載，切勿徇情並防範假冒。至於診斷書所載內容是否符合給付標準，由勞保局逕依相關法令規定認定。

4. 以詐欺或其他不正當行為領取保險給付者，除須追還溢領之給付外，並按其領取給付處以2倍罰鍰，涉及刑責者，將移送司法機關辦理。

5. 依據農民健康保險條例施行細則第30條規定，被保險人或其受益人依本條例規定請領各項保險給付者，應檢具相關申請書件，交由投保單位向勞保局提出申請，以郵寄方式申請者，以原寄郵局郵戳為準（即其請領給付書件送達之計算時效以投保單位交郵寄局之當日為申請日，以郵戳時間為申請時點）。

6. 身心障礙給付應由被保險人於生前提出申請（以農會寄出申請書件之郵戳時間來認定），不得由遺屬或繼承人於被保險人死亡後代為提出申請。

7. 若被保險人於醫療機構出具之農民健康保險身心障礙診斷書所載身心障礙日期之當日死亡者，不予身心障礙給付。

8. 被保險人依規定領取身心障礙給付或職業傷害身心障礙給付後，經保險人認定不能繼續從事農業工作者，其保險效力自醫療機構出具之農民健康保險身心障礙診斷書所載身心障礙日期之當日24時終止。

9. 被保險人之身體原已局部身心障礙，再因傷病致身體之同一部位身心障礙程度加重、新增不同部位發生身心障礙或同一部位加重且新增不同部位發生身心障礙者，按身心障礙給付標準第5條第2項第1款至第6款規定核定身心障礙給付日數。但原已局部身心障礙部分所核定之給付日數，應予扣除。

10. 被保險人之身體原已局部身心障礙，再因職業傷害致身體之同一部位身心障礙程度加重或不同部位發生身心障礙者，應按其加重或新增部分之身心障礙程度，依農保身心障礙給付標準規定計算後，增給50%，發給身心障礙給付。其合計最高以第一等級按農民職業災害保險試辦辦法第16條第1項增給50%之標準給付之。

11. 農保條例第37條第1項所稱同一部位，係指與身心障礙種類部位同一者。其但書所稱合計最高以第1等級給付，係指被保險人歷次所請領之身心障礙給付，合計最高以第1等級給付額度為限；農民職業災害保險試辦辦法第17條第1項所稱合計最高以第1等級增給50%之標準給付，係指被保險人歷次所請領之身心障礙給付，合計最高以職業傷害身心障礙給付第1等級給付額度為限。

12. 有關農保被保險人因農民健康保險條例第20條第3款規定之事由導致身心障礙或死亡，除因麻醉藥品嗜好症而需勒戒服刑致無法實際從事農業工作遭取消農保資格者或經司法機關或軍事審判機關確定判決有故意犯罪行為應不予身心障礙給付外，不受該條該款規定之限制。

四、喪葬津貼

（一）請領資格

被保險人於保險有效期間內死亡或失蹤經法院死亡宣告者，為其支出殯葬費之人得依農保條例規定，請領喪葬津貼。

（二）給付標準

被保險人死亡時，按其當月投保金額，給與喪葬津貼15個月（153,000元）；被保險人因職業傷害死亡時，按其當月投保金額，給與喪葬津貼30個月（306,000元）。

（三）請領手續：請領喪葬津貼應備下列書件，送所屬投保農會轉勞保局提出申請

1. 農保資格證明文件：
   (1) 含被保險人有詳細記事之戶口名簿影本。
   (2) 加保農地之土地資料或承租契約等相關證明文件。
2. 給付審查書件：
   (1) 農民健康保險及農民職災保險喪葬津貼申請書及給付收據。
   (2) 死亡證明書或檢察官相驗屍體證明書。
   (3) 載有被保險人姓名之支付殯葬費用之證明文件。
   (4) 申請農民職災保險喪葬津貼時，另外應檢附職業傷害證明文件。

（四）給付之核發

申請手續完備經審查應予發給者，勞保局於收到申請書之日起10個工作日內核付，並於核付後約3至5個工作日匯入申請人所指定國內金融機構之本人名義帳戶。

（五）注意事項

1. 支出殯葬費之人應自被保險人死亡之日起2年內提出喪葬津貼之申請，超過上述2年期限，不得請領喪葬津貼。
2. 被保險人死亡，其家屬已領取勞保家屬死亡給付者，仍得依規定請領農保喪葬津貼。
3. 依農民健康保險條例施行細則第66條之1規定，喪葬津貼以1人請領為

限。勞保局核定前如另有他人提出請領，勞保局應通知各申請人協議其中1人代表請領；未能協議者，勞保局將平均發給各申請人。申請人如為配偶或2親等以內親屬，且有不能協議之情形者，勞保局得請各申請人檢附支付殯葬費之證明文件。

4. 有關司法院釋字第609號解釋公布後，農保被保險人因加保前罹患之傷病所致死亡，依內政部95年5月19日台內社字第0950081006號函示精神，「如被保險人於加保時尚具農作能力，於加保期間死亡，其喪葬津貼之請領，即依法核給」、「如被保險人於勞保有效期間罹患傷病，於勞保退保後1年內因同一傷病死亡，並已領取勞保死亡給付，倘其死亡日期亦在農保有效期間者，按該函示避免社會保險資源浪費之意旨，並參照農保條例第18條及勞保條例第22條均設有『同一種保險事故，不得因同一事故，而重複請領』之規定，即所謂『同一事故（死亡）不再重複給予保障』之法理，應不予喪葬津貼。」

5. 依據內政部99年1月29日台內社字第0980242047號函示略以，符合農民健康保險條例第5條第3項規定之農保被保險人，於其領取勞工保險老年年金給付或國民年金保險老年年金給付期間死亡時，如其家屬依規定可請領遺屬年金給付，嗣後又依農保條例第40條規定，請領農保喪葬津貼。因其家屬依規定所領取勞工保險或國民年金保險之遺屬年金給付，與農保被保險人於農保有效期間因死亡事故所發給之喪葬津貼目的不同、所保障對象亦異，且請領之條件限制及性質亦有所差異，自無違反同一保險事故不得重複請領之規定。

6. 依農民職業災害保險試辦辦法第11條規定，被保險人同時參加本保險、本職災保險、國民年金保險、勞工保險或其職業災害保險者，發生同一保險事故，僅得擇一保險領取其給付。

五、老農津貼

有鑒於軍、公教及勞工，參加軍、公教或勞保均享有老年給付之保障，而農民參加農保卻沒有老年給付項目，為照顧農民晚年生活，自84年6月起開始發放老農津貼。

（一）請領資格

87年11月13日加入農保之被保險人，惟基於社會福利資源不重複配置原則，明定已領社會保險老年給付或其他政府發放之生活補助或津貼者不得重複申領老農津貼，以避免產生不公平現象。

嗣後，考量部分農民早期領取微薄社會保險老年給付，卻無法申領老農津貼之問題，並將漁民亦納入照顧範圍，乃於87年11月11日修正放寬使已領取社會保險老年給付，並於87年11月12日前已參加農保或加入勞工保險之漁會甲類會員也可以領取老農津貼；但87年11月13日以後再加入農保或加入勞工保險之漁會甲類會員，則不能領取老農津貼。

（二）給付標準

109年1月1日起月領金額為7,550元。

（三）排富條款

基於國家資源之有效利用及社會公平正義，以照顧真正經濟弱勢的老年農民，於100年12月21日修法新增排富之規定，並考量為農、漁民及社會大眾充分瞭解調適，特別訂定1年的緩衝宣導期，自102年1月1日起新申請領取老農津貼的人才開始適用。另為照顧真正對農業長期貢獻之農民生活，再於103年7月16日修法將申領老農津貼之年資由6個月延長為15年，與國民年金接軌，並增列須為我國國民，在國內設有戶籍，且於最近3年內每年居住超過183天為請領津貼之資格條件。

六、農民退休儲金

為改良農民之生活，增進其生產技能，應制定保護農民之法律，實施保護農民之政策，考量農民所參加之農民健康保險欠缺老年給付，亦無退休金制度，農民老年生活保障尚有不足。爰參考勞工退休金等相關制度，訂定農民退休儲金條例（以下簡稱農退條例），設立農民退休儲金個人專戶，由農民與政府共同提繳農民退休儲金，以供農民未來退休養老使用，透過建構「老農津貼」及「退休儲金」雙層式老年農民經濟安全保障制度，將可使農民年老後能與其他行業退休人員一樣享有適當的生活水準保障。

農退條例於109年6月10日總統令公布，並自110年1月1日施行，施行後未滿65歲之農保被保險人，且尚未領取相關社會保險老年給付者，採自願方式向農保投保之基層農會申請提繳農民退休儲金，農民依規定提繳後，政府將按月提繳相同金額存入農民的退休儲金個人專戶中，農退儲金之運用，不低於銀行2年定期存款利率計算之收益；農民年滿65歲得請領退休儲金專戶之本金及累積收益，依據年金生命表、平均餘命及利率等計算所得之金額，按月定期發給。

（一）適用對象

未滿65歲的農保被保險人，而且尚未領取相關社會保險老年給付（公教人員保險養老給付、勞工保險老年給付、軍人退伍給付及國民年金保險老年年金給付）者，得依其意願申請提繳。

農民提繳農民退休儲金後，應持續為農保被保險人，農保一旦退保，即不符合提繳資格；如係經追溯退保農保，勞保局將結清專戶中非具農保資格時已提繳之金額，退還農民和退還主管機關共同提繳金額。

（二）提繳業務

1. 申報

(1) 開始提繳申報：農民自願開始提繳農民退休儲金者，需填具申請書向農保投保之基層農會（戶籍所在地之基層農會）提出申請。農會受理申請後，應於審查農民符合提繳規定之當日，列表通知勞保局開始提繳。

(2) 停止提繳申報：農民自願停止提繳農民退休儲金者，需填具申請書向農保投保之基層農會（戶籍所在地之基層農會）提出申請。應於辦理停止提繳之當日，列表通知勞保局停止提繳。

(3) 提繳率調整申報：農民得於每年5月或11月向農保投保之基層農會提出申請調整提繳比率，並由農會於受理申請當月底前通知勞保局，其調整自通知之次月1日起生效。

2. 提繳金額計算

農民按月提繳之款項，依勞動部公告之勞工每月基本工資乘以提繳比率計算，提繳比率由農民於1%~10%範圍內自行決定，農民依規定提繳後，主管機關即按月提繳相同金額存入退休儲金個人專戶中。

(1) 繳納方式及相關說明

① 繳納方式：為便利日後按期繳納，請農民以約定轉帳代繳方式，在農保投保之基層農會信用部辦理自動轉帳扣繳，如農會無信用部（松山區農會、中山區農會、大安區農會及金門縣農會共4家），則在郵局辦理轉帳代繳。

② 相關說明：農民應提繳農民退休儲金之款項，經勞保局連續6個月扣繳未成功者，視同自願停止提繳；農民申請再提繳者，應再填具申請書向農保投保之基層農會提出申請。

（三）請領業務

1. 請領條件：有提繳農民退休儲金之農民，於年滿65歲時得請領農民月退休儲金。

2 請領標準

⑴ 農民月退休儲金領取金額之計算方式為退休儲金專戶本金及累積收益，依據年金生命表，以平均餘命及利率等基礎計算所得之金額，按月定期發給。

⑵ 累積收益金額除已分配入專戶之收益外，尚未分配期間之收益，以申請當月勞動部勞動基金運用局公告最近月份之收益率，計算至申請當月止。

⑶ 農民退休儲金運用收益，不得低於以當地銀行2年定期存款利率計算之收益；有不足者，由國庫補足之。收益之計算，為開始提繳之日起至依法領取退休儲金之日止期間，各年度實際分配收益累計數與同期間保證收益累計數比較，如果實際分配收益累計數低於保證收益累計數，依法補足之。

⑷ 當地銀行2年定期存款利率，指依臺灣銀行、第一銀行、合作金庫銀行、華南銀行、土地銀行、彰化銀行等6家行庫每月第1個營業日牌告2年期小額定期存款之固定利率，計算之平均年利率。勞動部勞動基金運用局應每月公告前開平均年利率，作為當月之最低保證收益率。

⑸ 年金生命表、平均餘命、利率及金額，由勞保局擬訂，報請行政院農業委員會核定後主動公開之，嗣後至少每3年檢討一次。核定後之內容對已受領月退休金之案件，其年金生命表與平均餘命不再變動，惟須依調整後之利率，重新核算發給之月退休金額。

3. 請領手續

⑴ 農民年滿65歲請領農民退休儲金時，應填具「農民退休儲金申請書及收據」，交由農保最後投保之農會向勞保局提出申請。

⑵ 申請人如係受監護宣告者，應由法定代理人（監護人）副署簽章，並檢具申請人及法定代理人（監護人）之現住址戶口名簿影本（須有詳細記事）。

⑶ 未於國內設有戶籍者，應檢附農民退休儲金條例施行細則第25條所列單位驗證之身分或居住相關證明文件、資料，並應每3年重新檢送勞保局查核。

4. 請農民月退休儲金之發給

⑴ 農民申請月退休儲金，請領手續完備，經審查應予發給者，勞保局自收到申請書次月底前發給，並匯入請領人金融機構帳戶。

⑵ 農民申請農民退休儲金時，因提繳時差尚未提繳入退休儲金專戶之金額，以已提繳論。屆期未繳入退休儲金專戶者，應由其請領之農民退休儲金金額中沖還。

⑶ 農民於領取月退休儲金期間死亡者，即停止發給農民退休儲金，其退休儲金專戶結算賸餘金額，由其遺屬或指定請領人領回。

5. 提前請領退休儲金

⑴ 請領條件：有提繳農民退休儲金之農民，未滿65歲，有下列情形之一者，得提前請領農民退休儲金：

① 領取農民健康保險條例所定身心障礙給付，經保險人認定不能繼續從事農業工作。

② 領取勞工保險條例所定失能年金給付或失能等級三等以上之一次失能給付。

③ 領取國民年金法所定身心障礙年金給付或身心障礙基本保證年金給付。

④ 非屬前三款之被保險人，符合前三款所定身心障礙或失能狀態。

(2) 請領標準：提前請領農民退休儲金者，由農民決定請領之年限，作為退休儲金計算基礎。請領年限應以年為單位，並以整數計之；經核付後，不得再為變更。

(3) 請領手續：應填具「提前請領農民退休儲金申請書及收據」，交由農保最後投保之農會向勞保局提出申請。

(4) 提前請領退休儲金之發給：與農民月退休儲金之發給規定相同。

6. 遺屬或指定請領人請領退休儲金

農民於請領退休儲金前死亡，或農民已領取退休儲金，於未屆平均餘命或指定請領年限前死亡，其退休儲金專戶（剩餘）金額，由其遺屬或指定請領人領回，請領人之相關規定如下：

(1) 農民生前預立遺屬指定請領人者，由指定請領人請領。

(2) 農民生前未預立遺屬指定請領人者，由遺屬請領，遺屬之順位如下：

① 配偶及子女。

② 父母。

③ 祖父母。

④ 孫子女。

⑤ 兄弟姊妹。

同一順位之遺屬有2人以上時，應共同具領，有未具名之遺屬時，由具領之遺屬負責分配之。有死亡、放棄退休儲金請領權或因法定事由喪失繼承權時，由其餘遺屬請領之。

案例探討 1

子強於 85 年加入農保，110 年加入農民職保及農民退休儲金（提繳率 5%），太太真美為家庭主婦，試分析下列問題：

1. 子強須繳納各項保費若干？
2. 子強因意外全殘，二年後不幸身故，可領取身心障礙給付及喪葬津貼若干？
3. 子強因職災傷害住院 5 日，可領取傷害給付及就醫津貼若干？
4. 真美若生產可領取生育給付若干？
5. 子強每月提繳退休儲金若干？政府相對提繳若干？
6. 子強 65 歲退休可領取老農津貼若干？

解

1. (1) 農保保費：$10,200×2.55%×30% ＝ $78

   (2) 農民職保保費：$10,200×0.24%×60% ＝ $15

2. (1) 身心障礙給付：$10,200 ÷ 30×1,200 ＝ $408,000

   (2) 喪葬津貼：$10,200×15 ＝ $153,000

3. (1) 傷害給付：$10,200 ÷ 30×70%×(5 - 3) ＝ $476

   (2) 就醫津貼：$900×(5- 3) ＝ $1,800

4. $10,200×2 ＝ $20,400

5. (1) 子強：$25,250×5% ＝ $1,263

   (2) 政府：$25,250×5% ＝ $1,263

6. 農保本身無老年給付，以「老年農民福利津貼」替代，因子強於 85 年加入農保（於 87 年 11 月 13 日後才加入農保的人，不能領老農津貼），故退休時可領取老農津貼每月 $7,550。

6-4 國民年金保險

「國民年金」是我國於97年10月1日開辦的社會保險制度，主要納保對象是年滿25歲、未滿65歲，在國內設有戶籍，且沒有參加勞保、農保、公教保、軍保的國民。國民年金提供「老年年金」、「身心障礙年金」、「遺屬年金」三大年金給付保障，及「生育給付」、「喪葬給付」二種一次性給付保障。被保險人只要按時繳納保險費，在生育、遭遇重度以上身心障礙或死亡事故，以及年滿65歲時，就可以依規定請領相關年金給付或一次性給付，以保障本人或其遺屬的基本經濟生活。

6-4-1 開辦「國民年金」的理由及意義

我國隨著平均壽命延長，出生率下降，老年人的人數和比例呈現顯著成長，老年人口比率在82年便超過7%，邁入聯合國世界衛生組織所稱的高齡化社會，至107年3月，老年人口比率達14%，正式邁入高齡社會，依據推估，至民國115年時，老年人口將占全國人口20%。而隨著社會變遷與家庭結構改變，家庭扶持老人之傳統功能漸趨式微，子女供養老人比例逐年下降，因此提供國民老年生活的經濟安全保障，已成為我國社會安全體系中重要之一環。

從總覽國內的各種社會保險開始（詳見圖6-3），以往我國有勞保、軍保、公教保及農保等以在職勞動者為納保對象的社會保險，如果把98年底的2,312萬全國人口，用有無社會保險區分，在不含軍保情況下（因無法取得資料），目前享有各種社會保險保障的人口約有1,117萬，包括近903萬的勞保、154萬的農保及60萬的公教人員保險。

其餘的近半數人口中，在扣除尚在就學、就養的孩童與青少年，及65歲以上的老年人外，仍有近350萬個25到65歲的人尚未納入主會保險體系，而這些人當中，大多是經濟弱勢的家庭主婦或無工作者。國民年金即是針對此部分的不足，設計一個以全民為保障標的的保險制度，讓以往未能被納入社會保險網絡的國民，今後也能享有社會保險的好處，並獲得老年經濟生活的基本保障。

國民年金的開辦使我國的社會安全網得以全面性建構，補足了以往社會保險制度的缺口，讓臺灣邁入全民保險的時代，落實政府全民照顧的理念。而採行「年金」方式辦理，不僅可以避免一次給付後，因資金運用不當所發生的損失，此外，年金制度有配合物價指數調整投保金額（投保金額為計算年金給付的基礎）及定期調整年金給付基本保障金額的設計，可以避免因通貨膨脹造成給付縮水，以確實保障年金給付對象的生活需要。

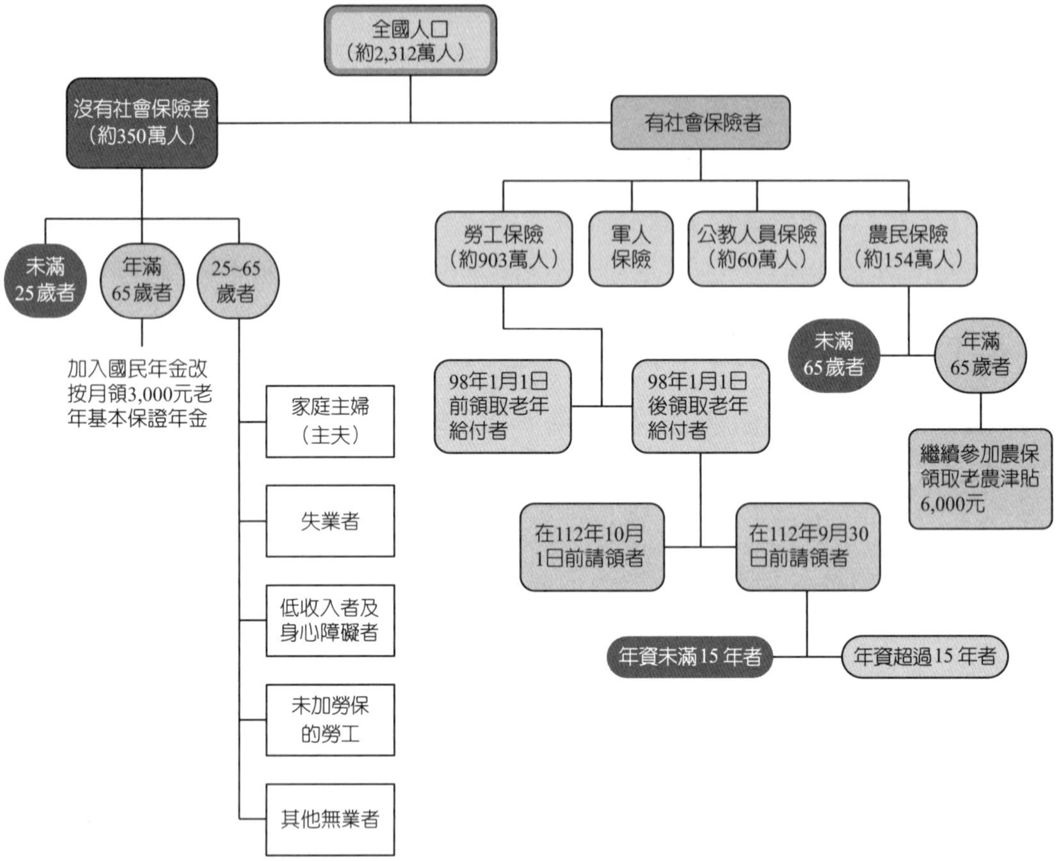

全國人口（約2,312萬人）

沒有社會保險者（約350萬人）

未滿25歲者

年滿65歲者

加入國民年金改按月領3,000元老年基本保證年金

25~65歲者

家庭主婦（主夫）

失業者

低收入者及身心障礙者

未加勞保的勞工

其他無業者

有社會保險者

勞工保險（約903萬人）

軍人保險

公教人員保險（約60萬人）

農民保險（約154萬人）

98年1月1日前領取老年給付者

98年1月1日後領取老年給付者

在112年10月1日前請領者

在112年9月30日前請領者

年資未滿15年者

年資超過15年者

未滿65歲者

年滿65歲者

繼續參加農保領取老農津貼6,000元

圖6-3 國民年金開辦前的社會安全網

6-4-2 「國民年金法」的立法歷程

我國國民年金制度歷經10餘年、5個階段的積極規劃，除參酌我國國情及先進國家年金制度實施經驗，並廣納各界建言及不斷整合分歧意見，終於96年7月20日經立法院三讀通過「國民年金法」，並於96年8月8日由總統令公布，97年10月1日起開始施行。我國國民年金制度是採社會保險方式辦理，除規劃「老年年金」、「身心障礙年金」、「遺屬年金」及「喪葬給付」四大給付項目，並整合國民年金開辦前已經在發放的「敬老津貼」及「原住民敬老津貼」，改為「老年基本保證年金」及「原住民給付」。

國民年金原規劃將農民一併納入，但是為了確保農保被保險人原本農保的權益不會因為國民年金開辦而受到影響，並為順利銜接國民年金與勞保年金

制度，行政院會於97年6月通過國民年金法部分條文修正草案，並送立法院審議，97年7月18月經立法院三讀通過，97年8月13日總統令公布，將農保與國保脫勾，農民繼續加保農保，相關的喪葬、殘廢、生育等給付也依照農保原有的制度。農、漁民如符合老農津貼請領資格，仍可繼續申領老農津貼。此外，放寬98年1月1日勞保年金制度實施前，已領取勞保老年給付者，如未滿65歲，仍應參加國保，不受勞保年資之限制。

國民年金開辦屆滿2年，內政部為因應早期軍公教退職人員老年生活保障不足之問題，增進對弱勢國民之保障，以及各方反映國民年金按全月計費方式應予修正之建議，擬具國民年金法部分條文修正草案送行政院，行政院會於99年9月通過並送立法院審議，100年6月13日經立法院三讀通過、100年6月29日總統令公布，針對領取相關社會保險老年給付之年資或金額偏低者放寬國民年金納保資格及給付條件（追溯自97年10月1日起施行）。並將保險費及保險年資由按月計算修改為按日計算（自101年1月1日起施行）。另為配合政府鼓勵生育政策，解決少子化問題，新增生育給付之給付項目（自100年7月1日起施行）。

為加強照顧弱勢民眾基本經濟生活，避免所領給付因通貨膨脹而縮水，並建立津貼調整之制度化機制，立法院於100年12月2日三讀通過增訂國民年金法第54條之1，並於100年12月21日由總統令公布，明定自101年1月1日起，老年年金給付A式加計金額、遺屬年金給付基本保障、老年基本保證年金及原住民給付，由3,000元調增為3,500元，自105年1月1日起，由3,500元調增為3,628元；，自109年1月1日起，由3,628元調增為3,772元。身心障礙年金給付基本保障及身心障礙基本保證年金，由4,000元調增為4,700元，自105年1月1日起，由4,700元調增為4,872元；自109年1月1日起，由4,872元調增為5,065元。未來則每4年參照消費者物價指數成長率，定期調增各項給付金額。

101年度土地公告現值大幅調整，造成許多原本在領取老年基本保證年金的人因此喪失請領資格，為避免土地公告現值逐年調整造成類似情況一再發生，國民年金法於101年12月26日經總統令修正公布第31條條文，明定自101年1月1日起，原已領取老年基本保證年金、身心障礙基本保證年金、原住民給付的人，如果土地及房屋沒有增加，只是因土地公告現值調整造成價值達500萬元以上者，仍然可以繼續領取年金，以保障民眾權益。

為避免依國民年金法請領的各項年金，在匯入申請人存款帳戶後即遭扣押，而與國民年金保障弱勢國民的立法意旨相違背，國民年金法於103年1月8日經總統令修正公布第55條條文，明定請領國民年金各項年金，得檢具保險人出具的證明文件，於金融機構開立專戶，專供存入給付之用。專戶內存款，不得作為抵銷、扣押、供擔保或強制執行標的。

考量各社會保險的衡平性，104年12月16日修正公布國民年金法第32條之1，將生育給付由1個月調高為2個月。另鑑於請領遺屬年金者，部分受益人為老邁、未成年、無謀生能力或有子女離家而暫時無法聯繫，致未能即時提出申請，俟提出申請時已無法追溯補發。為確保遺屬之權益，104年12月30日修正公布國民年金法第18條之1條文，明定自105年3月1日起發生死亡事故的被保險人，其遺屬年金給付之受益人未於符合請領條件之當月提出申請者，自其提出請領之日起前5年得領取之給付，追溯補給之。但已經由其他受益人請領之部分，就不適用。

6-4-3　國民年金的主管機關及保險人

國民年金的主管機關，在中央是內政部，配合政府組織改造，自102年7月23日起變更為衛生福利部；在地方，直轄市是直轄市政府，縣（市）是縣（市）政府。國民年金採社會保險制度，依法由中央主管機關委託勞工保險局辦理，並為保險人。

6-4-4　保險對象－被保險人

一、國民年金於97年10月1日開辦，依照國民年金法第7條的規定，年滿25歲、未滿65歲的國民，在國內設有戶籍且有下列情形之一者，在沒有參加軍保、公教保、勞保、農保期間，應參加國民年金保險（簡稱國保）：

（一）未領取相關社會保險老年給付（指勞保老年給付、軍保退伍給付、公教保養老給付）。

（二）僅領取勞保老年給付：

1. 97年12月31日以前領取（不論年資及金額）。

2. 98年1月1日以後領取之年資未達15年或一次領取金額未達50萬元。

（三）曾領取公教保養老給付或軍保退伍給付：

1. 未曾領取勞保老年給付或在97年12月31日以前曾領取勞保老年給付，且領取公教保養老給付及軍保退伍給付的年資合計未達15年或一次領取金額合計未達50萬元（領取勞保老年給付的年資及金額不列入計算）。

2. 98年1月1日以後領取勞保老年給付，且領取勞保老年給付、公教保養老給付及軍保退伍給付的年資合計未達15年或一次領取金額合計未達50萬元。在98年1月1日勞保年金制度實施前，已經請領勞保老年給付（無年資限制）且未曾領取軍保退伍給付、公教保養老給付。

二、領取勞保老年年金給付者，於請領給付後均不得參加國民年金保險。

三、已參加勞保普通事故保險者（含參加裁減資遣人員繼續加保、育嬰留職停薪人員繼續加保、職災勞工離職後繼續加保者），在加保期間均不得參加國民年金保險。

四、領過勞保老年給付再受僱工作參加職業災害保險者，因未計勞保年資，如果領取勞保老年給付的情形符合前述第一項的（二）的情形，仍應參加國民年金保險。

五、年滿25歲服替代役或國防役者，於參加替代役保險（非軍保）期間，仍應參加國民年金保險。

六、旅居海外之國民，如果超過2年未持本國護照入境而被除戶籍（非除國籍），則在除籍期間不屬於國民年金被保險人。如未被除戶籍或已恢復戶籍，且符合前述第一項國民年金加保資格，均應參加國民年金保險。

七、國民年金法施行15年後（112年10月1日以後），領取相關社會保險老年給付者，不得再參加國民年金保險。

6-4-5 月投保金額及保險費率

一、月投保金額

（一）月投保金額是計算保險費及各項給付金額的基準，在國民年金施行第1年，以勞工保險投保薪資分級表第一級（99年為17,280元）為月投保金額；第2年起，於消費者物價指數累計成長率達 5% 時，即依該成長率調整，目前月投保金額於104年1月1日調整為18,282元。

（二）消費者物價指數之計算，是以主計處公布之前1年10月至該年9月底為止12個月之平均消費者物價指數認定。當物價指數較上次公告調整月投保金額時之指數，累計成長率達5%以上時，就按該成長率調整。

（三）消費者物價指數之累計成長率由勞保局按年度計算，如需調整月投保金額時，應報請中央主管機關（102年7月22日以前為內政部；102年7月23日以後為衛生福利部）核定公告，並自公告之次年 1 月起生效。

二、保險費率

（一）國民年金的保險費是以月投保金額及保險費率計算。97年10月1日至100年3月31日的保險費率為6.5%，100年4月1日至101年12月31日的保險費率為7%，自102年1月1日起由7%調整至7.5%，104年1月1日將調整為8%，106年1月1日調整為8.5%。108年1月1日調整為9%，110年1月1日調整為9.5%。

（二）保險費率由勞保局每2年精算1次，每次精算40年，精算結果如保險基金餘額足以支付未來20年保險給付，則2年內均不予調高；如不足支付，則調高0.5%，費率之調整上限為12%。前述費率之精算、調整應報請中央主管機關（102年7月22日以前為內政部；102年7月23日以後為衛生福利部）核定公告，並自公告之次年 1 月起生效。

6-4-6　保險費負擔比率及金額

一、保險費計算方式

（一）計算公式（以元為單位，角以下四捨五入）

國民年金每月保險費＝月投保金額×保險費率

被保險人每月自付保險費＝月投保金額×保險費率×被保險人自付比率

政府每月應負擔保險費＝國民年金保險費－被保險人自付保險費

✦ 以月投保金額18,282元、保險費率9.5%為例（110年1月1日起適用）：

國民年金每月保險費＝18,282×9.5%＝1,737元

其中被保險人每月自付保險費＝18,282×9.5%×60%＝1,042元

政府每月應負擔保險費 ＝1,737－1,042 ＝695元

（二）97年10月至100年12月份的國民年金保險費及保險年資是按月計算，也就是說，無論被保險人當月份實際參加國保幾天，都是按全月計收保險費，被保險人繳納保險費後，也會按全月累計保險年資。

（三）101年1月份起的國民年金保險費及保險年資改為按日計算，也就是每月以30日計，按被保險人實際加保日數佔30日的比率計收保險費，被保險人繳納保險費後，也會按實際繳納保險費日數佔30日的比率累計保險年資。

✦ 非全月加保者之保險費計算公式

被保險人自付保險費＝月投保金額×保險費率×被保險人自付比率×加保天數/30

（四）保險費以每2個月為1期由勞保局按期計算及開具繳款單。

（五）被保險人參加國民年金保險之資格至年滿65歲前一日止，故保險費僅計收至年滿65歲前一日之當月，次月起均不需再繳費。101年1月份起的保險費改為按日計算後，保險費則計算至年滿65歲之前一日止。

（六）應為被保險人負擔保險費的地方政府，是以被保險人每月底戶籍所在地的直轄市或縣（市）政府為準。

二、保險費由被保險人及各級政府依下列比率負擔

（一）被保險人為低收入戶：由政府全額負擔。

（二）被保險人為所得未達一定標準者：

1. 以被保險人之家庭總收入平均分配全家人口，如每人每月未達當年度最低生活費1.5倍，且未超過臺灣地區平均每人每月消費支出之1倍，則被保險人自付30%，政府負擔70%。

2. 以被保險人之家庭總收入平均分配全家人口，如每人每月達當年度最低生活費1.5倍，未達2倍，且未超過臺灣地區平均每人每月消費支出之1.5倍，則被保險人自付45%，政府負擔55%。

（三）被保險人為符合法定身心障礙資格領有證明者：

1. 極重度及重度身心障礙者，由政府全額負擔。

2. 中度身心障礙者，由被保險人自付30%，政府負擔70%。

3. 輕度身心障礙者，由被保險人自付45%，政府負擔55%。

（四）一般被保險人：

其餘一般被保險人自付60%，政府負擔40%。

（五）柔性強制加保制：

本保險實施時，採柔性強制加保制，即不加保沒有罰則，只是不能享有保障。凡未繳清保險費及利息者，不予支付保險給付。另外被保險人在發生保險事故前一年期間，有保費未繳納情形或有欠繳保費期間超過1年不予計入保險年資情事者，均無法享有基本保障3,628元的優惠。

三、保險費負擔比率及金額表

以110年1月1日起適用：月投保金額18,282元，保險費率9.5%為例，計算保險費金額。

表6-4　保險費負擔比率及金額表

被保險人身分		被保險人自付比率（每月自付金額）	政府負擔比率（每月負擔金額）
一般民眾		60%（1,042元）	40%（695元）
低收入戶		0	100%（1,737元）
所得未達一定標準者	未達當年度最低生活費1.5倍	30%（521元）	70%（1,216元）
	達當年度最低生活費1.5倍未達2倍	45%（782元）	55%（955元）
身心障礙者	重度以上	0元	100%（1,737元）
	中度	30%（521元）	70%（1,216元）
	輕度	45%（782元）	55%（955元）

資料來源：行政院勞動部勞工保險局

表6-5 歷年被保險人每月自付保險費金額

保險費期間	一般民眾	所得未達當年度最低生活費2倍/輕度身心障礙	所得未達當年度最低收活費1.5倍/中度身心障礙
110.01~	1,042元	782元	521元
108.01~109.12	987元	740元	494元
106.01~107.12	932元	699元	466元
104.01~105.12	878元	658元	439元
102.01~103.12	778元	583元	389元
100.04~101.12	726元	544元	363元
97.10~100.03	674元	505元	337元

註：低收入戶及重度以上身心障礙者為政府全額補助，被保險人無須自付保費。

6-4-7 保險年資

一、保險年資，指被保險人依規定繳納保險費之合計期間；未滿1年者，依實際繳納保險費月數按比例計算。

二、被保險人應繳納之保險費及利息，未依規定繳納前，不計入保險年資。

三、被保險人退保後再參加本保險時，其取得之保險年資應予合併計算。

6-4-8 保險給付

一、老年給付

A、老年年金給付

（一）給付資格：國民年金保險被保險人或曾參加國民年金保險者，於年滿65歲時，不論國保年資有幾年，均得請領老年年金給付。自符合條件（即年滿65歲）之當月起按月發給至死亡當月止。

（二）給付金額：

1. 請領老年年金給付之給付金額，如果沒有不得選擇A式的情況，則依下列A、B式計算後，擇優計給：

A式＝（月投保金額×保險年資×0.65%）＋3,772元

（自109年1月1日起，由3,628元調增為3,772元）

B式＝月投保金額×保險年資×1.3%

2. 有下列情形之一者，不得選擇以上述A式計給：

(1) 有欠繳保險費超過10年不能計入保險年資的情形。

(2) 發生保險事故前1年期間（指64歲至65歲期間），有保險費未繳納情形。

(3) 領取相關社會福利津貼（指低收入老人生活津貼、中低收入老人生活津貼、身心障礙者生活補助、老年農民福利津貼及榮民就養給付）。

(4) 在97年12月31日以前領取公教保養老給付、軍保退伍給付的年資合計超過15年，且一次領取公教保養老給付、軍保退伍給付的總額超過50萬元者。

(5) 在98年1月1日勞保年金實施以後至112年9月30日止，領取公教保養老給付、軍保退伍給付、勞保老年給付的年資合計未達15年或一次領取之公教保養老給付、軍保退伍給付、勞保老年給付的總額未達50萬元者，自年滿65歲當月起將所領取之公教保養老給付、軍保退伍給付總金額按月折抵3,000元，至折抵完畢前。

(6) 在98年1月1日勞保年金實施以後至112年9月30日止，領取公教保養老給付、軍保退伍給付、勞保老年給付的年資合計超過15年，且一次領取公教保養老給付、軍保退伍給付、勞保老年給付的總額超過50萬元者。

(7) 在勞保年金制度實施後，領了勞保的老年年金給付。

(8) 在112年10月1日以後領了公教保養老給付、軍保退伍給付或勞保老年給付。

(9) 在64歲至65歲期間，保險費或利息有欠繳情形，經勞保局以書面限期繳納，被保險人逾期始為繳納者，前3個月老年年金給付，僅能以B式發給。

3. 請領限制：被保險人符合身心障礙年金給付、身心障礙基本保證年金、老年年金給付、老年基本保證年金及遺屬年金給付條件時，僅得擇一請領。

B、老年基本保證年金

（一）請領資格及給付金額：

97年10月1日國民年金法施行時，已年滿65歲之國民，即民國32年10月1日（含當日）以前出生之國民，在國內設有戶籍，且最近3年內每年居住超過183日，而無下列規定之一者，得請領老年基本保證年金，自申請當月起按月發給3,772元（自109年1月起年金金額由3,628元調整為3,772元）至死亡當月為止：

1. 經政府全額補助收容安置。
2. 領取軍人退休俸（終身生活補助費）、政務人員、公教人員、公營事業人員月退休（職）金或一次退休（職、伍）金。但原住民領取一次退休（職、伍）金者，不在此限。
3. 領取社會福利津貼（指低收入老人生活津貼、中低收入老人生活津貼、身心障礙者生活補助、老年農民福利津貼及榮民就養給付）。
4. 稅捐稽徵機關核定之最近1年度個人綜合所得總額合計新臺幣50萬元以上。
5. 個人所有之土地及房屋價值合計新臺幣500萬元以上。
6. 入獄服刑、因案羈押或拘禁。

（二）前述「最近3年內，每年居住國內超過183天」，是以每期年金核發當月起前36個月認定。因為年金是逐月發給，所以每個月核發年金時都會往前比對36個月的居住狀況。

（三）前述（一）之5土地及房屋價值之計算：

1. 土地之價值，以公告土地現值計算，房屋之價值，以評定標準價格計算。
2. 有下列情形之一者，應扣除之：

(1) 土地之部分或全部被依法編為公共設施保留地，且因政府財務或其他不可歸責於地主之因素而尚未徵收及補償者。

⑵ 屬個人所有且實際居住唯一之房屋者。但其土地公告現值及房屋評定標準價格合計得扣除額度以新台幣400萬元為限。

⑶ 未產生經濟效益之原住民保留地。

（四）自101年1月起，原已領取老年基本保證年金的人，在各地方政府調整土地公告現值後，如其個人所有的土地及房屋沒有新增，而且也沒有其他排除規定，就符合繼續請領年金的資格，不會因為土地公告現值調整而受到影響。

（五）老年基本保證年金請領人，不適用國民年金法有關身心障礙年金給付、身心障礙基本保證年金、喪葬給付及遺屬年金給付之相關規定。

C、原住民給付

（一）請領資格及給付金額：年滿55歲之原住民，在國內設有戶籍，且無下列規定之一者，於國民年金法施行後，得請領「原住民給付」每人每月3,772元（自109年1月起年金金額由3,628元調整為3,772元）。從申請的當月開始按月發給至年滿65歲前一個月為止。

1. 現職軍公教（職）及公、民營事業人員。但每月工作收入未超過勞工保險投保薪資分級表第1級者，不在此限。
2. 領取政務人員、公教人員、公營事業人員月退休（職）金或軍人退休俸（終身生活補助費）。
3. 正在領取身心障礙者生活補助或榮民就養給付。
4. 正由政府全額補助收容安置。
5. 財稅機關提供保險人公告年度之個人綜合所得稅各類所得總額合計新臺幣50萬元以上。
6. 個人所有之土地及房屋價值合計新臺幣500萬元以上。
7. 入獄服刑、因案羈押或拘禁。

（二）前述土地之價值，以公告土地現值計算；房屋之價值，以評定標準價格計算。但有下列情形之一者，應扣除之：

1. 土地之部分或全部被依法編為公共設施保留地，且因政府財務或其他不可歸責於地主之因素而尚未徵收及補償者。

2. 屬個人所有之唯一房屋且實際居住者。但其土地公告現值及房屋評定標準價格合計得扣除額度以新臺幣400萬元為限。

3. 未產生經濟效益之原住民保留地。

（三）自101年1月起，原已領取原住民給付的人，在各地方政府調整土地公告現值後，如其個人所有的土地及房屋沒有新增，而且也沒有其他排除規定，就符合繼續請領原住民給付的資格，不會因為土地公告現值調整而受到影響。

（四）請領原住民給付必須年滿55歲之年齡限制，未來會配合原住民平均餘命與全體國民平均餘命差距之縮短而逐步提高最低請領年齡至65歲。

二、身心障礙年金給付

A、身心障礙年金給付

（一）給付資格：

1. 申請資格：符合下列情形之一者，得請領身心障礙年金給付。

⑴ 被保險人於國保加保期間遭受傷害或罹患疾病，經診斷為重度以上身心障礙並領有重度或極重度身心障礙手冊或證明，並且經評估沒有工作能力。

⑵ 被保險人在參加國民年金保險前或參加勞保、公教保、軍保、農保等相關社會保險期間遭受傷害或罹患疾病，曾領取相關社會保險殘廢或失能給付，後來於參加國保期間因「同一傷病」或「同一障礙種類」障害程度加重，經診斷為重度以上身心障礙並領有重度或極重度身心障礙手冊或證明，並且經評估沒有工作能力。

2. 無工作能力之認定：是指被保險人經身心障礙鑑定醫療機構依病歷等相關檢查資料綜合評估，其確實因身心障礙致生活上需人扶助或完全缺乏生活自理能力，且經勞保局審查未實際從事工作及未參加相關社會保險者。身心障礙類別及等級符合「國民年金保險身心障礙（基本保證）年金視為無工作能力身心障礙類別及等級表」者，可以不用再去醫院評估。

3. 經診斷為重度以上身心障礙且經評估無工作能力者，如同時符合勞保、公教保、軍保、農保之請領規定，僅得擇一請領。

4. 被保險人符合身心障礙年金給付、身心障礙基本保證年金、老年年金給付、老年基本保證年金及遺屬年金給付條件時，僅得擇一請領。

（二）給付金額：

1. 計算標準：

⑴ 月給付金額＝月投保金額×保險年資×1.3%

⑵ 如計算所得金額不足5,065元，且無下列情形之一時，按月發給基本保障5,065元至死亡為止（自109年1月起年金金額由4,872元調整為5,065元）：

① 有欠繳保險費不能計入保險年資的情形。

② 正在領取相關社會福利津貼（指低收入老人生活津貼、中低收入老人生活津貼、身心障礙者生活補助及榮民就養給付）。

⑶ 發生保險事故（即經鑑定為重度以上身心障礙之日）前1年期間有欠繳保險費或利息之情形，經勞保局以書面限期繳納，逾期始為繳納者，依法得領取之前3個月的身心障礙年金給付，僅得按「月投保金額×保險年資×1.3%」計算發給。至於第4個月起，如果仍符合請領規定，沒有領取相關社會福利津貼，也沒有欠繳保險費期間不計入保險年資等情形，即可發給基本保障5,065元。

2. 保險年資之計算：保險年資計算至符合法定重度以上身心障礙資格領有身心障礙手冊或證明，且經評估無工作能力之當月為止。

B、身心障礙基本保證年金

（一）請領資格及給付金額：

1. 被保險人於首次參加國保前，已領有重度或極重度身心障礙手冊，且經各直轄市或縣（市）衛生局指定之身心障礙鑑定醫療機構評估為無工作能力，而且最近3年內，每年居住國內超過183天，並且無下列任何情形之一時，於參加國保有效期間，可以申請身心障礙基本保證年金每月5,065元（自109年1月起年金金額由4,872元調整為5,065元）：

(1) 已領取勞保第一、二、三等級失能給付，農保第一、二、三等級殘廢給付，公教保全殘廢等級殘廢給付，或軍人保險一等殘殘廢給付。

(2) 正由政府全額補助收容安置者。

(3) 正在領取社會福利津貼（指低收入老人生活津貼、中低收入老人生活津貼、身心障礙者生活補助、老年農民福利津貼及榮民就養給付）。

(4) 稅捐稽徵機關核定之最近1年度個人綜合所得總額合計新臺幣50萬元以上。

(5) 個人所有之土地及房屋價值合計新臺幣500萬元以上。

(6) 入獄服刑、因案羈押或拘禁。

2. 符合前述請領規定者須於參加國保有效期間提出申請。

3. 前述「最近3年內，每年居住國內超過183天」，是以每期年金核發當月起前36個月認定。因為 年金是逐月發給，所以每個月核發年金時都會往前比對36個月的居住狀況。

4. 前述土地之價值，以公告土地現值計算；房屋之價值，以評定標準價格計算。但有下列情形之一者，應扣除之：

(1) 土地之部分或全部被依法編為公共設施保留地，且因政府財務或其他不可歸責於地主之因素而尚未徵收及補償者。

(2) 屬個人所有且實際居住唯一之房屋者。但其土地公告現值及房屋評定標準價格合計得扣除額度以新台幣400萬元為限。

(3) 未產生經濟效益之原住民保留地。

5. 101年1月1日起，原已領取身心障礙基本保證年金的人，在各地方政府調整土地公告現值後，如其個人所有的土地及房屋沒有新增，而且也沒有其他排除規定，就符合繼續請領年金的資格，不會因為土地公告現值調整而受到影響。

6. 被保險人符合身心障礙年金給付、身心障礙基本保證年金、老年年金給付、老年基本保證年金及遺屬年金給付條件時，僅得擇一請領。

三、喪葬給付

（一）請領資格及給付金額

被保險人於保險有效期間（未滿65歲）死亡時，可由支出殯葬費的人請領喪葬給付，給付金額是按月投保金額一次發給喪葬給付5個月。以月投保金額為18,282元為例，喪葬給付金額為18,282元×5＝91,410元。

四、生育給付

（一）請領資格及給付金額

1. 國民年金生育給付自100年7月1日起施行，自施行日起，被保險人於保險有效期間分娩或早產（不論活產或死產），得請領生育給付，亦即國保女性被保險人在100年7月1日後（含當日）生育，就可以向勞保局請領國民年金生育給付。
2. 給付金額按被保險人分娩或早產當時之月投保金額一次發給2個月生育給付。分娩或早產為雙生以上者，按比例增給（若被保險人於104年12月17日以前分娩或早產，依當時適用之法律，生育給付為1個月）。
3. 被保險人同時符合相關社會保險生育給付或補助條件者，僅得擇一請領。

五、遺屬年金給付

（一）給付資格

1. 被保險人有下列情形之一時，如遺有符合請領條件之「當序遺屬」（即最前面順位的遺屬），得請領遺屬年金給付：

   (1) 參加國保期間死亡。

   (2) 領取身心障礙或老年年金給付期間死亡。

   (3) 年滿65歲未及請領老年年金給付前死亡。

2. 受領遺屬年金給付的順位如下：

   (1) 配偶及子女。（第1順位）

⑵ 父母。（第2順位）

⑶ 祖父母。（第3順位）

⑷ 孫子女。（第4順位）

⑸ 兄弟、姊妹。（第5順位）

3. 只要有前順位的遺屬存在（不論是否具備請領條件或放棄請領），後順位的遺屬就不能請領遺屬年金。而前順位的遺屬在請領遺屬年金後死亡、喪失請領條件或放棄請領時，後順序的遺屬也不能請領。配偶或子女開始領遺屬年金給付後，如果因故死亡，或者配偶已再婚、子女已成年，不再符合遺屬年金給付的請領條件，這時勞保局會停發年金，但是仍然不能改由父母來請領遺屬年金給付。如果被保險人死亡時是單身，沒有配偶和子女，此時才可由父母為順位請領遺屬年金給付。

4. 各順位遺屬的請領條件：

⑴ 配偶須符合下列其中一項規定：

① 年滿55歲且婚姻關係存續1年以上。

② 年滿45歲且婚姻關係存續1年以上，且每月工作收入未超過其領取遺屬年金時之月投保金額。

③ 扶養的子女為「未成年」或「無謀生能力」或「25歲以下在學且每月工作收入未超過其領取遺屬年金時之月投保金額」者。

④ 無謀生能力。

⑵ 子女（養子女須有收養關係6個月以上）須符合下列其中一項規定：

① 未成年。

② 無謀生能力。

③ 25歲以下在學且每月工作收入未超過其領取遺屬年金時之月投保金額。

⑶ 父母、祖父母須年滿55歲且每月工作收入未超過其領取遺屬年金時之月投保金額。

(4) 孫子女應受被保險人扶養，且符合下列其中一項規定：

① 未成年。

② 無謀生能力。

③ 25歲以下在學且每月工作收入未超過其領取遺屬年金時之月投保金額。

(5) 兄弟、姊妹應受被保險人扶養，且符合下列其中一項規定：

① 未成年。

② 無謀生能力。

③ 55歲以上且每月工作收入未超過其領取遺屬年金時之月投保金額。

(6) 同一順位的遺屬有2人以上（例如：第一順位的配偶及子女同時符合資格）時，可平均匯入各申請人帳戶，或協議由1人代表領取並匯入其帳戶。

5. 遺屬請領條件的認定：

(1) 配偶要年滿55歲或45歲、父母及祖父母要年滿55歲，是指配偶、父母或祖父母在請領遺屬年金時必須符合的年齡要件，如果還沒達到規定的年齡，可以等到年齡屆滿，符合請領條件的時候再申領。

(2) 配偶婚姻關係存續1年以上，是以被保險人死亡當日往前推算，婚姻關係連續達1年以上。

(3) 「無謀生能力」是指符合下列其中之一項規定的人：

① 符合領有重度以上身心障礙手冊或證明者，且未實際從事工作或未參加相關社會保險者。

② 受監護宣告，尚未撤銷者。

(4) 子女或孫子女在學，是指具有正式學籍，並就讀於公立學校、各級主管教育行政機關核准立案之私立學校，或符合教育部採認規定之國外學校。

6. 請領限制：有下列情況

⑴ 請領遺屬年金給付之遺屬具有受領2種以上之遺屬年金之資格時，僅能擇一請領。

⑵ 同一順位的遺屬有2人以上（例如：第一順位的配偶及子女同時符合資格）時，可平均匯入各申請人帳戶，或協議匯入其中1人的帳戶，但是1人不得同時指定由2人以上代表領取。

⑶ 領取老年基本保證年金者死亡，不得請領遺屬年金給付。

⑷ 被保險人符合身心障礙年金給付、身心障礙基本保證年金、老年年金給付、老年基本保證年金及遺屬年金給付條件時，僅得擇一請領。

（二） 給付金額

1. 遺屬只有1個人的計算標準：

⑴ 被保險人在保險有效期間（滿65歲前）死亡：按被保險人的保險年資計算每個月可以領的年金金額。計算公式如下：

月投保金額×保險年資×1.3%

自109年1月1日起，如果計算出來的金額不足3,772元時，則按3,772元發給。

⑵ 領取身心障礙（基本保證）年金或老年年金給付期間死亡：按原先在領的身心障礙（基本保證）年金或老年年金給付半數發給，自109年1月1日起，如果計算出來的金額不足3,772元時，則按3,772元發給。

2. 遺屬有2個人以上的計算標準：同一順位的遺屬有2個人以上時，每多1人加發25%，最多計至50%。

⑴ 被保險人在參加國保的期間（滿65歲前）死亡：先按月投保金額×1.3%×保險年資（計算遺屬只有1個人的時候，自109年1月1日起，月給付金額是否達3,772元），再依下列公式加成計給：

① 如不足3,772元，則直接以3,772元加成計給：

月給付金額＝3,772（1＋25%或50%）

② 如已達3,772元以上，則按公式計算所得金額加成計給：

月給付金額＝月投保金額×1.3%×保險年資×（1＋25%或50%）

(2) 領取身心障礙年金或老年年金期間死亡：先按月給付金額＝原本領的身心障礙年金或老年年金金額×50%（自109年1月1日起，月給付金額是否達3,772元），再依下列公式加成計給：

① 如不足3,772元，則直接以3,772元加成計給：

月給付金額＝3,772×（1＋25%或50%）

② 如已達3,772元以上，則按公式計算所得金額加成計給：

月給付金額＝原本領的身心障礙年金或老年年金金額×50%×（1＋25%或50%）

3. 前述遺屬人數之計算，以符合申請資格及條件，並已提出請領之受益人為準。

4. 因被保險人或其父母、子女、配偶故意犯罪行為致發生保險事故者，不予給付，故於計算當時遺屬人數時，不列入計算。

表6-6　國民年金給付項目表

項目	說明	細則
老年年金給付	被保險人年滿65歲當月起至死亡當月止。	A式：月投保薪資×年資×0.65%＋3,772 B式：月投保薪資×投保年資×1.3% （原則上，兩式擇優領取）
身心障礙年金給付	參加國民年金期間，因傷或病，經治療終止診斷屬重度以上之身心障礙無工作能力者，經合格醫院診斷為無法復原，無工作能力者，可以領取。	領取金額為月投保薪資×投保年資×1.3%。不足5,065元者，則發5,065元

項目	說明	細則
遺屬年金給付	請領順序 1.配偶子女 2.父母 3.祖父母 4.孫子女 5.兄弟姊妹	1. 被保險人於加保時間死亡遺屬可領：月投保薪資×投保年資×1.3%。不足3,772元者，則發3,772元 2. 被保險人在領取身心障礙年金或老人年金期間死亡時：遺屬可請領被保險人生前給付金額之50%，不足3,772元者，則發3,772元
喪葬給付	一次發給5個月之投保全額	18,282×5=91,410

註：現在已經領取敬老津貼、原住民津貼，權益不受影響，仍可請領「老人基本保障年金」每月**3,772**元。

資料來源：行政院勞動部勞工保險局

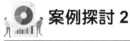

案例探討 2

夏和杰 50 歲無工作，於 110 年 1 月 1 日加入國民年金保險，試分析下列問題：

1. 夏和杰須繳納保費若干？
2. 若夏和杰參加國保 10 年，不幸重殘，每月可領身心障礙年金若干？
3. 夏和杰退休可領國保老年年金若干？
4. 若夏和杰在投保期間死亡，保險年資 25 年，遺有配偶及二名子女，可領取國保遺屬年金及喪葬給付若干？
5. 若夏和杰在退休後死亡，保險年資 20 年，遺有配偶及一名子女，可領取國保遺屬年金若干？

解

1. \$18,282×9.5%×60% = \$1,042
2. \$18,282×10×1.3% = \$2,377 < \$5,065，以 \$5,065 計。
3. A 式：\$18,282×15×0.65% + \$3,772 = \$5,554

   B 式：\$18,282×15×1.3% = \$3,565

   選 A 式較為有利。
4. (1) 遺屬年金：\$18,282×25×1.3% = \$5,942

   \$5,942×(1 + 50%) = \$8,913

   (2) 喪葬給付：\$18,282×5 = \$91,410

5. A 式：$18,282×20×0.65% ＋ $3,772 ＝ $6,149

   B 式：$18,282×20×1.3% ＝ $4,753

   遺屬年金：選 A 式較為有利。

   $6,149×50% ＝ $3,075 < $3,772

   以 $3,772 計。

   $3,772×(1 ＋ 25%) ＝ $4,715

第三篇 我國社會保險制度

Chapter 07 軍公教保險

學習內容

7-1 軍人保險

7-2 公教人員保險

7-3 軍公教人員年金改革

7-1 軍人保險

7-1-1 目的

軍人保險乃政府為安定軍心，鼓舞士氣，應用保險技術，採用強制方式，對於全體軍官兵遭受死亡、殘廢、退伍等事故時，免其後顧之憂，保障官兵及眷屬生活，增進官兵福利。至於其醫療照顧部分，依照規定，凡屬軍人罹患傷病，均可向軍醫院接受免費醫療，現已納在全民健保體系，並不在軍人保險給付範圍之列。

7-1-2 沿革

最早在民國39年5月頒布軍人保險辦法，同年6月實施，民國42年11月19日總統制定公布全文18條改稱陸海空軍軍人保險條例，民國45年12月重新修正，於民國59年2月修正公布並修正名稱為軍人保險條例，民國94年1月修正及99年5月最新修正公布。

7-1-3 主管機關

軍人保險之主管機關為國防部。

7-1-4 承保單位

國防部委託中央信託局股份有限公司，辦理有關承保、保險費計收、保險費給付核付，以及業務章則的研究及技術的設計等事宜。96年6月以前係以中央信託局為承保機關，同年7月1日中央信託局與臺灣銀行合併後，則以臺灣銀行公教保險部為承保機關，97年1月成立臺灣金融控股公司由臺銀人壽保險股份有限公司為承保機關。

7-1-5 投保單位

一、國防部

軍事機關、學校、陸軍師或聯兵旅、海軍艦隊部或陸戰旅、空軍聯隊或其他同等以上單位。

二、教育部

教育部軍訓處、教育部中部辦公室或直轄市政府教育局軍訓室。

三、行政院海岸巡防署

海岸巡防總局所屬各地區巡防局或其他同等以上單位。

四、進用軍職人員之機關

總統府、國家安全會議、國家安全局、交通部中華郵政股份有限公司及其他依法進用軍職人員之機關(單位)。

7-1-6　保險對象

依軍人保險條例規定,凡屬本條例第二條所稱軍人,均應參加軍人保險,為被保險人,其範圍如下:

一、陸海空軍現役軍官、士官、士兵經國防部或各級人事權責單位核定階級有案者。

二、軍事情報及游擊部隊人員,經國防部所屬軍事情報機關核定階級,並存記有案者。

三、接受動員、臨時、教育、勤務、點閱召集、補充兵徵訓及其他徵、召集短期服役之人員。

四、各軍事院校或班隊之學員、學生其在校期間定有現役階級給與者。

7-1-7　保險財務

一、保險金額

每月保險基數金額,指依國防部陳報行政院核定之俸給表、俸額表、薪給表、薪津表所定之月支數額或俸額為準。

二、保險費率

由國防部評估保險實際收支情形及精算結果,報請行政院覈實釐定。完成精算前，按被保險人每月保險基數金額百分之八釐定。前項精算，由後備司令部聘請精算師或委託精算機構每一年至三年辦理一次，每次精算五十年，所需經費，由本保險之作業費支付，目前保險費率為9.94%。

三、保費負擔方式

按月繳付，由被保險人自付百分之三十五，政府補助百分之六十五。但義務役士官、士兵之保險費，全額由政府負擔。

四、免繳保費

被保險人參加保險滿三十年者，其自付保險費免予扣繳，改由國庫負擔。此外被保險人徵召服役或接受訓練時間不滿二個月者，除發生保險事故外，一律免扣保險費。

表7-1　軍人保險軍官保險基數及保險費扣繳標準表

107年1月1日實施　　單位：元

官階	俸級 \ 區分 / 金額	保險基數	費率	月繳保費		
				總額 100%	自付 35%	政府補助 65%
上將	1	98,160	9.94%	9,757	3,415	6,342
	2	98,160		9,757	3,415	6,342
中將	6	56,930		5,659	1,981	3,678
	5	53,305		5,299	1,855	3,444
	4	51,935		5,162	1,807	3,355
	3	50,560		5,026	1,759	3,267
	2	49,190		4,889	1,711	3,178
	1	47,820		4,753	1,664	3,089

官階 \ 俸級 \ 金額 \ 區分		保險基數	費率	月繳保費		
				總額 100%	自付 35%	政府補助 65%
少將	10	53,990	9.94%	5,367	1,878	3,489
	9	52,620		5,230	1,831	3,399
	8	51,250		5,094	1,783	3,311
	7	49,875		4,958	1,735	3,223
	6	48,505		4,821	1,687	3,134
	5	47,130		4,685	1,640	3,045
	4	45,760		4,549	1,592	2,957
	3	44,390		4,412	1,544	2,868
	2	43,015		4,276	1,497	2,779
	1	41,645		4,140	1,449	2,691
上校	12	52,620		5,230	1,831	3,399
	11	51,250		5,094	1,783	3,311
	10	49,875		4,958	1,735	3,223
	9	48,505		4,821	1,687	3,134
	8	47,130		4,685	1,640	3,045
	7	45,760		4,549	1,592	2,957
	6	44,390		4,412	1,544	2,868
	5	43,015		4,276	1,497	2,779
	4	41,645		4,140	1,449	2,691
	3	40,270		4,003	1,401	2,602
	2	38,900		3,867	1,353	2,514
	1	37,530		3,730	1,306	2,424

官階 \ 俸級 \ 金額 \ 區分		保險基數	費率	月繳保費		
				總額 100%	自付 35%	政府補助 65%
中校	12	44,730	9.94%	4,446	1,556	2,890
	11	43,700		4,344	1,520	2,824
	10	42,675		4,242	1,485	2,757
	9	41,645		4,140	1,449	2,691
	8	40,615		4,037	1,413	2,624
	7	39,585		3,935	1,377	2,558
	6	38,555		3,832	1,341	2,491
	5	37,530		3,730	1,306	2,424
	4	36,500		3,628	1,270	2,358
	3	35,470		3,526	1,234	2,292
	2	34,440		3,423	1,198	2,225
	1	33,410		3,321	1,162	2,159
少校	12	40,615		4,037	1,413	2,624
	11	39,585		3,935	1,377	2,558
	10	38,555		3,832	1,341	2,491
	9	37,530		3,730	1,306	2,424
	8	36,500		3,628	1,270	2,358
	7	35,470		3,526	1,234	2,292
	6	34,440		3,423	1,198	2,225
	5	33,410		3,321	1,162	2,159
	4	32,385		3,219	1,127	2,092
	3	31,355		3,117	1,091	2,026
	2	30,325		3,014	1,055	1,959
	1	29,295		2,912	1,019	1,893

區分 / 金額 / 官階	俸級	保險基數	費率	月繳保費		
				總額 100%	自付 35%	政府補助 65%
上尉	12	37,185	9.94%	3,696	1,294	2,402
	11	36,155		3,594	1,258	2,336
	10	35,125		3,491	1,222	2,269
	9	34,100		3,390	1,187	2,203
	8	33,070		3,287	1,150	2,137
	7	32,040		3,185	1,115	2,070
	6	31,010		3,082	1,079	2,003
	5	29,980		2,980	1,043	1,937
	4	28,955		2,878	1,007	1,871
	3	27,925		2,776	972	1,804
	2	26,895		2,673	936	1,737
	1	25,865		2,571	900	1,671
中尉	10	28,610		2,844	995	1,849
	9	27,925		2,776	972	1,804
	8	27,240		2,708	948	1,760
	7	26,550		2,639	924	1,715
	6	25,865		2,571	900	1,671
	5	25,180		2,503	876	1,627
	4	24,495		2,435	852	1,583
	3	23,810		2,367	828	1,539
	2	23,120		2,298	804	1,494
	1	22,435		2,230	781	1,449

官階 \ 俸級（區分／金額）		保險基數	費率	月繳保費		
				總額 100%	自付 35%	政府補助 65%
少尉	10	26,550	9.94%	2,639	924	1,715
	9	25,865		2,571	900	1,671
	8	25,180		2,503	876	1,627
	7	24,495		2,435	852	1,583
	6	23,810		2,367	828	1,539
	5	23,120		2,298	804	1,494
	4	22,435		2,230	781	1,449
	3	21,750		2,162	757	1,405
	2	21,065		2,094	733	1,361
	1	20,380		2,026	709	1,317
義務役軍官		20,380		2,026	0	0

說明

一、本表根據軍人保險條例第10條及行政院105年12月1日院授人給揆字第10500608702號函辦理。

二、被保險人自付保險費以元為計算單位，不足1元者採四捨五入計算，其增減餘額併政府補助。

三、每月保險基數金額，依被保險人月支本俸為準。義務役軍官、士官每月保險基數金額，比照志願役軍官、士官同階一級辦理；士兵、軍事學校軍費學生每月保險基數金額，比照志願役下士一級辦理。

四、義務役軍官、士官及士兵之保險費，全額由政府負擔。

資料來源：台銀人壽

7-1-8　保險給付

現行軍人保險給付項目計有死亡、殘廢、退伍、育嬰留職停薪及眷屬喪葬津貼等五項給付。其保險費係按被保險人事故發生月份之保險基數為標準計算之。依軍人保險條例所定保險業務，保險給付金、保險契約及文據簿籍，均免納一切稅捐。其給付標準如下：

一、死亡給付

（一）作戰死亡：給付四十八個基數。

（二）因公死亡：給付四十二個基數。

（三）因病或意外死亡：給付三十六個基數。

前項死亡給付，如低於其應得之退伍給付時，得按退伍給付發給。

二、殘廢給付

（一）作戰成殘：

1. 一等殘：給付四十個基數。
2. 二等殘：給付三十個基數。
3. 三等殘：給付二十個基數。
4. 重機障：給付十個基數。

（二）因公成殘：

1. 一等殘：給付三十六個基數。
2. 二等殘：給付二十四個基數。
3. 三等殘：給付十六個基數。
4. 重機障：給付八個基數。

（三）因病或意外成殘：

1. 一等殘：給付三十個基數。
2. 二等殘：給付二十個基數。
3. 三等殘：給付十二個基數。
4. 重機障：給付六個基數。

前項所列殘廢等級，由國防部定之。

三、退伍給付

（一）保險滿五年者，給付五個基數。

（二）保險超過五年者，自第六年起至第十年，每超過一年，增給一個基數。

（三）保險超過十年者，自第十一年起至第十五年，每超過一年，增給二個基數。

（四）保險超過十五年者，自第十六年起，每超過一年，增給三個基數。

（五）保險滿二十年者，每超過一年增給一個基數，最高以四十五個基數為限。

（六）保險未滿五年，未曾領受殘廢給付者或育嬰留職停薪津貼者，照最後月份繳費標準，退還其以往自付部分保險費。

四、育嬰留職停薪津貼

（一）申請留職停薪之被保險人，於申請留職停薪時，應選擇於留職停薪期間退保或繼續加保，一經選定後不得變更。

被保險人之保險年資滿一年，子女滿三歲前，辦理育嬰留職停薪並選擇繼續加保者，得請領育嬰留職停薪津貼。津貼以被保險人育嬰留職停薪當月起，前六個月平均保險基數百分之六十計算，於育嬰留職停薪期間按月發給，最長發給六個月。但留職停薪期間未滿六個月者，以實際留職停薪月數發給；未滿一個月之畸零日數，按實際留職停薪日數計算。同時撫育子女二人以上者，以請領一人之津貼為限。

父母同為本保險被保險人者，在不同時間分別辦理同一子女之育嬰留職停薪並選擇繼續加保時，得分別請領。

110年12月24日立法院院會三讀通過「軍人保險條例」、「志願士兵服役條例」部分條文修正案，刪除志願士兵育嬰留職停薪申請，僅得以本人或配偶一方為限的規定，以及刪除父母不得同時請領育嬰留職停薪津貼的規定，意即父母同為軍保被保險人，可同時請領同一子女的育嬰留職停薪津貼。

（二）育嬰留職停薪期間，選擇繼續加保，並遞延繳納保險費者，於遞延繳納保險費期間請領保險給付時，應先補繳遞延繳納之自付部分保險費；未補繳者，自其請領之保險給付中扣抵。遞延繳納之保險費，得遞延三年繳納。

因育嬰以外事由辦理留職停薪之被保險人，選擇於留職停薪期間繼續加保時，應自付全部保險費。

五、眷屬喪葬津貼

被保險人之眷屬因疾病或意外傷害致死亡者，依下列標準給與喪葬津貼：

（一）父母及配偶，給付三個基數。

（二）子女之喪葬津貼如下：

1. 年滿十二歲未滿二十五歲者，給付二個基數。
2. 已為出生登記且未滿十二歲者，給付一個基數。

六、保險給付限制

以上被保險人，在六個月內因同一原因，發生二種以上之保險給付事故者，以最高一種為限。

7-1-9　被保險人不予給付之限制

一、參加保險未滿三十年無故停繳保險費者。

二、非因作戰或因公而自殺致死或成殘廢者。

三、犯罪被執行死刑者。

四、犯叛亂罪，經判決確定者。

前項各款人員，除經判決確定沒收財產，或在保期間曾領取殘廢給付者外，被保險人本人或受益人，得申請無息退還其自付部分保險費。

7-1-10　保險受益人不予給付之限制

一、喪失國籍者。

二、犯叛亂罪，經判決確定者。

三、故意致被保險人於死者。

四、自決定保險給付之日起，無故逾五年不行使者。

案例探討 1

宇浩是海軍陸戰隊上校，保險基數金額為 41,645 元，育有一子 2 歲，試分析下列問題：

1. 宇浩每月須繳納保費若干？
2. 若宇浩申請育嬰留職停薪，最多可領取育嬰留職停薪津貼若干？
3. 若宇浩母親因車禍意外身故，可領取眷屬喪葬津貼若干？
4. 宇浩退伍，保險年資 25 年，可領取退伍給付若干？
5. 若宇浩因意外二等殘機障，可領取殘廢給付若干？
6. 若宇浩因公死亡，可領取死亡給付若干？

解

1. \$41,645×9.94%×35% = \$1,449
2. \$41,645×（60%+20%）×6 = \$199,896
3. \$41,645×3 = \$124,935
4. \$41,645×40 = \$1,665,800
5. \$41,645×20 = \$832,900
6. \$41,645×42 = \$1,749,090

7-2　公教人員保險

7-2-1　公教人員保險

一、目的

政府推行社會政策，應用保險技術，採用強制方式，對全體公教人員遭遇老年、殘廢及死亡等事故時，提供保險給付以保障基本經濟生活為目的之一種社會保險制度。

二、沿革

公務人員保險制度創始於民國（以下同）47年9月，其目的在於保障公務人員生

活，增進其福利，以提高工作效率，並以銓敘部為主管機關，其於96年6月以前係以中央信託局為承保機關，96年7月1日中央信託局與臺灣銀行合併後，奉考試院、行政院會同指定臺灣銀行為公教人員保險之承保機關，繼續辦理公保相關業務。

政府為保障公務人員生活，並增進其福利，進而提高工作效率，於47年1月公布「公務人員保險法」，同年9月開辦公務人員保險，84年3月1日全民健康保險開辦以前，原公保業務範圍包括公務人員保險、私立學校教職員保險、退休人員保險（74年6月30日以前依法退休或資遣未領養老給付者）、公務人員眷屬疾病保險、私立學校教職員眷屬疾病保險暨退休公教人員及其眷屬疾病保險等六種保險之醫療給付業務及前三項保險之現金給付等相關業務。惟全民健康保險開辦後，僅賡續辦理公務人員保險、私立學校教職員保險及退休人員保險之現金給付等相關業務，各類保險之醫療給付業務移歸衛生福利部中央健康保險署（前身為中央健康保險局）辦理。

嗣公保主管機關銓敘部鑑於公務人員保險與私立學校教職員保險之主管機關、承保機關暨保險權利義務、給付項目、給付方式、給付條件均相同，基於精簡保險法規與整合保險制度暨契合保險原理與追求經濟效益之考量，由考試院會銜行政院報請立法院將公務人員保險法和私立學校教職員保險條例合併修正為「公教人員保險法」（以下簡稱公保法），經立法院於88年5月11日完成三讀之立法程序，同年月29日由總統令修正公布。本保險項目原包括殘廢、養老、死亡與眷屬喪葬津貼等四項現金給付，自98年8月1日起新增育嬰留職停薪津貼，繼於103年6月1日增列生育給付，至此現金給付項目增為六項。考量時空環境之變遷、社會觀感及認定標準之改變，公保法經104年12月2日總統令公布修正將「殘廢」用語改為「失能」。

政府為落實建構社會安全網路之政策，於103年6月1日修正施行之公保法，開辦私立學校被保險人適用養老年金及遺屬年金給付，且回溯適用於99年1月1日以後退保之私立學校被保險人；嗣於104年6月19日修正施行之公保法，擴大適用年金規定對象及於離退給與相關法令未定有月退休（職、伍）給與，亦未定有優惠存款制度之非私立學校被保險人（法定機關編制內有給之民選公職人員及政務人員除外）；至於其他被保險人則俟公務人員及公立學校教職員適用之退撫法律及公保法修正通過後適用之。

三、主管機關

公務人員保險之主管機關為銓敘部。為監督本保險業務，由銓敘部邀請有關機關、專家學者及被保險人代表組織監理委員會；其組織規程由考試院會同行政院定之。

四、承保單位

96年6月以前係以中央信託局為承保機關，同年7月1日中央信託局與臺灣銀行合併後，則以臺灣銀行公教保險部為承保機關，繼續辦理公保業務。

五、投保單位

政府機關與公、私立學校。

六、保險對象

（一）法定機關（構）編制內之有給專任人員。但依其他法律規定不適用公教人員保險法（以下簡稱公保法）或不具公務員身分者，不得參加公教人員保險（以下簡稱公保）。

（二）公立學校編制內之有給專任教職員。

（三）依私立學校法規定，辦妥財團法人登記，並經主管教育行政機關核准立案之私立學校編制內之有給專任教職員。

（四）其他經公保主管機關銓敘部認定之人員。

（五）法定機關編制內有給之民選公職人員及外國人任公保法第2條所定職務者。

七、保險財務

（一）保險俸（薪）給

1. 被保險人之保險俸（薪）額（以下簡稱保俸），係依公務人員及公立學校教職員俸（薪）給法規所定本俸（薪）或年功俸（薪）額為準。私立學校教職員比照公立同級同類學校同薪級教職員保俸為準釐定。
2. 機關（構）學校所適用之待遇規定與公務人員或公立學校教職員俸（薪）給法規規定不同者，其所屬被保險人之保俸，則由銓敘部比照公務人員或公立學校教職員之標準核定。
3. 保俸上限為部長級之月俸額。

有關保險俸（薪）給標準表如表7-2及表7-3所示。

表7-2　公教人員保險俸（薪）給標準表

107年1月1日起實施																																
	一般行政人員																											教育警察人員				
	委任										薦任								簡任													
	第1職等		第2職等		第3職等		第4職等		第5職等		第6職等		第7職等		第8職等		第9職等		第10職等		第11職等		第12職等		第13職等		第14職等	保俸額	薪(俸)額	官等		
800																							四	56,930	三	56,930	56,930	56,930	770	1級	年功俸	簡任
790																					五	53,990	三	53,990	二	53,990		53,990	740	2級		
780																			五	53,305	四	53,305	二	53,305	一	53,305		53,305	710	3級		
750																			四	51,250	三	51,250	一	51,250	三	51,250		51,250	680	1級		
730																			三	49,875	二	49,875	五	49,875	二	49,875		49,875	650	2級		
710																	七	48,505	二	48,505	一	48,505	四	48,505	一	48,505		48,505	625	3級		
690																	六	47,130	一	47,130	五	47,130	三	47,130				47,130	600	4級		
670																	五	45,760	五	45,760	四	45,760	二	45,760				45,760	575	5級		
650																	四	44,390	四	44,390	三	44,390	一	44,390				44,390	550	6級		
630															六	43,015	三	43,015	三	43,015	二	43,015						43,015	525	7級		
610															五	41,645	二	41,645	二	41,645	一	41,645						41,645	500	8級		
590													六	40,270	四	40,270	一	40,270	一	40,270								40,270	475	9級		
550													五	37,530	三	37,530	五	37,530										37,530	450	1級		薦任
535											六	36,500	四	36,500	二	36,500	四	36,500										36,500	430	2級		
520									十	35,470	五	35,470	三	35,470	一	35,470	三	35,470										35,470	410	3級		
505									九	34,440	四	34,440	二	34,440	五	34,440	二	34,440										34,440	390	4級		
490									八	33,410	三	33,410	一	33,410	四	33,410	一	33,410										33,410	370	5級		
475									七	32,385	二	32,385	五	32,385	三	32,385												32,385	350	6級		
460									六	31,355	一	31,355	四	31,355	二	31,355												31,355	330	7級		
445							八	30,325	五	30,325	五	30,325	三	30,325	一	30,325												30,325	310	8級		
430							七	29,295	四	29,295	四	29,295	二	29,295														29,295	290	9級		
415					八	28,265	六	28,265	三	28,265	三	28,265	一	28,265														28,265	275	10級		
400					七	27,240	五	27,240	二	27,240	二	27,240																27,240	260	11級		
385					六	26,210	四	26,210	一	26,210	一	26,210																26,210	245	12級		
370					五	25,180	三	25,180	五	25,180																		25,180	230	1級		委任
					四	24,495	二	24,495	四	24,495																		24,495	220	2級		
350					三	23,810	一	23,810	三	23,810																		23,810	210	3級		
340					二	23,120	五	23,120	二	23,120																		23,120	200	4級		
330			六	22,435	一	22,435	四	22,435	一	22,435																		22,435	190	5級		
320			五	21,750	五	21,750	三	21,750																				21,750	180	6級		

107年1月1日起實施																				
	一般行政人員														教育警察人員					
	委任					薦任				簡任										
	第1職等	第2職等	第3職等	第4職等	第5職等	第6職等	第7職等	第8職等	第9職等	第10職等	第11職等	第12職等	第13職等	第14職等	保俸額	薪(俸)額	官等			
310		四 21,065	四 21,065	二 21,065											21,065	170	7級	16	年功奉	委任
300		三 20,380	三 20,380	一 20,380											20,380	160	8級	15		
290		二 19,690	二 19,690												19,690	150	9級	14		
280	六 19,005	一 19,005	一 19,005												19,005	140	10級	13		
270	五 18,320	五 18,320													18,320	130	11級	12		
260	四 17,635	四 17,635													17,635	120	12級	11		
250	三 16,950	三 16,950													16,950	110	13級	10		
240	二 16,260	二 16,260													16,260	100	14級	9		
200	15,575	15,575													15,575	90	15級	8		
220	七 14,890														14,890	比照俸點	級7			雇員
210	六 14,405														14,405		級6			
200	五 13,920														13,920		級5			
190	四 13,440														13,440		級4			
180	三 12,955														12,955		級3			
170	二 12,470														12,470		級2			
160	一 11,985														11,985		級1			
155															11,970	比照俸點	級4		本薪	雇員
150															11,580		級3			
145															11,195		級2			
140															10,810		級1			
說明：各職等非粗體字部分為年功俸俸階保險俸額，粗體字部分為本俸俸階保險俸額。																				

資料來源：http：//www.bot.com.tw（臺灣銀行）

表7-3　私立學校教職員被保險人保險俸（薪）給標準表

107年1月1日起實施			
私立學校		比照公立學校	
薪級	薪額	薪（俸）額	保險俸（薪）給
年功1	770	770	56,930
年功2	740	740	53,990
年功3	710	710	53,305
1級	680	680	51,250

107年1月1日起實施			
私立學校		比照公立學校	
薪級	薪額	薪（俸）額	保險俸（薪）給
2級	650	650	49,875
3級	625	625	48,505
4級	600	600	47,130
5級	575	575	45,760
6級	550	550	44,390
7級	525	525	43,015
8級	500	500	41,645
9級	475	475	40,270
10級	450	450	37,530
11級	430	430	36,500
12級	410	410	35,470
13級	390	390	34,440
14級	370	370	33,410
15級	350	350	32,385
16級	330	330	31,355
17級	310	310	30,325
18級	290	290	29,295
19級	275	275	28,265
20級	260	260	27,240
21級	245	245	26,210
22級	230	230	25,180
23級	220	220	24,495
24級	210	210	23,810
25級	200	200	23,120
26級	190	190	22,435
27級	180	180	21,750
28級	170	170	21,065

107年1月1日起實施			
私立學校		比照公立學校	
薪級	薪額	薪（俸）額	保險俸（薪）給
29級	160	160	20,380
30級	150	150	19,690
31級	140	140	19,005
32級	130	130	18,320
33級	120	120	17,635
34級	110	110	16,950
35級	100	100	16,260
36級	90	90	15,575

資料來源：http://www.bot.com.tw（臺灣銀行）

（二）保險費率

1. 被保險人每月保險俸（薪）給7%至15%。依保險實際收支情形，由考試院會同行政院覈實釐定。

2. 現行保險費率：

(1) 公教人員一般費率為8.28%，年金費率為12.53%（108年1月1日修訂）。

(2) 私校教職員為12.53%（108年1月1日修訂）。

（三）保險費

1. 以被保險人每月保俸依保險費率核計。

2. 被保險人依法徵服兵役保留原職時，在服役期間，其自付部分保險費，公務人員部分由政府負擔，私立學校教職員部分則由學校負擔。

3. 領有身心障礙手冊之被保險人，得依障礙等級減免自付部分保險費。其標準如下：

(1) 極重度、重度：自付保險費全額補助。

(2) 中度：自付保險費補助1/2。

(3) 輕度：自付保險費補助1/4。

4. 被保險人留職停薪期間自願繼續加保者，其保險費之負擔如下：

(1) 育嬰留職停薪選擇續保者：依性別工作平等法之規定，僅須負擔自付部分保險費，且得選擇遞延3年繳納，或依現行方式，按月繳納。

(2) 非育嬰留職停薪選擇續保者：保險費應全額自付。

5. 被保險人停職（聘）、休職薪期間選擇續保者：

(1) 保險費應全額自付。

(2) 經復職（聘）並補薪者，其服務機關（構）學校、政府應按公保法第九條所定負擔繳交保險費比率，計算其停職（聘）期間應負擔之保險費並由要保機關發還被保險人。

(3) 被保險人於停職（聘）期間已參加其他職域社會保險者，該段參加各該保險之年資，不得於復職（聘）補薪時，追溯加保。

（四）保險費分擔比率

1. 公務人員部分：

(1) 被保險人自付比率：35%。

(2) 政府負擔比率：65%。

2. 私立學校教職員部分：

(1) 被保險人自付比率：35%。

(2) 政府負擔比率：百分之32.5%。

(3) 私立學校負擔比率：百分之32.5%。

3. 依法退休（職）已領養老給付且於103年6月1日以後再加保者：

(1) 被保險人自付比率：67.5%。

(2) 服務機關（構）學校負擔比率：32.5%。

表7-4　公教人員保險保險俸（薪）給及保險費分擔計算表

（108年1月1日實施，保險費率：8.28%）

保險俸(薪)額	每月應繳保險費	保險費分擔		保險俸(薪)給	每月應繳保險費	保險費分擔	
		自付部分 35%	補助部分 65%			自付部分 35%	補助部分 65%
10,810	895	313	582	26,210	2,170	760	1,410
11,195	927	324	603	27,240	2,255	789	1,466
11,580	959	336	623	28,265	2,340	819	1,521
11,970	991	347	644	29,295	2,426	849	1,577
11,985	992	347	645	30,325	2,511	879	1,632
12,470	1,033	362	671	31,355	2,596	909	1,687
12,955	1,073	376	697	32,385	2,681	938	1,743
13,440	1,113	390	723	33,410	2,766	968	1,798
13,920	1,153	404	749	34,440	2,852	998	1,854
14,405	1,193	418	775	35,470	2,937	1,028	1,909
14,890	1,233	432	801	36,500	3,022	1,058	1,964
15,575	1,290	452	838	37,530	3,107	1,087	2,020
16,260	1,346	471	875	40,270	3,334	1,167	2,167
16,950	1,403	491	912	41,645	3,448	1,207	2,241
17,635	1,460	511	949	43,015	3,562	1,247	2,315
18,320	1,517	531	986	44,390	3,675	1,286	2,389
19,005	1,574	551	1,023	45,760	3,789	1,326	2,463
19,690	1,630	571	1,059	47,130	3,902	1,366	2,536
20,380	1,687	590	1,097	48,505	4,016	1,406	2,610
21,065	1,744	610	1,134	49,875	4,130	1,446	2,684
21,750	1,801	630	1,171	51,250	4,244	1,485	2,759
22,435	1,858	650	1,208	53,305	4,414	1,545	2,869
23,120	1,914	670	1,244	53,990	4,470	1,565	2,905
23,810	1,971	690	1,281	56,930	4,714	1,650	3,064
24,495	2,028	710	1,318	98,160	8,128	2,845	5,283
25,180	2,085	730	1,355				

保險費核算公式：

保俸（薪）×8.28%（保險費率）＝全月保險費總額（應四捨五入）

全月保險費總額×35%＝全月自付部分保險費（應四捨五入）

全月保險費總額－全月自付部分保險費＝全月政府補助部分保險費

全月保險費×實際加保日數/當月日數＝應繳破月保險費總額（應四捨五入）

應繳破月保險費總額×35%＝自付部分破月保險費（應四捨五入）

應繳破月保險費總額－自付部分破月保險費＝政府補助部分破月保險費

附註一：追溯退保應退破月保險費之核算方式：

1. 依上開計算公式先行核算退保當月應繳破月保險費

2. 全月保險費－應繳破月保險費＝應退破月保險費

附註二：追溯變俸（薪）應繳差額保險費之核算方式：

1. 依上開計算公式先行核算新保俸（薪）及原保俸（薪）應繳保險費

2. 新保俸（薪）應繳保險費－原保俸（薪）應繳保險費＝變俸（薪）應繳差額保險費

附註三：追溯變更身分應繳差額保險費之核算方式：

1. 依上開計算公式先行核算新身分及原身分應繳保險費

2. 新身分應繳保險費－原身分應繳保險費＝追溯變更身分應繳差額保險費

附註四：身心障礙人員應繳自付部分保險費核算方式：

1. 依上開計算公式先行核算一般身分應繳自付部分保險費

2. 應繳自付部分保險費×（1－補助比例）＝身心障礙人員應繳自付部分保險費（應四捨五入）

表7-5 公教人員保險保險俸（薪）給及保險費分擔計算表一私校用

（108年1月1日實施，保險費率：12.53%）

保險薪額	每月應繳保險費	保險費分擔			保險薪額	每月應繳保險費	保險費分擔		
		自付部分35%	學校負擔部分32.5%	政府補助部分32.5%			自付部分35%	學校負擔部分32.5%	政府補助部分32.5%
15,575	1,952	683	634	635	31,355	3,929	1,375	1,277	1,277
16,260	2,037	713	662	662	32,385	4,058	1,420	1,319	1,319
16,950	2,124	743	690	691	33,410	4,186	1,465	1,360	1,361
17,635	2,210	774	718	718	34,440	4,315	1,510	1,402	1,403
18,320	2,295	803	746	746	35,470	4,444	1,555	1,444	1,445
19,005	2,381	833	774	774	36,500	4,573	1,601	1,486	1,486
19,690	2,467	863	802	802	37,530	4,703	1,646	1,528	1,529
20,380	2,554	894	830	830	40,270	5,046	1,766	1,640	1,640
21,065	2,639	924	857	858	41,645	5,218	1,826	1,696	1,696
21,750	2,725	954	885	886	43,015	5,390	1,887	1,751	1,752
22,435	2,811	984	913	914	44,390	5,562	1,947	1,807	1,808

保險薪額	每月應繳保險費	保險費分擔			保險薪額	每月應繳保險費	保險費分擔		
		自付部分35%	學校負擔部分32.5%	政府補助部分32.5%			自付部分35%	學校負擔部分32.5%	政府補助部分32.5%
23,120	2,897	1,014	941	942	45,760	5,734	2,007	1,863	1,864
23,810	2,983	1,044	969	970	47,130	5,905	2,067	1,919	1,919
24,495	3,069	1,074	997	998	48,505	6,078	2,127	1,975	1,976
25,180	3,155	1,104	1,025	1,026	49,875	6,249	2,187	2,031	2,031
26,210	3,284	1,149	1,067	1,068	51,250	6,422	2,248	2,087	2,087
27,240	3,413	1,195	1,109	1,109	53,305	6,679	2,338	2,170	2,171
28,265	3,542	1,240	1,151	1,151	53,990	6,765	2,368	2,198	2,199
29,295	3,671	1,285	1,193	1,193	56,930	7,133	2,497	2,318	2,318
30,325	3,800	1,330	1,235	1,235					

保險費核算公式：

保俸（薪）×12.53%（保險費率）＝全月保險費總額（應四捨五入）

全月保險費總額×35%＝全月自付部分保險費（應四捨五入）

全月保險費總額－全月自付部分保險費＝全月補助部分保險費

全月補助部分保險費/2＝全月政府補助部分保險費（應四捨五入）

全月補助部分保險費－全月政府補助部分保險費＝全月學校負擔部分保險費

全月保險費×實際加保日數/當月日數＝應繳破月保險費總額（應四捨五入）

應繳破月保險費總額×35%＝自付部分破月保險費（應四捨五入）

應繳破月保險費總額－自付部分破月保險費＝補助部分破月保險費

補助部分破月保險費/2＝政府補助部分破月保險費（應四捨五入）

補助部分破月保險費－政府補助部分破月保險費＝學校負擔部分破月保險費

附註一：追溯退保應退破月保險費之核算方式：

1.依上開計算公式先行核算退保當月應繳破月保險費

2.全月保險費－應繳破月保險費＝應退破月保險費

附註二：追溯變俸（薪）應繳差額保險費之核算方式：

1.依上開計算公式先行核算新保俸（薪）及原保俸（薪）應繳保險費

2.新保俸（薪）應繳保險費－原保俸（薪）應繳保險費＝變俸（薪）應繳差額保險費

附註三：追溯變更身分應繳差額保險費之核算方式：

1.依上開計算公式先行核算新身分及原身分應繳保險費

2.新身分應繳保險費－原身分應繳保險費＝變更身分應繳差額保險費

附註四：身心障礙人員應繳自付部分保險費核算方式：

1.依上開計算公式先行核算一般身分應繳自付部分保險費

2.應繳自付部分保險費×（1－補助比例）＝身心障礙人員應繳自付部分保險費（應四捨五入）

八、保險給付

被保險人在保險有效期間，發生失能、養老、死亡、眷屬喪葬及育嬰留職停薪、生育六項保險事故時，可請領現金給付；自得請領之日起十年之內行使其請求權；其給付金額之計算標準，依下列規定：

I. 計算標準

（一）養老給付及死亡給付：按被保險人發生保險事故當月起，前10年投保年資之實際保俸平均計算。但加保未滿10年者，按其實際投保年資之保俸平均計算。

（二）失能給付、生育給付及眷屬喪葬津貼：按被保險人發生保險事故當月起，往前推算6個月之保俸平均計算。

（三）育嬰留職停薪津貼：按被保險人育嬰留職停薪當月起，往前推算6個月保俸之平均數60%計算。

（四）依104年6月19日修正施行之公保法第48條第1項第1、2款規定，養老年金及遺屬年金給付之規定，僅限私校被保險人或離退給與相關法令未定有月退休（職、伍）給與及優惠存款制度之非私校被保險人適用（以下簡稱公保法第48條第1項第1、2款規定適用公保年金給付規定之被保險人），於上述被保險人適用年金規定期間，請領一次養老給付或死亡給付者，以其發生保險事故退保當月之保俸計算。

II. 給付金額

（一）失能給付：被保險人發生傷害事故或罹患疾病，醫治終止後，身體仍遺留無法改善之障礙，符合失能給付標準，並經中央衛生主管機關評鑑合格地區醫院以上之醫院鑑定為永久失能者，按其確定成殘當月之保險俸（薪）給數額，依下列規定予以給付：

1. 因執行公務或服兵役致成全失能者，給付36個月；半失能者，給付18個月；部分失能者，給付8個月。

2. 因疾病或意外傷害致成全失能者，給付30個月；半失能者，給付15個月；部分失能者，給付6個月。

前項所稱全失能、半失能、部分失能之標準，依公教人員保險失能給付標準表之規定。（詳見本書附錄D）。承保機關對請領失能給付之案件，得加以調查、複驗、鑑定。

（二）養老給付：被保險人依法退休（職）、資遣或繳付保險費滿15年並年滿55歲離職退保且未於30日內再參加公保者，依下列規定給與養老給付。

1. 給付方式、給付標準及計算：

A. 一次養老給付

⑴ 民國88年5月31日修法前之保險年資依原公務人員保險法或原私立學校教職員保險條例規定標準計算，10年以下，每滿1年給付1個月；第11年至第15年，每滿 1年給付2個月；第16年至第19年，每滿1年給付3個月；第20年給付4個月，最高以36個月為限。

⑵ 民國88年5月31日修法後之保險年資每滿一年給付1.2個月，畸零月數按比例發給。

⑶ 被保險人於公保法88年5月31日修正生效前後保險年資應合併計算，合計12年6個月以上者，如其平均養老給付月數未達1年1.2個月時，改以1年1.2個月計算；保險年資合計未滿12年6個月者，如其養老給付月數未達原公務人員保險法或原私立學校教職員保險條例規定標準時，補其差額月數。

⑷ 給付上限最高以給付42個月為限。（103年5月31日以前之保險年資，最高以給付36個月為限；103年6月1日以後之保險年資，每滿1年，加給1.2個月，合併103年5月31日以前之保險年資，最高以42個月為限。）但一次養老給付得依規定辦理優惠存款者，最高以36個月為限；被保險人切結拋棄該項權利並經權責機關核准後，得依規定，請領至最高給付上限42個月。

表7-6　88.5.31 公教人員保險法修正前後給付標準

88.5.31 公教人員保險法修正前後給付標準						
88.5.31 以前				88.6.1以後		
年數	每年給付月數	畸零月	畸零日	年數	每年給付月數	畸零月
10年以下	每年1個月	1/12	1/360	每一年		
11~15	每年2個月	2/12	2/360		1.2個月	1.2/12
16~19	每年3個月	3/12	3/360			
20年以上	最高給付36個月					

B. 養老年金給付：（限公保法第48條第1項第1、2款規定適用公保年金給付規定之被保險人適用）

(1) 保險年資每滿1年，在給付率0.75%（基本年金率）至1.3%（上限年金率）之間核給養老給付，最高採35年。

(2) 被保險人具下列情形之一者，僅得依基本年金率計給：

① 依法資遣。

② 繳付保險費滿15年以上而離職退保。

③ 支（兼）領之月退休（職、伍）給與係由下列權責單位負財務責任：

a. 政府機關（構）或學校。

b. 政府機關（構）或學校與被保險人共同提儲設立之基金。但所設基金屬個人帳戶者，不在此限。

④ 依公保法第49條規定，併計勞保年資成就公保養老年金請領條件者。

C. 計算給付月數或給付率之年資有畸零月數及未滿1個月之畸零日數，均按比例發給。

2. 養老年金請領條件：

依公保法第48條第1項第1、2款規定適用公保年金給付規定之被保險人於符合公保養老給付請領條件及下列條件之一時，給與養老年金給付：

(1) 繳付保險費滿30年以上且年滿55歲。

(2) 繳付保險費滿20年以上且年滿60歲。

(3) 繳付保險費滿15年以上且年滿65歲。

3. 依公保法第48條第1項第1、2款規定適用公保年金給付規定之被保險人有下列情形之一者，僅得支領一次養老給付：

(1) 不符合養老年金給付條件者。

(2) 犯貪污治罪條例之罪，或犯刑法瀆職罪，或於動員戡亂時期終止後，犯內亂罪、外患罪，經判刑確定。

(3) 準用公保法之外國人。

4. 被保險人於94年1月21日以後退保而未請領養老給付者，其原有保險年資予以保留，俟其符合下列條件之一時，得由原服務機關（構）學校，以其退保當時之保險年資，依退保當時之規定，請領公保養老給付。但保留年資已領取補償金者，不適用之。

(1) 於參加勞工保險或軍人保險期間依法退休（職、伍）。

(2) 領受國民年金保險老年給付。

(3) 年滿65歲。

5. 公勞保年資併計請領公保養老年金給付：（限公保法第48條第1項第1、2款規定適用公保年金給付規定之被保險人適用）

(1) 被保險人符合下列情形者，得於年滿65歲時，併計其曾參加勞保之保險年資，請領公保養老年金給付：

① 私校被保險人於99年1月1日以後退出公保；離退給與相關法令未定有月退休（職、伍）給與及優惠存款制度之非私校被保險人於103年6月1日以後退出公保。

② 繳付公保保險費及曾參加勞保各未滿15年之保險年資合計達15年以上。

③ 符合公保養老給付請領條件（所定未滿15年之保險年資，應包含已領公保養老給付或勞保老年給付之保險年資）。

(2) 另該參加勞保之保險年資不計給公保養老給付。

(3) 被保險人之公保或勞保年資，有下列情形之一者，不予併計：

① 已請領勞保老年給付。

② 已請領公保養老給付。

③ 已領取公保或勞保之補償金。

(4) 被保險人有下列情形之一者，不適用：

① 犯貪污治罪條例之罪，或犯刑法瀆職罪，或於動員戡亂時期終止後，犯內亂罪、外患罪，經判刑確定。

② 依所適用人事法令應予免職、解聘或撤職；於處分前離職者，亦同。

③ 依所適用人事法令應予停職(聘)或休職，且未依法復職；於處分前離職者，亦同。

（三）死亡給付：被保險人發生死亡事故時，依下列規定，予以死亡給付：

A. 一次死亡給付：

1. 給付標準

(1) 因公死亡者，給付36個月。

(2) 病故或意外死亡者，給付30個月。但繳付保險費20年以上者，給付36個月。

2. 領受遺屬順序

(1) 應由配偶領受二分之一；其餘依序由下列受益人平均領受之：

① 子女（含未出生之胎兒，並以將來非死產者為限）。

② 父母。

③ 祖父母。

④ 兄弟姐妹。

⑵ 無「子女」、「父母」、「祖父母」順序之受益人時，由配偶獨領受。

⑶ 如無配偶，其應領之死亡給付，依序由上開①~④受益人領受。

⑷ 被保險人生前預立遺囑並於上開①~④受益人中指定領受人者，從其遺囑。如無上開①~④受益人時，得由被保險人指定受益人。

B. 遺屬年金給付：（限公保法第48條第1項第1、2款規定適用公保年金給付規定之被保險人適用）

1. 給付標準

⑴ 被保險人在職在保期間死亡，其符合請領遺屬年金給付條件之遺屬選擇請領遺屬年金給付者，以被保險人死亡當月起前10年平均保俸計算，保險年資每滿1年，給付0.75%，最高以給付26.25%為限。

⑵ 因公死亡者，其加保年資未滿15年，得以15年計給。

⑶ 領受養老年金給付者死亡時之一次養老給付餘額：以養老年金給付領受者原應領之一次養老給付月數按其喪失領受權利時最近一期核付養老年金給付所據平均保俸計算出一次給付金額後，扣除已領受養老基本年金給付總額後之餘額。

⑷ 領受養老年金給付者死亡時之遺屬年金給付：領受養老年金給付者死亡時，其符合請領遺屬年金給付條件之遺屬得按原領養老年金給付金額之半數，改領遺屬年金給付。

2. 領受遺屬年金之遺屬條件

遺屬為具中華民國國籍之配偶、子女或父母者，須符下列規定：

⑴ 配偶須未再婚且符合以下條件之一：

① 年滿55歲且婚姻關係於被保險人死亡時已存續2年以上。如未滿55歲，得自年滿55歲之日起支領。

② 因重度身心障礙而無謀生能力且婚姻關係於被保險人死亡時已存續2年以上。

(2) 子女須符合以下條件之一：

① 未成年。

② 已成年但因重度身心障礙而無謀生能力。

(3) 父母須年滿55歲，且每月工作收入未超過公務人員280俸點折算俸額（目前為19,005元）。如未滿55歲，得自年滿55歲之日起支領。

3. 被保險人曾領取公教人員保險或公務人員保險或私立學校教職員保險之養老給付者，其遺屬依上開規定請領一次死亡給付或遺屬年金時，應扣除已領養老年金給付之年資或給付月數後，發給之；其合併前後給付，不得超過養老給付上限。

（四）眷屬喪葬津貼：

被保險人之眷屬因疾病或意外傷害致死亡者，依下列標準津貼其喪葬費：

1. 父母及配偶津貼三個月。

2. 子女之喪葬津貼：

(1) 年滿12歲未滿25歲者二個月。

(2) 未滿12歲及已為出生登記者一個月。

前項眷屬喪葬津貼，如子女、配偶或父母同為被保險人時，以任擇一人報領為限。

（五）育嬰留職停薪津貼：

1. 被保險人加保年資滿1年以上，養育3足歲以下子女辦理育嬰留職停薪並選擇繼續加保者，給與育嬰留職停薪津貼。

2. 自被保險人留職停薪之日起，按月發給；最長發給6個月。但留職停薪期間未滿6個月者，以實際留職停薪月數發給；未滿1個月之畸零日數，按實際留職停薪日數計算。

3. 同時撫育子女二人以上者，其同一時間以請領一位子女之津貼為限。

4. 夫妻同為公保被保險人者，在不同時間分別辦理同一子女之育嬰留職停薪並選擇繼續加保時，得分別請領。

110年12月24日立法院會三讀通過「公教人員保險法」第35條第4項條文修正案，刪除上述規定，意即同為公教人員保險被保險人，可同時請領同一子女的育嬰留職停薪津貼。

5. 為落實「0-6歲國家一起養」政策，行政院已核定「公教人員育嬰留職停薪津貼加發補助要點」，依公保法第35條規定請領育嬰留職停薪津貼之被保險人，按平均月保險俸（薪）額之20%計算後，與公保育嬰留職停薪津貼合併發給，被保險人無需另行申請並自110年7月1日生效。

（六）生育給付：

1. 被保險人有下列情形之一者，給與2個月生育給付：

(1) 繳付保險費滿280日後分娩。

(2) 繳付保險費滿181日後早產。

2. 被保險人分娩或早產為雙生以上者，生育給付按標準比例增給。（自104年6月12日起施行）

7-2-2 公教人員退休撫卹基金

我國公務人員退休撫卹制度，自民國32年建制後，原係維持由政府負擔退撫經費之「恩給制」，嗣因政治、經濟、社會環境急遽變遷，早期所設計之退撫制度，已面臨前所未有的挑戰，爰自62年起由政府組織專案小組進行研究，歷時多年方完成改革方案，至84年7月1日起，改採共同提撥制，由政府與公務人員共同撥繳費用建立公務人員退休撫卹基金（以下簡稱退撫基金），以支付改制後年資之退撫經費，並在考試院下成立公務人員退休撫卹基金監理委員會（以下簡稱監理會）與公務人員退休撫卹基金管理委員會（以下簡稱管理會）二個機關，分別負責退撫基金監督與管理等相關事項。依目前法律規定，參加退撫基金人員計有公務人員、教育人員及軍職人員3類（民國93年起政務人員另依法退出基金），並分別於84年7月1日、85年2月1日及86年1月1日加入退撫新制，整體參加基金人數超過63萬人。

一、基金的基本目標

（一）保障退撫所得，加強安老卹孤

以安全和穩定的收益，保障退撫所得，促進公務人力更新，發揮激勵士氣作用，並加強安老卹孤的功能，維護老年經濟安全，建立完善退撫機制。

（二）依法提撥基金，確保退撫經費來源

為確保退撫經費來源，退撫基金依法由政府與公務人員共同提撥，而基金管理運用則兼顧安全性及收益性，並建立完整制度，使財務結構健全永續經營。

（三）充分照顧退休人員，兼顧現職人員福利

本諸「取之於軍公教人員，用之於軍公教人員」的原則，除了照顧退休人員外，也兼顧現職人員的福利，增強政府組織活力，提昇人力資源發展與運用。

二、基金撥繳及給付規定

（一）基金撥繳

退撫基金費用之撥繳，依法按公務人員、教育人員、軍職人員本俸加1倍之8%至15%之費率計算（按100年1月1日施行之公務人員退休法，修正上限為15%）。退撫新制開辦時，退撫基金之提撥費率為8%，依89年6月基金第1次精算結果，軍、公、教人員自91年1月1日起，由8%調至8.8%，復依立法院決議，自93年起分3年調整提撥費率至12%（93年起由8.8%調整至9.8%、94年起由9.8%調整至10.8%、95年起由10.8%調整至12%，110年1月1日起每年調升1%，至112年調整為15%），故現行提撥費率為13%。每月應繳退撫基金費用總額中，政府撥繳65%，個人自繳35%。

表7-7 公務人員退休撫卹基金繳納金額對照表

110年1月1日生效

公務人員俸（薪）點	警察、教育人員俸（薪）點	俸額	基金費用提撥總額（俸額×2×13%）	個人自繳部份（總額×35%）	政府撥繳部份（總額×65%）
800	770	56,930	14,802	5,181	9,621
790	740	53,990	14,037	4,913	9,124
780	710	53,305	13,859	4,851	9,008
750	680	51,250	13,325	4,664	8,661
730	650	49,875	12,968	4,539	8,429
710	625	48,505	12,611	4,414	8,197
690	600	47,130	12,254	4,289	7,965
670	575	45,760	11,898	4,164	7,734
650	550	44,390	11,541	4,039	7,502
630	525	43,015	11,184	3,914	7,270
610	500	41,645	10,828	3,790	7,038
590	475	40,270	10,470	3,665	6,805
550	450	37,530	9,758	3,415	6,343
535	430	36,500	9,490	3,322	6,168
520	410	35,470	9,222	3,228	5,994
505	390	34,440	8,954	3,134	5,820
490	370	33,410	8,687	3,040	5,647
475	350	32,385	8,420	2,947	5,473
460	330	31,355	8,152	2,853	5,299
445	310	30,325	7,885	2,760	5,125
430	290	29,295	7,617	2,666	4,951
415	275	28,265	7,349	2,572	4,777
400	260	27,240	7,082	2,479	4,603
385	245	26,210	6,815	2,385	4,430
370	230	25,180	6,547	2,291	4,256
360	220	24,495	6,369	2,229	4,140

公務人員俸（薪）點	警察、教育人員俸（薪）點	俸額	基金費用提撥總額（俸額×2×13%）	個人自繳部份（總額×35%）	政府撥繳部份（總額×65%）
350	210	23,810	6,191	2,167	4,024
340	200	23,120	6,011	2,104	3,907
330	190	22,435	5,833	2,042	3,791
320	180	21,750	5,655	1,979	3,676
310	170	21,065	5,477	1,917	3,560
300	160	20,380	5,299	1,855	3,444
290	150	19,690	5,119	1,792	3,327
280	140	19,005	4,941	1,729	3,212
270	130	18,320	4,763	1,667	3,096
260	120	17,635	4,585	1,605	2,980
250	110	16,950	4,407	1,542	2,865
240	100	16,260	4,228	1,480	2,748
230	90	15,575	4,050	1,418	2,632
220		14,890	3,871	1,355	2,516
210		14,405	3,745	1,311	2,434
200		13,920	3,619	1,267	2,352
190		13,440	3,494	1,223	2,271
180		12,955	3,368	1,179	2,189
170		12,470	3,242	1,135	2,107
160		11,985	3,116	1,091	2,025
155		11,970	3,112	1,089	2,023
150		11,580	3,011	1,054	1,957
145		11,195	2,911	1,019	1,892
140		10,810	2,811	984	1,827

註：1.本表係依107年1月1日生效之全國軍公教人員待遇支給標準訂定。

2.基金提撥總額＝俸額×2×13%（四捨五入）。

3.個人自繳部份＝基金提撥總額×35%（四捨五入）。

4.政府撥繳部份＝基金提撥總額－個人自繳部份。

資料來源：公務人員退休撫卹基金管理委員會

表7-8 公務人員退休撫卹基金繳納金額對照表（軍職人員）

110年1月1日生效

軍職人員俸點	俸　額	基金費用提撥總額（俸額×2×13%）	個人自繳部份（總額×35%）	政府撥繳部份（總額×65%）
900	98,160	25,522	8,933	16,589
800	56,930	14,802	5,181	9,621
790	53,990	14,037	4,913	9,124
780	53,305	13,859	4,851	9,008
770	52,620	13,681	4,788	8,893
760	51,935	13,503	4,726	8,777
750	51,250	13,325	4,664	8,661
740	50,560	13,146	4,601	8,545
730	49,875	12,968	4,539	8,429
720	49,190	12,789	4,476	8,313
710	48,505	12,611	4,414	8,197
700	47,820	12,433	4,352	8,081
690	47,130	12,254	4,289	7,965
670	45,760	11,898	4,164	7,734
655	44,730	11,630	4,071	7,559
650	44,390	11,541	4,039	7,502
640	43,700	11,362	3,977	7,385
630	43,015	11,184	3,914	7,270
625	42,675	11,096	3,884	7,212
610	41,645	10,828	3,790	7,038
595	40,615	10,560	3,696	6,864
590	40,270	10,470	3,665	6,805
580	39,585	10,292	3,602	6,690
570	38,900	10,114	3,540	6,574
565	38,555	10,024	3,508	6,516
560	38,215	9,936	3,478	6,458
550	37,530	9,758	3,415	6,343

軍職人員俸點	俸　額	基金費用提撥總額（俸額×2×13%）	個人自繳部份（總額×35%）	政府撥繳部份（總額×65%）
545	37,185	9,668	3,384	6,284
540	36,840	9,578	3,352	6,226
535	36,500	9,490	3,322	6,168
530	36,155	9,400	3,290	6,110
520	35,470	9,222	3,228	5,994
515	35,125	9,133	3,197	5,936
510	34,785	9,044	3,165	5,879
505	34,440	8,954	3,134	5,820
500	34,100	8,866	3,103	5,763
490	33,410	8,687	3,040	5,647
485	33,070	8,598	3,009	5,589
480	32,725	8,509	2,978	5,531
475	32,385	8,420	2,947	5,473
470	32,040	8,330	2,916	5,414
460	31,355	8,152	2,853	5,299
455	31,010	8,063	2,822	5,241
450	30,670	7,974	2,791	5,183
445	30,325	7,885	2,760	5,125
440	29,980	7,795	2,728	5,067
430	29,295	7,617	2,666	4,951
425	28,955	7,528	2,635	4,893
420	28,610	7,439	2,604	4,835
410	27,925	7,261	2,541	4,720
400	27,240	7,082	2,479	4,603
395	26,895	6,993	2,448	4,545
390	26,550	6,903	2,416	4,487
380	25,865	6,725	2,354	4,371
370	25,180	6,547	2,291	4,256
360	24,495	6,369	2,229	4,140

軍職人員俸點	俸　額	基金費用提撥總額（俸額×2×13%）	個人自繳部份（總額×35%）	政府撥繳部份（總額×65%）
350	23,810	6,191	2,167	4,024
340	23,120	6,011	2,104	3,907
330	22,435	5,833	2,042	3,791
320	21,750	5,655	1,979	3,676
310	21,065	5,477	1,917	3,560
300	20,380	5,299	1,855	3,444
290	19,690	5,119	1,792	3,327
280	19,005	4,941	1,729	3,212
270	18,320	4,763	1,667	3,096
260	17,635	4,585	1,605	2,980
250	16,950	4,407	1,542	2,865
240	16,260	4,228	1,480	2,748
230	15,575	4,050	1,418	2,632
220	14,890	3,871	1,355	2,516
210	14,405	3,745	1,311	2,434
200	13,920	3,619	1,267	2,352
190	13,440	3,494	1,223	2,271
180	12,955	3,368	1,179	2,189
170	12,470	3,242	1,135	2,107
160	11,985	3,116	1,091	2,025
150	11,235	2,921	1,022	1,899
140	10,490	2,727	954	1,773
130	9,740	2,532	886	1,646

註：1.本表係依107年1月1日生效之全國軍公教人員待遇支給標準訂定。

2.基金提撥總額＝俸額×2×13%（四捨五入）。

3.個人自繳部份＝基金提撥總額×35%（四捨五入）。

4.政府撥繳部份＝基金提撥總額－個人自繳部份。

資料來源：公務人員退休撫卹基金管理委員會

（二）基金給付

1. 退休金

(1) 一次退休金：以退休生效日在職同等級人員之本俸加1倍為基數，每任職1年給與1.5個基數，尾數不滿6個月者，給與1個基數，滿6個月以上者，以1年計（按公務人員自100年4月1日起，改按1個月1/8個基數），最高35年給與53個基數（按84年7月1日以後初任公務人員且服務逾35年者，一次退休金之給與，自第36年起，每年增給1個基數，但最高給與60個基數為限）。

一次退休金=(本俸×2)× [1.5×任職整數年資+1]——年資尾數不滿6個月

一次退休金=(本俸×2)×[1.5×(任職整數年資+1)]——年資尾數滿6個月
(100.04.01之前)

一次退休金=(本俸×2)×[1.5×任職整數年資+年資尾數月份×1/8]
——年資尾數滿6個月（100.04.01之後）

(2) 月退休金：以在職同等級人員之本俸加1倍為基數，每任職1年，照基數2%給與，尾數不滿6個月者，給與1%，滿6個月以上者，以1年計（按公務人員自100年4月1日起，改按1個月1/600個基數），最高35年，給與70%為限（按84年7月1日以後初任公務人員且服務逾35年者，月退休金之給與，自第36年起，每年增給1%，以增至75%為限；未滿1年者，每1個月照基數1/1200給與，未滿1個月者，以1個月計）。

月退休金=(本俸×2)×[2%×任職整數年資+1%]——年資尾數不滿6個月

月退休金=(本俸×2)×[2%×(任職整數年資+1)]——年資尾數滿6個月
(100.04.01之前)

月退休金=(本俸×2)×[2%×任職整數年資+年資尾數月份×2%×1/600]
——年資尾數滿6個月（100.04.01之後）

(3) 兼領月退休金：計有兼領1/2之一次退休金與1/2之月退休金、兼領1/3之一次退休金與2/3之月退休金、兼領1/4之一次退休金與3/4之月退休金三種（按公務人員自100年起僅能選擇兼領1/2之方式；軍職人員無兼領退休金方式）。其給與參照一次退休金及月退休金之計算方式，乘以兼領比例。

(4) 撫慰金：支領月退休金人員或兼領月退休金人員死亡，給與遺族一次撫慰金。遺族如為父母、配偶或未成年子女（按公務人員自100年起增加已成年因身心障礙而無謀生能力之子女；軍職人員含已成年因身心障礙而無謀生能力之子女），得按原領月退休金半數，支領月撫慰金（按100年1月1日施行之公務人員退休法規定，配偶領取月撫慰金之條件為年滿55歲或不具工作能力，其與退休人員之婚姻關係應於退休生效時已存續2年以上且未再婚；另有與配偶共同領受撫慰金遺族時，配偶應領撫慰金之1/2）。

2. 撫卹金

(1) 一次撫卹金

① 公務人員（自100年1月1日起適用）

a. 未滿15年者：1年給1.5個基數，1個月給1/8個基數；未滿10年者，除依未滿15年規定計算（每1年1.5個基數）外，於未滿10年部分，每減1個月加給1/12個基數。例如：任職1年給10.5個基數（1年1.5個基數，未滿9年加給9個基數，合計10.5個基數）。

b. 滿15年者：15年給15個基數，超過15年部分，每增1年給0.5個基數，未滿1年者，1個月給1/24個基數，最高給與30個基數。

② 教育人員及公務人員（99年12月31日前適用）

a. 未滿15年者：1年1.5個基數，尾數未滿6個月給1個基數，滿6個月以上者以1年計。

b. 滿15年者：給15個基數，另超過15年部分，每增1年給0.5個基數，尾數未滿6個月者不計，滿6個月以上者以1年計，最高給與25個基數。

③ 軍職人員

a. 未滿10年者：以10年計，給15個基數。

b. 滿10年者：給15個基數，另超過10年部分，每增1年給0.5個基數，每1個月0.042個基數，未滿1個月，以1個月計，最高給與27.5個基數。

(2) 年撫卹金

① 公務及教育人員：任職15年以上者，除上述一次撫卹金外，每年給與5個基數之年撫卹金，核給10年，惟符合部分條件者，得給與終身或原因消滅時為止。

② 軍職人員：每年給與5個基數之年撫金，服役未滿3年者，給3年；滿3年者，給4年，以後每增2年者再增給1年，不滿2年之年資，按每增2個月給1個月計，最高給12年。惟符合特別條件者，得給與終身或至原因消滅時為止。

3. 資遣給與

以資遣生效日在職同等級人員之本俸加1倍為基數，每任職1年給與1.5個基數，尾數不滿6個月者，給與1個基數，滿6個月以上者，以1年計（按公務人員自100年4月1日起，改按1個月1/8個基數），最高35年給與53個基數。

4. 發還原繳付退撫基金費用

參加人員依規定不合退休資遣於中途離職者或因案免職者，得申請發還其個人或個人及政府原繳付之退撫基金費用，並以臺灣銀行之存款年利率加計利息，一次發還。

案例探討 2

文揚 35 歲，為一私立學校教師，平均月投保薪資為 41,645 元，試分析下列問題：

1. 雇主每月須為文揚負擔保費若干？
2. 若文揚育嬰留職停薪，平均月投保薪資為 41,645 元，最多可領取給付若干？
3. 若文揚父親不幸身故，可領取眷屬喪葬津貼若干？
4. 若文揚因公部份失能，平均月投保薪資為 41,645 元，可領取失能給付若干？
5. 若文揚於 65 歲退休，公保年資 20 年，平均月投保俸額為 36,500 元，可領取養老年金若干？（給付率：1.2%）
6. 若文揚於在職期間因意外死亡，公保年資 25 年，平均月投保俸額為 36,500 元，可領取遺屬年金若干？

解

1. $41,645×12.53%×32.5% ＝ $1,696
2. $41,645×（60%+20%）×6 ＝ $199,896
3. $41,645×3 ＝ $124,935
4. $41,645×8 ＝ $333,160
5. $36,500×1.2%×20 ＝ $8,760
6. $36,500×0.75%×25 ＝ $6,844

7-2-3　退休人員保險

一、目的

安定退休人員生活，依公教人員保險法規定民國74年7月1日前已參加退休人員保險，而於本法修正施行時仍在保者，得繼續參加該保險。

二、沿革

民國53年3月退休人員保險辦法發布，民國54年9月考試院令修正發布，民國64年2月考試院、行政院會同修正發布，74年7月停辦加保業務，民國84年4月修正發布全文11條，民國94年6月修正發布第1條條文。

三、主管機關

與公教人員保險相同。

四、承保單位

臺灣銀行公教保險部承辦。

五、投保單位

被保險人退休時原服務機關為要保機關，原服務機關裁撤時，以其上級機關或承受其業務機關為要保機關。但原公務人員保險專案認定要保機關退休人員參加本保險者，以本保險承保機關為要保機關。

六、保險對象

民國74年7月1日前已參加本保險，目前仍在保者。

七、保險財務

（一）保險俸給：固定以被保險人退休時公務人員保險之保險俸給為準。

（二）保險費率：8%。

（三）保費負擔方式：被保險人自付比率：100%。

（四）免繳保費：

1. 被保險人繳付保險費滿三十年免繳自付部分保險費，103年1月14日立法院三讀通過之公教人員保險法修正草案，6月1日開始施行，將此刪除。

2. 領有殘障手冊被保險人依殘障等級減免自付部分保險費。其標準如下：

(1) 極重度、重度：自付保險費全額補助。

(2) 中度：自付保險費補助1/2。

(3) 輕度：自付保險費補助1/4。

八、保險給付

退休人員保險給付項目除無養老給付，其餘在法令上均準用公教人員保險有關法令規定。

九、自願退保者

退休人員保險被保險人自願退保者，發還其原應請領之公務人員保險一次養老給付。

7-3 軍公教人員年金改革

7-3-1 年金改革的沿革

我國自民國39年以來逐步開辦各項社會保險及退休金制度，至97年10月開辦國民年金保險為止，國人均納入社會保險保障範疇，並建構多層次年金保障制度。惟在人口快速老化及少子化、全球性經濟疲弱等結構性因素衝擊下，部分年金制度財務嚴重失衡，在未來10至15年內基金將用盡；依身分及職業別分立的各項年金制度複雜歧異，我國年金制度面臨多項挑戰及困境，根本原因都是不合理的制度設計所造成，各職業別年金制度性質不同，必須立基於相同的制度、參數、指標、條件下方可進行比較，且政府在處理各種職業別年金制度時，原則、邏輯更應盡可能一致。此外考量軍人的服役特性、政策性組織精簡、維護國家安全的任務屬性，其老年經濟安全保障制度改革應有別於公教人員的差異處理。

為使年金制度回歸合理，政府因應我國年金制度改革之迫切性，推動國家年金改革，105年5月27日核定「國家年金改革委員會設置要點」於總統府設置「國家年金改革委員會」，作為各年金制度利害關係人代表與人民表達意見的民主參與平台，期透過充分資訊公開及溝通討論，凝聚改革共識， 並逐步推動改革工作，歷經多場年金改革國是會議，在106年6月27日及29日立法院三讀通過，8月9日總統公布，完成了年金改革三大法案《公務人員退休資遣撫卹法》、《公立學校教職員退休資遣撫卹條例》及《政務人員退職撫卹條例》的修法工作。

7-3-2　年金改革的重點

一、年金改革的目標

（一）健全年金財務，促進制度永續。

（二）確保老年生活，經濟安全無虞。

（三）兼顧職業衡平，實現世代互助。

透過這次改革，延長基金壽命，確保基金餘額至少一個世代不會用盡，並透過定期滾動檢討，讓基金永續，「世世代代領得到，長長久久領到老」。

二、終結優惠存款制度，讓18%走入歷史

（一）讓18%優惠存款制度走入歷史，所節省的經費扣除地方自籌款之餘額，全數撥補挹注退撫基金。

（二）為保障早年年資較低或待遇偏低的退休公教人員的老年生活，訂定符合老年經濟安全所需的「基本生活保障」，若是其月退休金總額低於「基本生活保障」，則維持原支領之金額，不予調整。

（三）若是退休公教人員支領月退休金（含兼領）者，其總額超出「基本生活保障」，優惠存款最晚分6年全數歸零，若是支領一次退者，另設計方案逐年調降優存利率。

（四）優存利率歸零或調降後之月退休金總額，將不低於「基本生活保障」。歸零或調降後的優惠存款本金，將交還本人。

三、調降公教所得替代率，與國際接軌

（一）在優惠存款利息歸零之後，未來退休公教人員年金的平均所得替代率，將設定為「本俸兩倍」的60%（年資35年），約等於非主管人員「實質薪資」的70.8%。

（二）超過的部分，將會先調降至「本俸兩倍」的75%（年資35年），再以每年1.5%的幅度逐步調降，至預訂目標為止，藉此拉近不同職業別年金所得替代率的差距、減輕各職業別社會保險與退休制度的財務負擔，並逐漸與國際接軌。

四、延長投保（提撥）薪資採計期間，縮減基金收支落差

（一）調整退休金計算基準，平均投保（提撥）薪資採計期間，逐年延長1年，至最後或最佳15年（180個月）為止。

（二）藉此拉近公教人員給付與投保（提撥）薪資的計算差距，降低臨退升遷的不公平。也避免勞工平時以多保少、臨退以少保多的道德風險。

五、延後請領年齡，以因應人口老化

（一）因應人口老化、預期壽命延長的趨勢，除危險勞動或特殊職務者之外，標準請領年齡均漸進調整，逐年延後至65歲。

（二）提前退休者，得領取「減額年金」；延後退休者，得領取「增額年金」。提前或延後年限最多5年，並依每年4%的比率，降低或增加年金給付額度。

（三）針對危險勞動（例如警察、消防等）與特殊職務者（例如中小學教師），另外訂定更早的請領年齡，允許其額外再提前請領減額年金，以符合其職業特性。

六、提高費率上限，漸進調整費率

（一）公教退撫基金之提撥率法定上限，提高為18%。費率自方案實施後，將逐年提高1%，並於費率達15%時，檢討整併公教人員保險之可行性，訂定最適費率。如無更佳方案，則費率逐年再調高至18%為止。

（二）勞工保險費率之法定上限，亦提高為18%。費率自107年起每年調升0.5%，於112年檢討是否與勞工退休金整併。如無更佳方案，且經精算未來20年保險基金餘額不足以支應保險給付，其後每年繼續調高1%至上限18%（117年）。

（三）為接軌國際趨勢，我國的年金總費率（勞工保險加勞工退休金、公教人員保險加公務人員退休或教育人員退休制度費率）應以不超過20%為原則。

七、政府財源挹注，強化基金財務永續

（一）在費率調高的同時，政府財源亦將挹注基金。

（二）在公教人員部分，調降退休所得和取消優惠存款所節省的經費，在扣除屬於地方政府的自籌款後，其餘額將挹注退撫基金。

（三）在勞工部分，政府自107年起每年撥補200億元挹注基金，強化財務永續。

八、設計年金年資可攜帶制度，跨職域就業有保障

我國各職業別年金制度各自分立，受雇者若是跨職域轉換工作，其年金請領權益將嚴重受損，不利於個人職涯的規劃。為因應各職域之間人力流動的需求增加，各職業別保險與退休（撫）金制度應設計「保留年資」的規定，讓受雇者可以在屆齡退休之前，自由選擇轉任不同職域工作，到了法定起支年齡，以「合併計算年資、分別計算年金」的方式，請領其原有加新任職業別的退休金，不必為了請領月退休金而於退休前再回任原職；或擔心領不到月退休金而不敢離開原職場。

九、基金管理專業化、透明化，提升投資效率

（一）著重基金投資效率提升，以增加職業別年金之財務穩定，並藉此提高給付水準。

（二）未來基金管理的改革方向，將讓基金管理專業化、資訊透明化，並減少政治干預，增加利害關係人參與選擇權。

十、改革黨職併公職等不合理設計，讓制度回歸常軌

（一）當前年金制度存在若干針對特殊對象的不合理設計，應一併處理，包括：

1. 國民黨黨職併公職年資溢領的年金。
2. 政務官年資併計事務人員年資而領取偏高的優惠存款利息。
3. 法官與檢察官之養老與退休金加上退養金之後所得替代率偏高。
4. 財政部所屬公營行庫享有13%的員工優惠存款等，應該趁此次年金改革一併檢討改進。

（二）依各年金相關法律規定已領取退休金（含優惠存款利息）者，其已領取部分不會要求繳回。但本次年金改革後，所有領取退休金者應一體適用改革後的新規定，以符合公平正義。

7-3-3　公教人員退撫制度修正內容

一、請領資格：月退休金起支年齡逐年延後至65歲

（一）公務人員

1. 以10年過渡期間與85制之10年緩衝期指標數銜接，至120年以後達到單一起支年齡65歲。
2. 自願退休而未符合法定起支年齡者，可選擇支領展期或減額月退休金並以法定起支年齡為計算基準。過渡期間符合指標數者，得退休並立即支領全額月退休金，不須受法定起支年齡影響。
3. 過渡期間指標數之年齡：在109年以前須年滿50歲；110年以後須年滿55歲；115年以後須年滿60歲。
4. 危勞職務：維持70制（15年＋55歲）。
5. 公務人員任職滿15年，達公保半失能以上、身障重度以上、惡性腫瘤末期、安寧緩和醫療條例所稱末期病人及永久重大傷病且不能勝任工作者，起支年齡為55歲。
6. 具原住民身分之公務人員起支年齡：109年以前，任職25年且年滿55歲，110年起逐年增1歲，至115年為60歲。

表7-9　公務人員月退休金起支年齡表

退休年度	法定年齡（展期及減額之計算基準）	過渡期間指標數（年資+年齡合計高於或等於指標數，可領全額）	基本年齡
107年	60（55）	82	50
108年	60（55）	83	
109年	60（55）	84	
110年	60	85	55
111年	61	86	
112年	62	87	
113年	63	88	
114年	64	89	

<table>
<tr><th>退休
年度</th><th>法定年齡
（展期及減額之計算基準）</th><th>過渡期間指標數（年資+年齡合計
高於或等於指標數，可領全額）</th><th>基本
年齡</th></tr>
<tr><td>115年</td><td>65</td><td>90</td><td rowspan="5">60</td></tr>
<tr><td>116年</td><td>65</td><td>91</td></tr>
<tr><td>117年</td><td>65</td><td>92</td></tr>
<tr><td>118年</td><td>65</td><td>93</td></tr>
<tr><td>119年</td><td>65</td><td>94</td></tr>
<tr><td>120年以後</td><td colspan="2">65</td><td></td></tr>
</table>

資料來源：國家年金改革委員會

（二）教育人員

1. 以15年過渡期間與75制指標數銜接，107年指標數為76，過度至 121年為90；121年高級中等以下學校校長及退休教師月退休金起支年齡58歲， 其餘教職員月退休金起支年齡65歲。

2. 自願退休而未符合法定起支年齡者，可選擇支領展期或減額月退休金並以法定起支年齡為計算基準。過渡期間符合指標數者，得退休並立即支領全額月退休金，不須受法定起支年齡影響。

3. 過渡期間指標數之年齡：在115年以前須年滿50歲；116年以後須年滿55歲。

4. 公立學校教職員任職滿15年，達公保半失能以上、身障重度以上、惡性腫瘤末期、安寧緩和醫療條例所稱末期病人及永久重大傷病且不能勝任工作者，起支年齡為55歲。

5. 具原住民身分之公立學校教職員起支年齡：任職滿25年且年滿60歲（仍適用15年過渡指標數）。

表7-10　公立學校教職員月退休金起支年齡表

<table>
<tr><th rowspan="2">退休
年度</th><th colspan="2">法定年齡</th><th colspan="2">過渡期</th></tr>
<tr><th>高級中等以下學校校長及教師</th><th>其餘教職員</th><th>指標數</th><th>基本年齡</th></tr>
<tr><td>107年</td><td>58</td><td>58</td><td>76</td><td rowspan="2">50</td></tr>
<tr><td>108年</td><td>58</td><td>58</td><td>77</td></tr>
</table>

退休年度	法定年齡		過渡期	
	高級中等以下學校校長及教師	其餘教職員	指標數	基本年齡
109年	58	58	78	50
110年	58	58	79	
111年	58	58	80	
112年	58	58	81	
113年	58	58	82	
114年	58	58	83	
115年	58	59	84	
116年	58	60	85	55
117年	58	61	86	
118年	58	62	87	
119年	58	63	88	
120年	58	64	89	
121年	58	65	90	
122年以後	58	65		

資料來源：國家年金改革委員會

二、給付

（一）調整退休金計算基準

1. 逐步調整為最後在職15年之平均俸（薪）額。
2. 107.7.1～108.12.31為「最後在職5年平均俸（薪）額」，之後逐年拉長1年，調整至118年以後為「最後在職15年平均俸（薪） 額」。
3. 新法施行前已退休者，以及新法施行前已達月退休金起支條件， 於新法施行後退休生效者，仍得以最後在職等級計算，不受均俸（薪）影響。
4. 已退者保障：新法施行前已退休者，一律不適用均俸規定。
5. 退休所得替代率分母值（本俸2倍），一律用最後在職俸額計算，不適用均俸。

表7-11 公教人員退休金計算基準表

實旗期間	退休金計算基準
107年7月1日~108年12月31日	最後在職5年之平均俸（薪）領
109年	最後在職6年之平均俸（薪）額
110年	最後在職7年之平均俸（薪）額
111年	最後在職8年之平均俸（薪）額
113年	最後在職9年之平均俸（薪）額
113年	最後在職10年之平均俸（薪）額
114年	最後在職11年之平均俸（薪）額
115年	最後在職12年之平均俸（薪）額
116年	最後在職13年之平均俸（薪）額
117年	最後在職14年之平均俸（薪）額
118年以後	最後在職15年之平均俸（薪）領

- 本表之適用對象，其退休金應按其退休年度，依本表所列各年度退休金計算基準計算之後不再調整。
- 本表所定「平均俸（薪）額」，依退休公教人員計算平均俸（薪）額之各該年度實際支領金額計算之平均數額。

資料來源：國家年金改革委員會

（二）調降退休所得替代率

1. 所得替代率上限：分10年逐步調降。
2. 所得替代率下限：調降至最低保障金額時（107.1.1起為33,140元），維持領取最低保障金額；如調降前之月退休總所得已低於最低保障金額，則不予調整。
3. 所得替代率計算分子：月退休金（含月補償金）+優存利息（或社會保險年金）。
4. 所得替代率計算分母：最後在職本（年功）俸（薪）額2倍。

表7-12　公教人員退休所得替代率對照表

任職年資 / 比率 / 實施期間	40	35	30	25	20
107年7月1日~108年12月31日	77.50%	75.00%	67.50%	60.00%	52.50%
109年	76.00%	73.50%	66.00%	58.50%	51.00%
110年	74.50%	72.00%	64.50%	57.00%	49.50%
111年	73.00%	70.50%	63.00%	55.50%	48.00%
112年	71.50%	69.00%	61.50%	54.00%	46.50%
113年	70.00%	67.50%	60.00%	52.50%	45.00%
114年	68.50%	66.00%	58.50%	51.00%	43.50%
115年	67.00%	64.50%	57.00%	49.50%	42.00%
116年	65.50%	63.00%	55.50%	48.00%	40.50%
117年	64.00%	61.50%	54.00%	46.50%	39.00%
118年	62.50%	60.00%	52.50%	45.00%	37.50%

資料來源：國家年金改革委員會

（三）調整優惠存款制度

1. 支（兼）領月退休金者

月退休總所得低於最低保障金額（107.1.1起為33,140元）者，維持18%優存利率。107/7/1～109/12/31優存利率降為9%，110年起歸零，領回本金。

2. 支領一次退休金者

(1) 原領優存利息未超過最低保障金額者，維持原領金額不予調整。

(2) 原領優存利息超過最低保障金額者，最低保障金額以外的優存本金部分，107.7.1～109.12.31優存利率降至12%，之後每2年調降2%，降至6%止。

表7-13　公教人員優惠存款制度利率對照表

擇領退休金種類／利率／實施期間	支（兼）領月退休金者	支領一次退休金者（最低保障金額以外部分）
107年7月1日~109年12月31日	9%	12%
110年~111年	0	10%
112年~113年	0	8%
114年以後	0	6%

資料來源：國家年金改革委員會

（四）取消年資補償金

1. 法案施行起 1 年後退休者，不再發給年資補償金。
2. 已審定者，照原規定發給，但須受所得替代率限制。

（五）調整遺屬年金制度（原月撫慰金）

1. 配偶支領年齡維持 55 歲，婚姻關係改為退休人員亡故時婚姻關係已累積存續達10年以上。
2. 遺族同時支領由政府預算、公營事業機構支給之定期性給與者， 不得擇領遺屬年金（但仍得擇領遺屬一次金）。

三、財源

（一）調整退撫基金提撥費率

法定費率提撥區間調整為12%～15%；政府與個人分擔比率仍為65%：35%。

（二）調降退休所得節省費用挹注

各級政府調降退休所得和優惠存款利率所節省經費，應全部挹注退撫基金。

四、制度轉銜

（一）年資保留

法案公布施行後，任職已滿5年且未辦理退休或資遣而離職者，其年資得保留至年滿65歲時後之6個月內，再依規定請領退休金（未滿15年者，給一次退休金；滿15年以上者，可擇領一次退休金或月退休金）。

（二）年資併計、年金分計

1. 在職公務人員辦理屆齡或命令退休時，公務年資未滿15年，得併計其他職域年資成就支領月退休金條件。

2. 法案公布施行後，任職已滿5年且未辦理退休或資遣而離職者，於年滿65歲後之6個月內，得併計其他職域年資成就支領月退休金條件。

五、其他

（一）育嬰留職停薪年資採計

該項規定公布施行後之育嬰留職停薪年資，得選擇全額自費撥繳退撫基金費用，併計公務人員退休、資遣或撫卹年資。

（二）離婚配偶請求權

1. 公務人員具婚姻關係滿2年以上之離婚配偶，就婚姻關係期間占公職之部分，按其在審定退休年資所占比率二分之一請求分配該公務人員退休金，但若該分配比率顯失公平，當事人可聲請法院調整或免除。

2. 離婚配偶得請求之退休金，以一次給付為限。

（三）再任公職停領月退休金

未來已退休的公務人員再任職務，包括公職、行政法人、政府捐贈之財團法人、轉投資公司以及私校職務者，若每月薪資合計超過法定基本工資者，將依法停領月退休金及優惠存款利息。

大法官108年對軍公教年金改革做成釋字第781、782與783號解釋，認定退休再任職停領退俸規定違憲，從解釋公布日起失效；銓敘部因此於110年1月7日提出「公務人員退休資遣撫卹法」部分條文修正草案，刪除支領或兼領月退休金的退休人員，因再任私立學校有給職務，應停止領受月退休金相關規定；銓敘部表示，現行條文和憲法保障平等權的意旨有違，應自司法院釋字第782號解釋公布日起失其效力，因此刪除現行規定，以符合解釋意旨。

銓敘部修法也提出對於公務人員退休後所領的月退休金、遺族所領月撫卹金或遺屬年金給付金額，應隨消費者物價指數累計成長率另定調整比率，或至少每四年應檢討。

（四）月退休金調整機制

公務人員退休後所領月退休金，或遺族所領的月撫卹金或遺屬年金，得由考試院會同行政院，衡酌國家整體財政狀況人口與經濟成長率、平均餘命、退撫基金準備率與其財務投資績效及及消費者物價指數等因素調整；調整結果超過原領所得5%以上或低於原領所得者，應經立法院同意。

（五）定期檢討

本法公布施行後，考試院應會同行政院建立年金制度監控機制，5 年內檢討制度設計與財務永續發展，之後定期檢討。

（六）新設制度

針對112年7月1日以後初任公務人員重行建立全新退撫制度。

（七）年金改革方案實施時間

除了育嬰留職停薪年資併計及年金分計等條文自公布日施行外，其餘條文自107年7月1日起實施。

案例探討 3

中麒 60 歲，為一公立大學教授，平均月投保薪資為 56,930 元，試分析下列問題：

1. 政府須為中麒提撥退撫基金若干？
2. 若中麒當教授之前有勞保年資 10 年、公保年資 10 年，根據年金改革可在幾歲申請退休？
3. 若中麒於 65 歲退休（115 年），工作年資 30 年，根據年金改革後的所得替代率，當年度可以領取多少月退休金？
4. 若中麒於 60 歲時符合退休資格申請退休，退休後每週回學校兼課六節，鐘點費為每小時 $1,000，試問他每月可增加多少收入？

解

1. $56,930×2×13%×65% ＝ $9,621
2. 因年金改革後，在職公教人員辦理屆齡退休時，公保年資未滿 15 年，得併計其他職域年資成就支領月退休金條件，中麒可於 110 年（指標數 60 ＋ 10 ＋ 10 ＝ 80 > 79）退休，並支領月退休金。

3. $56,930×2×57% = $64,900

4. $1,000×6×4 = $24,000

7-3-4　政務人員退撫制度修正內容

「政務人員退職撫卹條例」修正草案於106年6月30日經立法院三讀通過，同年8月9日由總統公布，除部分條文自107年7月1日施行外，其餘條文自公布日施行。

政務人員退職制度隨社會經濟環境變遷，已歷經多次變革，自93年1月1日由「確定給付制」改為實施「政務人員退職撫卹條例」(採個人帳戶制)，改領取一次離職金。因此，93年1月1日以後由軍公教人員、其他公職人員或公營事業人員轉任政務人員者，在職期間按月提撥離職儲金，退職時領取公、自提儲金本息(非由軍、公、教人員、其他公職人員或公營事業人員轉任政務人員者，無法參加政務人員離職儲金)；亦即93年以後擔任政務人員者，已無法領取退職酬勞金。目前只有少部分於92年以前已任政務人員且符合一定條件者，退職時仍可適用92年以前原規定請領退職酬勞金及辦理優惠存款。

此次改革前之政務人員退職制度有其應正視問題，如該制度規定「非常務人員轉任者」不得參加離職儲金，對其退職後保障不足；現行制度規定政務人員所具常務年資不得併計，以致有年資中斷情形，損及原退休制度之權益，不利國家掄才。因此，因應人口結構及經社環境變化，政務人員退職給與也應同步進行調整。本次改革重點說明如下：

一、退撫制度之建構

區分兩類人員，依其性質，參加原退休制度或離職儲金，以符平等原則。

(一)第一類人員：係由現職軍、公、教人員、其他公職人員或公營事業人員(以下簡稱常務人員)轉任政務人員，且未請領退離給與者。

1. 以轉任前原任職務之等級(階)或工資，繼續參加原任職務所適(準)用之退撫制度，不受屆齡退休年齡之限制。

2. 請領各項退離給與時，應按其轉任前原任職務之等級(階)或工資計算。

（二）第二類人員：非屬第一類人員（即非由現職常務人員轉任或現職常務人員已請領退離給與後轉任）者。

1. 一律參加離職儲金制度；提撥金額依在職時之本（年功）俸或月俸之2倍（俸給總額）12%計算；其中服務機關提撥65%（公提儲金）；政務人員35%（自提儲金）。

2. 於退職或死亡時，一次核發公、自提儲金本息。

 本次修正條文公布施行前已任政務人員並參加離職儲金，且於修正施行後繼續任職者，得選擇繼續參加離職儲金；一經選定後，不得變更。

3. 本次修正條文公布施行前之政務人員年資。

 新方案實施前之政務人員年資，仍按原規定辦理。

二、依92年以前原規定請領退職酬勞金人員退職所得調整措施

針對政務人員退職所得之調整，其幅度係大於公教人員；優惠存款制度部分，亦完全比照公教人員制度進行調整。

（一）調降退職所得：所得替代率分10年半調降。

1. 比照簡任級政務人員：從75%降至60%（年資35年）。

2. 部長及其相當等級以上之政務人員：從55%降至40%（年資35年）。

3. 依轉任前原適用之各該退休（職、伍）法令請領退休（職、伍）金之政務人員：依各該退休（職、伍）法令規定之所得替代率上限辦理。

4. 調降至最低保障金額時，維持領取最低保障金額；如調降前之月退職總所得已低於最低保障金額，則不予調降。

（二）調整優惠存款：比照公教人員制度進行調整。

三、其餘措施

包括取消年資補償金、調降退職所得挹注退撫基金、月退職酬勞金及遺屬年金之彈性調整機制、再任停發退職所得、離婚配偶請求權、調整遺屬年金制度及年金改革實施方案時間等，均比照公教人員退休制度規定或調整。

7-3-5 軍人退撫制度修正內容

基於「促進招募、穩定現役、安撫退員」之目的，併考量軍人服役「役期短、退除早、離退率高」的特性，軍人退撫制度應以國家安全、國防需求為主要考量，不宜單獨以基金財政平衡來思考。

我國現有軍公教人員一體適用相同年金制度，忽略軍人職業特殊性，世界各國的軍人退撫制度大多與公教、勞工的退休金制度不同，故總統府國家年金改革委員會第6次會議，做成軍人退撫制度單獨設計的共識決議，並於年金改革國是會議中確認。

為永續國軍退撫制度，確保軍人權益，國防部於106年11月14日公布軍人退撫新制（草案）重點，後續將由國防部、退輔會與現役、退役人員進行溝通聽取意見，並由兩部會設置專責窗口，接受相關人員諮詢並提供說明，溝通期滿後將擬具修法草案，報請行政院審查，107年4月12日行政院會通過國防部擬具的「陸海空軍軍官士官服役條例」部分條文修正草案，將送請立法院審議。立法院於107年6月21日三讀通過，新修條文授權行政院訂定施行日期，敲定軍人年改107年7月1日上路，與公教年改同步實施。

一、退撫新制特色

（一）參考美國、日本、韓國等國家軍人退撫制度改良成新制。

（二）適度延長國軍各階服務年限，鼓勵現役官兵長留久用，以適度解決基層幹部（尉官）缺員狀況。

（三）應國軍歷次組織精簡，導致軍隊編制員額快速下降，現役軍士官提撥基金總額頓減，除比照公教人員提高提撥費率外， 增加相關財源挹注。

（四）兼顧制度轉銜過程，適用舊制之屆退與已退人員之權益保障，適度調整制度設計銜接，逐年調整以降低落差。

二、國軍從優照顧

（一）月退俸請領資格

服役滿20年可請領月退俸。

（二）調整月退俸計算基準

1. 現役者採「現役同官階俸級人員服役最後1/5年資之本俸平均數加一倍為基數」計算。
2. 已退役者及新法施行前已具領退休俸資格者仍採「最後在職本俸2倍」計算。

（三）月退俸計算參數及計算公式

1. 起支俸率：服役滿20年給與起支俸率55%。
2. 年增率：2%。
3. 計算公式：平均本俸2倍×【55%＋2% ×（年資－20）】
4. 俸率採計上限：依服役實際年資計，軍官最高俸率不超過90%，士官最高俸率不超過95%。

（四）最低保障金額

1. 現役人員依實際「年資」核算月退俸，不設定最低保障金額。
2. 退役人員最低保障金額：少尉一級本俸及專業加給合計數額（38,990元）。
3. 退役人員每月所領月退休俸，依新法規定計算後，低於最低保障金額者，支給最低保障金額。但原金額本就低於最低保障金額者，依原金額支給。

（五）18%優惠存款

1. 現役具新舊制年資者及退役具新舊制年資支領月退俸人員，新制實施後，取消優惠存款措施，本金退還本人，月退休俸重新依退撫新制俸率計算，凡原月退休俸高於退撫新制月退休俸之差額，分10年平均調降，優存本金於公布施行後第11年全額歸還。
2. 退役支領一次退伍金者：（與公教相同）
   (1) 一次退伍金與軍保給付合計之每月優存利息低於或等於最低保障金額者，其優存本金以年息18%計息。
   (2) 超過最低保障金額部分，107.7.1～109.12.31利率降至12%，之後每2年調降2%，114.1.1起降至6%。
3. 退休總所得但凡低於38,990元、以及因公傷殘、85歲以上的校級以下軍官、士官，18%優存不受影響。

（六）年資補償金

1. 本條例修正施行前已依規定領取月補償金者，以其核定退伍除役年資、俸級，依退撫新制施行前原領取之規定，計算其應領之一次補償金，扣除其於本條例修正施行前、後所領之月補償金後，一次補發其餘額。無餘額者，不再補發。（§47）

2. 原退除給與低於最低保障金額者，仍維持可以領取月補償金。

3. 依本條例修正施行前給與基準計算之每月支領退休俸、優存利息及月補償金合計數額，未超過依本條例修正施行後給與基準計算之退休俸者，按原核計數額發給；超過者，其二者間之差額自施行日起十年內，分年平均調降至無差額止。（§26）

   註：107年8月1日行政院將月補償金解釋為「原所得」一部分，針對有關月補償金發放，基於本條文明定月補償金納入分年調降計算。

（七）將官法定給付

1. 現役：依實際年資核算退休俸。

2. 退役：如依實際年資核算退休俸低於法定給付者，以法定給付支給，退役中將法定給付83,585元、少將75,550元。

新制係以年資計算俸率，考量早年曾參加各式戰役之將官，因配合國軍歷次精實等政策，提前退役致年資較短，除依實際年資核算退休俸外，新法實施行前已退役將官，擬予維持「法定給付」。

（八）遺屬年金及離婚配偶年金請求權

1. 遺屬年金仍維持支領月退俸1/2。

2. 軍人退伍除役生效時已有婚姻關係存續之未再婚之配偶，或配偶因身心障礙而無工作能力，不受支領年齡限制。

3. 支領退休俸軍人退役後新（再）婚之配偶，在領俸人亡故後，其未再婚之配偶須年滿55歲且法定婚姻關係已累積10年以上（含），可請領遺屬年金。

4. 與軍士官婚姻存續滿2年者，離婚配偶可請求分配軍士官1/2的退伍金或退休俸，若所定二分之一分配顯失公平者，當事人一方得聲請法院調整或免除其分配額，分配比例依規定扣減。

（九）育嬰留職停薪

軍人育嬰留職停薪年資，得選擇全額自費撥繳退撫基金計算年資。

（十）限制支領一次退伍金

不適服現役人員，限制僅得支領一次退伍金。

（十一）延長服役及特殊年資採計

1. 校、尉級軍官增加最大服役年限2年。
2. 將級軍官：少將57歲；中將60歲；二級上將64歲維持不變（調任參謀總長者，得服役至任期屆滿）；一級上將70歲。
3. 刪除將官本階停年屆滿8年未佔上階職缺退伍之規定。
4. 軍人配合國家（防）安全需要執行特殊（機敏）任務者，其 年資可併入軍職年資累算。

（十二）加發一次退伍金

1. 擇領退伍金者：維持發給「加發一次退伍金」。
2. 擇領退休俸者：僅86.1.1～107.6.30止服役期間之年資，本俸2倍為1個基數，每服現役1年發給0.5個基數，最高採計10個基數。

（十三）總額慰問金

未來配合機關裁撤、組織變更或業務緊縮，除屆滿現役最大年限或年齡退伍者，依法令辦理精簡而退伍人員發給7個月之總額慰助金。

（十四）強化配套措施

1. 轉（再）任薪資規範：軍人轉（再）任公職或聘僱人員，所領薪資不超過委任第一職等本俸最高俸額及專業加給合計數額（現行33,140元）；超過者，須停止領受退休俸或贍養金及優存利息。

2. 轉（再）任薪資不停發規範：救災或救難職務、偏遠地區之公立醫療機關（構），及107.7.1前已轉（再）任技工、工友或軍事單位聘僱者，不受限制。

3. 持續精進退除役官兵輔導就學與安置就業等配套措施，加強就學職訓與就業輔導，研擬就業穩定方案。

三、節省經費挹注基金，可運作30年無虞

（一）軍人退撫基金挹注

1. 國軍組織精簡擴大軍人退撫基金財務缺口，挹注軍人退撫基金新臺幣1,000億元（分10年，每年挹注100億元）。

2. 調降退除所得和優惠存款所節省經費全部挹注軍人退撫基金。

（二）軍人退撫基金運作

1. 維持現行軍隊組織及人力規模運作30年，基金本金累積餘額1,931億。

2. 強化基金管理，讓基金管理專業化、資訊透明化，並減少政治干預，增加利害關係人參與選擇權。

3. 定期每5年檢視軍隊組織及基金經營等狀況，對財源實施必要調整措施，確保基金永續經營。

（三）調整預算

中、短役期（年資20年以下）未支領退休俸人員，退伍金改由退輔會編列預算支應。

四、調高提撥率與公教一致

（一）調升基金提撥費率

1. 現行提撥費率13%，110年1月1日起每年調升1%，至112年調整為15%。

   備註：個人增加提撥金額介於396元（二等兵）至2,232元（中將）

2. 維持現行分擔比率，65%（政府）：35%（個人）。

表7-14　軍公教年改重點比較表

項目		公、教人員	軍人
最低保障金額		委任1職等最高俸額 加計專業加給（33,140元）	少尉1級俸額 加計專業加給（38,990元）
所得替代率／俸率*	20年	37.5%	55%
	25年	45%	65%
	30年	52.5%	75%
	35年	60%	85%
薪資採計期間		最後15年平均本俸	最後在職1/5平均俸額
18%優存利率		2年後歸零（2021年1月）	10年調降至新制俸額
退休金起支年齡		65歲（2031年）	服役滿20年
提撥費率		2021年調至13%，之後逐年增1%，2023年調高至15%	
政府撥補		無	10年挹注1,000億元
離婚配偶請求權		納入	
基金破產年限		從2030年延到2049年後	從2020年延到2047年後

註1：軍人服役滿20年起支俸率為55%，每多1年增2%

註2：軍人俸率上限為軍官90%、士官95%

資料來源：自由時報

案例探討 4

仲達為空軍少將，45 歲，保險基數金額為 45,760 元，保險年資 25 年，最後 1/5 平均本俸為 45,760 元，依現行軍人退撫制度修正內容試分析下列問題：

1. 仲達每月須提撥退撫基金若干？
2. 仲達於今年退伍可領取月退俸若干？
3. 若仲達退伍後轉任學校擔任教官，月薪 41,645 元，試問可以同時領取月退休俸？說明其轉（再）任薪資規範為何？
4. 若仲達於 10 年後退伍，退伍當年最後 1/5 平均本俸為 51,250 元，可領取月退俸若干？
5. 承上題，若仲達於退伍 5 年後不幸身故，遺有太太及讀高中兒子，可領取遺屬年金若干？

解

1. $45,760×2×13%×35% = $4,164
2. $45,760×2×[55% + 2%×(25 - 20)] = $59,488

   $59,488 低於法定給付 $75,550（少將），故以 $75,550 計。
3. 可以同時領取月退休俸。

   大法官 108 年對軍公教年金改革做成釋字第 781、782 與 783 號解釋，認定退休再任職停領退俸規定違憲，從解釋公布日起失效；銓敘部因此於 110 年 1 月 7 日提出「公務人員退休資遣撫卹法」部分條文修正草案，刪除支領或兼領月退休金的退休人員，因再任私立學校有給職務，應停止領受月退休金相關規定。
4. $51,250×2×[55% + 2%×(35 – 20)] = $87,125
5. $51,250×2×[55% + 2%×(35 – 20)]×50% = $43,563

第三篇 我國社會保險制度

Chapter 08 勞工保險與就業保險

學習內容

8-1 勞工保險與就業保險的變革

我國勞工保險於民國39年開辦時，其保障的範圍，即已包括傷害、殘廢、生育、死亡及老年五種給付，並規定各種給付得視實際需要情形分期實施。

民國45年7月，開始辦理疾病住院給付，而疾病門診給付，則遲至民國59年1月才辦理。此外，民國57年勞工保險條例第一次修正時，增列「失業給付」一種，並規定其實施地區、時間及辦法，由行政院另以命令訂之，但失業保險的舉辦，必須與就業輔導及職業訓練互為配合，故法雖有規定，因配合措施尚待加強，故一直未予推動。

民國68年勞工保險條例第三次修正時，又增列普通疾病補助費一項，並將給付名稱改為生育、傷病、醫療、殘廢、失業、老年及死亡七種。其中生育係以現金發給分娩費（津貼）及生育補助費，但被保險人因難產住院施行剖腹產者，亦可專案申請醫療給付；傷病給付包括職業傷病補償費與普通傷病補助費；死亡給付則包括眷屬及本人喪葬津貼與本人死亡遺屬津貼，並於給付通則章內規定有失蹤津貼一項。由此觀之，勞工保險實施以來，保險給付的範圍、項目逐次增加，保障的內容也充實不少。

民國77年第四次修正勞工保險條例時，再度增加醫療給付項目，增列職業病預防檢查，並將精神病納入醫療給付範圍；此外，對於生育給付，除將早產列入給付範圍外，並放寬流產的給付條件，以及加保年資的規定；老年給付之條件以及計算給付之年資規定亦予放寬，使勞工獲得更多的保障。

民國84年2月第五次修正勞工保險條例，依照新修正條例規定，勞工保險各項給付，除普通事故保險之醫療給付業務移轉中央健康保險局辦理外，普通事故保險之生育給付、傷病給付、殘廢給付、老年給付、死亡給付及職業災害保險之各種給付，仍由勞保局繼續辦理。

民國87年7月1日，政府為因應高齡化社會的來臨，保障高齡者就業的安全，開辦已領取勞工保險老年給付再受僱勞工，得自願參加職業災害保險業務，以保障高齡人口的就業安全。

民國88年1月1日開辦勞工保險失業給付業務，至92年1月1日就業保險法實施後，將失業給付由勞保體制脫離，與職業訓練及就業服務體系結合，成為獨立單一體制，而就業保險的主管機關，在中央為行政院勞動部，並由其委任勞工保險局辦理就業保險業務（為保險人）。適用對象原則上仍以年滿15歲以上，60歲以下，受僱的本國籍勞工為限，軍公教等人員依現行規定不得參加就業保險。

政府為建立完善勞工保險年金保障體系，提供被保險人或其遺屬長期生活照顧，爰參酌各界意見、我國國情及先進國家年金制度實施經驗，同時規劃失能、老年及遺屬年金制度。勞保條例部分條文修正案業於97年7月17日經立法院三讀通過，8月13日經總統公布，並經行政院於10月9日令示勞保年金自98年1月1日起施行。原來的勞保現金給付包括：生育、傷病、殘廢、老年、死亡等給付，勞保年金施行後，除了將「殘廢給付」名稱改為「失能給付」外，失能、老年及死亡三種給付更增加了可以每個月領年金的方式，也就是「老年年金」、「失能年金」和「遺屬年金」三種給付。又於民國98年1月、4月與11月三次修正、100年4月、101年12月二次修正、102年5月及103年1月修正公布部分條文。

勞工保險為我國目前社會保險制度中之第一大在職保險，其被保險人數，根據勞動部統計截至民國109年12月底止，約為一千零五十五萬餘人。依勞保條例規定分為普通事故保險與職業災害保險二類，目前給付項目於普通事故保險下有生育、老年、傷病、殘廢及死亡給付（皆屬現金給付）；於職業災害保險下有傷病、殘廢、死亡及醫療給付（前三項屬現金給付），全民健保實施前，普通事故保險亦有醫療給付項目，然於健保實施後，其醫療給付項目即劃歸全民健保體系；而職業災害保險於健保實施後仍留有職業災害醫療給付項目，即其醫療診療服務委託中央健保局辦理。茲將勞工保險制度近年來給付項目的演變，以圖8-1表示之。

圖8-1　勞工保險給付項目的演變

註：1.勞工保險自民國三十九年開辦，然本表僅探討近年來的給付項目演變，故時間序列採從民國84年元月進行分析。

2.勞工保險依勞保條例規定分為普通事故保險與職業災害保險二類。

3.失業給付項目名稱於勞保條例中雖早已規定，然因配合措施尚待加強，一直未予推動，直至民國88年元月才開辦。

8-2　勞工保險的內容

8-2-1　保險對象

一、強制投保對象

依照勞工保險條例第六條規定，年滿十五歲以上，六十五歲以下之下列勞工，應以其雇主或所屬團體或所屬機構為投保單位，全部參加勞工保險為被保險人。

（一）受僱於僱用勞工五人以上之公、民營工廠、礦場、農場、牧場、林

場、茶場之產業勞工及交通、公用事業之員工。

（二）受僱於僱用五人以上公司、行號之員工。

（三）受僱於僱用五人以上之新聞、文化、公益及合作事業之員工。

（四）依法不得參加公教人員保險之政府機關及公、私立學校之員工。

（五）受僱於從事漁業生產之勞動者。

（六）在政府登記有案之職業訓練機構接受訓練者。

（七）無一定雇主或自營作業而參加職業工會者。

（八）無一定雇主或自營作業而參加漁會之甲類會員。

前項規定，於經主管機關認定其工作性質及環境無礙身心健康之未滿十五歲勞工亦適用之。

前兩項所稱勞工，包括在職外國籍員工。

二、自願投保對象

又依照勞工保險條例第八條規定，下列人員得準用本條例之規定，參加勞工保險。

（一）受僱於第六條第一項各款規定各業以外之員工。

（二）受僱於僱用未滿五人之第六條第一項第一款至第三款規定各業之員工。

（三）實際從事勞動之雇主。

（四）參加海員總工會或船長公會為會員之外僱船員。

（五）被保險人離職退保未請領老年給付，於滿65歲後再從事工作者。

8-2-2　承保單位

勞工保險的主管機關在中央為行政院勞動部，其保險人為勞工保險局（簡稱勞保局）。勞保局所承辦的業務，除勞工保險業務外，亦接受委辦農民健康保險，積欠工資墊償等業務。而就業保險其中央主管機關亦委任勞保局辦理，並為保險人。勞工保險業務，可分為「加退保業務」、「給付業務」與「保險費業務」。

8-2-3 投保單位

勞工保險係採團體保險方法辦理，符合勞工保險條例第6條、第8條規定之勞工，應以其雇主或所屬團體或所屬機構為投保單位參加勞工保險，故各單位為員工申報加保，應先辦理開戶手續。投保單位包括事業單位、自願投保單位及職業工會。

各投保單位應於其所屬勞工到職、入會、到訓或離職、退會、結訓之當日填具「加保申報表」或「退保申報表」送勞工保險局辦理。如為加保者，其保險效力之開始，自投保單位將加保申報表送達勞保局或郵寄之當日零時起算。若投保單位未於勞工到職、入會、到訓當日申報加保，其保險效力之開始，自通知之翌日起算，又如為退保者，保險效力自投保單位將退保申報表送達勞保局或郵寄之當日24時停止，且以上郵寄之當日，以原寄郵局郵戳為準。若員工到職、離職當日，適逢國定例假日或週休二日等放假，投保單位於例假日之次日申報加、退保，如提具到職、離職相關證明，其保險效力之開始或停止，自到職、離職之當日起算。

8-2-4 保險財務

勞工保險被保險人自付保費的計算公式為：

被保險人自付保費

＝「投保薪資」×「勞工保險費率」×「被保險人自付保費的比例」

茲將投保薪資、保險費率及保險費的分擔比例，進一步說明如下：

一、投保薪資

勞工保險投保薪資，是由投保單位按被保險人之月薪資總額，依照「勞工保險投保薪資分級表」的規定，申報投保的薪資。

月薪資總額以勞動基準法第2條第3款規定之工資為準（即勞工因工作而獲得之報酬，包括工資、薪金及按計時、計日、計月、計件、以現金或實物等方式給付之獎金、津貼及其他任何名義之經常性給與均屬之），其每月收入不固定者，以最近3個月收入之平均為準；實物給與按政府公布之價格折為現金計算。

表8-1 勞工保險投保薪資分級表

勞工保險投保薪資分級表		中華民國110年11月24日勞動部勞動保2字第1100140783號令修正發布，自111年1月1日施行
投保薪資等級	月薪資總額（實物給付應折現金計算）	月投保薪資
第1級	25,250元以下	25,250元
第2級	25,251元至26,400元	26,400元
第3級	26,401元至27,600元	27,600元
第4級	27,601元至28,800元	28,800元
第5級	28,801元至30,300元	30,300元
第6級	30,301元至31,800元	31,800元
第7級	31,801元至33,300元	33,300元
第8級	33,301元至34,800元	34,800元
第9級	34,801元至36,300元	36,300元
第10級	36,301元至38,200元	38,200元
第11級	38,201元至40,100元	40,100元
第12級	40,101元至42,000元	42,000元
第13級	42,001元至43,900元	43,900元
第14級	43,901元以上	45,800元
備註	一、本表依勞工保險條例第十四條第三項規定訂定之。 二、職業訓練機構受訓者之薪資報酬未達基本工資者，其月投保薪資分13,500元（13,500元以下者）、15,840元（13,501元至15,840元）、16,500元（15,841元至16,500元）、17,280元（16,501元至17,280元）、17,880元（17,281元至17,880元）、19,047元（17,881元至19,047元）、20,008元（19,048元至20,008元）、21,009元（20,009元至21,009元）、22,000元（21,010元至22,000元）、23,100元（22,001元至23,100元）及24,000元（23,101元至24,000 元）十一級，其薪資總額超過24,000元而未達基本工資者，應依本表第一級申報。 三、部分工時勞工保險被保險人之薪資報酬未達基本工資者，其月投保薪資分11,100元（11,100元以下者）及12,540元（11,101元至12,540元）二級，其薪資總額超過12,540元者，應依前項規定覈實申報。	

備註	四、依身心障礙者權益保障法規定之庇護性就業身心障礙者被保險人之薪資報酬未達基本工資者，其月投保薪資分6,000元（6,000元以下）、7,500元（6,001元至7,500元）、8,700元（7,501元至8,700元）、9,900元（8,701元至9,900元）、11,100元（9,901元至11,100元）、12,540元（11,101元至12,540元），其薪資總額超過12,540元者，應依第二項規定覈實申報。 五、本表投保薪資金額以新臺幣元為單位。

資料來源：行政院勞動部勞工保險局

二、保險費率

勞工保險分普通事故保險及職業災害保險兩類保險費率，分述如下：

（一）普通事故保險費率：依照勞工保險條例第13條規定，自110年1月1日起，勞工保險普通事故保險費率實收10.5%。

（二）職業災害保險費率：為有效改善工作場所之安全衛生，以減少勞動者職業傷害，勞工保險特藉由職業災害差別費率來對雇主課以責任。

1. 行業別災害費率及上、下班災害費率：職業災害保險費率自99年1月1日起，分為行業別災害費率及上、下班災害費率2種，每3年調整1次，由中央主管機關擬訂，報請行政院核定。

2. 職業災害保險實績費率：依據勞工保險條例第13條第4項規定，僱用員工達一定人數以上之投保單位，其行業別災害費率採實績費率。另依照勞工保險職業災害保險實績費率實施辦法第3條規定，所稱僱用員工達一定人數以上之投保單位，指雇用被保險人數70人以上者，其行業別災害費按其前3年職業災害保險給付總額占應繳職業災害保險費總額之比例超過80%者，每增加10%加收其適用行業之職業災害保險費率之5%，並以加收至40%為限；其低於70%者，每減少10%減收其適用行業之職業災害保險費率之5%，每年計算調整其行業別災害費率。

三、保險費負擔比例

表8-2　保險費負擔比例一覽表

被保險人類別	保險費負擔比例								
	勞工保險						就業保險費		
	普通事故保險費			職業災害保險費					
	被保險人	投保單位	政府	被保險人	投保單位	政府	被保險人	投保單位	政府
1. 產業勞工及交通、公用事業之員工 2. 公司、行號之員工 3. 新聞、文化、公益、合作事業之員工 4. 受僱從事漁業生產者 5. 政府機關及公、私立學校之員工 6. 勞工保險自願加保員工	20%	70%	10%		100%		20%	70%	10%
職訓機構受訓者	20%	70%	10%		100%				
無一定雇主之職業工人	60%		40%	60%		40%			
無一定雇主之漁會甲類會員	20%		80%	20%		80%			
漁民上岸候船	100%								
外僱船員	80%		20%	80%		20%			
外僱船員上岸候船	100%								
自願參加職災保險人員					100%				
被裁減資遣續保人員	80%		20%						
育嬰留停續保人員（政府單位）	20%	70%	10%				20%	70%	10%
育嬰留停續保人員（政府單位以外之投保單位）	20%		80%				20%		80%
職災勞工離職後續保人員	20%		80%						
僅參加就業保險人員							20%	70%	10%

註：1.育嬰留職停薪繼續加保人員原由投保單位負擔部分之保險費由政府負擔。惟自92年1月1日起，受僱政府單位之育嬰留職停薪繼續加保人員，投保單位應負擔之保險費仍由投保單位負擔。

2.依照行政院勞動部93年4月2日函示，自93年4月1日起外僱船員上岸候船期間繼續加保被保險人不計收職業災害保險費。

3.96年2月9日後初次辦理職災勞工離職後續保人員，於初次加保生效之日起2年內，其保險費由被保險人負擔20%，政府專款負擔80%。2年後則由被保險人及專款各負擔50%。

資料來源：行政院勞動部勞工保險局

8-2-5　保險給付

茲就給付項目內容整理如下：

一、生育給付

（一）請領資格

1. 被保險人參加保險滿280日後分娩者。
2. 被保險人參加保險滿181日後早產者。
3. 女性被保險人在保險有效期間懷孕，且符合1或2規定之參加保險日數，於保險效力停止後一年內因同一懷孕事故而分娩或早產者。

⑴ 全民健康保險施行後，男性被保險人之配偶分娩、早產、流產及女性被保險人流產者，均不得請領生育補助費，僅女性被保險人分娩或早產可以請領生育補助費。

⑵ 所謂【早產】係指胎兒產出時妊娠週數20週以上（含140天）但未滿37週（不含259天）。如妊娠週數不明確時，可採胎兒產出時體重超過500公克但未滿2,500公克為判斷標準——依照勞動部105年3月11日勞動保2字第1050140098號函釋規定。

（二）給付標準

103年5月30日（不含）以前分娩或早產者，基於法律不溯及既往原則，生育給付仍僅能按30日發給。

1. 按被保險人分娩或早產當月（退保後生產者為退保當月）起，前6個月之平均月投保薪資一次給與生育給付60日。
2. 雙生以上者，按比例增給。

（三）請領手續

被保險人請領生育給付，應備下列書件：

1. 生育給付申請書及給付收據。
2. 嬰兒出生證明書正本或載有生母及嬰兒姓名、出生年月日等專欄記事之戶籍謄本正本。
3. 持國外出生證明書者，除應檢附被保險人護照影本外，並應依下列規定辦理：
   (1) 國外製作之出生證明書，應經我國駐外使領館、代表處、辦事處或其他外交部授權機構驗證；其在國內由外國駐臺使領館或授權機構製作者，應經外交部複驗。
   (2) 大陸地區製作之出生證明書，應經行政院設立或指定機構或委託之民間團體驗證。（註：海基會）
   (3) 香港或澳門製作之出生證明書，應經行政院於香港或澳門設立或指定機構或委託之民間團體驗證。（註：香港為中華旅行社、澳門為台北經濟文化中心澳門辦事處）
   (4) 出生證明書為外文者，應檢附經上述所列單位驗證或國內公證人認證之中文譯本。
4. 死產者，應檢附全民健康保險醫事服務機構或領有執業執照之醫師、助產人員出具之死產證明書（需載明確定之死產日期、原因及最終月經日期）。

（四）注意事項

1. 領取生育給付之請求權，自得請領之日起，因5年間不行使而消滅。
2. 女性被保險人在保險有效期間懷孕，且符合上述請領要件規定之參加保險日數，於保險效力停止後1年內因同一懷孕事故而分娩或早產者，得請領生育給付。
3. 被保險人流產、葡萄胎及子宮外孕者，不得請領生育給付。

二、傷病給付

（一）請領資格

1. 普通事故保險：被保險人遭遇普通傷害或普通疾病住院診療，不能工作，以致未能取得原有薪資，正在治療中者，自不能工作之第4日起，得請領普通傷病補助費，門診或在家療養期間均不在給付範圍。
2. 職業災害保險：被保險人因執行職務而致傷害或職業病不能工作，以致未能取得原有薪資，正在治療中者，自不能工作之第4日起，得請領職業傷病補償費。

（二）給付標準

1. 普通事故保險：普通傷害補助費及普通疾病補助費，均按被保險人遭受傷害或罹患疾病住院診療之當月起前6個月平均月投保薪資之半數，自住院不能工作之第4日起發給，每半個月給付一次，以6個月為限。但傷病事故前參加保險之年資已滿1年者，增加給付6個月，前後合計共為1年。
2. 職業災害保險：職業傷害補償費及職業病補償費，均按被保險人遭受傷害或罹患職業病之當月起前6個月平均月投保薪資70%，自不能工作之第4日起發給，每半個月給付一次；如經過1年尚未痊癒者，減為平均月投保薪資之半數，但以一年為限，前後合計共發給2年。

而二者給付標準之差異，除普通傷病補償被保險人平均月投保薪資的50%，而職業傷病補償70%（第一年）之不同外，另普通傷病給付最多以一年為限，而職業傷病給付最多發給二年。顯然在給付標準上，職業災害保險通常較普通事故保險之給付優厚。

（三）請領手續

請領傷病給付，應檢送下列書據證件（均應蓋妥印章）：

1. 勞工保險傷病給付申請書及給付收據。
2. 傷病診斷書正本。
3. 其他文件：

(1) 因上、下班或公出途中發生事故，申請職災傷病給付者，請另填具「上下班、公出途中發生事故而致傷害證明書」。

(2) 相關證明文件（如雇主及目擊者證明、出勤及請假紀錄、領薪紀錄等）。

（四）應注意事項

1. 領取傷病給付之請求權，自得請領之日起，因5年間不行使而消滅。
2. 本項給付得分次請領，亦得於傷病痊癒恢復工作後一次請領，但務請於5年請求權時效內提出申請。

三、老年給付

（一）請領資格

98年1月1日勞保年金施行後，老年給付分3種給付項目：(1)老年年金給付；(2)老年一次金給付；(3)一次請領老年給付。97年12月31日之前有勞保年資者，才能選擇一次請領老年給付；98年1月1日勞保年金施行後初次參加勞工保險者，不得選擇一次請領老年給付。上述給付經勞保局核付後，不得變更，日後亦不得以未離職為由要求退回已領給付。

1. 老年年金給付：被保險人合於下列規定之一者，得請領老年年金給付：

(1) 年滿60歲，保險年資合計滿15年，並辦理離職退保者。

表8-3 老年年金給付法定請領年齡與出生年次對照表

出生年次		46年(含)以前	47	48	49	50	51	52年(含)以後
法定請領年齡	民國	98-106	108	110	112	114	116	117(含)以後
	年齡	60	61	62	63	64	65	65

出生年次		46年(含)以前	47	48	49	50	51	52年(含)以後
請領減給年齡	民國	98-105	103-107	105-109	107-111	109-113	111-115	112(含)以後以65歲計算提前請領年度，最多提前5年
	年齡	55~59	56~60	57~61	58~62	59~63	60~64	60~64

註：1. 展延老年年金給付：保險年資滿15年，符合老年年金給付法定請領年齡而延後請領者，於請領時應發給展延老年年金給付。

2. 減給老年年金給付：保險年資滿15年，未符合老年年金給付法定請領年齡者，得提前5年請領老年年金給付。

資料來源：行政院勞動部勞工保險局

(2) 擔任具有危險、堅強體力等特殊性質之工作合計滿15年，年滿55歲，並辦理離職退保者。

行政院勞動部97年12月25日勞保2字第0970140623號令：「具有危險、堅強體力等特殊性質之工作」，指從事符合異常氣壓危害預防標準規定之下列工作，並自中華民國98年1月1日生效：

① 高壓室內作業。

② 潛水作業。年滿60歲，保險年資合計未滿15年，並辦理離職退保者。

(3) 勞工之勞工保險年資未滿15年，但併計國民年金保險之年資滿15年，於年滿65歲時，得選擇請領勞保老年年金給付。

2. 老年一次金給付：年滿60歲，保險年資合計未滿15年，並辦理離職退保者。

表8-4 老年一次金給付請領年齡與出生年次對照表

出生年次	46年(含)以前	47	48	49	50	51年(含)以後
民國	98-106	108	110	112	114	116(含)以後
請領年齡	60	61	62	63	64	65

資料來源：行政院勞動部勞工保險局

3. 一次請領老年給付：僅為普通事故保險下之給付項目。

被保險人於98年1月1日勞工保險條例施行前有保險年資者，於符合下列規定之一時，亦得選擇一次請領老年給付，經勞保局核付後，不得變更：

1. 被保險人參加保險之年資合計滿1年，男性年滿60歲或女性年滿55歲退職者。
2. 被保險人參加保險之年資合計滿15年，年滿55歲退職者。
3. 被保險人在同一投保單位參加保險之年資合計滿25年退職者。
4. 被保險人參加保險之年資合計滿25年，年滿50歲退職者。
5. 被保險人擔任經中央主管機關核定具有危險、堅強體力等特殊性質之工作合計滿5年，年滿55歲退職者。
6. 轉投軍人保險、公教人員保險，符合勞工保險條例第76條保留勞保年資規定退職者。

（二）給付標準

1. 老年年金給付：

依下列2種方式擇優發給：

(1) 給付金額=平均月投保薪資×年資×0.775%＋3,000元

(2) 給付金額=平均月投保薪資×年資×1.55%

◎ 展延老年年金給付：每延後1年，依計算之給付金額增給4%，最多增給20%。

◎ 減給老年年金給付：最多提前5年，每提前1年，依計算之給付金額減給4%，最多減給20%。

平均月投保薪資較高或年資較長者，選擇第2式較有利。

※「平均月投保薪資」按加保期間最高 60 個月之月投保薪資平均計算。

※ 保險年資未滿 1 年者，依其實際加保月數按比例計算；未滿30日者，以1個月計算。

※ 提前或延後請領期間未滿1年者，依其實際月數按比例計算。

※ 提前或延後請領後，減給和增給比例不會再變更。

2. 老年一次金給付：

給付金額＝平均月投保薪資×給付月數

(1) 「平均月投保薪資」按加保期間最高60個月之月投保薪資平均計算；參加保險未滿5年者，按其實際投保年資之平均月投保薪資計算。

(2) 保險年資合計每滿1年，按其平均月投保薪資發給1個月。保險年資未滿1年者，依其實際加保月數按比例計算；未滿30日者，以1個月計算。逾60歲以後之保險年資，最多以5年計。

3. 一次請領老年給付：

給付金額＝平均月投保薪資×給付月數

(1) 老年給付按被保險人退休之當月（包括當月）起前3年之平均月投保薪資計算；參加保險未滿3年者，按其實際投保年資之平均月投保薪資計算。

(2) 保險年資合計每滿1年按其平均月投保薪資，發給1個月老年給付；其保險年資合計超過15年者，其超過部分，每滿1年發給2個月老年給付。但最高以45個月為限，滿半年者以1年計。

(3) 被保險人年逾60歲繼續工作者，其逾60歲以後之保險年資最多以5年計，於退職時依上述第1、2項規定核給老年給付。但合併60歲以前之老年給付，最高以50個月為限。

(4) 保險年資未滿1年者，依其實際加保月數按比例計算；未滿30日者，以1個月計算。

（三）注意事項

1. 請領老年給付經勞保局核付後，不得變更。
2. 老年給付申請書「離職退保日期」欄請確實填寫，該日期應為被保險人從事工作最後1天的日期。
3. 被保險人已退保者，投保單位得免在老年給付申請書上蓋章。
4. 老年給付申請書上之被保險人住址，請詳填實際可收到核定通知書之住址。
5. 已領取老年給付者，不得再行參加勞工保險，惟再受僱得依法參加職業災害保險。
6. 老年給付申請書可在勞保局及各地辦事處索取，或在勞保局網站下載列印使用。
7. 未達老年年金給付請領年齡而提前請領者，按給付金額減給之年金，其減給比例不會再變更。
8. 被保險人在原投保單位加保之年資，加上其依勞工保險條例第9條之1規定由委託團體加保，或以個人為投保單位加保之年資合計滿25年時，得視為在同一投保單位加保請領老年給付。
9. 由勞保局代算勞保補償金及加註存檔之被保險人請領老年給付時，勞保局應另函請原事業主管機關提供其已領勞保補償金之法令依據，如係依「公營事業移轉民營條例」規定發給補償金者，勞保局始得依法由老年給付中代扣原領之補償金，並繳還原事業主管機關。
10. 申請老年給付前請先至勞保局各地辦事處或網站試算老年給付金額，經審慎考慮後再擇一勾選按月領取或一次給付。老年給付試算管道：①以自然人憑證在勞保局全球資訊網站（www.bli.gov.tw）點選「個人申報及查詢/查詢作業/保險給付試算/勞工保險老年給付金額試算」，輸入離職日期及預計申請年月試算。②本人攜帶身分證明文件，親洽勞保局各地辦事處查詢。

四、失能給付

為了讓給付內容與名稱更相符，97年7月17日修正條例將「殘廢給付」改名為「失能給付」，而且針對因傷病治療後，經診斷為永久失能且終身無工作能力的情況，由舊制的一次給付改為「失能年金」，其他失能程度未達終身無工作能力者，仍依舊制規定按失能給付標準一次發給「失能一次金」。

（一）請領資格

1. 失能年金：被保險人遭遇傷害或罹患疾病，經治療後，症狀固定，再行治療仍不能期待其治療效果，經全民健康保險特約醫院診斷為永久失能，並符合失能給付標準或為身心障礙者權益保障法所定之身心障礙，且經評估為終身無工作能力者，得請領失能年金給付。

(1) 經審定失能狀態符合失能給付標準附表所定失能狀態列有「終身無工作能力」者，共計20項。

(2) 為請領失能年金給付，經審定失能程度符合第1至7等級，並經個別化專業評估工作能力減損達70%以上，且無法返回職場者。

2. 失能一次金：

(1) 被保險人遭遇傷害或罹患疾病，經治療後，症狀固定，再行治療仍不能期待其治療效果，經全民健康保險特約醫院診斷為永久失能，失能狀態符合失能給付標準規定，但未達「終身無工作能力」之給付項目者，得1次請領失能給付。

(2) 被保險人之失能程度經評估為終身無工作能力，且於98年1月1日前有保險年資者，亦得選擇1次請領失能給付。

（二）給付標準

1. 勞保失能給付係按勞工保險失能給付標準及其附表所定之失能項目、失能等級及給付日數審核辦理。

2. 失能項目：依勞工保險失能給付標準及其附表（詳見附錄D），以身體失能部位不同計分：精神、神經、眼、耳、鼻、口、胸腹部臟器、軀幹、頭臉頸、皮膚、上肢、下肢等12個失能種類、221個失能項目、15個失能等級。

3. 平均月投保薪資及平均日投保薪資之計算：

(1) 失能年金：按被保險人加保期間最高60個月之月投保薪資平均計算。

(2) 失能一次金（含職業傷病失能補償一次金）：按被保險人發生保險事故（即診斷永久失能日期）之當月起前6個月之實際月投保薪資平均計算；平均日投保薪資以平均月投保薪資除以30計算之。

(3) 被保險人同時受僱於2個以上投保單位者，其普通事故保險給付之月投保薪資得合併計算，不得超過勞工保險投保薪資分級表最高一級。但連續加保未滿30日者，不予合併計算。

（三）給付金額之計算

1. 失能年金：

(1) 經評估為終身無工作能力者，得請領失能年金給付。依被保險人之保險年資計算，每滿一年，發給其平均月投保薪資1.55%（即平均月投保薪資×年資×1.55%）；金額不足新臺幣4,000元者，按新臺幣4,000元發給。

(2) 被保險人具有國民年金保險年資者，已繳納保險費之年資，每滿1年，按其國民年金保險之月投保金額1.3%計算發給（即國保之月投保金額×繳費年資×1.3%）。

(3) 合併勞工保險失能年金給付及國民年金保險身心障礙年金給付後，金額不足新臺幣4,000元者，按新臺幣4,000元發給。

(4) 因職業傷害或罹患職業病失能者，另一次發給20個月職業傷病失能補償一次金。

(5) 保險年資未滿1年者，依實際加保月數按比例計算；未滿30日者，以1個月計算。

2. 失能一次金：

(1) 因普通傷害或罹患普通疾病失能者，最高第1等級，給付日數1,200日，最低第15等級，給付日數30日。因職業傷害或罹患職業病失能者，增給50%，即給付日數最高為1,800日，最低為45日。

(2) 普通傷病與職業傷病失能一次金給付標準比較如下：

表8-5　普通傷病與職業傷病失能一次金給付標準比較表

殘廢等級	1	2	3	4	5	6	7	8	9	10	11	12	13	14	15
(普)	1200日	1000日	840日	740日	640日	540日	440日	360日	280日	220日	160日	100日	60日	40日	30日
(職)	1800日	1500日	1260日	1110日	960日	810日	660日	540日	420日	330日	240日	150日	90日	60日	45日

註：1. （普）代表普通傷病失能補助費給付標準，（職）代表職業傷病失能補助費給付標準。
2. 本表中職業傷病殘廢補助費給付標準，乃按普通事故給付日數增給50%。

資料來源：行政院勞動部勞工保險局

3. 眷屬補助：請領失能年金給付者，同時有符合下列條件之配偶或子女時，可加發眷屬補助。

(1) 補助對象及標準：配偶或子女符合條件者，每1人加發25%，最多加50%。

(2) 眷屬資格：

① 配偶：符合下列情形之一

A. 年滿55歲，且婚姻關係存續1年以上。但如無謀生能力或有扶養下列第②點之子女，不在此限。

B. 年滿45歲，婚姻關係存續1年以上，且每月工作收入未超過勞保投保薪資分級表第一級。

② 子女（養子女須有收養關係6個月以上）：符合下列情形之一。

A. 未成年。

B. 無謀生能力。

C. 25歲以下，在學，且每月工作收入未超過勞保投保薪資分級表第一級。

(3) 眷屬補助停發：

① 配偶：

A. 再婚。

B. 未滿55歲，且其扶養之子女不符合前述子女資格之條件。

C. 不符合前述配偶資格B之條件。

② 子女不符合前述子女資格之條件。

③ 入獄服刑、因案羈押或拘禁。

④ 失蹤。

※ 所稱拘禁，指受拘留、留置、觀察勒戒、強制戒治、保安處分或感訓處分裁判之宣告，在特定處所執行中，其人身自由受剝奪或限制者。但執行保護管束、僅受通緝尚未到案、保外就醫及假釋中者，不包括在內。

（四）注意事項

1. 請領失能給付者，需於醫院診斷為永久失能之日起5年內提出申請。
2. 被保險人仍在治療中，症狀尚未固定時，請不要申請失能給付。
3. 被保險人經審定失能狀態符合「終身無工作能力」之給付項目，領取失能給付者，或經個別化專業評估為終身無工作能力，請領「失能年金給付」者，應自診斷實際永久失能之日由勞保局逕予退保。
4. 失能程度屬「終身無工作能力」之給付項目，或經個別化專業評估為終身無工作能力，請領「失能年金給付」者，如同時具備請領失能給付及老年給付條件者，得擇一請領。
5. 被保險人經審定失能狀態符合失能給付標準附表所定失能狀態列有「終身無工作能力」者，得按月請領失能年金給付。但於98年1月1日前有保險年資者，亦得選擇一次請領失能給付。被保險人應審慎選擇，一經勞保局核付後，不得變更。

6. 因職業傷害或罹患職業病領取失能年金給付者，另一次發給20個月職業傷病失能補償一次金。

7. 被保險人之身體原已局部失能，再因傷病致身體之同一部位失能程度加重或不同部位發生失能者，應按加重部分之失能程度，依失能給付標準及其附表計算發給失能給付。但合計不得超過第一等級之給付標準。

8. 被保險人因身體局部失能領取失能給付後，再因傷病致失能程度加重，如選擇一次請領失能給付者，原已領取之給付日數應予扣除；如選擇按月領取年金給付者，則按月發給失能年金金額之80%，至原領局部失能一次金給付金額之半數扣減完畢為止。

9. 被保險人領取失能年金給付者，如不符合給付條件時，應自事實發生之日起30日內，檢具相關文件資料，通知勞保局，自事實發生之次月起停止發給年金給付。

（五）新舊制如何選較有利

勞保年金制實施前就參加過勞保者，都具選擇權，那麼在失能年金這部份，勞工該如何選擇較有利呢？

1. 年資較長者：選新制。

2. 年資較短者：選舊制。

由於舊制的失能給付並不論年資，只要失能狀況符合給付標準，就能請領一筆失能補助費，但因新制是依年資計算，因此年資較短的勞工，在發生重大失能事故符合請領失能年金時，選領舊制比較有利。

五、死亡給付

I. 本人死亡給付：

（一）喪葬津貼

1. 請領資格：

(1) 被保險人死亡，其遺屬或負責埋葬者得請領喪葬津貼。

(2) 受領遺屬津貼之順序如下：

① 配偶及子女。

② 父母。

③ 祖父母。

④ 專受被保險人生前扶養之孫子女。

⑤ 專受被保險人生前扶養之兄弟、姐妹。

2. 給付標準：

(1) 被保險人在保險有效期間因普通傷病或因職業傷害或罹患職業病死亡時，按其死亡當月起前6個月（含事故當月）平均月投保薪資發給5個月喪葬津貼。

(2) 被保險人死亡，其遺屬不符合請領遺屬年金給付或遺屬津貼條件，或無遺屬者，按其死亡當月起前6個月（含事故當月）平均月投保薪資發給10個月喪葬津貼。

（二）遺屬津貼

1. 請領資格：被保險人於98年1月1日前有保險年資者，在保險有效期間死亡，遺有配偶、子女及父母、祖父母或受被保險人生前扶養之孫子女及兄弟、姊妹者。

2. 給付標準：

(1) 普通事故保險：被保險人因普通傷病死亡，按其死亡當月起前6個月（含事故當月）平均月投保薪資發給遺屬津貼，其給付標準如下：

① 參加保險年資合計未滿1年者發給10個月。

② 參加保險年資合計滿1年而未滿2年者，發給20個月。

③ 參加保險年資合計已滿2年者，發給30個月。

(2) 職業災害保險：被保險人因職業傷害或職業病死亡者，不論其保險年資，按其死亡當月起前6個月（含事故當月）平均月投保薪資一律發給40個月遺屬津貼。

3. 注意事項：

⑴ 領取本人死亡給付之請求權，自得請領之日（即死亡日）起，因5年間不行使而消滅。

⑵ 所稱專受扶養之孫子女及兄弟姐妹，指其本人無謀生能力且不能維持生活，專賴被保險人生前扶養者。非專受被保險人生前扶養之孫子女或兄弟姐妹，不得請領遺屬津貼。

（三）遺屬年金

1. 請領資格：

⑴ 被保險人在保險有效期間死亡者。

⑵ 被保險人退保，於領取失能年金給付或老年年金給付期間死亡，其符合63條第二項規定之遺屬，得請領遺屬年金給付。

⑶ 保險年資滿15年，並符合勞工保險條例第5 條第2項各款所定請領老年給付資格，於未領取老年給付前死亡者。

2. 請領條件：

⑴ 遺屬資格：

① 配偶：符合下列情形之一。

A. 年滿55歲，且婚姻關係存續1年以上。但如無謀生能力或有扶養下列第②點之子女，不在此限。

B. 年滿45歲，婚姻關係存續1年以上，且每月工作收入未超過勞保投保薪資分級表第一級。

② 子女（養子女須有收養關係6個月以上）符合下列情形之一。

A. 未成年。

B. 無謀生能力。

C. 25歲以下，在學，且每月工作收入未超過勞保投保薪資分級表第一級。

③ 父母、祖父母年滿55歲，且每月工作收入未超過投保薪資分級表第1級者。

④ 受被保險人扶養之孫子女符合前述第②點子女條件之一者。

⑤ 受被保險人扶養之兄弟、姊妹符合下列條件之一。

A. 未成年。

B. 無謀生能力。

C. 年滿55歲，且每月工作收入未超過投保薪資分級表第1級。

(2) 遺屬順序：

① 配偶及子女。

② 父母。

③ 祖父母。

④ 受扶養之孫子女。

⑤ 受扶養之兄弟、姊妹。

(3) 請求權之行使：

① 當序受領遺屬年金給付者存在時，後順序之遺屬不得請領。

② 前述第1順序之遺屬全部不符合請領條件，或有下列情形之一且無同順序遺屬符合請領條件時，第2順序之遺屬得請領遺屬年金給付：

A. 在請領遺屬年金給付期間死亡。

B. 行蹤不明或於國外。

C. 提出放棄請領書。

D. 於符合請領條件起1年內未提出請領者。

③ 前項遺屬年金嗣第1順序之遺屬主張請領或再符合請領條件時，即停止發給，並由第1順序之遺屬請領；但已發放予第2順序遺屬之年金不得請求返還，第1順序之遺屬亦不予補發。

⑷ 遺屬年金停發：

① 配偶：

A. 再婚。

B. 未滿55歲，且其扶養之子女不符合前述子女資格之條件。

C. 不符合前述配偶資格第B之條件。

② 子女、父母、祖父母、孫子女、兄弟、姊妹不符合前述遺屬資格第②點至第⑤點之條件。

③ 入獄服刑、因案羈押或拘禁。

④ 失蹤。

3. 給付標準：

⑴ 被保險人之保險年資合計每滿一年，按其平均月投保薪資之1.55%計算。

⑵ 發生職災致死亡者，除發給年金外，另加發 10 個月職災死亡補償一次金。

⑶ 被保險人退保，於領取失能年金給付或老年年金給付期間死亡，或保險年資滿15年，並符合勞工保險條例第58條第2項各款所定請領老年給付資格，於未領取老年給付前死亡者：依失能年金或老年年金給付標準計算後金額之半數發給。

⑷ 前述計算後之給付金額不足新臺幣3,000元者，按新臺幣3,000 元發給。

⑸ 遺屬加計：同一順序遺屬有2人以上時，每多1人加發25%，最多加計50%。

（四）新舊制如何選較有利

基於社會保險給付不重複保障的原則，被保險人或其受益人符合請領失能年金、老年年金或遺屬年金給付條件時，僅能擇一請領失能給付、老年給付或遺屬津貼。因此當自己年老時，也有勞保老年年金可領的勞工，當配偶身故時就應衡量，是否選擇一次請領舊制的遺屬津貼，以免造成若選領遺屬年金，到65歲會和自己的勞保老年年金互斥，只能選領一種的不利情況。

II. 家屬死亡給付：

1. 請領資格：被保險人之父母、配偶或子女死亡時，得請領喪葬津貼。

2. 給付標準：喪葬津貼按家屬死亡之當月起前6個月（含事故當月）被保險人平均月投保薪資，依下列標準發給。

(1) 父母或配偶死亡時，發給3個月。

(2) 年滿12歲之子女死亡時，發給2.5月。

(3) 未滿12歲之子女死亡時，發給1.5月。

3. 注意事項：

(1) 領取家屬死亡給付之請求權，自得請領之日（即家屬死亡之日）起，因5年間不行使而消滅。

(2) 養子女不得請領其生身父母之死亡給付。

(3) 岳父母或翁姑（公公、婆婆）死亡，不得請領其喪葬津貼。

(4) 被保險人分娩為死產者，僅得依照規定請領生育給付，不得再請領家屬死亡喪葬津貼。

(5) 被保險人死亡，當序遺屬已請領其本人死亡給付（含喪葬津貼 5個月及遺屬津貼或遺屬年金）時，依勞工保險條例第 22 條規定：「同一種保險給付，不得因同一事故而重複請領。」其他參加勞工保險之家屬不得再以被保險人身份請領家屬死亡喪葬津貼。（兩者得擇優領取）

(6) 父母、配偶或子女同為勞工保險之被保險人者，因同一事故申領家屬死亡喪葬津貼，以一人請領為限。

(7) 符合請領喪葬津貼條件者有二人以上時，應共同具領，未共同具領或保險人核定前如另有他人提出請領，由勞保局通知各申請人協議其中一人代表請領，未能協議者，喪葬津貼應以其中核計之最高給付金額平均發給各申請人。

六、失蹤津貼

請領給付要件及給付標準：

1. 被保險人如為漁業生產勞動者或航空、航海員工或坑內工，於漁業、航海、航空或坑內作業中，遭遇意外事故致失蹤時，自戶籍登記失蹤之日起，按其失蹤之當月起前6個月平均月投保薪資70% 給付失蹤津貼，每滿3個月於期末給付一次，至被保險人生還之前1日或失蹤滿1年之前1日或依法宣告死亡之前一日止。

※ 民法第8條第32項規定失蹤人為遭遇特別災難者，得於特別災難終了滿一年後為死亡之宣告。

2. 受領失蹤津貼之順序如下：

(1) 配偶及子女。

(2) 父母。

(3) 祖父母

(4) 孫子女。

(5) 兄弟姐妹。

前述之孫子女、兄弟、姐妹，以專受被保險人生前扶養者為限，否則不得請領失蹤津貼。

七、預防職業病健康檢查

1. 檢查對象：實際從事「勞工健康保護規則」所列31類特別危害健康作業之被保險人最近加保年資至勞保局受理申請日止，連續滿一年者，每年得申請本項檢查一次，即每次申請檢查時間應間隔一年。

2. 給付標準：本項檢查之檢查費用由勞保局支付，依全民健康保險醫療費用支付標準所列有關項目規定核付之，被保險人只需繳交掛號費。

八、職業災害補助

此外針對有參加勞工保險的勞工，還包括下列幾項職業災害勞工補助：

（一）職業疾病生活津貼

1. 請領資格

⑴ 勞保被保險人於職災勞工保護法施行後，罹患職業疾病。

⑵ 請領勞工保險職業災害傷病給付期滿或失能給付。

⑶ 經醫師診斷喪失部分或全部工作能力。

⑷ 失能程度相當於勞工保險失能給付標準第1至第15等級規定之項目。

2. 補助標準：（失能程度相當於勞工保險失能給付標準）

⑴ 第1至第3等級，且喪失全部工作能力者，每月發給新臺幣8,700元。

⑵ 第2至第7等級，或合併升等後相當於第1等級，且喪失部分工作能力者，每月發給新臺幣6,200元。

⑶ 第8至第10等級，且喪失部分工作能力者，每月發給新臺幣3,200元。

⑷ 尚未遺存永久失能或失能程度相當於第11至第15等級，且喪失部分工作能力者，每個月發給新臺幣1,900元。

⑸ 同一傷病，請領本項補助，其所有請領期間應合併計算，合計以5 年為限。

⑹ 本項津貼及身體障害生活津貼，僅得擇一請領。

（二）身體障害生活津貼

1. 請領資格

⑴ 勞保被保險人於職災勞工保護法施行後，發生職業傷害或罹患職業疾病。

⑵ 請領勞工保險職業災害傷病給付期滿或失能給付。

⑶ 經醫師診斷喪失部分或全部工作能力。

⑷ 失能程度適合勞工保險失能給付標準第1至第7等級規定之項目。

2. 補助標準：（失能程度相當於勞工保險失能給付標準）

(1) 第1至第3等級，且喪失全部工作能力者，每月發給新臺幣8,700元。

(2) 第2至第7等級，或合併升等後相當於第1等級，且喪失部分工作能力者，每月發給新臺幣6,200元。

(3) 同一傷病，請領本項補助，其所有請領期間應合併計算，合計以5 年為限。

(4) 本項津貼及職業疾病生活津貼，僅得擇一請領。

（三）職業訓練生活津貼

1. 請領資格

(1) 勞工於職業災害勞工保護法施行後遭遇職業傷害或罹患職業疾病。

(2) 經醫師診斷喪失部分工作能力。

(3) 身體失能程度適合勞工保險失能給付標準第2等級至第15等級規定之項目。

(4) 參加政府機關主辦、委託或政府立案之訓練機構之各類全日制職業訓練，每月總訓練時數100小時以上。

(5) 訓練期間未領取其他訓練補助津貼、職業疾病生活津貼或身體障害生活津貼。

2. 補助標準

(1) 按實際參訓起迄時間，以30日為一個月核算發放，每月發給14,800元；其訓練期間未滿30日者，依下列方式核算發放：

① 10日以上且訓練時數達30小時者，發放半個月。

② 20日以上且訓練時數達60小時者，發放1個月。

(2) 前項職業訓練生活津貼自申請人初次參加訓練之日起5年內，合計以發給24個月為限，滿5年後，停止發放。

（四）器具補助

1. 請領資格

⑴ 勞保被保險人於職災勞工保護法施行後，遭遇職業傷害或罹患職業疾病。

⑵ 因身體遺存障害，經醫師診斷或其他專業人員評估必須使用輔助器具。

⑶ 未依其他法令規定領取相同輔助器具類別之補助。

2. 補助標準

⑴ 輔助器具類別、補助金額、最低使用年限及各補助對象資格依照「職業災害勞工輔助器具補助標準表」規定辦理。

⑵ 除人工電子耳、點字觸摸顯示器及桌上型擴視機外，每年以補助4項輔具為限，補助總金額以新臺幣6萬元為限。

⑶ 經本署核定補助裝配輔助器具者，於最低使用年限內，不得就同一項目再提出申請。

（五）看護補助

1. 請領資格

⑴ 勞工於職業災害勞工保護法施行後因職業傷害或罹患職業疾病。

⑵ 經醫師診斷終身不能從事工作。

⑶ 經常需醫療護理及專人週密監護，或為維持生命必要之日常生活活動需人扶助。

⑷ 失能程度符合勞工保險失能給付標準所定精神失能種類、神經失能種類系、胸腹部臟器失能種類及皮膚失能種類第一等級及第二等級失能標準之規定。

⑸ 未依其他法令規定領取有關補助者。

2. 補助標準

⑴ 請領看護補助，每月發給新台幣12,400元。

⑵ 同一傷病，請領本項補助，其所有請領期間應合併計算。參加勞工保險者，最長發給5年；未參加勞工保險者，最長發給3年。

⑶ 本項補助應於屆滿1年之日前檢具3個月內勞工保險失能診斷書連同申請書送勞保局辦理續領。

⑷ 本項補助，自勞保局受理申請當月起按月發給，請領期間未滿1 個月者以1個月計。

（六）職災勞工死亡家屬補助

1. 請領資格

⑴ 勞工於職業災害勞工保護法施行後因職業傷害或罹患職業疾病而致死亡者。

⑵ 遺有受其扶養之配偶、子女或父母者。

⑶ 致家庭生活困難者。

2. 補助標準

勞工因職業傷害或職業疾病死亡，其家屬補助係1次發給新台幣10萬元。

8-3 就業保險

8-3-1 目的

就業保險法施行之目的，在提供勞工於遭遇非自願性失業事故時，提供失業給付外，對於積極提早就業者給予再就業獎助，另對於接受職業訓練期間之失業勞工，並發給職業訓練生活津貼及失業被保險人健保費補助等保障，以安定其失業期間之基本生活，並協助其儘速再就業。

8-3-2 沿革

政府自民國88年1月依據勞工保險條例第74條之規定，訂定「勞工保險失業給付實施辦法」，開辦勞工保險失業給付業務，經民國88年8月1日、民國90年1月1日兩次法規修正後，使勞工保險失業給付之制度內容與相關規定更趨周延。

民國90年召開之經濟發展諮詢委員會為建構完善之就業安全體制，研擬就業保險法草案，經立法院三讀通過，並於民國91年5月15日總統公布，民國92年1月1日正式施行。民國96年1月5日經立法院三讀通過修正就業保險法增列補助失業被保險人眷屬全民健保費，並於民國96年1月29日總統公布，民國96年1月31日施行。另就保法部分條文修正草案已於民國98年3月31日經立法院三讀修正通過，並於4月22日由總統公布，訂於民國98年5月1日施行。此次修法重點除提高加保年齡至65歲及擴大本國人之外籍、大陸及港澳地區配偶依法在臺工作者，納為就保保障對象外，另新增發放育嬰留職停薪津貼，每一子女最高可領6個月，父母得分別請領；又年滿45歲或身心障礙失業者延長失業給付請領期間最長9個月；及扶養無工作收入的配偶、未成年子女或身心障礙子女，每一人可加發平均月投保薪資10%，最多加計20%，故給付或津貼標準最高可領到平均月投保薪資的80%。

8-3-3　主管機關

就業保險法中明定主管機關，在中央為行政院勞動部；在直轄市為直轄市政府；在縣（市）為縣（市）政府。由勞工保險監理委員會負責業務監理及爭議審議。

8-3-4　承保單位

就業保險法中明定中央主管機關委任勞工保險局辦理。

8-3-5　投保單位

符合資格之受僱勞工，應以其雇主或所屬機關為投保單位。

8-3-6　保險對象

年滿15歲以上，65歲以下之下列受僱勞工，參加本保險為被保險人：

一、具中華民國國籍者。

二、與在中華民國境內設有戶籍之國民結婚，且獲准居留依法在臺灣地區工作之外國人、大陸地區人民、香港居民或澳門居民。

前所列人員有下列情形之一者，不得參加本保險：

（一）依法應參加公教人員保險或軍人保險。

（二）已領取勞工保險老年給付或公教人員保險養老給付。

（三）受僱於依法免辦登記且無核定課稅或依法免辦登記且無統一發票購票證之雇主或機構。

受僱於二個以上雇主者，得擇一參加本保險。

又依照行政院勞工委員會95年1月18日勞保1字第0950002559號令規定，依公務人員任用法第29條規定資遣且領取公教人員保險養老給付者，嗣後再就業，准予依就業保險法規定參加就業保險。

8-3-7　保險財務

一、月投保金額

同勞工保險投保金額，依「勞工保險投保薪資分級表」之規定覆實申報月投保薪資。

二、保險費率

本保險之保險費率，由中央主管機關按被保險人當月之月投保薪資1%計收。

三、保費負擔方式

同勞工保險保費負擔方式，保險費由被保險人負擔20%，投保單位負擔70%，其餘10%由政府補助。

四、保險基金運用

就業保險基金，經勞工保險監理委員會之通過，得為下列之運用。

（一）對於公債、庫券及公司債之投資。

（二）存放於公營銀行或中央主管機關指定之金融機構，及買賣短期票券。

（三）其他經中央主管機關核准有利於本基金收益之投資。但不得為權益證券及衍生性金融商品之投資。

就業保險基金除作為前項運用、保險給付支出及依第12條第3項規定之提撥外，不得移作他用或轉移處分。基金之收支、運用情形及其積存數額，應由保險人報請中央主管機關按年公告之。

8-3-8 保險給付

一、失業給付

（一）給付對象

被保險人非自願離職辦理退保，而有下列各種情形者得請領失業給付：

1. 具有工作能力及繼續工作意願。
2. 至離職退保當日前3年內，保險年資合計滿1年以上者。
3. 向公立就業服務機構辦理求職登記14日內仍無法推介就業或安排職業訓練。

所謂的非自願性離職係指下列之情形：

(1) 被保險人因定期契約屆滿離職，逾1個月未能就業，且離職前1年內，契約期間合計滿6個月以上者。

(2) 因雇主關廠、遷廠、休業、解散、破產宣告等事由離職。

(3) 因勞動基準法下列條文而規定離職者。

第11條（即雇主預告終止勞動契約，包括歇業或轉讓時、虧損或業務緊縮時、不可抗力暫停工作在1個月以上、業務性質變更有減少勞工之必要，又無適當工作可供安置時、勞工對於所擔任之工作確不能勝任時）。

第13條但書（雇主因天災、事變或其他不可抗力致事業不能繼續，經報請主管機關核定者）。

第14條（勞工得不經預告終止契約之情形）。

第20條（事業單位改組或轉讓）。

（二）給付標準

失業前6個月平均月投保薪資的60%，扶養無工作收入的配偶、未成年子女或身心障礙子女，每一人可加發平均月投保薪資10%，最多加計20%。

領取勞工保險傷病給付、職業訓練生活津貼、臨時工作津貼、創業貸款利息補貼或其他促進就業相關津貼者，領取相關津貼期間，不得同時請領失業給付。

（三）給付期限

1. 最長發給6個月。但申請人離職辦理本保險退保時已年滿45歲或領有社政主管機關核發之身心障礙證明者，最長發給9個月。
2. 中央主管機關於經濟不景氣致大量失業或其他緊急情事時，於審酌失業率及其他情形後，得延長前項之給付期間最長至9個月，必要時得再延長之，但最長不得超過12個月。但延長給付期間不適用第13條及第18條之規定。
3. 前項延長失業給付期間之認定標準、請領對象、請領條件、實施期間、延長時間及其他相關事項之辦法，由中央主管機關擬訂，報請行政院核定之。
4. 受領失業給付未滿前3項給付期間再參加本保險後非自願離職者，得依規定申領失業給付。但合併原已領取之失業給付月數及依第18條規定領取之提早就業獎助津貼，以發給前3項所定給付期間為限。
5. 依前4項規定領滿給付期間者，自領滿之日起2年內再次請領失業給付，其失業給付以發給原給付期間之1/2為限。
6. 依前項規定領滿失業給付之給付期間者，本保險年資應重行起算。
7. 本保險年資應重行起算，係指就業保險年資並不影響被保險人原有之勞工保險年資。

   (1) 勞工保險與就業保險是兩種不同的社會保險制度，其保費計收與給付內容均不相同，但都由勞工保險局承辦。失業給付係屬就業保險之給付項目，依據就業保險法規定，本保險（就業保險）年資重行起算，乃指被保險人於參加就業保險期間，依法繳納就業保險保險費之保險年資而言，與勞工保險之保險年資無關。

   (2) 就業保險年資之重行起算，並不會影響被保險人老年給付時勞保年資之計算，未來被保險人退休時如符合勞保老年給付之請領規定，仍依法享有領取勞保老年給付之權益。

（四）給付金額之扣除

被保險人於失業期間另有工作，其每月工作收入超過基本工資者，不得請領失業給付；其每月工作收入未超過基本工資者，其該月工作收入加上失業給付之總額，超過其平均月投保薪資80%部分，應自失業給付中扣除。但總額低於基本工資者，不予扣除。

二、提早就業獎助津貼

（一）給付對象

被保險人符合下列情形者，得申請提早就業獎助津貼：

1. 符合失業給付請領條件者。
2. 於失業給付請領期限屆滿前受僱工作，並依規定參加就業保險滿3個月以上者。

（二）給付標準

為了鼓勵失業者積極尋職，防止過度依賴失業給付，規定失業勞工若未領滿6個月之失業給付，再受僱工作並參加本保險3個月以上者，可領取提早就業獎助津貼，按其尚未請領之失業給付金額之50%，一次發給。

（三）給付期限

最長發給6個月。

三、職業訓練生活津貼

（一）給付對象

被保險人符合下列情形者，得申請職業訓練生活津貼：

1. 參加就業保險之被保險人非自願離職。
2. 向公立就業服務機構辦理求職登記。
3. 經公立就業服務機構安排參加全日制職業訓練者。

（二）給付標準

參加職訓期間，每月按其退保之當月起前6個月平均月投保薪資的60%發給職業訓練生活津貼。扶養無工作收入的配偶、未成年子女或身心障礙子女，每一人可加發平均月投保薪資10%，最多加計20%。

（三）給付期限

最長發給6個月。

四、育嬰留職停薪津貼

（一）給付對象

被保險人保險年資合計滿1年以上，子女滿3歲前，依性別工作平等法規定，辦理育嬰留職停薪。

（二）給付標準

育嬰留職停薪津貼，以被保險人育嬰留職停薪之當月起前6個月平均月投保薪資60%計算，民國110年7月1日起政府加發20%育嬰留職停薪薪資補助，與育嬰留職停薪津貼合併發給，無須另行申請，於被保險人育嬰留職停薪期間，按月發給津貼。

（三）給付期限

每一子女最高可領6個月，同時撫育子女2人以上之情形，以發給1人為限。父母同為被保險人者，於撫育2名以上未滿3歲子女（如雙（多）胞胎子女），得同時請領不同子女之育嬰留職停薪津貼；父母如係撫育1名未滿3歲之子女者，則應分別請領育嬰留職停薪津貼，不得同時為之。

110年12月24日三讀通過立法院會「就業保險法第19條之2條文修正草案」，刪除父母同為被保險人不得同時請領育嬰留職停薪津貼之規定，意即開放父母得同時請領育嬰留職停薪津貼。

五、補助全民健康保險費

（一）補助對象

被保險人及隨同被保險人參加全民健康保險之眷屬，且受補助期間為全民健康保險法第9條規定之眷屬或第6類規定之被保險人身分，但不包括被保險人離職退保後辦理追溯加保之眷屬。

（二）補助標準

按月全額補助參加全民健康保險自付部分之保費。但依全民健康保險法所定補充保險費率計收之補充保險費，不予補助。

（三）補助期限

以被保險人每次領取失業給付或職業訓練生活津貼期間末日之當月份，為全民健康保險補助月份，最長各為6個月，但被保險人離職退保時年滿45歲或身心障礙者，失業給付最長發給9個月，全民健康保險保險費亦可最長補助9個月。

8-3-9 請領程序

被保險人於離職退保後2年內，應檢附離職或定期契約證明文件及國民身分證或其他足資證明身分之證件，親自向公立就業服務機構辦理求職登記、申請失業認定及接受就業諮詢，並填寫失業認定、失業給付申請書及給付收據。離職證明文件，指由投保單位或直轄市、縣（市）主管機關發給之證明；其取得有困難者，得經公立就業服務機構之同意，以書面釋明理由代替之。前項文件或書面，應載明申請人姓名、投保單位名稱及離職原因。申請人未檢齊規定文件者，應於7日內補正；屆期未補正者，視為未申請。

公立就業服務機構受理求職登記後，應辦理就業諮詢，並自求職登記之日起14日內推介就業或安排職業訓練。未能於該14日內推介就業或安排職業訓練時，公立就業服務機構應於翌日完成失業認定，並轉請勞保局核發失業給付。

申請人應於公立就業服務機構推介就業之日起7日內，將就業與否回覆卡檢送公立就業服務機構。申請人未依前項規定辦理者，公立就業服務機構應停止辦理當次失業認定或再認定。已辦理認定者，應撤銷其認定。

職業訓練期滿未能推介就業者，職業訓練單位應轉請公立就業服務機構完成失業認定。其未領取或尚未領滿失業給付者，並應轉請保險人核發失業給付，合併原已領取之失業給付，仍以第16條規定之給付期間為限。繼續請領失業給付者，應於前次領取失業給付期間末日之翌日起2年內，每個月應親自前往公立就業服務機構申請失業再認定。但因傷病診療期間無法親自辦理者，得提出醫療機構出具之相關證明文件，以書面陳述理由委託他人辦理之。未經公立就業服務機構為失業再認定者，應停止發給失業給付。

領取失業給付者，應於辦理失業再認定時，至少提供2次以上之求職紀錄，始得繼續請領，未檢附求職紀錄者，應於7日內補正；屆期未補正者，停止發給失業給付。失業期間或受領失業給付期間另有其他工作收入者，應於申請失業認定或辦理失業再認定時，告知公立就業服務機構。領取失業給付者，應自再就業之日起3日內，通知公立就業服務機構，停止核發失業給付。

8-3-10 就業安全體系

一、就業安全體系的歷史發展

民國57年勞保條例修正通過時，即將失業給付納入勞保給付項目當中，並賦予行政機關決定何時公布實施辦法的權限，但勞工行政主管機關卻遲遲未公佈實施辦法，於是在民國87年7月15日先行實施「就業促進津貼」。最後，權宜地將勞工保險本應降低的1%之保費，移作失業保險之用，於民國88年1月1日公佈實施「勞工保險失業給付辦法」，民國92年1月1日施行「就業保險法」。

民國81年5月8日，就業服務法立法通過，明白揭示為促進國民就業而制訂。

職業訓練法早在民國72年12月5日，已公佈實施，其中對於職業訓練機構、職業訓練之實施及職業訓練師之甄審等相關辦法，皆有明確規定。

（一）何謂「就業安全」

「就業安全」，是指人民有工作的權利，簡單地說，就是「工作權」。我國憲法第15條揭示：「人民之生存權、工作權及財產權，應予以保障。」此條文宣示性地肯定了工作權的存在。

（二）就業安全體系

「就業安全體系」所指的就是涵蓋就業保險、就業服務與職業訓練等三大項內容。其中就業保險內容已於前文詳細介紹，故此處將針對就業服務與職業訓練二大項內容說明之。

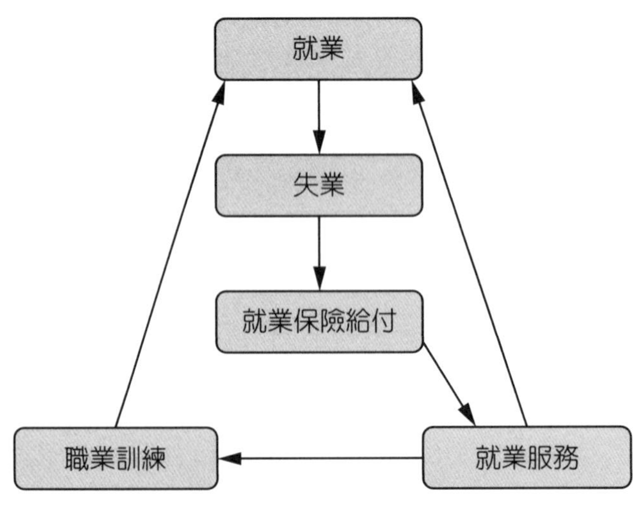

圖8-2 就業安全體系

二、就業服務

（一）就業服務的意義與目的

就業服務的目的，在於促進勞動供需平衡，使求才者找到所需的人才，求職者能找到適當的工作，協助國民充分就業，以利人力資源的充分運用。

（二）就業服務的重要措施

1. 健全就業服務法制體系，強化就業服務制度。
2. 建置全國就業 e 網，並整合原分散各區之0800專線。
3. 建立就業服務專業人員制度，提高服務品質。
4. 為加強宣導就業服務，提供就業資訊及建立國人正確職業。
5. 推動多元就業開發方案，由政府及民間共同開創就業機會。
6. 建立與發展適合國人使用之職業心理測驗工具，及推廣全方位職業生涯多媒體導引系統。
7. 積極辦理負擔家計婦女、身心障礙者、原住民、生活扶助戶、中高齡者、被資遣失業員工等之就業服務工作。
8. 社政單位協助原住民成立勞動合作社後配合補助必備之機具、設備。

（三）就業服務種類

1. 就業服務：

⑴ 提供就業諮詢服務。

⑵ 成立人力銀行，促進求才與求職之線上媒合平台。

⑶ 發行就業快訊，架設求才與求職之平面交流媒體。

⑷ 舉辦就業博覽會，提供求才與求職之面對面溝通機會。

2. 創業服務：

⑴ 提供創業諮詢服務。

⑵ 各項創業貸款協助申辦。

⑶ 創業技能教授及創業輔導。

⑷ 成立各類市集，創造就業機會。

3. 終身教育：

⑴ 舉辦各項講座如生涯規劃、職場與就、創業須知等。

⑵ 結合教育界與企業界，開辦建教合作專技課程。

⑶ 結合國內績優補教機構，開辦各類進修與專技課程。

⑷ 整合教育資源成立全國教育網，並提供線上遠距離教學服務。

4. 政府社福救助辦法協辦：

⑴ 協助失業人士申辦政府各項失業津貼、補助。

⑵ 協助低收入戶及弱勢族群申辦政府各項津貼、救助。

5. 社會服務與救濟：

⑴ 推動「認養失業家庭學童運動」。

⑵ 成立全國志工服務團，長期從事社會服務工作。

⑶ 會員每年至少擔任五天志工參與公益活動。

（四）公立就業服務機構服務項目

1. 職業介紹：凡年滿15歲以上具有工作能力及工作意願，需要尋找工作之被資遣員工均可持國民身分證向各就業服務中心或就業服務站辦理求職登記。

2. 職業交換：當求才雇主所徵求之人才或求職人想擔任的工作，在他辦理登記的就業服務機構服務地區內無法找到適合的人才或就業機會時，該機構會以電話或通信方式向其服務地區以外之就業服務機構代為徵求人才或要求提供就業機會以協助求才雇主或求職者找到理想的人才或職業。

3. 就業諮詢及職業輔導：包括職業心理測驗、個案諮詢、職業探索、提供就業資訊，宣導正確職業觀念等。

4. 雇主服務：

⑴ 雇主聯繫：以訪問或舉行座談會方式，瞭解雇主在人力運用方面的問題及需求，並提供必要的服務。

(2) 代招代考：以刊登求才廣告，辦理報名及甄選測驗等服務，協助雇主解決大批用人之困難。

(3) 協助適性分派工作：運用職業心理測驗工具，協助雇主瞭解新進員工之潛在能力及興趣，以為適性分派工作之參據或作為升遷甄選之參考。

5. 就業市場資料之蒐集與報導：蒐集各地區人力運用狀況資料，並加以分析報導，供企業界或求職者設廠求才或選擇就業機會之參考。

三、職業訓練

（一）職業訓練的意義

職業訓練係以待業及失業者為對象所辦理之職前、轉業或第二專長訓練、提昇其就業技能與競爭力，促使其儘速返回勞動市場。不僅促進個人職涯發展，提昇所得保障，並可提高國家生產力與經濟發展，尤其重視失業弱勢族群等特定對象技能之訓練，並採取訓練生活津貼等配套措施，以安定其生活。

（二）職業訓練的目的

行政院勞動部職業訓練局為促進失業者及弱勢對象就業，運用民間相關訓練資源，加強推動辦理特定對象職業訓練，結合工作機會，有效增進其工作實務技能，促進其就業，俾安定其生活。

（三）補助對象

失業或待業勞工及原住民、中高齡者、婦女、生活扶助戶、更生保護人、外籍與大陸地區配偶、家庭暴力被害人或其他弱勢對象失業者。

（四）職業訓練的種類

1. 以就業前後區分，可分為：

(1) 職前訓練。

(2) 在職訓練。

2. 以實施方式區分，可分為：

(1) 養成訓練：學徒訓練。

(2) 技術生訓練：培養機構內基層技術人力。

(3) 進修訓練：提高勞動生產力。

(4) 轉業訓練：獲得轉業所需工作技能與知識。

(5) 殘障者訓練：獲得就業所需工作技能與知識。

（五）職業訓練現行的實施概況

1. 職業訓練需求的評估與調查。
2. 開創多元彈性訓練模式及職訓課程的研發。
3. 建構職業訓練績效評鑑制度。
4. 推動與事業單位合作辦理工作崗位學習－建教合作。
5. 結合技職教育體系，辦理大學及技專院校生就業學程訓練。
6. 辦理非自願性失業者及特定對象訓練生活津貼。
7. 配合國家型計劃辦理專案訓練。

四、就業服務與職業訓練配合措施——「三合一」就業服務

過去公立就業服務機構提供相關就業服務，較缺乏服務的整合，為協助失業者及求職者更積極的服務，現經由就業服務內涵之改善，提供尋職、在職及失業勞工職業選擇、工作適應及轉業問題之專業就業資諮詢與諮商，並採取單一窗口便民服務，由失業登記、就業諮詢、就業推介、職業訓練資訊、至失業認定，均由單一窗口提供全程服務。「三合一」就業服務的配套措施如下：

（一）落實辦理失業認定

失業給付提供失業勞工失業期間基本生活保障，但為防止失業勞工過度依賴失業給付，造成就業意願低落，各公立就業服務機構受理失業給付時，將針對其離職事由及未能接受推介就業、安排職業訓練情事進行查核，藉由落實失業認定，積極協助失業勞工再就業。

（二）強化職業訓練機構功能並加強訓用合一

經濟景氣低迷，部分傳統產業或勞力密集企業逐漸蕭條，其僱用員工一旦因業務緊縮，或關廠歇業失業後，常因缺乏就業技能或第二專長以致再就業困難。為有效解決，將加強結合與運用公私立職業訓練資源，依據企業需求與產業結

構，整合訓練職類，評估失業勞工性向、興趣及職業生涯規畫，安排接受轉業訓練並於結訓後推介就業，達成訓用合一目標。

（三）充實就業服務機構服務內涵

針對一般尋職者、請領失業給付者、特定對象（身心障礙者、 原住民、中高齡、生活扶助戶、負擔家計婦女）規劃整體服務流程，設置接待台、自助區、求職者綜合服務區、雇主服務區、就業深度諮商區等服務區，進行相關服務。

案例探討

安慶輝及太太小菲為受雇於五人以上公司的本國籍勞工，薪資所得分別為 60,000 元及 30,000 元，育有一子 5 歲，試分析下列問題：（職災費率：1%）

1. 安慶輝公司為其負擔的勞保費的項目及金額若干？
2. 若小菲因普通傷病住院診療 20 天，平均月投保薪資 30,300 元，可領取傷病給付若干？
3. 若安慶輝 65 歲工作年資廿年又五個多月退休，平均月投保薪資 36,300 元，可領老年年金給付若干？若安慶輝退休後二年不幸身故，平均月投保薪資 36,300 元，其可領取遺屬年金若干？
4. 若小菲不幸因公全殘，平均月投保薪資 30,300 元可領取舊制失能給付若干？（勞保年資五年）
5. 若其子不幸身故，安慶輝及小菲的平均月投保薪資為 45,800 及 30,300 元，可領取眷屬喪葬津貼若干？
6. 若小菲失業二個月後再就業，可領取之項目及金額若干？

解

1. (1) 普通事故保險：$45,800×10.5%×70% ＝ $3,366

   (2) 職業災害保險：$45,800×1%×100% ＝ $458

   (3) 就業保險：$45,800×1%×70% ＝ $321
2. $30,300 ÷ 30×50%×(20 – 3) ＝ $8,585
3. A 式：$36,300×(20 ＋ 6 ÷ 12)×0.775% ＋ 3,000 ＝ $8,767

   B 式：$36,300×(20 ＋ 6 ÷ 12)×1.55% ＝ $11,534

   選 B 式較為有利。

遺屬年金：$11,534×50%×(1 ＋ 25%) ＝ $7,209

4. 失能給付：$30,300 ÷ 30×1800 ＝ $1,818,000
5. 因為二人皆為勞保被保險人，其眷屬喪葬津貼只能一人領取，故選擇投保薪資較高的安慶輝領取。

   眷屬喪葬津貼：$45,800×1.5 ＝ $68,700
6. (1) 失業給付：$30,300×(60% ＋ 10%)×2 ＝ $42,420

   (2) 提早就業獎助津貼：$30,300×(60% ＋ 10%)×(6-2)×50% ＝ $42,420

8-4 勞工年金改革

8-4-1 我國勞工退休金制度沿革與發展

勞工退休金政策形成之歷史以下分為兩個部分加以敘述。

一、改制前臺灣勞工退休金之退休金政策之出現及發展

（一）民國73年——勞基法頒佈前的相關勞工退休制度

我國在勞基法頒佈施行前最早有關勞工退休制度的正式法規應為民國40年7月頒訂之「臺灣省工廠工人退休規則」與「臺灣省礦工退休規則」，其宗旨乃臺灣省政府為照顧老年工廠工人以及退休礦工生活及安定人心，故以行政命令鼓勵民營廠建立退休制度，在民國73 年勞動基準法制訂時為該法退休規定之主要藍本，其影響之深遠，直至今日大部分民營企業退休制度仍不脫「臺灣省工廠工人退休規則」之設計模式。

（二）民國73年——勞基法的施行及其後轉折

鑑於過往實施之退休制度，在周延性及適度性方面，對勞工老年面臨退休保障隨著經濟體制、社會結構變遷日漸趨於不足，民國71年3月6日行政院將勞動基準法草案及退休專章送至立法院審查，經多次會議研商及考察各國相關退休制度後，研議增列條文於民國72年5月14日送立法院審查，經審查通過後於民國73年8月公佈實施。

二、勞工退休金政策改制的發展歷程

（一）民國80年——兩制－個人帳戶制與附加年金制的研議

行政院於民國80年送請立法院審議的勞基法修正草案，將退休制度修改為「勞工老年附加年金保險制度」，以社會保險取代原有的雇主責任制，只要雇主繳納此種社會保險的保費之後，即不再負有個人給付責任。

（二）民國85年——個人帳戶制

民國85年勞基法部分條文修正時，勞委會曾再度將附加金保險制度列入勞基法修正草案中作為優先修正條文，但最後仍以事關重大變革而遭擱置。同年12月23日召開的國家發展會議中，經濟發展分組做成了「建立妥適勞工退休制度，增定國民年金，勞工老年給付年金採保險或公積金制度」結論，勞工退休制度方向自此由「社會保險年金制度」轉而趨向「公積金制度」。

（三）民國87年——個人帳戶制納入勞工退休金條例草案討論

民國87年1月勞委會正式提出「勞工退休金條例草案」送行政院審議，退休制度規劃朝向專人專戶按月提撥，即每位員工在勞保局都有退休準備金專戶，離職時，轉換下一個雇主繼續提撥，並由現行的雇主全額負擔，改為勞雇共同負擔，至此個人帳戶制正式納入退休金條例草案討論。

（四）民國90年——經發會提出勞工退休金三軌制並行建議

民國90年經發會就業組做出了勞工退休制度改制為個人帳戶制或年金保險制的討論共識，要點則包括了：

1. 應採行勞工可攜帶式退休制度。
2. 雇主提撥率確定，並由2%至6%採漸進式調整。
3. 個人帳戶制、附加年金制及其他可攜式年金制並行，提供勞工選擇，以不增加政府財政負擔為原則。個人帳戶制勞工可自行相對提撥；年金制若費率超過6%之部分，由勞工負擔，強制提撥，勞工提撥部分研議給予免稅，自此勞工退休金改制三制並立，乃確定為往後推動立法之目標。並於12月26日行政院院會通過「勞工退休金條例草案」確定個人帳戶制、附加年金制及其他可攜式年金制三軌制並行。

（五）民國93年——修正為個人帳戶制與年金保險制雙軌並行

民國93年6月11日立法院三讀通過，完成「勞工退休金條例」立法，6月30日總統公布，勞工退休金制度修正為個人帳戶制與年金保險制二種，並於94年7月1日正式實施。

8-4-2　勞工退休金制度保障

勞工退休金條例（勞退新制）於94年7月1日施行，有關勞工退休金之收支、保管、滯納金之加徵、罰鍰處分及移送強制執行等業務，由中央主管機關委任勞動部勞工保險局（以下簡稱勞保局）辦理。 勞退新制係以「個人退休金專戶」為主，「年金保險」為輔的制度，以下分別說明其內涵：

一、個人退休金專戶

雇主應為適用勞基法之本國籍勞工，（含本國籍、外籍配偶、陸港澳地區配偶、永久居留之外國專業人才），按月提繳不低於其每月工資6%勞工退休金，儲存於勞保局設立之勞工退休金個人專戶，退休金累積帶著走，不因勞工轉換工作或事業單位關廠、歇業而受影響，專戶所有權屬於勞工。勞工亦得在每月工資6%範圍內，個人自願另行提繳退休金，勞工個人自願提繳部分，得自當年度個人綜合所得總額中全數扣除。勞工年滿60歲即得請領退休金，提繳退休金年資滿15年以上者，應請領月退休金，提繳退休金年資未滿15年者，應請領一次退休金。領取退休金後繼續工作提繳，1年得請領1次續提退休金。另勞工如於請領退休金前死亡，可由遺屬或遺囑指定請領人請領退休金。又勞工未滿60歲惟喪失工作能力者，得提早請領退休金。

二、年金保險

僱用勞工人數200人以上之事業單位經工會同意，事業單位無工會者，經1/2以上勞工同意，且選擇參加年金保險之勞工人數達全體勞工人數1/2以上，經行政院勞動部核准後，投保符合保險法規定之年金保險。

年金保險契約應由雇主擔任要保人，勞工為被保險人及受益人。事業單位以向同一保險人投保為限。年金保險之承辦機構為經中央主管機關核准之保險公司。給付請領方式依年金保險保單內容規定辦理。另外雇主每月負擔年金保險費之提繳率，不得低於勞工每月工資6%。又事業單位實施年金保險時，有關勞退

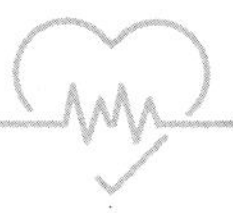

條例所規範之適用對象、新舊制度銜接、保險費計算起迄、工資、提繳率調整及申報期限、請領權利等規定，於年金保險準用個人退休金專戶之規定。如有違反者，依相關條文處罰。

三、適用對象

（一）強制提繳對象

適用勞基法之本國籍勞工：（含本國籍、外籍配偶、陸港澳地區配偶、永久居留之外國專業人才）

民國94年6月底前到職，且民國94年7月1日仍服務於同一事業單位之勞工，於民國94年7月15日前可選擇適用勞退新制、舊制或暫不選擇，如暫不選擇者，則繼續適用舊制。選擇適用新制者，自94年7月1日起提繳勞退新制退休金；選擇適用舊制（含暫不選擇）者，5年內（99年6月30日前）可改選新制。至民國94年7月1日以後新到職或離職再受雇者，一律適用新制。

1. 依照勞退條例第7條第1項規定及外國專業人才延攬及僱用法第11條規定，勞退條例之適用對象為適用勞基法之勞工（含本國籍、外籍配偶、陸港澳地區配偶、永久居留之外國專業人才）。但依私立學校法之規定提撥退休準備金者，不適用之。

⑴ 提繳規定：雇主必須先為勞工提繳退休金，勞工始得於每月工資6%範圍內，個人自願另行提繳退休金。

⑵ 提繳率：雇主提繳率不得低於6%；個人自願提繳率不得高於6%。

2. 依照民國103年1月17日修正生效之勞工退休金條例第7條第1項、第8條之1規定，受僱且適用勞基法之外籍配偶、陸港澳地區配偶（以下簡稱陸港澳配偶）及民國99年7月1日後取得本國籍勞工，已納入強制提繳對象。

⑴ 修法生效前已受僱且修法生效後仍服務於同一事業單位者，若修法生效時已係外籍配偶、陸港澳配偶或本國籍身分，自修法生效日（即民國103年1月17日）起為強制提繳對象；若修法生效後始取得外籍配偶、陸港澳配偶或本國籍身分，自取得身分之日起為強制提繳對象，前述人員如欲繼續適用勞動基準法之退休金規定（勞退舊制）

者，其應於修法生效日起6個月內（即民國103年7月16日前）或取得身分6個月內，以書面向單位表明，一旦選擇繼續適用勞退舊制，不得再變更選擇適用勞退新制，屆期未選擇者，一律適用新制。

(2) 修法生效後受雇者，若新到職時即係外籍配偶、陸港澳配偶身分，自到職日起為強制提繳對象；若為到職後始取得外籍配偶、陸港澳配偶或本國籍身分，則自取得身分之日起為強制提繳對象。

3. 另外國專業人才延攬及雇用法，業經行政院核定自民國107年2月8日起施行，該法第11條規定，受聘僱從事專業工作且取得永久居留之外國專業人才自是日起適用勞退新制。

(1) 該法施行前已受雇且該法施行後仍服務於同一事業單位者，若該法施行時已係永久居留者身分，自該法施行之日（即民國107年2月8日）起為強制提繳對象；若該法施行後始取得永久居留者身分，自取得永久居留之日起為強制提繳對象，前述人員如欲繼續適用勞動基準法之退休金規定（勞退舊制）者，其應於施行之日起6個月內（即民國107年8月7日前）或取得永久居留6個月內，以書面向單位表明，一旦選擇繼續適用勞退舊制，不得再變更選擇適用勞退新制，屆期未選擇者，一律適用新制。

(2) 該法施行後受雇者，若新到職時即係永久居留者身分，自到職日起為強制提繳對象；若為到職後始取得永久居留者身分，則自取得永久居留之日起為強制提繳對象。

（二）自願提繳對象

依照勞退條例第7條第2項規定，實際從事勞動之雇主、自營作業者、受委任工作者及不適用勞基法之勞工，得自願依本條例之規定提繳及請領退休金。

1. 不適用勞基法之勞工或受委任工作者

(1) 提繳規定：雇主或所屬單位為其提繳及個人自願提繳之提繳順序，並無限制。雇主或所屬單位自願為該等人員提繳退休金，或該等人員個人自願提繳退休金皆可。

(2) 提繳率：雇主提繳率及個人自願提繳率均不得高於6%。

2. 實際從事勞動之雇主：雇主僅得於6%範圍內，個人自願提繳退休金，事業單位不得為其提繳退休金。

3. 自營作業者：得在6%的範圍內，個人自願提繳退休金。

四、勞工退休金計算方式

（一）計算公式

1. 雇主提繳金額＝月提繳工資/30×提繳天數×雇主提繳率

2. 個人自願提繳金額＝月提繳工資/30×提繳天數×個人自願提繳率

（二）計算原則

「提繳天數」係自勞工到職開始提繳之日起計算至離職停止提繳日止，每月均以30日計算。

五、勞工退休金給付內容

有關勞工退休金請領種類分述如下：

（一）請領一次退休金

1. 請領條件

(1) 勞工年滿60歲，工作年資未滿15年者，請領一次退休金或工作年資滿15年以上者選擇請領一次退休金。

(2) 工作年資以有實際提繳退休金之月數計算，年資中斷者，其前後提繳年資合併計算。

(3) 年齡以戶籍之記載為準，自出生之日起實足計算。

2. 請領標準

(1) 一次退休金之計算方式，係以核定時已提繳入專戶之本金及累積收益合計為準，其後所提繳之金額，勞保局將無息核發請領人。

(2) 累積收益金額除已分配入專戶之收益外，尚未分配期間之收益，以勞工申請當月勞動部勞動基金運用局公告最近月份之收益率（點選勞動部勞動基金運用局），計算至申請當月止。

(3) 勞工退休金運用收益，不得低於當地銀行2年定期存款利率， 如有不足由國庫補足之。該保證收益之計算，係自勞工開始提繳至依法領取退休金期間，各年度實際分配收益累計數與同期間保證收益累計數比較，如果實際分配收益累計數低於保證收益累計數，依法補足之。

(4) 當地銀行2年定期存款利率，指依臺灣銀行、第一銀行、合作金庫銀行、華南銀行、土地銀行、彰化銀行等6家行庫每月第1個營業日牌告2年期小額定期存款之固定利率，計算之平均年利率。勞動部勞動基金運用局每月公告當月之最低保證收益率。

（二）請領月退休金

1. 請領條件：

(1) 勞工年滿60歲，工作年資滿15年以上者，得選擇請領月退休金或一次退休金。

(2) 工作年資以有實際提繳退休金之月數計算，年資中斷者，其前後提繳年資合併計算。勞工全額移入結清舊制工作年資之退休金者，併計新制、舊制工作年資滿15年以上。

(3) 年齡以戶籍之記載為準，自出生之日起實足計算。

2. 請領標準：

(1) 勞工退休金條例第25條規定之年金保險尚未開辦前，領取月退休金之計算方式，係將個人退休金專戶內累積本金（含申請當月及前1個月因提繳時差尚未繳納之退休金）及累積收益金額，依據年金生命表，以平均餘命、利率等因素精算每月應核發退休金金額，分期按季發給。

(2) 年金生命表、平均餘命、利率以勞工申請月退休金時勞保局公告適用之資料為準，開辦後至少每3年檢討一次。嗣後於每3年檢討調整之年金生命表、平均餘命、利率內容報請勞動部核准後公告，惟修正之內容對已受領月退休金中之案件，其年金生命表及平均餘命不再變動，利率隨每3年之調整結果，須重新計算月退休金額。

(3) 其他相關規定同「一次請領退休金」之請領標準。

（三）請領續提退休金

1. 請領條件：

勞工於領取退休金後繼續工作，雇主仍應為勞工提繳退休金至個人退休金專戶，勞工領取前述繼續工作提繳之退休金及其收益之次數，1年以1次為限（前後二次請領退休金期間，至少須屆滿1年）。

2. 請領標準：

參酌「一次請領退休金」之請領標準。

（四）遺屬請領月退休金

1. 請領條件：

⑴ 勞工於請領退休金前死亡者，應由其遺屬或遺囑指定請領人請領一次退休金。

⑵ 勞工已領取月退休金，惟未屆平均餘命前死亡者，停止核發月退休金，由其遺屬或遺囑指定請領人領回其個人退休金專戶結算實際剩餘金額。

⑶ 請領人之相關規定：

① 由勞工之遺屬為請領人，其順位如下：

A. 配偶及子女。

B. 父母。

C. 祖父母。

D. 孫子女。

E. 兄弟、姊妹。

② 同一順位之遺屬有2人以上時，應共同具領，如尚有未具名之其他遺屬者，由具領之遺屬負責分配之。如有死亡或拋棄或因法定事由喪失繼承權時，由其餘遺屬請領之。前述遺屬如係未成年者，應由法定代理人（監護人）簽章。

③ 指定請領人。

④ 遺囑指定請領人有2人以上時，應共同具領；遺囑載有分配比例者，請領人應於領取後自行分配。前述遺囑指定請領人係未成年者，應由法定代理人（監護人）簽章。勞工以遺囑指定非順位遺屬之指定請領人請領退休金時，如有民法第1223條規定特留分之情形，致請領人有數人時，應共同具領之。

⑷ 前項所稱父母、子女係指生身父母、養父母、婚生子女（包括依民法規定視為婚生子女者），或已依法收養並辦妥戶籍登記之養子女而言；祖父母係指內外祖父母。

⑸ 領取勞工退休金之請求權，自得請領之日（勞工死亡之次日）起算，因5年間不行使而消滅。

2. 請領標準：

⑴ 勞工於請領退休金前死亡者，由其遺屬或遺囑指定請領人一次領取勞工個人退休金專戶之本金及累積收益。本金以核定時已提繳入專戶之金額為準，其後所提繳之金額無息核發請領人。

⑵ 申請人有2人以上者，核發金額平均分配；遺囑載有分配比例者，請領人應於領取後自行分配。

⑶ 其他相關規定同「一次請領退休金」之請領標準。

（五）提前請領退休金（限未滿60歲喪失工作能力者）

1. 請領條件：

⑴ 勞工未滿60歲，惟已領取勞工保險之失能年金給付、或失能等級1、2、3等之一次失能給付、或國民年金法所定之身心障礙年金給付或身心障礙基本保證年金給付者；或非屬勞工保險、國民年金保險之被保險人，惟符合得請領上述失能或身心障礙給付之程度者。

⑵ 勞工提前請領退休金者，其工作年資未滿15年，請領一次退休金；其工作年資滿15年以上，得請領月退休金或一次退休金。請領月退休金者，由勞工決定請領之年限。前項年限應以年為單位，並以整數計之。

⑶ 工作年資以有實際提繳退休金之月數計算，年資中斷者，其前後提繳年資合併計算。

2. 請領標準：參酌「一次請領退休金」之請領標準。

六、勞工退休金與勞保年金之差異

（一）勞工退休金是一種強制雇主應給付勞工的退休金制度，分為新、舊制：舊制依「勞動基準法」辦理；新制則依「勞工退休金條例」辦理，而勞保年金是一種社會保險，被保險人發生保險事故時（老年），得依「勞工保險條例」規定請領老年保險給付，年金給付與一次給付雙軌併行，勞工或其遺屬可自由選擇，年金施行前有保險年資者，原有之勞保給付權益不受影響，於領取老年年金給付期間死亡者，則轉銜為遺屬年金，可提供被保險人及其遺屬長期之生活照顧。

（二）為使被保險人或其受益人獲得最基本之生活保障，勞保年金規範各項年金給付之最低基礎保障金額，老年及遺屬年金給付最低保障金額為3,000元，失能年金給付為4,000元；勞工退休金則以勞工薪資為計算基礎由雇主強制提撥，保障勞工老年退休前維持相同生活水準。

（三）勞工退休金新制，係勞動基準法退休金規定之改制，與勞保年金無關，勞保年金被保險人之相關權益（例如投保年資併計、可以請領的老年給付等）並不會因為勞工選擇適用退休金新、舊制而受到任何影響。

8-4-3　勞保年金改革

「勞工保險條例」部分條文修正草案自106年3月30日送請立法院審議，目前仍在審議中。主要改革規劃說明如次：

一、逐步延長平均投保薪資採計期間

（一）由現行按最高60個月投保薪資平均計算，自實施第2年起，每年延長12個月，至第11年調整為最高180月平均。

（二）已領年金者，不適用延長方案；尚未請領者，按申請年金當時之採計期間規定計算，領取後如採計期間再延長，不隨同調整。

二、微調保險費率

（一）由現行每2年調升費率0.5%，改為自方案實施第1年起每年調升 0.5%。

（二）費率於調升至現行上限13%時，再檢討調整費率（以上費率均不含就業保險費率1%）。

三、強化政府責任

（一）每年撥補200億元，挹注勞保基金。

（二）入法明訂由政府負擔最後支付責任，保證每個人都能領到年金。

四、年資併計、年金分計機制

（一）多元計算年金，減少孤兒年金。

（二）勞保年資併計其他社會保險（公教、軍、農、國保）年滿15年，且年滿65歲時，請領勞保年資部分的老年年金。

第三篇 我國社會保險制度

Chapter 09 全民健康保險

學習內容

9-1 全民健康保險施行之緣起與發展

9-2 全民健康保險的內容

9-3 全民健康保險的改革

9-1 全民健康保險施行之緣起與發展

全民健保制度的規劃乃由於行政院為響應世界衛生組織(World Health Organization,簡稱WHO)的維護全民健康運動,於民國75年開始研議,前後歷經八年的時間。民國77年由行政院指示於行政院經濟建設委員會成立專案小組負責第一階段規劃,民國79年由行政院衛生署接辦全民健保第二期規劃工作,民國80年成立全民健康保險規畫小組,民國81年12月,行政院衛生署完成了「全民健康保險法草案」(以下稱全民健保法)及「中央健康保險署組織條例草案」,報請行政院核定。在民國82年10月7日經行政院院會討論後,通過全民健保法草案,並函送立法院審議。為使我國的健康保險制度能夠順利從公、勞、農保過渡到全民健保,行政院曾於民國80年2月及11月分別將勞農保條例修正草案送交立法院審議,希望先分階段擴大納保範圍,再全面實施全民健保。

原先預計於民國89年實施,但由於我國政治因素與社會的衝擊下,提前於民國84年3月1日開始實施「全民健康保險」(National Health Insurance),將醫療照顧推展到全體國民,讓那些最需要醫療照顧的老弱婦孺,可以得到適當的照護,以符合公平與正義原則。

全民健康保險是我國「四十年來最大的民生法案」,亦是「臺灣這五十年來規模最大、影響最深遠的一項社會建設」,我國的全民健康保險,自從民國84年3月健保開辦以來,納保人數已超過2,300萬人,納保率更由原本的57.48%提高至99.6%,保險對象幾乎含括了我國所有的人口。這項龐大的社會工程,其涵蓋人口之眾,動用經費之多,以及制度涉及面之廣,不僅影響現行社會保險體制,也影響到未來臺灣的經濟、社會與政治等各層面的發展。

9-2 全民健康保險的內容

9-2-1 全民健康保險的介紹

一、全民健康保險的精神

集合群體之力量、解決民眾就醫的經濟困難、照顧民眾健康、建立3H(Help, Health, Happy)即相互幫助、健康、快樂的社會。

全民健康保險在中央健康保險署、醫界、產業界及民眾持續的共同努力下，不僅照顧到更多弱勢及需要協助的民眾。行政效率和服務品質也不斷提升。全民健保開辦的目的，就是要集合社會大多數人的力量，共同解決少數人就醫的經濟障礙，以照顧全體民眾的健康。對於繳不起健保費而無力加入或中斷全民健保的民眾，更以保險費補助、提供紓困貸款、愛心轉介與分期攤繳等多項優惠配套措施，協助他們解決經濟困境。另外，持續推動健保山地離島地區醫療給付效益提升計畫，有效保障我國48個山地離島偏遠地區的民眾，得以在全民健保的保護傘下，獲得快速方便的醫療服務。

全民健康保險已從開辦時提高民眾就醫可近性，使人人免於因病而貧的目標，逐漸發展為以注重醫療服務品質為主的三大目標。首先為重視病患知的權利，推動醫療服務品質資訊公開透明化；其次是重視偏遠地區弱勢族群醫療服務品質，以提供公平適切的醫療照護；第三是重視病人安全，以病人為中心，推動各項計畫，提升醫療服務品質與效率。從氣喘、糖尿病等慢性疾病的全程治療比率逐漸提高，疾病照護的整體滿意度增加，急診及再住院次數逐漸減少，各種重大傷病患者每年新增人數成長幅度趨緩等成果來看，全民健保的各項措施，的確成功達到了照顧民眾健康的目的。

二、全民健康保險標誌的意義

（一）標誌中間有兩個人，一男一女互相握手，男女握手，表示互相幫助，互相照顧，大家都健康！

（二）男女握手的形狀像英文字H！

1. H代表英文字的Help，是指大家互相幫忙。
2. H也代表英文字Health，健康的意思。
3. 如果大家都能互相幫忙，就能健康又快樂喔，所以也代表Happy。

（三）全民健康保險標誌的色彩

1. 藍色：專業先進。
2. 綠色：健康和諧。

圖9-1 全民健康保險標誌

三、全民健康保險之特性屬社會保險的特性

(一)採全民強制納保就醫平權

提供全民於發生疾病、傷害、生育事故時,保障社會每個成員不論貧富都可一律平等獲得所需的醫療服務,不受限於個人經濟障礙,皆可接受完整之醫療服務。

(二)財務平衡,永續經營

全民健保自民國84年整合各社會保險系統以來,以財務自給自足、隨收隨付為原則,目前保險財務收入主要來自於保險對象、雇主及政府共同分擔的保險費收入,採量能付費,少部分來自保險費滯納金、公益彩券盈餘分配收入、菸品健康福利捐等補充性財源。民國102年二代健保實施後建立收支連動的機制,因擴大費基收繳補充保險費及政府總負擔比率提高等財源挹注,保費收取更符合量能負擔的公平原則。

(三)給付完整、就醫便利

在全民健保制度之下,以社會集體力量分擔一個人承擔的風險,提供綜合性醫療服務,包括門診、住院、牙醫治療、中醫、預防保健及藥品等。民眾可以自由選擇特約醫院、診所、藥局、醫事檢驗機構,接受妥善的醫療照顧服務。

(四)專業審查、提升效率

為避免醫療浪費,保障醫療品質,醫療服務審查制度為必要機制,建置醫療品質資訊公開平台,以藉品質資訊公開,激勵醫界更努力提升個別院所之醫療服務品質,及增進民眾對本保險醫療品質及醫療利用之瞭解,以做為民眾就醫選擇之參考,以維護保險對象民眾就醫安全與品質。

(五)多元化診療報酬支付方式

自民國91年7月起,全面實施醫療費用總額預算支付制度,實施醫療分級部分負擔制,同時透過支付制度策略,改變診療行為;此外,推動山地離島地區醫療給付效益提昇計畫,以增進醫療服務體系整合;另為提升醫療服務效率,更自99年1月1日起實施全民健保住院診斷關聯群支付制度。

9-2-2 全民健康保險組織體系

全民健康保險為政府辦理之社會保險，以衛生福利部為主管機關。衛生福利部設有「全民健康保險會」，以協助規劃全民健保政策及監督辦理保險事務之執行，並設有「全民健康保險爭議審議會」，處理健保相關爭議事項。「中央健康保險署」為保險人，承辦全民健保所有相關業務, 負責制度規劃、推動、執行、督導、醫療品質與資訊管理、研究發展、人力培訓等業務；健保署所需之行政經費由中央政府編列預算支應。

為有效管理全民健康保險各項業務，提升運作效益， 健保署設6個分局，直接辦理承保作業、保險費收繳、醫療費用審查核付及特約醫事機構管理等業務，並陸續增設21個聯絡辦公室。

目前各地聯絡辦公室提供的服務，包括健保諮詢、列印繳款單、表單收件、健保IC卡、分期攤繳、紓困貸款、基本資料查詢、重大傷病卡申請、醫療服務等業務。

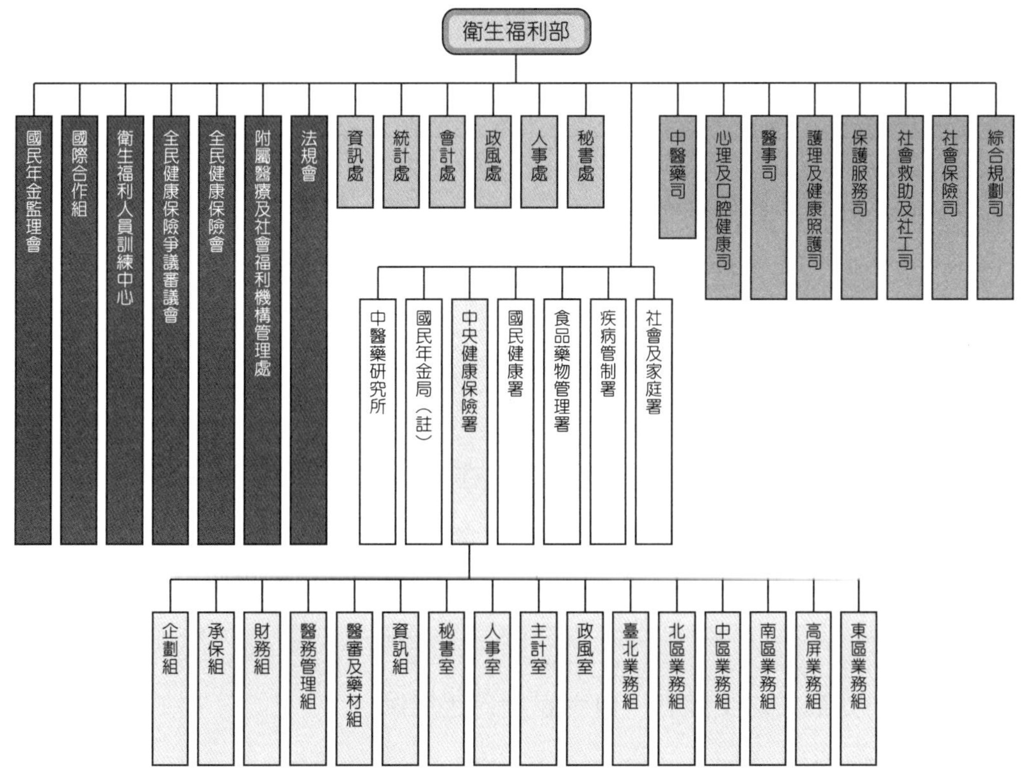

圖9-2 全民健康保險組織架構圖

註：國民年金局暫不設置，衛生福利部組織法明訂其未設立前，業務得委託相關機關（構）執行。
資料來源：行政院衛生福利部中央健康保險署

9-2-3　保險對象

依據「全民健康保險法」、「全民健康保險法施行細則」、「全民健康保險醫療辦法」等相關法規與中央健康保險署的規定，現制全民健康保險制度將保險對象分為6類15目，將其主要內容整理如下：

一、投保資格

（一）本國籍人士

具有中華民國國籍，且在國內「設有戶籍」者，不論住在國內或國外，都應該自符合下列投保資格之日起投保：

1. 受雇者（包含政府機關、公私立學校專任有給人員或公職人員、公民營事業、機構之受雇者，及其他有一定雇主之受雇者），自受僱之日起投保。
2. 在臺灣地區出生的新生嬰兒，辦妥戶籍後，自出生之日起投保。
3. 因公派駐國外之政府機關人員或與配偶及子女，自返國設有戶籍之日起投保。
4. 自國外返國恢復戶籍或新設籍之非受雇者、眷屬等其他人士：
   ⑴ 最近2年內曾有參加健保紀錄者，自恢復戶籍之日起加保。
   ⑵ 最近2年沒有參加健保紀錄者，自恢復戶籍滿6個月才能加保。

（二）非本國籍人士

在臺居留之港、澳、大陸或外籍人士，在臺灣地區「領有居留證明文件」（指臺灣地區居留證、臺灣地區居留入出境證、外僑居留證、外僑永久居留證及其他經衛生福利部認定的在臺灣地區長期居留之證明文件），應自符合下列投保資格之日起加保：

1. 有一定雇主之受雇者，自受雇之日起加保。
2. 非受雇者，自領有居留證明文件後，在臺居留滿6個月（指進入臺灣地區居留後，連續居住達6個月，或曾出境1次且未逾30日，其實際居住期間，扣除出境日數後，併計達6個月）之日起加保。

3. 自民國106年12月1日起，在臺灣地區出生之外籍新生嬰兒，在臺灣地區領有居留證明文件者，應自出生之日起投保。但民國105年12月1日至民國106年11月30日出生，可選擇投保居留滿6個月或自民國106年12月1日起投保。

4. 配合「外國專業人才延攬及僱用法」於民國107年2月8日生效施行，對於受聘僱從事專業工作之外國專業人才，其配偶、未成年子女及其滿20歲以上，因身心障礙無法自理生活之子女，經領有居留證明文件，應依附該專業人才自領有居留證明文件之日起參加保險。

二、喪失資格

有下列情況的人，不可以投保，已經投保的人，應該退保：

（一）失蹤滿6個月的人。

（二）死亡。

（三）喪失投保資格（喪失中華民國國籍、戶籍遷出國外、外籍人士居留期限屆滿）。

三、種類（加入身分）

全民健保把保險對象區分為被保險人和其眷屬二種。分述如下：

（一）被保險人（分成六類）

1. 第一類被保險人：

⑴ 在政府機關、公私立學校服務而且參加公教人員保險或軍人保險的專任有給人員，或公職人員（包括無職業的鄉長）。

⑵ 公、民營事業、機構的員工。

⑶ ⑴和⑵以外有一定雇主的受雇者。

⑷ 雇主或自營業主（指未僱用有酬人員幫同工作之民營事業事業主或負責人）。

⑸ 依專門職業及技術人員考試法或其他法規取得執業資格，自行執業的人。

2. 第二類被保險人：

(1) 無一定雇主或沒有僱用員工，獨立從事勞動或技藝工作，而且參加職業工會的人。

(2) 參加海員總工會或船長公會為會員的外僱船員。

3. 第三類被保險人：

(1) 農會及水利會會員，或年滿15歲以上實際從事農業工作的人。

(2) 漁會的甲類會員，或年滿15歲以上實際從事漁業工作的人。

4. 第四類被保險人：

(1) 應服役期及應召在營期間逾2個月之受徵集及召集在營服兵役義務者、國軍軍事學校軍費學生、經國防部認定之無依軍眷及在領卹期間之軍人遺族。

(2) 服替代役期間之役齡男子。

(3) 在矯正機關接受刑之執行或接受保安處分、管訓處分之執行者。但其應執行之期間，在2個月以下或接受保護管束處分之執行者，不在此限。期間逾2個月的服兵役義務者、國軍軍事學校軍費學生、經國防部認定的。

5. 第五類被保險人：合於社會救助法規定的低收入戶成員。

6. 第六類被保險人：

(1) 榮民、榮民遺屬的家戶代表。

(2) 不屬於前面所列各類被保險人及其眷屬的其他家戶戶長或代表（簡稱為地區人口，原則上即無職業且無法以眷屬資格加入者）。

（二）眷屬範圍

第一類到第三類和第六類被保險人的眷屬，包括：

1. 被保險人的配偶而且沒有職業。

2. 被保險人沒有職業的直系血親尊親屬，包括父母、祖父母、曾祖父母等。

3. 被保險人二親等內直系血親卑親屬：

⑴ 未滿20歲且無職業。

⑵ 年滿20歲無謀生能力。

⑶ 年滿20歲且無職業，並符合：

① 仍在學就讀。

② 應屆畢業學生，自當學年度終了之日起1年內。

③ 服義務役兵役或替代役退伍（役）者，自退伍（役）之日起1年內。（以上情形之一者）

所謂「無謀生能力」，是指受禁治產宣告尚未撤銷或領有身心障礙手冊且不能自謀生活或符合重大傷病且不能自謀生活。另外「仍在學就讀」是指就讀於公立學校或各級主管教育行政機關核准立案的私立學校。

至於第四類被保險人依其範圍規定，在性質上不適宜再有依附其加保的眷屬，故無第四類被保險人眷屬的規定。而第五類被保險人為低收入戶成員，包括戶長及與戶長同一戶籍或共同生活之直系血親、旁系血親及互負扶養義務之親屬。但戶長之直系血親卑親屬，以未入贅或未出嫁者為限。因低收入戶成員皆為被保險人，故無眷屬的規定。

四、投保順序

（一）具有被保險人資格的人，不可以眷屬身分投保。

（二）第一類被保險人不可以第二類和第三類被保險人的身分投保，第二類被保險人不可以第三類被保險人的身分投保，第一類到第三類被保險人不可以第四類及第六類被保險人的身分投保。

（三）同時具有同一類二種以上被保險人資格的人，應以其主要工作的身分投保。

（四）農會或漁會會員兼具水利會會員身分者，應以農會或漁會會員身分投保。

（五）眷屬應該依附被保險人辦理投保和退保。

（六）同時是二位以上被保險人的眷屬身分的人，可以選擇依附其中之一的被保險人投保；如果選擇以直系血親眷屬身分投保的人，應該依附親等最近或有扶養義務的被保險人投保。

9-2-4 投保單位

投保單位除可為保險對象辦理投保（轉入）、退保（轉出）、續保、停保、復保等各項保險手續外，保險對象應自付之保費亦由投保單位負責扣、收繳或由保險對象按月向其投保單位繳納，且有些投保單位並與其保險對象共同負擔保費。故對各類被保險人之投保單位及其辦理各項保險手續之規定，加以簡單介紹如下：

一、各類被保險人之投保單位

（一）第一類和第二類被保險人，以自己服務的機關、學校、事業、機構、雇主或所屬團體為投保單位。但國防部所屬被保險人之投保單位，由國防部指定。

（二）第三類被保險人，以自己所屬或戶籍所在地的基層農會、水利會或漁會為投保單位。

（三）第四類被保險人，原則上以法務部及國防部指定之單位為投保單位，但服替代役之被保險人則以內政部指定之單位為投保單位。

（四）第五類和第六類被保險人，原則上以自己戶籍所在地的鄉（鎮、市、區）公所為投保單位，但安置在公私立社會福利服務機構的被保險人可以該機構為投保單位。

（五）其他

1. 安置於公私立社會福利服務機構之被保險人，得以該機構為投保單位。
2. 第六類無職業投保於鄉鎮市區公所之被保險人及其眷屬，得徵得其共同生活之其他類被保險人所屬投保單位同意後，以其為投保單位。但其保險費應依全民健康保險法第23條規定分別計算。
3. 在政府登記有案之職業訓練機構或考試訓練機關接受訓練之第六類保險對象，應以該訓練機構（關）為投保單位。

4. 投保單位欠繳保險費2個月以上者，保險人得洽定其他投保單位為其保險對象辦理有關本保險事宜。

5. 一般或育嬰留職停薪之被保險對象，於留職停薪期間經原投保單位同意，可以選擇於原投保單位繼續投保或選擇辦理轉出。

表9-1　全民健康保險各類保險對象及所屬投保單位分類

<table>
<tr><th colspan="2" rowspan="2">身分類別</th><th colspan="2">保險對象</th><th rowspan="2">投保單位</th></tr>
<tr><th>被保險人</th><th>眷屬</th></tr>
<tr><td rowspan="5">第一類</td><td>第一目</td><td>政府機關、公私立學校專任有給人員或公職人員</td><td rowspan="5">1. 無職業之配偶
2. 無職業之直系血親尊親屬（父母、祖父母及外祖父母等）
3. 二親等內直系血親卑親屬未滿二十歲無謀生能力，或仍在學就讀且無職業者（子女、孫子女及外孫子女）</td><td rowspan="5">服務之機關、學校、事業、機構或雇主</td></tr>
<tr><td>第二目</td><td>公、民營事業或機構之受雇者</td></tr>
<tr><td>第三目</td><td>前二目被保險人以外有一定雇主之受雇者</td></tr>
<tr><td>第四目</td><td>雇主或自營業主</td></tr>
<tr><td>第五目</td><td>專門職業及技術人員自行執業者</td></tr>
<tr><td rowspan="2">第二類</td><td>第一目</td><td>無一定雇主或自營作業而參加職業工會者</td><td rowspan="2">同上</td><td rowspan="2">所屬工（公）會</td></tr>
<tr><td>第二目</td><td>參加海員總工會或船長公會為會員之外僱船員</td></tr>
<tr><td rowspan="2">第三類</td><td>第一目</td><td>農會或水利會會員，或年滿十五歲以上實際從事農業工作者</td><td rowspan="2">同上</td><td rowspan="2">所屬或戶籍所在地之基層農會、水利會或漁會</td></tr>
<tr><td>第二目</td><td>無一定雇主或自營作業而參加漁會為甲類會員，或年滿十五歲以上實際從事漁業工作者</td></tr>
<tr><td rowspan="3">第四類</td><td>第一目</td><td>義務役軍人、軍校軍費生、在卹遺眷</td><td>無</td><td>國防部指定之單位</td></tr>
<tr><td>第二目</td><td>替代役役男</td><td>無</td><td>內政部指定之單位</td></tr>
<tr><td>第三目</td><td>矯正機關之收容人</td><td>無</td><td>法務部及國防部指定之單位</td></tr>
</table>

<table>
<tr><th colspan="2" rowspan="2">身分類別</th><th colspan="2">保險對象</th><th rowspan="2">投保單位</th></tr>
<tr><th>被保險人</th><th>眷屬</th></tr>
<tr><td>第五類</td><td></td><td>合於社會救助法規定之低收入戶成員</td><td>無</td><td>戶籍所在地區鄉（鎮、市、區）公所、安置機構</td></tr>
<tr><td rowspan="2">第六類</td><td>第一目</td><td>榮民及榮民遺眷之家戶代表</td><td rowspan="2">同第一類之眷屬範圍</td><td rowspan="2">戶籍所在地區鄉（鎮、市、區）公所、安置機構或訓練機構</td></tr>
<tr><td>第二目</td><td>不屬於前面所列各類被保險人及其眷屬之其他家戶戶長或代表</td></tr>
</table>

資料來源：行政院衛生福利部中央健康保險署

二、辦理各項保險手續之規定

（一）投保（轉入）

保險對象有下列情況之一時，投保單位應於3天內填寫保險對象投保申報表一份，送交所在地之健保署分區業務組辦理投保手續，並從符合投保條件的當天起生效：

1. 符合投保資格。
2. 轉換投保單位。
3. 改變投保身分。

（二）退保（轉出）

保險對象有下列情況之一時，投保單位應於3天內填寫保險對象退保申報表一份，送交所在地之健保署分區業務組辦理退保手續：

1. 轉換投保單位：自原投保單位辦理轉出。
2. 改變投保身分：自原投保單位辦理轉出。
3. 死亡。
4. 喪失投保資格（喪失中華民國國籍、戶籍遷出國外、外籍人士居留期限屆滿）。

5. 失蹤滿6個月：由原投保單位辦理退保。如因遭遇災難失蹤，可以從災難發生的當天起退保。

保險對象因上述1、2情況辦理退保手續時，原投保單位應複印退保申報表一份，交保險對象持往新投保單位辦理投保手續，新投保單位應該注意為保險對象銜接投保和收取保險費。

（三）續保

被保險人二親等內直系血親卑親屬年滿20歲無謀生能力，或在學就讀且無職業者，投保單位應於其年滿20歲當月底，填具續保申報表一份，送健保署分區業務組辦理卑親屬逾齡續保手續。

（四）停保

保險對象有下列情況之一時，可以辦理停保，由投保單位填寫停保申報表一份送交健保署分區業務組，並於停保期間暫停繳納保費。被保險人辦理停保時，其眷屬應改按其他身分投保。

1. 失蹤未滿6個月者。
2. 預定出國6個月以上者，但遠洋漁船船員除外。

（五）復保

被保險人在停保原因消失後，應依下列規定，由投保單位填寫復保申報表一份，送交健保署分區業務組辦理復保手續：

1. 失蹤者在6個月內尋獲時，應該註銷停保，並補繳停保期間的保費；超過6個月未尋獲時，應該追溯自停保當月起終止保險，並辦理退保手續。
2. 出國6個月以上的人，從返國之日辦理復保，復保後須屆滿3個月始得停保。但出國未滿6個月的人，應該註銷停保，並補繳停保期間的保費。

9-2-5 保費計算

全民健康保險屬社會保險，故其保險對象的保費通常會由投保單位或政府共同負擔，茲將保險對象、投保單位及政府的負擔比率規定整理如下：

表9-2 保險費負擔比率

保險對象類別			負擔比例(%)		
			被保險人	投保單位	政府
第一類	公務人員、公職人員	本人及眷屬	30	0	70
	私校教職員	本人及眷屬	30	35	35
	公民營事業、機構等有一定雇主的受雇者	本人及眷屬	30	60	10
	雇主、自營業主、專門職業及技術人員自行執業者	本人及眷屬	100	0	0
第二類	職業工會會員、外僱船員	本人及眷屬	60	0	40
第三類	農民、漁民、水利會會員	本人及眷屬	30	0	70
第四類	義務役軍人、替代役役男、軍校軍費生、在卹遺眷、矯正機關之收容人	本人	0	0	100
第五類	低收入戶	本人	0	0	100
第六類	榮民、榮民遺眷家戶代表	本人	0	0	100
		眷屬	30	0	70
	其他地區人口	本人及眷屬	60	0	40

資料來源：行政院衛生福利部中央健康保險署

各類保險對象的保險費計算公式並不全然相同，由於第四類及第五類被保險人的健保費政府全額補助，自己不用負擔，故不介紹此二類保費之計算，僅探討第一類至第三類及第六類的保費計算，而第一類至第三類是依相同的保費計算方法與第六類的保費公式不同，因此分成二個部分進一步說明如下：

一、第一類至第三類的保費計算

第一類至第三類被保險人及其眷屬自付的保費計算公式如下：

（月）投保金額×健保費率×負擔比率×（1＋實際眷口數）　　（9.1.1）

（一）投保金額

第一類至第三類被保險人所適用的投保金額，請參閱「全民健康保險投保金額分級表」（表9-3）。

1. 第一類被保險人的投保金額：

⑴ 具有公教人員保險或軍人保險被保險人資格者，其投保金額應以其俸（薪）給總額計算之。

⑵ 無給職公職人員：

① 直轄市議會議員、縣（市）議會議員及鄉（鎮、市）民代表會代表，依地方民意代表費用支給及村里長事務補助費補助條例第3條規定，以公務人員相當職級計算其投保金額。

② 村里鄰長，按投保金額分級表第12級申報。

⑶ 受雇者：以其薪資所得為投保金額。

⑷ 雇主：

① 僱用被保險人數五人以上之事業負責人，按投保金額分級表最高一級申報。但其所得未達投保金額分級表最高一級者，得自行舉證申報其投保金額，但最低不得低於勞工保險投保薪資分級表最高一級及其所屬員工申報之最高投保金額。

② 僱用被保險人數未滿五人之事業負責人及屬於第一類被保險人之自營業主，按投保金額分級表最高一級申報，但其所得未達投保金額分級表最高一級者，得自行舉證申報其投保金額，但最低不得低於公民營事業機構受雇者之平均投保金額（目前為34,800元）及其所屬員工申報之最高投保金額。

(5) 專門職業及技術人員自行執業者：

① 會計師、律師、建築師、醫師、牙醫師、中醫師按投保金額分級表最高一級申報；惟所得未達投保金額分級最高一級者，得自行舉證申報其投保金額，但最低不得低於勞工保險投保薪資分級表最高一級（105年5月1日起為45,800元）及其所屬員工申報之最高投保金額。

② 前項以外之專門職業技術人員自行執業者，按投保金額分級表最高一級申報，但其所得未達投保金額分級表最高一級者，得自行舉證申報其投保金額，最低不得低於公民營事業機構受雇者之平均投保金額（目前為34,800元）及其所屬員工申報之投保金額。但未僱用有酬人員幫同工作之本款專門職業及技術員自行執業者，其自行舉證申報之投保金額，最低以投保金額分級表第6級為限（111年1月1日起為31,800元）為限。

2. 第二類被保險人的投保金額：

(1) 無一定雇主或自營作業而參加職業工會者，111年1月1日起，投保金額下限調整為25,250元。

(2) 參加海員總工會或船長公會為會員的外僱船員：

① 由船長公會投保者，適用投保金額分級表最高一級。

② 參加海員總工會為會員之外僱船員依其實際薪資所得，按投保金額分級表所定數額自行申報，惟其申報之投保金額不得低於其勞工保險之投保薪資。

3. 第三類被保險人的投保金額，是依第一類第二目、第三目被保險人及第二類被保險人的平均投保金額計算。但保險人得視第三類被保險人及其眷屬的經濟能力，調整投保金額等級。

4. 第四類被保險人的保險費，以精算結果之全體保險對象每人平均保險費計算之。

5. 具有勞工保險被保險人資格者，其申報的投保金額不得低於其勞工保險的投保薪資。

（二）健保費率

於民國99年4月1日起，健保費率已由原來的4.25%調整至5.17%。民國102年1月1日二代健保實施，健保費率已由原來的5.17%調整至4.91%，民國105年1月1日由4.91%調整至4.69%，民國110年1月1日調整為5.17%。

（三）負擔比率

請參閱表9-2健保費負擔比率。表中包括保險對象，投保單位及政府之負擔比率，若欲計算被保險人及其眷屬應自付的保費部分，則應選擇保險對象（被保險人欄位）所規定之負擔比率代入公式中。

眷屬的保險費，由被保險人繳納，故公式中（1＋實際眷口數）之1代表被保險人本人，而實際眷口數依現行規定超過三口者以三口計。

此外，第一類至第三類被保險人所屬的投保單位或政府應為其負擔之健保費，計算公式如下所示：

（月）投保金額×健保費率×負擔比率×（1＋平均眷口數）　（9.1.2）

投保單位或政府應負擔之眷屬人數是依第一類至第三類被保險人實際眷屬人數平均計算，亦即以平均眷口數（自民國96年1月1日起已由原先之0.78人調整為0.7人，民國104年1月1日起調整為0.62人，民國105年1月1日起調整為0.61人，民國109年1月1日起調整為0.58人）來計算，如此雇主不會因員工眷口多寡而有不同保費負擔，才不會影響到較多眷口員工的聘用。由於眷屬保費採雙軌制，而形成（9.1.1）與（9.1.2）二式，應注意者，（9.1.2）式中之負擔比率是以投保單位或政府依健保法所規定之負擔比率代入。

表9-3 全民健康保險投保金額分級表

民國111年1月1日實施

組別級距	投保等級	月投保金額(元)	實際薪資月額(元)	組別級距	投保等級	月投保金額(元)	實際薪資月額(元)
第一組級距1,200元	1	25,250	25,250 以下	第六組級距3,700元	25	76,500	72,801-76,500
	2	26,400	25,251-26,400		26	80,200	76,501-80,200
	3	27,600	26,401-27,600		27	83,900	80,201-83,900
	4	28,800	27,601-28,800		28	87,600	83,901-87,600
第二組級距1,500元	5	30,300	28,801-30,300	第七組級距4,500元	29	92,100	87,601-92,100
	6	31,800	30,301-31,800		30	96,600	92,101-96,600
	7	33,300	31,801-33,300		31	101,100	96,601-101,100
	8	34,800	33,301-34,800		32	105,600	101,101-105,600
	9	36,300	34,801-36,300		33	110,100	105,601-110,100
第三組級距1,900元	10	38,200	36,301-38,200	第八組級距5,400元	34	115,500	110,101-115,500
	11	40,100	38,201-40,100		35	120,900	115,501-120,900
	12	42,000	40,101-42,000		36	126,300	120,901-126,300
	13	43,900	42,001-43,900		37	131,700	126,301-131,700
	14	45,800	43,901-45,800		38	137,100	131,701-137,100
第四組級距2,400元	15	48,200	45,801-48,200		39	142,500	137,101-142,500
	16	50,600	48,201-50,600		40	147,900	142,501-147,900
	17	53,000	50,601-53,000		41	150,000	147,901-150,000
	18	55,400	53,001-55,400	第九組級距6,400元	42	156,400	150,001-156,400
	19	57,800	55,401-57,800		43	162,800	156,401-162,800
第五組級距3,000元	20	60,800	57,801-60,800		44	169,200	162,801-169,200
	21	63,800	60,801-63,800		45	175,600	169,201-175,600
	22	66,800	63,801-66,800		46	182,000	175,601 以上
	23	69,800	66,801-69,800				
	24	72,800	69,801-72,800				

二、第六類的保費計算

第六類保險對象的保費，是以精算結果之全體保險對象每人平均保費計算之。眷屬的保費，由被保險人繳納；超過三口者，以三口計。其保費計算公式如下：

平均保險費×負擔比率×（1+實際眷口數）

註：平均保險費110年1月1日起為$1,377

三、被保險人及眷屬負擔金額

（一）公務人員、公職人員、志願役軍人適用

表9-4　被保險人及眷屬負擔金額表

民國111年1月1日起實施
單位：新臺幣／元

投保金額等級	月投保金額	被保險人及眷屬負擔金額（負擔比率30%）				投保單位負擔金額（負擔比率70%）
		本人	本人+1眷口	本人+2眷口	本人+3眷口	
1	25,250	392	784	1,176	1,568	1,444
2	26,400	409	818	1,227	1,636	1,510
3	27,600	428	856	1,284	1,712	1,578
4	28,800	447	894	1,341	1,788	1,647
5	30,300	470	940	1,410	1,880	1,733
6	31,800	493	986	1,479	1,972	1,818
7	33,300	516	1,032	1,548	2,064	1,904
8	34,800	540	1,080	1,620	2,160	1,990
9	36,300	563	1,126	1,689	2,252	2,076
10	38,200	592	1,184	1,776	2,368	2,184
11	40,100	622	1,244	1,866	2,488	2,293
12	42,000	651	1,302	1,953	2,604	2,402
13	43,900	681	1,362	2,043	2,724	2,510
14	45,800	710	1,420	2,130	2,840	2,619
15	48,200	748	1,496	2,244	2,992	2,756

投保金額等級	月投保金額	被保險人及眷屬負擔金額（負擔比率30%）				投保單位負擔金額（負擔比率70%）
		本人	本人+1眷口	本人+2眷口	本人+3眷口	
16	50,600	785	1,570	2,355	3,140	2,893
17	53,000	822	1,644	2,466	3,288	3,031
18	55,400	859	1,718	2,577	3,436	3,168
19	57,800	896	1,792	2,688	3,584	3,305
20	60,800	943	1,886	2,829	3,772	3,477
21	63,800	990	1,980	2,970	3,960	3,648
22	66,800	1,036	2,072	3,108	4,144	3,820
23	69,800	1,083	2,166	3,249	4,332	3,991
24	72,800	1,129	2,258	3,387	4,516	4,163
25	76,500	1,187	2,374	3,561	4,748	4,374
26	80,200	1,244	2,488	3,732	4,976	4,586
27	83,900	1,301	2,602	3,903	5,204	4,797
28	87,600	1,359	2,718	4,077	5,436	5,009
29	92,100	1,428	2,856	4,284	5,712	5,266
30	96,600	1,498	2,996	4,494	5,992	5,524
31	101,100	1,568	3,136	4,704	6,272	5,781
32	105,600	1,638	3,276	4,914	6,552	6,038
33	110,100	1,708	3,416	5,124	6,832	6,296
34	115,500	1,791	3,582	5,373	7,164	6,604
35	120,900	1,875	3,750	5,625	7,500	6,913
36	126,300	1,959	3,918	5,877	7,836	7,222
37	131,700	2,043	4,086	6,129	8,172	7,531
38	137,100	2,126	4,252	6,378	8,504	7,839
39	142,500	2,210	4,420	6,630	8,840	8,148
40	147,900	2,294	4,588	6,882	9,176	8,457
41	150,000	2,327	4,654	6,981	9,308	8,577
42	156,400	2,426	4,852	7,278	9,704	8,943
43	162,800	2,525	5,050	7,575	10,100	9,309

投保金額等級	月投保金額	被保險人及眷屬負擔金額（負擔比率30%）				投保單位負擔金額（負擔比率70%）
		本人	本人+1眷口	本人+2眷口	本人+3眷口	
44	169,200	2,624	5,248	7,872	10,496	9,675
45	175,600	2,724	5,448	8,172	10,896	10,041
46	182,000	2,823	5,646	8,469	11,292	10,407

註：1. 自民國111年1月1日起配合基本工資調整，第一級調整為25,250元。

2. 自民國110年1月1日起費率調整為5.17%。

3. 自民國109年1月1日起調整平均眷口數為0.58人，投保單位負擔金額含本人及平均眷屬人數0.58人，合計1.58人。

資料來源：行政院衛生福利部中央健康保險署

（二）私立學校教職員適用

表9-5 被保險人及眷屬負擔金額表

民國111年1月1日起實施
單位：新臺幣／元

投保金額等級	月投保金額	被保險人及眷屬負擔金額（負擔比率30%）				投保單位負擔金額（負擔比率35%）	政府補助金額（補助比率35%）
		本人	本人+1眷口	本人+2眷口	本人+3眷口		
1	25,250	392	784	1,176	1,568	722	722
2	26,400	409	818	1,227	1,636	755	755
3	27,600	428	856	1,284	1,712	789	789
4	28,800	447	894	1,341	1,788	823	823
5	30,300	470	940	1,410	1,880	866	866
6	31,800	493	986	1,479	1,972	909	909
7	33,300	516	1,032	1,548	2,064	952	952
8	34,800	540	1,080	1,620	2,160	995	995
9	36,300	563	1,126	1,689	2,252	1,038	1,038
10	38,200	592	1,184	1,776	2,368	1,092	1,092
11	40,100	622	1,244	1,866	2,488	1,146	1,146
12	42,000	651	1,302	1,953	2,604	1,201	1,201
13	43,900	681	1,362	2,043	2,724	1,255	1,255

投保金額等級	月投保金額	被保險人及眷屬負擔金額（負擔比率30%）				投保單位負擔金額（負擔比率35%）	政府補助金額（補助比率35%）
		本人	本人+1眷口	本人+2眷口	本人+3眷口		
14	45,800	710	1,420	2,130	2,840	1,309	1,309
15	48,200	748	1,496	2,244	2,992	1,378	1,378
16	50,600	785	1,570	2,355	3,140	1,447	1,447
17	53,000	822	1,644	2,466	3,288	1,515	1,515
18	55,400	859	1,718	2,577	3,436	1,584	1,584
19	57,800	896	1,792	2,688	3,584	1,653	1,653
20	60,800	943	1,886	2,829	3,772	1,738	1,738
21	63,800	990	1,980	2,970	3,960	1,824	1,824
22	66,800	1,036	2,072	3,108	4,144	1,910	1,910
23	69,800	1,083	2,166	3,249	4,332	1,996	1,996
24	72,800	1,129	2,258	3,387	4,516	2,081	2,081
25	76,500	1,187	2,374	3,561	4,748	2,187	2,187
26	80,200	1,244	2,488	3,732	4,976	2,293	2,293
27	83,900	1,301	2,602	3,903	5,204	2,399	2,399
28	87,600	1,359	2,718	4,077	5,436	2,504	2,504
29	92,100	1,428	2,856	4,284	5,712	2,633	2,633
30	96,600	1,498	2,996	4,494	5,992	2,762	2,762
31	101,100	1,568	3,136	4,704	6,272	2,890	2,890
32	105,600	1,638	3,276	4,914	6,552	3,019	3,019
33	110,100	1,708	3,416	5,124	6,832	3,148	3,148
34	115,500	1,791	3,582	5,373	7,164	3,302	3,302
35	120,900	1,875	3,750	5,625	7,500	3,457	3,457
36	126,300	1,959	3,918	5,877	7,836	3,611	3,611
37	131,700	2,043	4,086	6,129	8,172	3,765	3,765
38	137,100	2,126	4,252	6,378	8,504	3,920	3,920
39	142,500	2,210	4,420	6,630	8,840	4,074	4,074
40	147,900	2,294	4,588	6,882	9,176	4,228	4,228

投保金額等級	月投保金額	被保險人及眷屬負擔金額（負擔比率30%）				投保單位負擔金額（負擔比率35%）	政府補助金額（補助比率35%）
		本人	本人+1眷口	本人+2眷口	本人+3眷口		
41	150,000	2,327	4,654	6,981	9,308	4,289	4,289
42	156,400	2,426	4,852	7,278	9,704	4,471	4,471
43	162,800	2,525	5,050	7,575	10,100	4,654	4,654
44	169,200	2,624	5,248	7,872	10,496	4,837	4,837
45	175,600	2,724	5,448	8,172	10,896	5,020	5,020
46	182,000	2,823	5,646	8,469	11,292	5,203	5,203

註：1. 自民國110年1月1日起配合基本工資調整，第一級調整為25,250元。
2. 自民國110年1月1日起費率調整為5.17%。
3. 自民國109年1月1日起調整平均眷口數為0.58人，投保單位負擔金額含本人及平均眷屬人數0.58人，合計1.58人。

資料來源：行政院衛生福利部中央健康保險署。

（三）公、民營事業、機構及有一定雇主之受雇者適用

表9-6 被保險人及眷屬負擔金額表

民國111年1月1日起實施
單位：新臺幣／元

投保金額等級	月投保金額	被保險人及眷屬負擔金額（負擔比率30%）				投保單位負擔金額（負擔比率60%）	政府補助金額（補助比率10%）
		本人	本人+1眷口	本人+2眷口	本人+3眷口		
1	25,250	392	784	1,176	1,568	1,238	206
2	26,400	409	818	1,227	1,636	1,294	216
3	27,600	428	856	1,284	1,712	1,353	225
4	28,800	447	894	1,341	1,788	1,412	235
5	30,300	470	940	1,410	1,880	1,485	248
6	31,800	493	986	1,479	1,972	1,559	260
7	33,300	516	1,032	1,548	2,064	1,632	272
8	34,800	540	1,080	1,620	2,160	1,706	284
9	36,300	563	1,126	1,689	2,252	1,779	297

投保金額等級	月投保金額	被保險人及眷屬負擔金額（負擔比率30%）				投保單位負擔金額（負擔比率60%）	政府補助金額（補助比率10%）
		本人	本人+1眷口	本人+2眷口	本人+3眷口		
10	38,200	592	1,184	1,776	2,368	1,872	312
11	40,100	622	1,244	1,866	2,488	1,965	328
12	42,000	651	1,302	1,953	2,604	2,058	343
13	43,900	681	1,362	2,043	2,724	2,152	359
14	45,800	710	1,420	2,130	2,840	2,245	374
15	48,200	748	1,496	2,244	2,992	2,362	394
16	50,600	785	1,570	2,355	3,140	2,480	413
17	53,000	822	1,644	2,466	3,288	2,598	433
18	55,400	859	1,718	2,577	3,436	2,715	453
19	57,800	896	1,792	2,688	3,584	2,833	472
20	60,800	943	1,886	2,829	3,772	2,980	497
21	63,800	990	1,980	2,970	3,960	3,127	521
22	66,800	1,036	2,072	3,108	4,144	3,274	546
23	69,800	1,083	2,166	3,249	4,332	3,421	570
24	72,800	1,129	2,258	3,387	4,516	3,568	595
25	76,500	1,187	2,374	3,561	4,748	3,749	625
26	80,200	1,244	2,488	3,732	4,976	3,931	655
27	83,900	1,301	2,602	3,903	5,204	4,112	685
28	87,600	1,359	2,718	4,077	5,436	4,293	716
29	92,100	1,428	2,856	4,284	5,712	4,514	752
30	96,600	1,498	2,996	4,494	5,992	4,735	789
31	101,100	1,568	3,136	4,704	6,272	4,955	826
32	105,600	1,638	3,276	4,914	6,552	5,176	863
33	110,100	1,708	3,416	5,124	6,832	5,396	899
34	115,500	1,791	3,582	5,373	7,164	5,661	943
35	120,900	1,875	3,750	5,625	7,500	5,926	988
36	126,300	1,959	3,918	5,877	7,836	6,190	1,032

投保金額等級	月投保金額	被保險人及眷屬負擔金額（負擔比率30%）				投保單位負擔金額（負擔比率60%）	政府補助金額（補助比率10%）
		本人	本人+1眷口	本人+2眷口	本人+3眷口		
37	131,700	2,043	4,086	6,129	8,172	6,455	1,076
38	137,100	2,126	4,252	6,378	8,504	6,719	1,120
39	142,500	2,210	4,420	6,630	8,840	6,984	1,164
40	147,900	2,294	4,588	6,882	9,176	7,249	1,208
41	150,000	2,327	4,654	6,981	9,308	7,352	1,225
42	156,400	2,426	4,852	7,278	9,704	7,665	1,278
43	162,800	2,525	5,050	7,575	10,100	7,979	1,330
44	169,200	2,624	5,248	7,872	10,496	8,293	1,382
45	175,600	2,724	5,448	8,172	10,896	8,606	1,434
46	182,000	2,823	5,646	8,469	11,292	8,920	1,487

註：1. 自民國111年1月1日起配合基本工資調整，第一級調整為25,250元。
2. 自民國110年1月1日起費率調整為5.17%。
3. 自民國109年1月1日起調整平均眷口數為0.58人，投保單位負擔金額含本人及平均眷屬人數0.58人，合計1.58人。

資料來源：行政院衛生福利部中央健康保險署

（四）職業工會會員適用

表9-7 被保險人及眷屬負擔金額表

民國111年1月1日起實施
單位：新臺幣／元

投保金額等級	月投保金額	被保險人及眷屬負擔金額（負擔比率60%）			
		本人	本人+1眷口	本人+2眷口	本人+3眷口
1	25,250	783	1,566	2,349	3,132
2	26,400	819	1,638	2,457	3,276
3	27,600	856	1,712	2,568	3,424
4	28,800	893	1,786	2,679	3,572
5	30,300	940	1,880	2,820	3,760
6	31,800	986	1,972	2,958	3,944
7	33,300	1,033	2,066	3,099	4,132

投保金額等級	月投保金額	被保險人及眷屬負擔金額（負擔比率60%）			
		本人	本人+1眷口	本人+2眷口	本人+3眷口
8	34,800	1,079	2,158	3,237	4,316
9	36,300	1,126	2,252	3,378	4,504
10	38,200	1,185	2,370	3,555	4,740
11	40,100	1,244	2,488	3,732	4,976
12	42,000	1,303	2,606	3,909	5,212
13	43,900	1,362	2,724	4,086	5,448
14	45,800	1,421	2,842	4,263	5,684
15	48,200	1,495	2,990	4,485	5,980
16	50,600	1,570	3,140	4,710	6,280
17	53,000	1,644	3,288	4,932	6,576
18	55,400	1,719	3,438	5,157	6,876
19	57,800	1,793	3,586	5,379	7,172
20	60,800	1,886	3,772	5,658	7,544
21	63,800	1,979	3,958	5,937	7,916
22	66,800	2,072	4,144	6,216	8,288
23	69,800	2,165	4,330	6,495	8,660
24	72,800	2,258	4,516	6,774	9,032
25	76,500	2,373	4,746	7,119	9,492
26	80,200	2,488	4,976	7,464	9,952
27	83,900	2,603	5,206	7,809	10,412
28	87,600	2,717	5,434	8,151	10,868
29	92,100	2,857	5,714	8,571	11,428
30	96,600	2,997	5,994	8,991	11,988
31	101,100	3,136	6,272	9,408	12,544
32	105,600	3,276	6,552	9,828	13,104
33	110,100	3,415	6,830	10,245	13,660
34	115,500	3,583	7,166	10,749	14,332
35	120,900	3,750	7,500	11,250	15,000

投保金額等級	月投保金額	被保險人及眷屬負擔金額（負擔比率60%）			
		本人	本人+1眷口	本人+2眷口	本人+3眷口
36	126,300	3,918	7,836	11,754	15,672
37	131,700	4,085	8,170	12,255	16,340
38	137,100	4,253	8,506	12,759	17,012
39	142,500	4,420	8,840	13,260	17,680
40	147,900	4,588	9,176	13,764	18,352
41	150,000	4,653	9,306	13,959	18,612
42	156,400	4,852	9,704	14,556	19,408
43	162,800	5,050	10,100	15,150	20,200
44	169,200	5,249	10,498	15,747	20,996
45	175,600	5,447	10,894	16,341	21,788
46	182,000	5,646	11,292	16,938	22,584

註：1. 自民國111年1月1日起配合基本工資調整，第一級調整為25,250元。。

2. 自民國110年1月1日起費率調整為5.17%。

3. 自101年7月1日起第2類被保險人及眷屬之保險費由中央政府負擔40%。

資料來源：行政院衛生福利部中央健康保險署

（五）雇主、自營作業者、專門職業及技術人員自行執業者適用

表9-8 被保險人及眷屬負擔金額表

民國111年1月1日起實施
單位：新臺幣／元

投保金額等級	月投保金額	被保險人及眷屬負擔金額（負擔比率100%）			
		本人	本人+1眷口	本人+2眷口	本人+3眷口
1	-		-	-	-
2	-	-	-	-	-
3	-	-	-	-	-
4	-	-	-	-	-
5	-	-	-	-	-
6	31,800	1,644	3,288	4,932	6,576
7	33,300	1,722	3,444	5,166	6,888

投保金額等級	月投保金額	被保險人及眷屬負擔金額（負擔比率100%）			
		本人	本人+1眷口	本人+2眷口	本人+3眷口
8	34,800	1,799	3,598	5,397	7,196
9	36,300	1,877	3,754	5,631	7,508
10	38,200	1,975	3,950	5,925	7,900
11	40,100	2,073	4,146	6,219	8,292
12	42,000	2,171	4,342	6,513	8,684
13	43,900	2,270	4,540	6,810	9,080
14	45,800	2,368	4,736	7,104	9,472
15	48,200	2,492	4,984	7,476	9,968
16	50,600	2,616	5,232	7,848	10,464
17	53,000	2,740	5,480	8,220	10,960
18	55,400	2,864	5,728	8,592	11,456
19	57,800	2,988	5,976	8,964	11,952
20	60,800	3,143	6,286	9,429	12,572
21	63,800	3,298	6,596	9,894	13,192
22	66,800	3,454	6,908	10,362	13,816
23	69,800	3,609	7,218	10,827	14,436
24	72,800	3,764	7,528	11,292	15,056
25	76,500	3,955	7,910	11,865	15,820
26	80,200	4,146	8,292	12,438	16,584
27	83,900	4,338	8,676	13,014	17,352
28	87,600	4,529	9,058	13,587	18,116
29	92,100	4,762	9,524	14,286	19,048
30	96,600	4,994	9,988	14,982	19,976
31	101,100	5,227	10,454	15,681	20,908
32	105,600	5,460	10,920	16,380	21,840
33	110,100	5,692	11,384	17,076	22,768
34	115,500	5,971	11,942	17,913	23,884

投保金額等級	月投保金額	被保險人及眷屬負擔金額（負擔比率100%）			
		本人	本人+1眷口	本人+2眷口	本人+3眷口
35	120,900	6,251	12,502	18,753	25,004
36	126,300	6,530	13,060	19,590	26,120
37	131,700	6,809	13,618	20,427	27,236
38	137,100	7,088	14,176	21,264	28,352
39	142,500	7,367	14,734	22,101	29,468
40	147,900	7,646	15,292	22,938	30,584
41	150,000	7,755	15,510	23,265	31,020
42	156,400	8,086	16,172	24,258	32,344
43	162,800	8,417	16,834	25,251	33,668
44	169,200	8,748	17,496	26,244	34,992
45	175,600	9,079	18,158	27,237	36,316
46	182,000	9,409	18,818	28,227	37,636

註：1. 自民國111年1月1日起配合基本工資調整，修正投保金額分級表級數。

2. 自民國110年1月1日起，調整費率為5.17%。

3. 僱用被保險人數5人以上之事業單位負責人或會計師、律師、建築師、醫師、牙醫師、中醫師自行執業者除自行舉證申報其投保金額者外，應按投保金額分級表最高一級申報。自行舉證申報之投保金額，最低不得低於勞工保險投保薪資分級表最高一級（民國105年5月1日起為45,800元）及其所屬員工申報之最高投保金額。

4. 僱用被保險人數未滿5人之事業單位負責人、前項以外之專門職業及技術人員自行執業者或屬於第一類被保險人之自營業主，除自行舉證申報其投保金額者外，應按投保金額分級表最高一級申報。自行舉證申報之投保金額，最低不得低於健保法第10條第1項第1款第2目被保險人之平均投保金額（目前為34,800元）及其所屬員工申報之最高投保金額。但未僱用有酬人員幫同工作之本款專門職業及技術人員自行執業者，其自行舉證申報之投保金額，最低以投保金額分級表第6級（民國111年1月1日起為31,800元）為限。

資料來源：行政院衛生福利部中央健康保險署

（六）農會、漁會會員適用

表9-9 被保險人及眷屬負擔金額表

民國110年1月1日起實施
單位：新臺幣／元

投保金額等級	月投保金額	被保險人及眷屬負擔金額（負擔比率100%）			
		本人	本人+1眷口	本人+2眷口	本人+3眷口
24,000	372	744	1,116	1,488	1,690

註：1. 民國110年1月1日起費率調整為5.17%。
2. 民國107年1月1日起第3類被保險人投保金額調整為24,000元。
3. 民國101年7月1日起第3類被保險人及眷屬之保險費由中央政府負擔70%。
4. 農田水利法於民國109年10月1日施行後，農田水利會組織通則不再適用，爰同日起已無水利會會員投保身分。

（七）第六類無職業榮民之眷屬、地區人口適用

表9-10 被保險人及眷屬負擔金額表

第六類無職業榮民之眷屬適用

民國110年1月1日起實施
單位：新臺幣／元

平均保險費	自付保險費（負擔比率30%）
1,377	413

地區人口

單位：新臺幣／元

平均保險費	被保險人及眷屬負擔金額（負擔比率60%）			
	本人	本人+1眷口	本人+2眷口	本人+3眷口
1,377	826	1,652	2,478	3,304

註：1. 無職業榮民之眷屬保險費由行政院退除役官兵輔導委員會補助70%。
2. 地區人口之被保險人及眷屬保險費由中央政府負擔40%。

9-2-6 保險給付

全民健康保險的醫療給付，乃於保險對象發生疾病、傷害或生育事故時，由保險醫事服務機構依全民健康保險醫療辦法，給予門診或住院診療服務，醫師並得交付處方箋予保險對象至藥局調劑。此外，亦由保險醫事服務機構的醫師、護理人員提供居家照護服務。且為維護保險對象的健康，全民健康保險亦提供預防保健服務，茲將全民健康保險給付的架構及有關服務項目的規定整理如下：

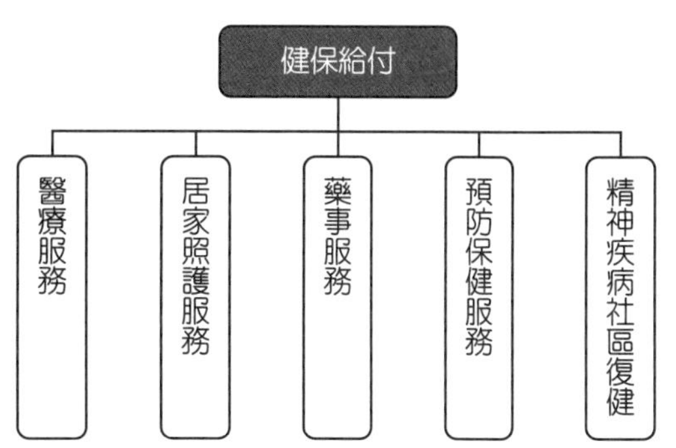

圖9-3 全民健康保險給付架構

資料來源：陳綾珊，社會保險，2008年。

一、全民健保之醫療服務

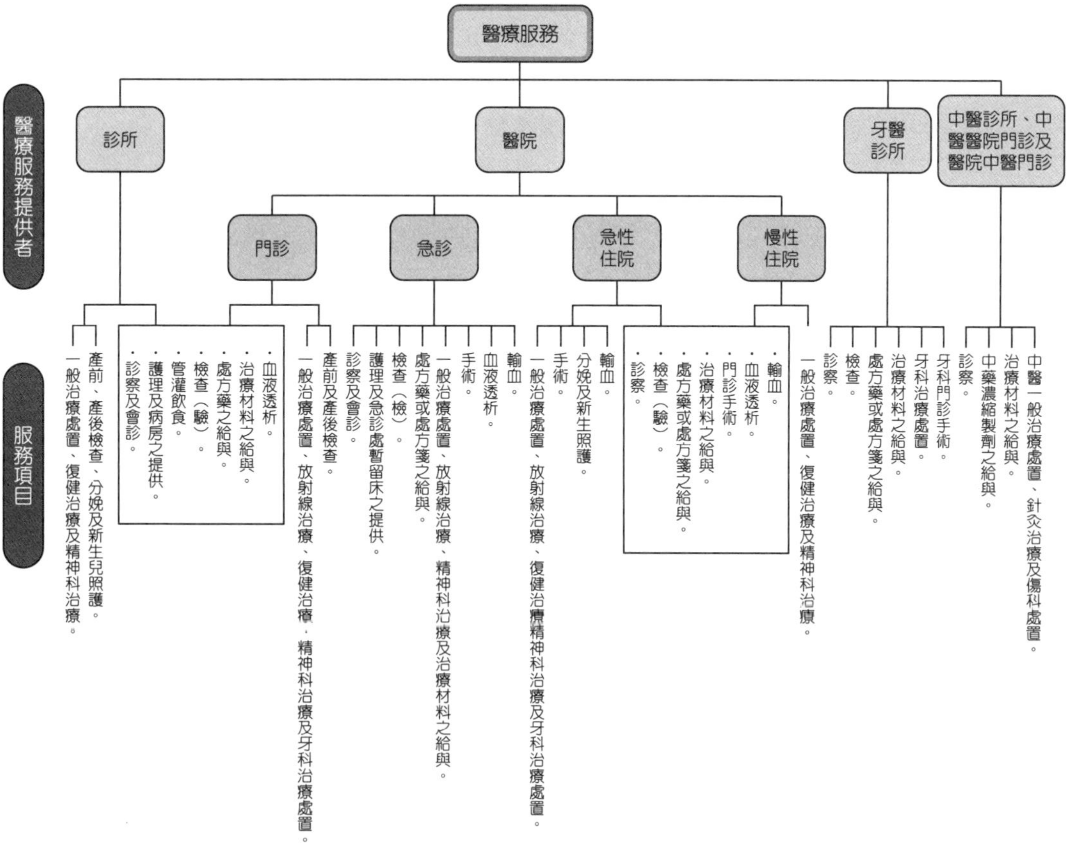

醫療服務

醫療服務提供者 / 服務項目

- 診所
  - 一般治療處置、復健治療及精神科治療。
  - 產前、產後檢查、分娩及新生兒照護。
  - ·血液透析。·治療材料之給與。·處方藥之給與。·檢查（驗）。·管灌飲食。·護理及病房之提供。·診察及會診。
- 醫院
  - 門診
    - ·血液透析。·治療材料之給與。·處方藥之給與。·檢查（驗）。·管灌飲食。·護理及病房之提供。·診察及會診。
    - 一般治療處置、放射線治療、復健治療、精神科治療及牙科治療處置。
    - 產前及產後檢查。
  - 急診
    - 診察及會診。
    - 護理及急診處暫留床之提供。
    - 檢查（檢）。
    - 處方藥或處方箋之給與。
    - 一般治療處置、放射線治療、精神科治療及治療材料之給與。
    - 手術。
    - 血液透析。
    - 輸血。
  - 急性住院
    - 一般治療處置、放射線治療、復健治療精神科治療及牙科治療處置。
    - 手術。
    - 分娩及新生照護。
    - 輸血。
    - ·輸血。·血液透析。·門診手術。·治療材料之給與。·處方藥或處方箋之給與。·檢查（驗）。·診察。
  - 慢性住院
    - ·輸血。·血液透析。·門診手術。·治療材料之給與。·處方藥或處方箋之給與。·檢查（驗）。·診察。
    - 一般治療處置、復健治療及精神科治療。
- 牙醫診所
  - 診察。
  - 檢查。
  - 處方藥或處方箋之給與。
  - 治療材料之給與。
  - 牙科治療處置。
  - 牙科門診手術。
- 中醫診所、中醫醫院門診及醫院中醫門診
  - 診察。
  - 中藥濃縮製劑之給與。
  - 治療材料之給與。
  - 中醫一般治療處置、針灸治療及傷科處置。

圖9-4 全民健保之醫療服務服務項目

資料來源：陳綾珊，社會保險，2008年。

二、全民健保之居家照護服務

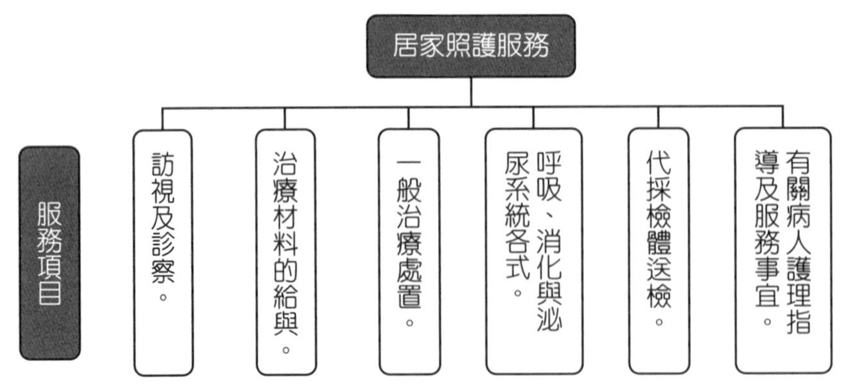

圖9-5 居家照護服務

資料來源：陳綾珊，社會保險，2008年。

✦ 居家相關醫療服務介紹

服務種類	服務依據
居家醫療整合計畫	全民健康保險居家醫療照護整合計畫
一般居家照護	全民健康保險醫療服務給付項目及支付標準第5部第1章
呼吸居家照護	全民健康保險呼吸器依賴患者整合性照護前瞻性支付方式計畫
安寧居家療護	全民健康保險醫療服務給付項目及支付標準第5部第3章
居家精神復健	全民健康保險醫療服務給付項目及支付標準第5部第2章
到宅牙醫醫療服務	全民健康保險牙醫門診總額特殊醫療服務計畫

註：居家醫療整合計畫：本計畫整合一般居家照護、呼吸居家照護、安寧居家療護及居家醫療試辦計畫4項服務，為3照護階段，鼓勵院所組成整合性照護團隊，強化醫療照護資源連結轉介，提供以病人為中心之整合照護。

資料來源：行政院衛生福利部中央健康保險署

三、全民健康保險不給付項目

全民健康保險不給付的項目依民國83年制訂之健保法（第51條）與全民健保醫療辦法等相關規定整理如下：

表9-11　全民健康保險不給付項目

1. 依其他法令應由政府負擔費用之醫療服務項目。(如法定傳染病)	7.人體試驗。
2. 預防接種及其他由政府負擔費用之醫療服務項目。	8.日間住院。但精神病照護，不在此限。
3. 藥癮治療、美容外科手術、非外傷治療性齒列矯正、預防性手術、人工協助生殖技術、變性手術。	9.管灌飲食以外之膳食、病房費差額。
4. 成藥、醫師藥師藥劑生指示藥品。	10.病人交通、掛號、證明文件。
5. 指定醫師、特別護士及護理師。	11.義齒、義眼、眼鏡、助聽器、輪椅、拐杖及其他非具積極治療性之裝具。
6. 血液。但因緊急傷病經醫師診斷認為必要之輸血，不在此限。	12.其他由保險人擬訂，經健保會審議，報主管機關核定公告之診療服務及藥物。

資料來源：行政院衛生福利部中央健康保險署

9-2-7　部份負擔

部份負擔的實施，其目的主要是希望消費者具有成本意識，避免不必要的醫療花費。為鼓勵民眾小病到當地診所就醫，需要進一步檢查或治療時再轉診到區域醫院、醫學中心等大醫院，健保署自94年7月15日起推出若配合轉診則不加重部份負擔之設計，門診基本部份負擔亦配合修正。其中，西醫門診基本部份負擔按「未轉診」及「轉診」兩種方式計收。民眾若未經轉診直接到醫學中心、區域醫院、地區醫院就醫，就會付比較高的部份負擔。牙醫、中醫不分層級一律計收50元。此外，民眾看病時，如藥費超過一定金額，則須加收藥品部份負擔（上限200元）。同一療程中接受第2次以上的復健物理治療（中度一複雜、複雜項目除外）或中醫傷科治療，每次須自行繳交50元的部份負擔費用，但凡因重大傷病、分娩、山地離島地區就醫者及其他符合健保署規定者均免收部份負擔。

自民國105年6月起健保署加強研議規劃推動分級醫療，以鼓勵民眾有病症先至基層院所就醫，有需要再轉診至適當科別院所，以強化大醫院專注於治療重症及醫學研究的功能，基層院所則成為提供病患全面性初級照護的第一線守門員，民國106年4月15日公告修正西醫門診基本部份負擔，轉診至醫學中心及區域醫院就醫調降40元，未經轉診逕至醫學中心就醫調升60元。另急診部份負擔，則依檢傷分類級數計收，以落實雙向轉診，此外，二代健保實施後，於醫療資源缺乏地區就醫的民眾，部份負擔費均可減免20%，且居家照護之部份負擔費用比率由原來10%調降為5%，以嘉惠醫療資源缺乏地區及外出就醫困難之民眾。

對於健保法等法規有關各種部份負擔規定內容不予逐條介紹說明，僅將目前實際運作情形，以表格整理方式，陳述如下：

一、門診部份負擔

（一）基本部份負擔

表9-12　基本部份負擔表

單位：新臺幣／元

層級別	西醫門診基本部份負擔		急診部份負擔		牙醫	中醫
			檢傷分類			
	轉診	未轉診	第1、2級	第3、4、5級		
醫學中心	170	420	450	550	50	50
區域醫院	100	240	300		50	50
地區醫院	50	80	150		50	50
基層醫療單位	50		150		50	50

註：1. 凡領有《身心障礙證明》者，門診就醫時不論醫院層級，基本部份負擔費用均按診所層級收取新台幣50元。

2. 門診手術後、急診手術後、生產後6周內或住院患者出院後30日內第一次回診視同轉診，得由醫院開立證明供病患使用。

3. 自民國106年4月15日起公告實施。

資料來源：行政院衛生福利部中央健康保險署

（二）高診次部份負擔

由於此部份自實施以來就存在著許多爭議，因此自民國93年1月1日起停止實施「高診次部份負擔」。

（三）現行健保藥品部份負擔規定

表9-13　藥品部份負擔表

單位：新臺幣／元

各層級醫療院所	藥品費	100元以下	101元｜200元	201元｜300元	301元｜400元	401元｜500元	501元｜600元	601元｜700元	701元｜800元	801元｜900元	901元｜1000元	1001元以上
	藥品部份負擔	0元	20元	40元	60元	80元	100元	120元	140元	160元	180元	200元

資料來源：行政院衛生福利部中央健康保險署

（四）現行健保檢驗、檢查部份負擔規定

表9-14　健保檢驗、檢查部分負擔表

單位：新臺幣／元

各層級醫療院所	檢驗檢查費	100元以下	101元—200元	201元—300元	301元—400元	401元—500元	501元—600元	601元—700元	701元—800元	801元—900元	901元—1000元	1001元—1100元	1101元—1200元	1201元—1300元	1301元—1400元	1401元—1500元	1501元以上
	檢驗檢查部份負擔	0元	20元	40元	60元	80元	100元	120元	140元	160元	180元	200元	220元	240元	260元	280元	300元

註：自民國91年9月1日起「檢驗、檢查」也收取部分負擔，但上限為300元。

資料來源：行政院衛生福利部中央健康保險署

（五）門診復健（含中醫傷科）部份負擔

如果在門診進行復健物理治療或中醫傷科治療，那麼同一療程自第2次起，每次須付部份負擔50元（復健物理治療「中度-複雜」及「複雜」治療除外）。

二、住院部份負擔

現行全民健保住院病房為四人病房，若欲住較佳之病房須補其差額，健保病床需求量城鄉差距大，依據衛生福利部最新統計資料，民國108年臺灣地區平均住院天數為11天，大都會區健保病床佔率高達85%，以目前各大醫院最低自費病房差額一日1,200元計，每人平均須自付13,200元。有關急、慢性病房之部份負擔規定如下：

表9-15　住院部份負擔表

病房性質	住院天數	部份負擔比率	病房性質	住院天數	部份負擔比率
急性	30日以內	10%	慢性	30日以內	5%
	第31日至第60日	20%		第31日至第90日	10%
				第91日至第180日	20%
	第61日以後	30%		第181日以後	30%

註：自民國111年1月1日起住院部份負擔上限調整如下：

1. 同一疾病每次住院部份負擔上限為43,000元。
2. 全年住院部份負擔上限為72,000元。

資料來源：行政院衛生福利部中央健康保險署

三、免除部份負擔

（一）現行全民健康保險法第43條及第47條已明定保險對象就醫應自行負擔部份費用；同法第 48條並規定，保險對象因重大傷病、分娩、接受預防保健服務及於山地離島地區就醫時，免自行負擔費用。又依同法第49條規定，低收入戶成員之就醫部份負擔，係由中央社政主管機關編列預算支應。

（二）免除部份負擔的對象包括：

1. 可免除所有部份負擔者：

(1) 重大傷病、分娩及於山地離島地區就醫者。

(2) 經離島地區院所轉診至臺灣本島當次之門診或急診者。

(3) 健保IC卡上註記「榮」字的榮民、榮民遺眷之家戶代表。

(4) 健保IC卡上註記「福」字的低收入戶。

(5) 3歲以下兒童。

(6) 登記列管結核病患至指定特約醫院就醫。

(7) 勞保被保險人因職業傷病就醫。

(8) 持「油症患者就診卡」或健保IC卡上註記「油症」身分之多氯聯苯中毒者（以下稱油症患者）：第一代油症患者之門、急診及住院；第二代油症患者之門、急診就醫。

(9) 百歲人瑞。

(10) 同一療程，除了第一次診療需要部份負擔外，療程期間內都免除門診基本部份負擔（復健物理治療及中醫傷科除外）。

(11) 服役期間持有替代役男身份證之替代役男。

2. 可免除藥品部份負擔者：

(1) 持「慢性病連續處方箋」調劑（開藥28天以上）者。

(2) 接受牙醫醫療服務者。

(3) 接受全民健保醫療費用支付標準所規定之「論病例計酬項目」服務者。

3. 可免除門診復健部份負擔者：

(1) 實施的復健物理治療屬於「中度－複雜治療」，也就是實施中度治療項目達3項以上，而且合計時間超過50分鐘，如肌肉電刺激等14項。

(2) 實施的復健物理治療屬於「複雜治療」，需要治療專業人員親自實施，如平衡訓練等7項。限復健專科醫師處方。

4. 依據行政院衛生署民國101年10月30日衛署健保字第1012660265號令修正全民健康保險法施行細則第六十條規定暨民國101年11月1日衛署健保字第1012660259號令及民國106年12月15日健保醫字第1060034365號函辦理，保險對象於下述區域接受門診、急診或居家照護服務，應自行負擔之費用，得予減免20%。

表9-16　「110年全民健康保險醫療資源缺乏地區」施行區域

序號	分區業務組	區域別	序號	分區業務組	區域別
1	臺北業務組	新北市石碇區	24	中區業務組	彰化縣線西鄉
2	臺北業務組	新北市坪林區	25	中區業務組	彰化縣福興鄉
3	臺北業務組	新北市石門區	26	中區業務組	彰化縣芬園鄉
4	臺北業務組	新北市平溪區	27	中區業務組	彰化縣埔鹽鄉
5	臺北業務組	新北市雙溪區	28	中區業務組	彰化縣田尾鄉
6	臺北業務組	新北市貢寮區	29	中區業務組	彰化縣芳苑鄉
7	臺北業務組	新北市萬里區	30	中區業務組	彰化縣溪州鄉
8	臺北業務組	宜蘭縣冬山鄉	31	中區業務組	南投縣鹿谷鄉
9	臺北業務組	宜蘭縣五結鄉	32	中區業務組	南投縣中寮鄉
10	臺北業務組	宜蘭縣三星鄉	33	中區業務組	南投縣魚池鄉
11	北區業務組	桃園市觀音區	34	中區業務組	南投縣國姓鄉
12	北區業務組	新竹縣橫山鄉	35	南區業務組	雲林縣大埤鄉
13	北區業務組	新竹縣芎林鄉	36	南區業務組	雲林縣臺西鄉

序號	分區業務組	區域別	序號	分區業務組	區域別
14	北區業務組	新竹縣寶山鄉	37	南區業務組	雲林縣元長鄉
15	北區業務組	新竹縣北埔鄉	38	南區業務組	嘉義縣六腳鄉
16	北區業務組	新竹縣峨眉鄉	39	南區業務組	嘉義縣東石鄉
17	北區業務組	新竹縣新埔鎮	40	南區業務組	嘉義縣番路鄉
18	北區業務組	苗栗縣南庄鄉	41	南區業務組	嘉義縣大埔鄉
19	北區業務組	苗栗縣西湖鄉	42	南區業務組	臺南市七股區
20	北區業務組	苗栗縣造橋鄉	43	南區業務組	臺南市將軍區
21	北區業務組	苗栗縣三灣鄉	44	南區業務組	臺南市北門區
22	北區業務組	苗栗縣獅潭鄉	45	南區業務組	臺南市楠西區
23	中區業務組	臺中市大安區	46	南區業務組	臺南市南化區
47	南區業務組	臺南市左鎮區	61	東區業務組	花蓮縣玉里鎮
48	南區業務組	臺南市龍崎區	62	東區業務組	花蓮縣壽豐鄉
49	高屏業務組	高雄市田寮區	63	東區業務組	花蓮縣光復鄉
50	高屏業務組	高雄市永安區	64	東區業務組	花蓮縣豐濱鄉
51	高屏業務組	高雄市六龜區	65	東區業務組	花蓮縣瑞穗鄉
52	高屏業務組	高雄市甲仙區	66	東區業務組	花蓮縣富里鄉
53	高屏業務組	高雄市杉林區	67	東區業務組	臺東縣成功鎮
54	高屏業務組	高雄市內門區	68	東區業務組	臺東縣卑南鄉
55	高屏業務組	屏東縣萬巒鄉	69	東區業務組	臺東縣大武鄉
56	高屏業務組	屏東縣竹田鄉	70	東區業務組	臺東縣太麻里鄉
57	高屏業務組	屏東縣崁頂鄉	71	東區業務組	臺東縣東河鄉
58	高屏業務組	屏東縣車城鄉	72	東區業務組	臺東縣長濱鄉
59	高屏業務組	屏東縣滿州鄉	73	東區業務組	臺東縣鹿野鄉
60	東區業務組	花蓮縣鳳林鎮	74	東區業務組	臺東縣池上鄉

資料來源：行政院衛生福利部中央健康保險署

案例探討 1

阿德為一榮民，太太為家庭主婦，育有三子，老大為公務人員，月投保薪資為 96,600 元，老二已成年剛失業，老三就讀大四，試分析下列問題：

1. 阿德全家每月須自付健保費若干？
2. 哪些人為健保被保險人身份？哪些人為健保眷屬身份？
3. 政府須替阿德全家每月負擔保費若干？
4. 若阿德不幸身故，則其太太如何投保較為有利？
5. 若阿德不幸身故，阿德全家每月須自付健保費若干？
6. 若今老二入伍，阿德太太重回職場上班，月投保薪資為 30,300 元，阿德全家每月須自付健保費若干？

解

1. (1) 阿德不用錢（榮民）。

   (2) 太太和老三為阿德眷屬：$1,377×30%×(1 + 1) = $826

   (3) 老大：$96,600×5.17%×30% = $1,498

   (4) 老二為地區人口：$1,377×60% = $826

   全家須自付健保費：$0 + $826 + $1,498 + $826 = $3,150

2. (1) 阿德、老大、老二為被保險人。

   (2) 太太和老三為阿德眷屬。

3. (1) 阿德：$1,377×100% = $1,377

   (2) 太太和老三：$1,377×70%×(1 + 1) = $1,928

   (3) 老大：$96,600×5.17%×70%×(1 + 0.58) = $5,524

   (4) 老二：$1,377×40% = $551

   政府須付健保費：$1,377 + $1,928 + $5,524 + $551 = $9,380

4. 太太為榮民遺屬的家戶代表（第六類被保險人）。

5. (1) 太太不用錢（太太為榮民遺屬的家戶代表）。

   (2) 老三為阿德太太的眷屬：$1,377×30% = $413

   (3) 老大：$96,600×5.17%×30% = $1,498

(4) 老二為地區人口：$1,377×60% = $826

全家須自付健保費：$0 + $413 + $1,498 + $826= $2,737

6. (1) 阿德、老二不用錢。

(2) 太太：$30,300×5.17%×30% = $470

(3) 老大：$96,600×5.17%×30% = $1,498

(4) 老三為阿德的眷屬較有利：$1,377×30% = $413

全家須自付健保費：$0 + $0 + $470 + $1,498 + $413 = $2,381

9-2-8 保險憑證

健保署於民國91年7月間發出第一張健保IC卡，並以分區、分階段的方式陸續發放，於民國93年1月1日起全體國民正式全面使用。

一、卡片功能

健保IC卡，是把原有的健保紙卡、兒童健康手冊、孕婦健康手冊和重大傷病證明卡等四種卡冊的看病與證明功能都放在同一張卡片上，此外，健保IC卡欄位內容實施後，除了可以記載持卡人的個人醫療費用、在保與繳費狀況外，保險對象也可以知道自己花費的部份負擔，醫院可以由累計的部份負擔，收到規定之全年住院部份負擔上限，即可不再收取，除了減少民眾負擔，也避免民眾必須先繳交部份負擔，等到次年再向健保署核退超過上限的麻煩，是一張功能完整的多用途健保卡。

二、卡片內容

在健保IC卡上所嵌的IC晶片內規劃有「個人基本資料」、「健保資料」、「醫療專區」及「衛生行政專區」等四種不同類別資料存放區段，各區段預定存放之內容說明如下：

表9-17 健保IC卡存放內容

資料區段名稱	存放內容
個人基本資料	卡片號碼、姓名、身分證號或身分證明文件號碼、出生日期、性別、發卡日期、照片、卡片註銷註記

資料區段名稱	存放內容
健保資料	保險人代碼、保險對象身分註記、卡片有效期限、重大傷病註記、就醫可用次數、最近一次就醫序號、新生兒依附註記、就醫類別、新生兒就醫註記、就診時間、補卡註記、就醫序號、保險醫事服務機構、主、次診斷碼、就醫醫療費用記錄、就醫累計資料、醫療費用總累計、個人保險費、保健服務記錄、緊急聯絡電話、孕婦產前檢查（限女性）、其他就醫需要之註記
醫療專區	過敏藥物、重要醫令項目、長期處方箋、門診處方箋
衛生行政專區	預防接種資料項目、器官捐贈資料項目、同意安寧緩和醫療註記

註：1. 基本資料第1、2、3、4、7項，顯示於健保卡之卡面。

2. 保險對象因罹患精神疾病、人類免疫缺乏病毒感染、受性侵害所造成之傷病就醫，得依病人要求，不予登錄就醫紀錄。

資料來源：行政院衛生福利部中央健康保險署

三、健保IC卡安全機制

（一）整體安全機制

1. 契約規範：

健保署與立約商簽訂之契約條款，第一條即明確規範立約商於履約期間所知悉或持有之健保署機密，均應保密不得洩漏。並要求立約商應與其員工及協力廠簽訂保密契約， 使其對健保署負有與本約內容相同之保密義務。又於契約條款第十一條明訂在契約有效期間，立約商如將卡片或保險對象基本資料外流，健保署得沒收保證金並終止或解除全部或部分契約，並請求立約商賠償。另在投標須知第四條明訂健保卡、安全模組、讀卡設備、應用系統、軟硬體設備，如係國外產品必須提出國外原廠出具之授權經銷代理證明文件及連帶保固證明文件。

2. 整體安全計畫：

健保署要求立約商必須針對本專案提供整體系統安全政策， 以建立完善之管理機制。依據這項規定，立約商提供了「整體安全計畫書」、「整體安全機制設計文件」與「整體安全政策管理使用者手冊」等文件，委請學者專家審定，並據以執行。

3. 成立健保卡資料安全防護小組：

為防止健保卡建置計劃資料外洩或被不當使用，健保署成立健保卡資料安全防護小組，監督一切安全相關事務。

（二）個人資料及隱私權保護機制

1. 政策配套：

(1) 不作健康保險與醫療保健目的以外之用途：

健保IC卡的主要功能係在提供保險對象就醫時辨識身分之用，以便於醫療處置之正確判斷，目的單純明顯，並不作為衛生行政及保健醫療服務等特定目的外之使用。

(2) 不存放完整的病歷資料：

健保卡現階段開放使用之欄位內容，僅限於取代紙卡原有功能，並不涉及隱私。

2. 卡片操作安全機制：

(1) 卡體精密防偽印刷：

健保卡除卡片有扭索狀設計、彩虹紋、細微字、紫外線隱形印刷及光學變色油墨等多重防偽設計外；另照片背景亦有防偽處理，以防照片被取代冒用，較諸一般信用卡並不遜色。

(2) 多重保密安全機制保護個人隱私：

① 晶片內儲存資料均加密處理。

② 讀卡機加安全模組（SAM）卡：須具有健保署自己製作發行的讀卡機安全模組卡（SAM）才能讀取晶片內資料，採嚴謹授權及相互認證機制。

③ 醫師卡：具有醫師卡始能讀取醫療資料。

④ 個人密碼：IC卡設有密碼功能（Pin code），以個人密碼優於醫師卡之讀寫授權，民眾可選擇是否輸入密碼解密，一旦設定密碼，一般人或掛號人員即使有讀卡機及安全模組，亦無法讀取基本資料段以外之欄位資料，必須民眾同意輸入密碼，醫護人員始能開啟資料。

(3) 資通安全機制：

① 整體運作架構採用多道防火牆控制，並隨時監控網路作業情形，以期能即早發現安全缺失。

② 採用VPN（Virtual Private Network）封閉式專屬網路，不能由網際網路連結進入VPN，駭客無從由外部入侵。另在健保署端之網路頻寬隨使用量自動調整，以確保網路傳輸品質，有效降低網路塞車機率。

③ 代碼傳輸，IC卡僅儲存必要之慢性病用藥、某些特定疾病名稱或昂貴之檢驗檢查醫令，各該項目均以數字代碼登載（code），亂碼傳輸，而非以中文記載。

(4) 電腦病毒防治：

① 使用完善之病毒防治機制。

② 使用端輔導使用防毒軟體。

a.主機端提供使用者端之病毒碼及程式更新機制。

b.建置與病毒防治公司（如Trend、Norton）間之閘道器（Gateway）。

c.勸導使用防毒軟體。

(5) 危機處理及應變計畫：

研訂危機處理應變計畫，明定危機種類、等級、認定與啟動程序，並組織危機應變小組，作為緊急應變及危機處理機制之事前防範措施，於緊急危機（如天災、停電）發生後，亦建置有事後應變機制，如：

① 卡片遺失或被竊，得立即註銷卡片。

② 遇有全省大規模停電，因建置有UPS（Uninterruptible Power Supply）不斷電系統，得以確保系統能完全關閉，避免軟、硬或資料之流失與損害。

③ 整體運作架構採用多道防火牆控制，並隨時監控網路作業情形，以期能即早發現安全缺失。

④ 人員接觸資料設有權限劃分，任何接觸使用健保卡資料者，均會留存電子紀錄，便於追查，防止人員洩密情事發生。

9-3 全民健康保險的改革

全民健康保險自民國84年3月實施以來，人民的醫療品質已獲得顯著的改善，並已成為人民生活中最密切相關，也是備受關注的政府重要施政措施之一。整體而言，全民健保的實施大致上已達成「提供全民基本醫療保障」的政策目標，民眾對全民健康保險的滿意度，歷年來平均維持在七成左右，顯示全民健保制度的政策已普遍獲得人民的肯定。

近年來，隨著環境的變遷與民意需求的不斷提高，全民健保的執行方向也由「擴大受益人口，平衡保險財務，增加就醫方便性」，推廣到「提高醫療品質，節制醫療費用成長，以及照顧弱勢族群」的整體考量。全民健保財務制度的規劃設計是採自給自足的精神，以特定期間所計算的平衡費率，向全民、雇主及各級政府收取保險費與補助款，作為支付醫療費用及相關行政經費之需，從而達到收支平衡的目標，因此，健全的財務規劃是全民健保制度能否永續經營的關鍵。

9-3-1 全民健保改革的原因——一代健保的困境

民國86年，衛生福利部首次提出現制下改革的全民健康保險法修正草案，其後，也曾經在民國89年初提出保險體制的改革建議，成立了全民健康保險體檢小組，民國90年2月體檢小組提出了體檢報告，屬於短期改善措施的部分，大多立即採行或者納入修法，至於其中有部分屬於中長期規劃的建議，就促成了後來二代健保的規劃。

一、財務失衡且費基公平性受限

目前全民健康保險所面臨財務失衡且費基公平性受限的困境，因受到人口快速老化、醫療科技進步、民眾需求增加等因素之影響，健保的收入與支出，長期以來都存在著二個百分點的落差。雖然抑制醫療浪費措施及多元微調方案等

開源節流的努力，都已經逐步落實，保險費率歷經民國91年及99年二次調整，舒緩健保財務缺口持續擴大之危機，積極穩固財務，維持全民健保系統運作及平衡，但建立收支連動的機制及收繳補充保險費以擴大計費基礎，強化公平性為二代健保改革重點之所在。

二、保費負擔差異性大

目前保險對象依照法律的規定，共細分為六類十五目，各類目保險費負擔之比率並不相同，造成保費負擔不公平的現象，多眷口之家庭，其負擔亦較重，這些都違反了社會保險所強調的「量能負擔」原則。

三、健保收支缺乏連動

在現行制度下，由於收入面與支出面連動的機制不足，也是造成健保財務無法平衡的原因之一。

四、醫療資訊不夠公開

由於醫療資訊的不對等，民眾對於所接受的醫療服務，無法判斷其品質的好壞，而且民眾高度仰賴親友的諮商及轉介，因此，醫療品質資訊缺乏或不易解讀的情形也就日益嚴重。

五、保險支付需重品質

目前健保支付給醫療院所的費用，大多採取論量計酬，結合醫療品質的考量比較少。醫療院所在成本壓力與經營困境的雙重顧慮下，常常會有過度使用的情形，因此，當前支付方式需要再加強鼓勵提升品質的機制。

9-3-2 全民健保改革的方案——二代健保

由於國內經濟的快速發展，國民生活水準的不斷提昇，文明疾病的陸續發現，人口結構的自然老化，醫療科技的高度進步，醫療設備的廣泛增添使用，民眾醫療知識的日益普及，以及預防保健醫療需求的不斷增加，造成全民健保醫療費用支出日漸膨脹，全民健康保險財務虧損日益擴大。在不改變財源籌措方式的情況下，全民健康保險監理委員會首先於民國90年通過調高門診部份負擔、中央健康保險署復於民國91年及99年調整費率（4.25%調高至5.17%）。這兩項措施，雖然解決了全民健康保險財務赤字的燃眉之急，但卻招致許多的批評，包括檢討健保費率也應檢討健保黑洞問題、加重有所得者的負擔等，造成行政與立法的對立，也引起社會大眾之不滿。民國89年8月，鑑於健保永續之重要性，行政院衛生福利部委託國家衛生研究院成立「全民健康保險體檢小組」，並於民國90年2月底完成任務並提出報告。屬短期措施者均採行或納入修法，屬中長期規劃者，建議續行研議，嗣後，即以「二代健保」為名，展開全面宏觀性之改革規劃。

民國90年7月1日成立行政院二代健保規劃小組（組織運作架構圖如圖9-6）內政部、財政部、主計處、經建會、勞委會、研考會六部會首長及專家學者、工作分組成公衛、公共政策、社會、法律、醫療、統計等各領域。

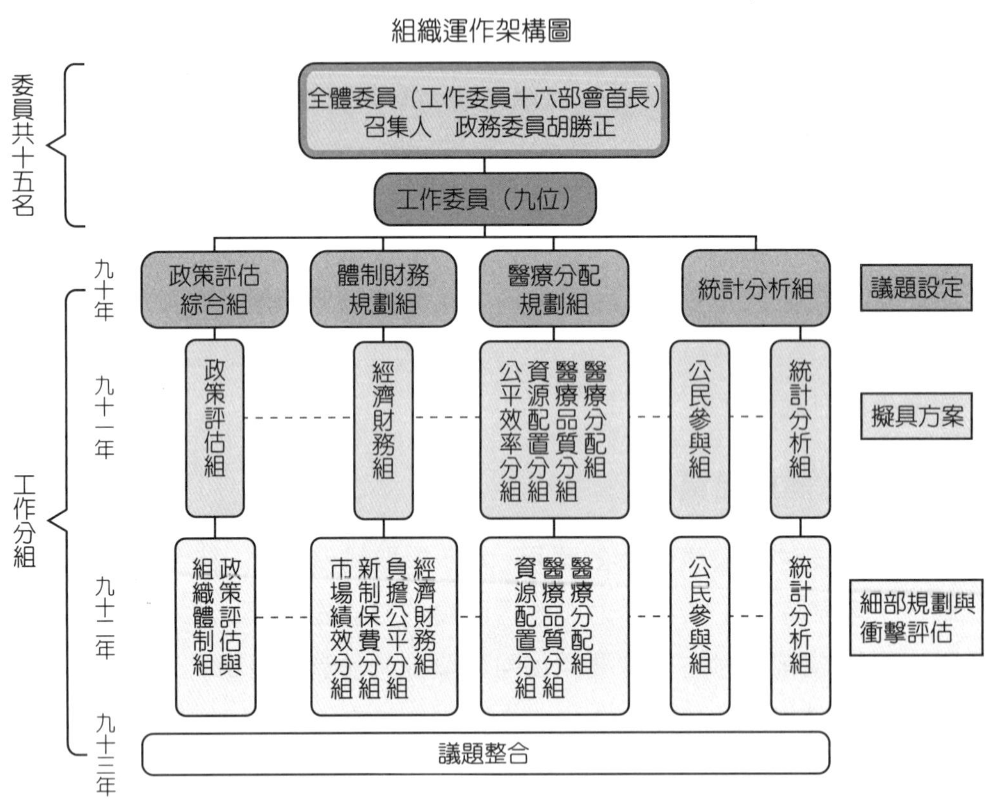

圖9-6　組織運作架構圖

資料來源：行政院衛生福利部

二代健保規劃小組提出全民健康保險法修正草案，依該草案之內容，整理其改革方向，包括，一、以家戶總所得作為繳納保費的基礎，並且取消被保險人職業之分類。二、整合全民健康保險監理委員會與健保費用協定委員會，使二會合併為全民健康保險會。三、民眾轉換工作不用辦理轉出轉入。四、建立健保資

源配置機制。二代健保在財務制度方面，做了很大的變革，改以家戶總所得作為繳納保費的基礎，並且取消被保險人職業之分類，但仍然保持保費有上、下限與眷口數的限制。二代健保重公平、講效率、求品質的核心價值與改革方向，對社會各界的不安與疑慮逐一釐清，讓二代健保法案的推動與實施能更加順利。

民國95年5月提出全民健康保險法修正案送立法院審議未通過；另因為立法院屆期不續審，於民國97年2月再次將修正案送立法院審議，此即所謂之二代健保修法案，民國99年5月20日立法院衛環委員通過「二代健保法草案」初審，該項修法案牽涉條文共99條，此次全民健康保險法的修正重點，除按家戶總所得作為保險費計算基礎，以加強健保財務之結構穩固外，建構權責相符之健保組織體制、提升醫療品質及擴大社會多元參與及責任承擔，基本理念符合社會期待；例如爭議已久的政府補助款，法案中明定由中央政府負擔、久居國外的僑民返台可立即使用健保資源的問題，也做了適當的處理，另外，為了讓全民共同監督全民健保資源的利用，維護制度的正當運行，本次修法案中特別增列獎勵舉報的規定，從罰鍰中提撥10%以內的金額做為獎金。

以家戶總所得為計費基礎的二代健保修法民國99年5月在立院完成初審一讀，不過版本無法完成三讀，由於二代改革方案將現行6類14目，按職業別分類計收保費的制度，改為按家戶所得計收保費，是以修法幅度龐大，有待社會取得共識，但在健保財務日益窘困，調整費率又將加深現行收費制度的不公平性（如以薪資所得為主要收入的多眷口家庭之負擔將加重）情況下，遂有現行二代健保改革方案之擬議。

民國99年5月20日，衛環委員會完成二輪逐條審查，保留26條，並且作成決議，院會討論之前，需經黨團協商。黨團協商期間，立法委員認為保費新制（家戶總所得）架構於綜合所得稅之基礎，可能發生扣繳及結算程序繁複、行政成本龐大、結算時點延宕、家戶狀況變動頻繁、財源較不穩定等節，為減少對民眾之影響並考量可行性，建議維持現行計費模式，同時計收補充保險費，藉以擴大費基，並增加公平性。

此方案乃是在現行收費制度不變下，對經常性薪資以外所得超過一定金額者（受影響人數可設定為總人數的5%至10%），對該所得另收取一補充保費（但有上限之規定）。立法院於民國100年1月4日三讀通過全民健康保險法修正案，業經總統民國100年1月26日公布，健保費計算改採保費雙軌制，除現行的一般保險費（經常性薪資保費）之費率由現行5.17%降到4.91%外，擴大加上2%的「補充保險費」，稱為「二代健保」，衛生福利部於民國101年6月底前完成二代健保37項法規之修訂，民國102年1月1日正式實施。

9-3-3　二代健保改革的目標及核心價值

二代健保的內容包括了「建構權責相符之健保組織體制」、「擴大社會多元化參與健保政策」、「財務平衡且提升服務購買效率」、「強化資訊提供以提升醫療品質」等四大層面的政策建議，衛生福利部，積極規劃二代健保修法事宜。

一、健保的政策目標

（一）現行健保：確保醫療的可近性，使全民有保、醫療無礙。

（二）二代健保：確保醫療的可靠性，並且達到收支連動、權責相符；各界參與、共同承擔。

二、二代健保改革核心價值

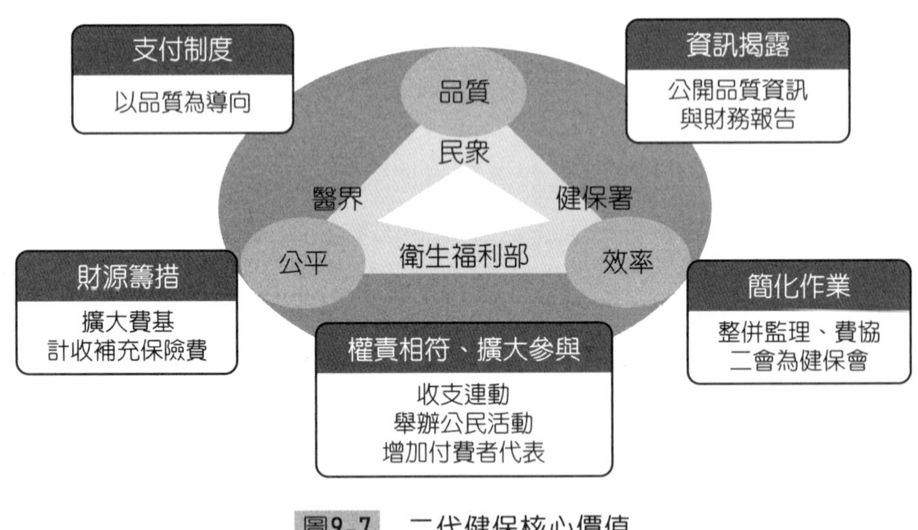

圖9-7　二代健保核心價值

資料來源：行政院衛生福利部

（一）品質

推動民眾就醫資訊及醫療品質資訊公開化，以增進民眾的選擇能力，進而強化提升醫療品質機制，至於支付制度，則朝向鼓勵提供優良醫療服務的方向改革。

（二）公平

經常性薪資以外之所得並未計繳健保費，形成相同所得者保險費負擔不同之不公平現象，故擴大計費基礎，固定薪水以外之六類所得加收補充保費，強化量能負擔精神。

（三）效率

兩會合一，功能整合，舉辦公民活動，增加付費者代表，擴大參與使權責相符，落實收支連動機制。整體考量保險收入與醫療給付，確保長期之財務平衡，持續落實醫療資源節流配套措施，確保醫療資源有效運用。

9-3-4　二代健保修法重點

為了推動健保改革，全民健康保險法修正案，以上述「品質」、「公平」、「效率」為核心價值，進行健保制度整體結構的改革，強調「權責相符」的概念、藉強化資訊提供來提升醫療品質、以較公平的方式來收取保費，並擴大保費之計算基礎、落實健保收支連動機制的建立，及擴大社會多元化參與健保政策，並共同承擔對健保的責任。同時參酌司法院大法官第524號、第533號解釋，對全民健康保險現行規定所提出若干之指正意見，以及「行政程序法」之相關規定，配合增修相關條文。此次修法重點摘述如下：

一、組織體制與社會參與

（一）全民健保監理委員會、全民健保醫療費用協定委員會、全民健保爭議審議委員會合併為全民健康保險會。組織精簡，統一保險收入面和支出面的權力與責任，強化健保財務收支連動機制，保險費率及給付範圍之審議為該會重要職權。

（二）有鑑於過去之健保支出始終大於收入，導致財務發生赤字，二代健保修法之後，特別於健保法明文納入收支連動機制。

（三）未來將由健保付費者代表、保險醫事服務提供者、學者專家、公正人士共同組成之健保會，整體考量醫療給付與保險收入後，共同決定給付範圍及應負擔之保險費，並針對費率進行審議，再將結果報衛生福利部轉行政院核定。

（四）當全民健康保險會在審議或協議訂定保險重要事項，認為需要擴大參與時，得先辦理相關的公民參與活動。增加被保險人代表名額，讓保險付費者代表亦參與醫療服務給付項目（藥物給付項目）及支付標準之擬訂過程、總額支付制度之推動。

二、保費新制

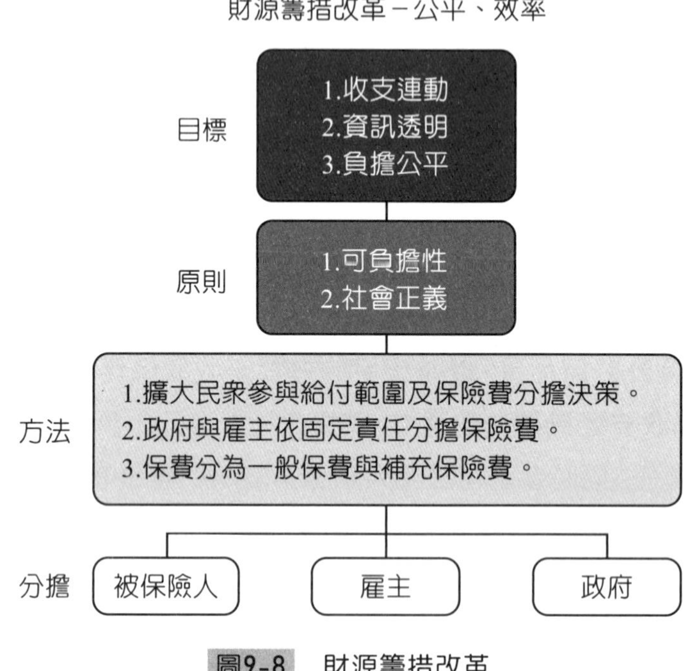
財源籌措改革－公平、效率
目標
1.收支連動
2.資訊透明
3.負擔公平
原則
1.可負擔性
2.社會正義
方法
1.擴大民眾參與給付範圍及保險費分擔決策。
2.政府與雇主依固定責任分擔保險費。
3.保費分為一般保費與補充保險費。
分擔
被保險人
雇主
政府

圖9-8　財源籌措改革

資料來源：行政院衛生福利部

二代健保實施後，保險費的計收分為「一般保險費」及「補充保險費」二種。下列就現行二代健保詳述其一般保險費與補充保險費：

1. 一般保險費：採用目前以經常性投保薪資計算每月健保費，如上班族得經常性薪資與雇主的營利所得等。
2. 補充保險費：新二代健保除了以民眾的經常性投保薪資計算健保費之外，還針對經常性薪資以外的所得收取2%（110年1月1日起調整為2.11%）的費用做為補充保險費，以擴增健保財源。

二代健保保險費＝一般保險費＋補充保險費

（一）增收補充保費的理由

1. 不同所得層級，薪資所得占率不同。
2. 較低層級，所得絕大部分來自固定薪水，所得幾乎全部須計繳一般健保費。
3. 固定薪水以外六類所得加收補充保費，符合量能負擔精神。

（二）補充保費項目及限制

二代健保實施後，健保署主要會針對以下6種經常性薪資以外的收入徵收補充保險費。

1. 全年所領獎金超過當月投保薪資4倍的獎金。
2. 兼差的薪資所得：可降低雇主將薪資轉以其他名義給付之誘因，但在職業工會納保的民眾，就算有不同雇主所發給的薪水，也不用繳補充保險費。
3. 擁有執行業務收入：包括律師、會計師、藝人等領取的執行業務所得，另外像是名嘴的演講費、稿費等也算是執行業務收入。但是如果獨立開業的律師、醫師、會計師、建築師，原來就把執行業務所得做為經常性投保金額的話，就不必重複用來計算繳交補充保險費。
4. 股票現金股利所得。
5. 銀行利息所得。
6. 租金收入：只有把房子出租給公司行號等營利單位的民眾才須繳補充保險費，如果把房子租給學生、上班族等個人使用的話，就不用繳納補充保險費。

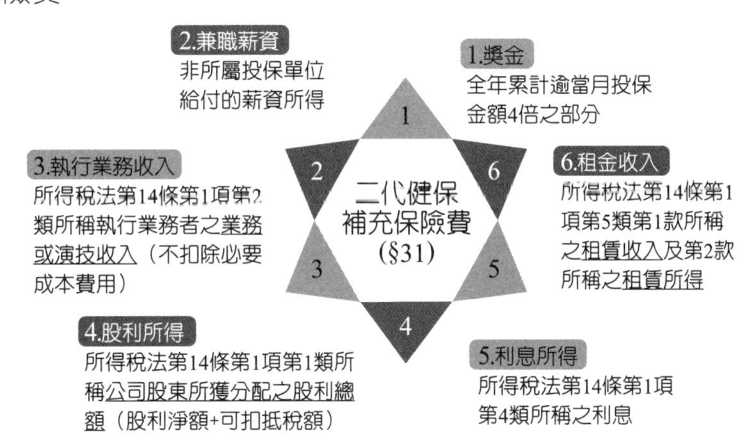

圖9-9 保險對象補充保險費計收範圍

資料來源：行政院衛生福利部中央健康保險署

投保單位如有給付民眾下列6項所得（或收入）時，即為補充保險費的扣費義務人，應於給付時按補充保險費率扣取補充保險費，彙繳健保署。

表9-18 補充保費項目

項目	說明	所得稅代號
全年累計超過投保金額4倍部分的獎金	薪資所得中，未列入投保金額計算的獎金（如年終獎金、節金、紅利等），累計超過當月投保金額4倍部分。	50
兼職薪資所得	兼職人員（指非在原單位投保健保）的薪資所得。	50
執行業務收入	給付民眾的執行業務收入，不扣除必要費用或成本。	9A 9B
股利所得	公司給付股東的股利總額。	54
利息所得	給付民眾公債、公司債、金融債券、各種短期票券、存款及其他貸出款項的利息。	5A 5B 5C 52
租金收入	給付民眾的租金（未扣除必要損耗及費用）。	51

資料來源：行政院衛生福利部中央健康保險署

表9-19 個人補充保費上下限

計費項目	說明	下限	上限
全年累計超過當月投保金額4倍部分的獎金	給付所屬保險人的薪資所得中，未列入投保金額計算的獎金。	無。	獎金累計超過當月投保金額4倍後，超過的部分單次以1,000萬元為限。
兼職薪資所得	給付兼職人員（指非在本單位投保健保）的薪資所得。	單次給付金額達基本工資。	單次給付以1,000萬元為限。
執行業務收入	給付民眾的執行業務收入，不扣除必要費用或成本。	單次給付達20,000元。	

計費項目	說明	下限	上限
股利所得	公司給付股東的股利總額（包括股票股利及現金股利）。	1. 以雇主或自營業主身分投保者：單次給付金額超過已列入投保金額計算部分達20,000元。 2. 非以雇主或自營業主身分投保者：單次給付達20,000元。	1. 以雇主或自營業主身分投保者：單次給付金額超過已列入投保金額計算部分以1,000萬元為限。 2. 非以雇主或自營業主身分投保者：單次給付以1,000萬元為限。
利息所得	給付民眾公債、公司債、金融債券、各種短期票券、存款及其他貸出款項的利息。	單次給付達20,000元。	單次給付以1,000萬元為限。
租金收入	給付民眾的租金（未扣除必要損耗及費用）。	單次給付達20,000元。	單次給付以1,000萬元為限。

註：1. 個人補充保險費的計費所得或收入達下限時，以全額計算補充保險費；逾上限時，則以上限金額計。

2. 自民國104年1月1日起，中低收入戶成員、中低收入老人、接受生活扶助之弱勢兒童與少年、領取身心障礙生活補助費者、特殊境遇家庭之受扶助者及符合本法第100條所定之經濟困難者，單次給付未達中央勞動主管機關公告基本工資之執行業務收入、股利所得、利息所得及租金收入，免予扣取補充保險費。

3. 衛生福利部在民國103年7月21日修正發布「全民健康保險扣取及繳納補充保險費辦法」第4、5、12條條文，自民國103年9月1日起調高兼職所得之取補充保險費扣取下限，當保險對象領取的兼職所得未達基本工資時（民國111年1月1日將調整為25,250元），無需扣取補充保險費。

資料來源：行政院衛生福利部中央健康保險署

（三）補充保費扣繳方式

二代健保實施後，保險費的計收分為「一般保險費」及「補充保險費」二種。為了減少對民眾之影響，一般保險費維持了現行保險費計算及收取方式，將來民眾仍然依照現行制度繳納，並不會有任何的不同。

若民眾有高額獎金、執行業務收入、股利所得、利息所得、租金收入及兼職所得等計收補充保險費，及雇主就其每月所支付薪資總額與其受雇者每月投保金額總額間之差額，增列為計費基礎收取補充保險費部分，是採「就源扣繳」方式計收，說明如下：

1. 民眾：由支付民眾該類所得之單位（即扣費義務人）在給付時，按補充保險費率扣取，代為向保險人繳納，不須事後結算。例如領到演講費，就由發給演講費的單位先以補充保險費率代扣補充保險費後，再給付給民眾。

2. 雇主：雇主之補充保險費，依照其每月所支付薪資總額與其受雇者每月投保金額總額間之差額，按補充保險費率自行計繳，連同依現行規定應該負擔之一般保險費，按月繳納。

表9-20　補充保費扣繳方式

項目	扣繳方式
高額獎金	公司給付獎金時先扣除
兼職薪資所得	對方在支付您所得或收入時，會先扣取補充保險費
執行業務收入	對方自支付您費用時，先要扣取補充保險保費
股利所得	公司撥放股利總額時，會先扣取補充保險費
利息所得	單次給付達20,000元者，銀行在支付您利息之前，要先扣取補充保險費。
租金收入	當公司給付租金給付出租人前，要先扣取補充保險費

資料來源：行政院衛生福利部中央健康保險署

三、醫療品質與資訊揭露

（一）節制資源使用，減少不當醫療

強調論質計酬及醫療科技評估的運用，導正不當醫療行為。給付項目與支付標準之訂定及修正，應以可促進人體健康之項目為考量，且不違反醫療倫理。高危險及可能被不當使用之醫療及藥物，應經事前審查。

1. 增訂對多次重複就醫、過度使用醫療資源之保險對象，進行輔導與就醫協助，未依規定就醫時，不予保險給付，但情況緊急時不在此限。（§53）

2. 增訂保險人應每年提出並執行抑制不當耗用醫療資源之改善方案。

3. 對詐領保險給付及醫療費用者，加重處罰，減少不當醫療。

(1) 將現行依詐領金額處以二倍罰鍰之額度，提高為二至二十倍。（§81）

(2) 得視違規情節輕重，對違規特約院所，於一定期間不予特約或永不特約。（§83）

（二）多元支付方式，為民眾購買健康

建立「醫療服務給付項目及支付標準」與「藥物給付項目及支付標準」訂定方式及流程。領取健保藥費達一定金額以上之「特約醫事服務機構」及「藥品供應商」，於藥品交易時應簽訂定型化契約，遵守主管機關所規定應記載及不得記載之事項，期使藥品交易更合理透明，保障醫藥雙方應有權益。讓健保署未來辦理藥價調查，可以取得藥品市場交易正確資料，使藥價調整更符合實際，進而將藥價差控制在合理之範圍內。

1. 多元計酬：以同病、同品質同酬為原則，並得以論量、論病例、論人或論日方式訂定。
2. 各方共同推動總額支付制度：遴聘保險付費者代表、保險醫事服務提供者代表及專家學者，研商及推動總額支付制度。
3. 訂定家庭責任醫師制度：促進預防醫學、落實轉診制度，提升醫療品質與醫病關係。
4. 合理調整藥價：依市場交易情形合理調整藥品價格，專利過期藥品增加調整頻率。

（三）實施藥品費用分配比率目標制度

藥品費用經保險人審查後，核付各保險醫事服務機構，其支付之費用，超出預先設定之藥品費用分配比率目標時，超出目標之額度，保險人於次一年度修正藥物給付項日及支付標準；其超出部分，應自當季之醫療給付費用總額中扣除，並依支出目標調整核付各保險醫事服務機構之費用。（§62）

（四）辦理醫療科技評估

增訂醫療服務及藥物給付項目及支付標準訂定前，保險人得先辦理醫療科技評估，並應考量人體健康、醫療倫理、醫療成本效益及健保財務，以確保醫療給付之合理性及醫療服務品質。（§42II）

（五）資訊公開透明

1. 重要會議透明（§5、41、61）

   ⑴ 重要會議資訊。

   ⑵ 參與代表之利益揭露。

   ⑶ 醫療科技評估結果。

2. 品質資訊透明：

   ⑴ 為確保全民健保的醫療品質，保險人及保險醫事服務機構應定期公開與本保險有關之醫療品質資訊。（§74）

   ⑵ 特約醫院之保險病床設置比率及保險病床數。（§67、86）

   ① 特約醫院應每日公布保險病床使用情形。

   ② 保險人應每月公布各特約醫院之保險病床設置比率，並每季查核。

   ③ 未達比率者，不足數每床處新台幣1萬元以上5萬元以下罰鍰。

   ⑶ 醫療品質資訊公開方式：公開之醫療品質資訊，除法令另有規定外，保險人、醫學中心及區域醫院應以網際網路供公眾線上查詢為主要公開途徑，其他保險醫事服務機構得選擇下列適當方式為之：

   ① 利用網路供公眾線上查詢。

   ② 刊登於醫事服務機構明顯易見處。

   ③ 舉行記者會或說明會。

   ④ 其他足以使公眾得知之方式。

3. 醫院財報透明：規定一定規模以上的保險醫事服務機構當年領取之保險醫療費用超過一定數額者，應於期限內向保險人提報經會計師簽證或審計機關審定之全民健康保險業務有關之財務報告，保險人並應公開之。（§73）

   財務報告應至少包括下列各項報表：

(1) 資產負債表。

(2) 收支餘絀表。

(3) 淨值變動表。

(4) 現金流量表。

(5) 醫務收入明細表。

(6) 醫務成本明細表。

4. 重大違規透明(§81)

(六)保障弱勢群體權益

1. 弱勢民眾安心就醫方案:

(1) 保費補助、欠費協助、醫療保障。

(2) 僅對有能力繳納,經查證及輔導後仍拒不繳納者鎖卡(暫行停止保險給付)。(健保法§37)

(3) 20歲以下不鎖卡、近貧戶不鎖卡、特殊境遇家庭不鎖卡、孕婦不鎖卡。

2. 減輕弱勢族群就醫負擔:

(1) 門診及住院部份負擔同現制,但居家照護部份負擔從10%調降為5%。

(2) 重大傷病、分娩及山地離島地區就醫可免部份負擔;另新增於醫療資源缺乏地區就醫,得減免部份負擔。

四、共同監督機制

為維護全民健康保險之制度運行及資源合理利用。本法所定罰則,由非政府機關(構)之人員舉發而處分確定者,得予以獎勵。由罰鍰金額中提撥10%以內作為獎勵經費。

五、其他

（一）落實人人有保

1. 增加「受刑人」為保險對象：

⑴ 增列受刑人為第4類第 3目，共為6類15目，並以法務部及國防部指定之單位作為投保單位。（§10、15）

⑵ 受刑人保險費，由法務部及國防部全額補助。（§27）

⑶ 醫療給付有限制：就醫時間與處所之限制，及戒護、轉診、保險醫療提供方式等相關事項之管理辦法，由主管機關會同法務部訂之。（§40Ⅱ）

2. 增訂眷屬遭受家暴之加保方式：

⑴ 當被保險人之眷屬，遭受被保險人家庭暴力時，可不必隨同辦理投保及退保，可改依附其他次親等的被保險人投保，若無其他被保險人可依附投保，也可以自行以被保險人身分加保。

⑵ 持有保護令或出示警政、社政機關介入處理及其他經保險人認定證明文件之家庭暴力被害人，依附加害者以外之直系親屬投保。

（二）公平規定久居海外者（或民眾）之投保條件

曾有加保紀錄而久居國外者，返國時馬上就可以投保，造成「平時不繳保費，有病回國就醫」之不公平現象。增訂在海外居住超過一定時間的民眾，回國就醫必須要有投保等待期6個月，即設有戶籍滿6個月，或領有居留證件且在臺居留滿6個月，始得加保。

設有戶籍之下列人員及受雇者不受6個月之投保等待期限制：

1. 「二年內」曾有加保紀錄者，返國方可立即加保，以適度保障留學生及海外工作者之就醫權益。
2. 本國人在臺出生之新生兒。
3. 政府駐外人員及其眷屬。

（三）修訂保險對象得辦理停保及復保之情況

1. 失蹤未滿6個月者。（施行細則37條），由家人代填停保申請表者，自失蹤當月起停保。

2. 預定出國6個月以上者。但曾辦理出國停保，返國復保後應屆滿3個月，始得再次辦理停保。（施行細則37條）

　⑴ 出國前寄送停保申請表者，自出國當月起停保；出國後辦理者，自停保申請表寄達當月起停保。

　⑵ 出國未滿6個月即提前返國者，應註銷停保，並補繳保險費。（施行細則39條）

（四）提升政府財務責任

本保險所需之總經費，除法定收入外，由中央政府、雇主及被保險人分擔，過去累計之財務短絀，亦由政府分年編列預算填補（§102），使得政府補助款及政府為雇主之負擔總經費從34%提升至36%（§3）。

（五）全民健保特材自付差額制度

為增加民眾就醫的選擇，訂定差額負擔，但實施的時間及品項，會送請全民健康保險會討論。

新藥及新器材成本較高，若一概不予給付，將增加民眾負擔。而實施差額負擔，民眾只需負擔其差額部分，增加民眾就醫選擇。差額負擔之品項及其實施之時間，將由健保署送請全民健康保險會討論，經本部核定後公告實施。

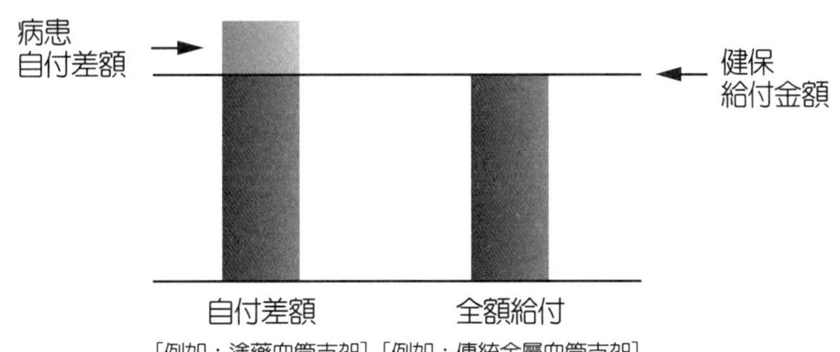

圖9-10　全民健保特材部份給付示意圖

資料來源：行政院衛生福利部中央健康保險署

表9-21　實施部分給付對民眾之影響

比較＼實施前後	實施前	實施後
病人經濟負擔	材料費須全額自付	僅負擔特材費用之差額
民眾選擇性	較少品項	較多品項
民眾診療資訊	較不透明	透明
病人衛教	認知程度較低	認知程度較高

資料來源：行政院衛生福利部中央健康保險署

（六）配合特材自付差額規劃病人之醫療權益保障措施

1. 作業程序（事前充分告知）：

(1) 醫療院所應於該實施項目手術或處置前，充分告知病患或家屬使用之原因、應注意事項及須自行負擔金額等。

(2) 實施部分給付項目，應完整填寫中央健康保險署所訂同意書後，一份交由病患保留，另一份則保留於病歷中。

2. 資訊公開：

(1) 醫療院所應將現行健保給付同類項目及自付差額給付項目之廠牌及產品性質（含副作用、禁忌症及應注意事項等），提供民眾參考。

(2) 醫療院所應將其所進用自付差額品項之廠牌、收費標準等相關資訊置於醫院之網際網路、明顯易見之公告欄或相關科別診室門口，以供民眾查詢。

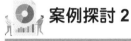

案例探討 2

允浩為竹科工程師，月投保薪資為 45,800 元，太太若涵為銀行行員，月投保薪資為 43,200 元，試分析下列問題：

1. 允浩及若涵於 110 年 2 月 15 日領取年終獎金 20 萬及 10 萬元，須繳納補充保費若干？
2. 允浩受邀至台積電演講，公司給付演講酬勞 30,000 元，如何計算補充保險費？
3. 允浩公司在 110 年 7 月發給股利總額 50,000 元時，如何計算補充保險費？
4. 若涵在銀行有二筆定存，均在 110 年 7 月 20 日到期，利息分別為 4,500 元、35,000 元，銀行如何扣取若涵的補充保險費？
5. 若涵有一店面出租給星巴克經營咖啡廳，每月租金 36,000 元，須繳納補充保費若干？

解

1. (1) 允浩年終獎金累計超過月投保金額之 4 倍，($200,000 - $45,800×4)×2.11% = $354

   (2) 若涵年終獎金累計未超過月投保金額之 4 倍，故不須要繳納補充保費，$100,000 < 43,200×4 (=172,800)
2. 兼職所得單次給付超過基本工資 $25,250：$30,000×2.11% = $633
3. 股利所得總額須繳納補充保費： $50,000×2.11% = $1,055
4. (1) 利息所得單次給付金額未超過 $20,000，故不須繳納補充保費，$4,500 < $20,000

   (2) 利息所得單次給付金額超過 $20,000，故須繳納補充保費，$35,000×2.11% = $739
5. 租金所得收入單次給付金額超過 $20,000，故須繳納補充保費，$36,000×2.11% = $760

NOTE

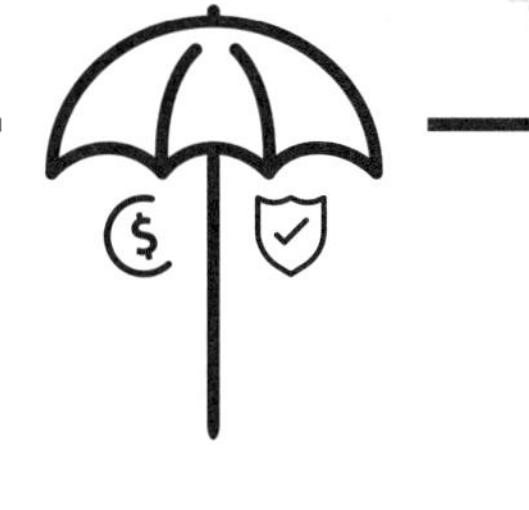

第三篇 我國社會保險制度

Chapter 10 長期照護保險

學習內容

10-1 長期照護政策之變革

人口老化所帶來的長期照顧需求，將我國的照護體系建構得更健全，使失能民眾獲得連續性服務，政府近年來已積極推動相關方案，包括「建構長期照護體系先導計畫」、「新世紀健康照護計畫」、「加強老人安養服務方案」、「照顧服務福利及產業發展方案」與「我國長期照顧十年計畫」等，均是致力於建構完善之長期照顧制度，以滿足高齡社會所需。

我國的長期照顧政策藍圖，係由《長照服務法》、《長照保險法》二法構成，為達成此藍圖，民國97年以來陸續以計畫方式推出《長期照顧十年計畫》、《長照服務網計畫》，健全長照體系，考量前述兩計畫已達階段性目標，故民國104至107年運用前述計畫基礎推動《長期照顧服務量能提升計畫》。為發展完善的長期照護制度，本節將參考衛福部所核定之各項計劃，擷取其內容摘要，從需求、供給、法制、財務等四面向分三階段發展建置。

一、需求面：第一階段——長期照顧十年計畫（民國96~105年）

為長期照護服務模式建立與量能的擴展時期，自民國97年開始推動，為建構我國長照制度及長期照護網絡前驅性計畫。藉由十年計畫已完成服務模式之規劃建立，十年計畫之中程計畫更以此為基礎，以擴大長期照護服務對象為主要規劃。

二、供給面：第二階段——長期照護服務網中程計畫（民國102~105年）

為充足我國長期照護服務量能，使服務普及化並做為長期照護保險實施的基礎，長期照護服務網均需加速推動。長期照護服務網中程計畫主要係為均衡長期照護資源之發展，使長期照護機構及人員合理分佈，針對資源不足區予以獎勵設置，以均衡長期照護之在地老化及可近性。又為維護民眾獲得長期照護權益，服務資源分布普及性與合適性為首要考量，目前我國長期照護資源分布不均，長期照護服務又為人力勞 動密集單位，其中以照顧服務員為主要人力，現因薪資水準及專業角色尚待建立及國人偏好成本較低之外籍看護工等因素，致使人力需求培訓缺口最大。因此，本計畫目的即於資源不足區域獎勵長期照護服務資源發展，並規劃於民國105年將各類醫事長期照護人力需求缺口補足，塑造良好勞動環境以留任人才，並提升照護機構服務品質；未來亦規劃建置長期照護機構管理資訊系統，隨時掌握長期照護供給資源之分布與量能狀態，以確保失能者能獲得妥善長期照護服務。

三、法制面：第二階段——長期照顧服務法

健全長期照護制度，除了服務供需面建置外，仍需透過法規制度給予相關規範，故衛福部已於民國100年擬定長期照顧服務法（草案），以確保所提供的長期照護服務具有品質，保障接受服務民眾的尊嚴及權益，以利長期照護制度穩定發展。長期照顧服務法（簡稱長照服務法）甫於民國104年6月3日總統令公布，並於民國106年6月3日正式上路。

四、財務面：第三階段——長期照護保險推動

我國為保障人民獲得健康醫療照護服務，減少國人昂貴醫療照護費用負擔，已推動全民健康保險；因現今高齡少子化日益嚴重，政府財政拮据，為減輕民眾取得長期照護服務之財務負擔，本部已著手規劃長期照護保險制度，希望藉由國人自助互助、風險分擔精神，確保民眾均能平等與效率獲得長期照護服務，降低整體社會成本；且期望於第一階段的十年計畫，及第二階段之長期照護服務網中程計畫順利運行後，將啟動長期照護保險法的立法工作，之後即可推動長期照護保險，屆時整個國家的社會安全保護網絡即得趨於完備。

綜上，建置完善長期照護制度，此四構面缺一不可，故本計畫供給面建置，一方面奠定長期照護保險實施之基礎，另一方面滿足民眾獲得照護權益，同時藉由長期照護服務法，保障服務提供之品質與安全性。此外，透過長期照護資源提供與保險給付，將可帶動我國人力就業市場與勞動人力留任，故本計畫之推動具需求性、必要性與合理性。

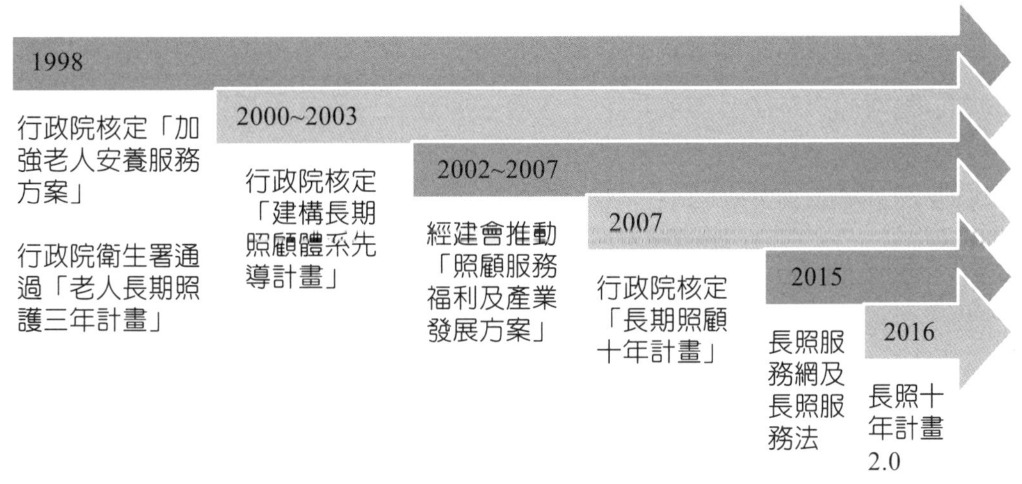

圖10-1 長期照顧制度發展脈絡

資料來源：衛生福利部，長期照顧十年計劃2.0（核定本）

10-1-1 長期照顧十年計畫——建構完整長照體系的里程碑

為因應我國高齡化所導致失能人口增加的長期照顧需求，建構我國完整長期照顧體系，行政院於96年核定「我國長期照顧十年計畫～大溫暖社會福利套案之旗艦計畫」（民國96～105年）；民國97至100年為發展基礎服務模式；民國101至104年為擴大服務對象並健全長期服務資源網絡；民國105年為銜接長期照護保險法草案；民國106至115年為長期照顧十年計畫2.0。

為滿足長期照顧需求人數的快速增加，行政院於民國96年4月核定「我國長期照顧十年計畫」，規劃於10年內挹注新台幣817.36億元經費，以建構一個符合多元化、社區化（普及化）、優質化、可負擔及兼顧性別、城鄉、族群、文化、職業、經濟、健康條件差異之長期照顧制度。

「我國長期照顧十年計畫」透過鼓勵民間參與服務提供政府和民間共同承擔財務責任，發展居家服務、日間照顧、家庭托顧、居家護理、社區及居家復健、輔具購買（租借）及居家無障礙環境改善、營養餐飲、喘息服務、交通接送服務，及長期照顧機構等多元服務，是建立長照制度及服務網絡的先驅性計畫。

一、基本理念

（一）建構多層次長期照護保障制度

關於長照保險的定位問題，參考世界銀行所主張的多層次的老人經濟安全保障體系，長照體系方面也應有多層次的保障，茲說明如下：

1. 政府建立長照制度提供基本的照顧服務：面對重大的社會風險，基於社會連結與風險分攤的理念，政府必須建立完善之長期照顧制度，以滿足國民基本且必須之照顧服務需求。對於弱勢民眾，則應有相關的社會救助措施、慈善團體及志工來協助。

2. 個人在能力範圍內購買商業長照保險：政府提供之照顧服務僅能提供基本保障，個人可以在能力範圍內購買長期照顧的商業保險，靈活地使用自有財源來增加保障水準。

3. 個人與家庭成員負擔：透過個人之退休給付、投資理財與家庭成員的提供，可更進一步提高保障水準。

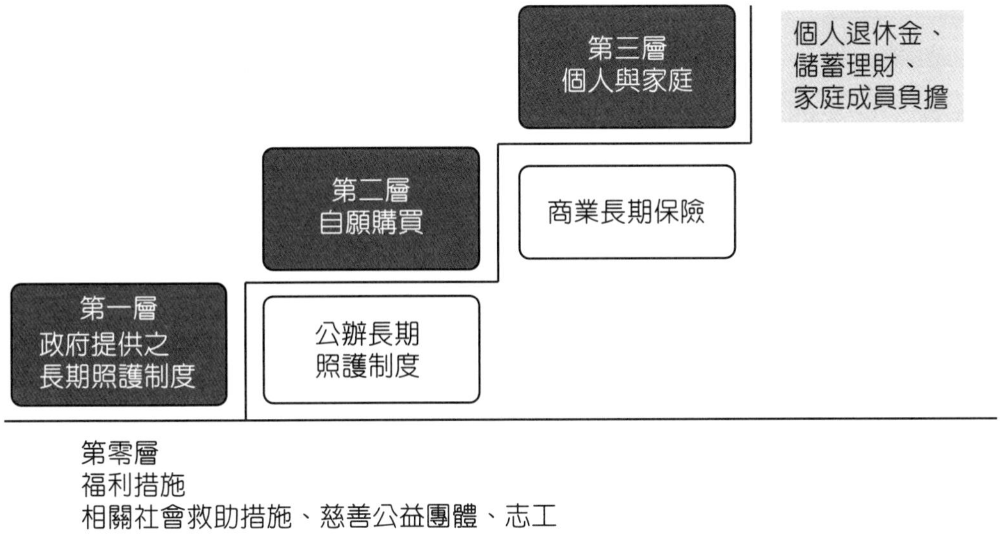

第三層
個人與家庭

個人退休金、
儲蓄理財、
家庭成員負擔

第二層
自願購買

商業長期保險

第一層
政府提供之
長期照護制度

公辦長期
照護制度

第零層
福利措施
相關社會救助措施、慈善公益團體、志工

圖10-2　多層次長期照護保障制度

資料來源：行政院，長照保險規劃報告民國98年12月

（二）長期照護服務係屬整體照護體系之一環

1. 為因應人口老化，整體照護制度應涵蓋生活照顧服務、醫療服務及長期照護服務等三大體系，以滿足不同身體狀況之國民各方面之需求。三大體系均需政府與民間共同努力，以持續發展多元照護服務體系，並強化服務輸送體系之連結，除滿足民眾需求外，亦可發展相關產業，促進經濟成長，並創造就業機會。
2. 目前政策已決定以保險方式來做為我國長期照護制度之財務處理機制，未來長期照護保險在整體照護體系中將扮演重要的角色，即提供失能者基本照護服務，滿足失能者之照護需求，減輕民眾負擔。
3. 長照保險規劃需充分考量與現行醫療體系、全民健康保險及福利措施等相關制度之配合與銜接，亦需妥善規劃財務機制，以使未來長照保險能順利推動，滿足高齡化社會之照顧需求。

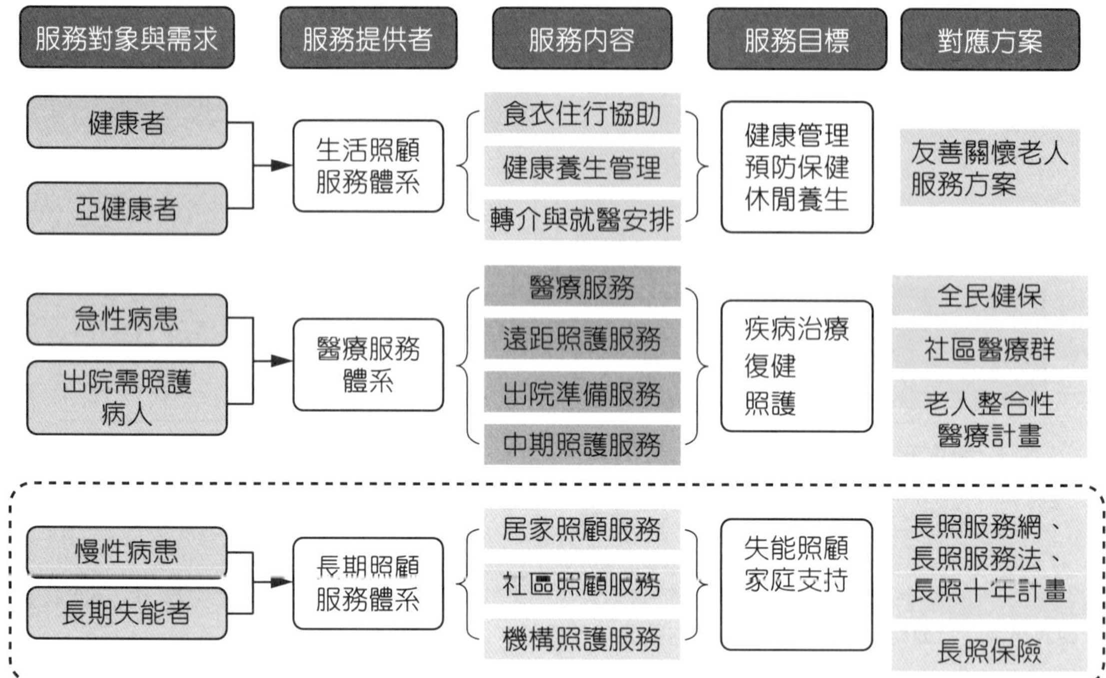

圖10-3 整體照護體系

資料來源：行政院，長照保險規劃報告民國98年12月

二、長期照顧十年計畫目標

該計畫的目標為「建構完整之我國長期照顧體系，保障身心功能障礙者能獲得適切的服務，增進獨立生活能力，提升生活品質，以維持尊嚴與自主」。為求總目標的達成，再訂六項子目標如下：

（一）以全人照顧、在地老化、多元連續服務為長期照顧服務原則，加強照顧服務的發展與普及。

（二）保障民眾獲得符合個人需求的長期照顧服務，並增進民眾選擇服務的權利。

（三）支持家庭照顧能力，分擔家庭照顧責任。

（四）建立照顧管理機制，整合各類服務與資源，確保服務提供的效率與效益。

（五）透過政府的經費補助，以提升民眾使用長期照顧服務的可負擔性。

（六）確保長期照顧財源的永續維持，政府與民眾共同分擔財務責任。

三、長期照顧十年計畫內容

（一）主管機關：衛生福利部

（二）服務對象：

1. 經日常生活活動功能（ADLs）或工具性日常生活活動功能（IADLs）評估，日常生活需他人協助，包含下列四類失能者：

   (1) 65歲以上失能老人。

   (2) 55歲以上失能山地原住民。

   (3) 50歲以上身心障礙者。

   (4) 65歲以上僅IADLs需協助之獨居老人。

2. 失能程度界定為三級：

   (1) 輕度失能【1至2項ADLs失能者，以及僅IADL失能且獨居老人】。

   (2) 中度失能【3至4項 ADLs失能者】。

   (3) 重度失能【5項（含）以上ADLs失能者】。

（三）服務原則：

1. 以服務提供（實物給付）為主，以補助服務使用者為原則。

2. 依失能者家庭經濟狀況提供不同補助：

   (1) 低收入者：全額補助。

   (2) 中低收入者：補助90%，使用者自行負擔10%。

   (3) 一般戶：補助70%，使用者自行負擔30%。

   (4) 超過政府補助額度者，則由民眾全額自行負擔。

（四）服務內容：

1. 照顧服務（含居家服務、日間照顧、家庭托顧）。

2. 居家護理。

3. 居家及社區復健。

4. 輔具購買、租借及居家無障礙環境改善服務。

5. 老人營養餐飲服務。

6. 喘息服務。

7. 交通接送服務。

8. 長期照顧機構服務。

表10-1 我國長期照顧十年計畫服務內容之補助標準

服務項目	補助內容
1. 照顧服務（包含居家服務、日間照顧、家庭托顧服務）	1. 依服務對象失能程度補助服務時數： 輕度：每月補助上限最高25小時；僅IADLs失能且獨居之老人，比照此標準辦理。 中度：每月補助上限最高50小時。重度：每月補助上限最高 90 小時。 2. 補助經費：每小時以200元計（隨物價指數調整）。 3. 超過政府補助時數者，則由民眾全額自行負擔。
2. 居家護理	除現行全民健保每月給付2次居家護理外，經評定有需求者，每月最高再增加2次。補助居家護理師訪視費用，每次以新臺幣1,300元計。
3. 社區及居家復健	針對無法透過交通接送使用全民健保復健資源者，提供本項服務。每次訪視費用以新臺幣1,000元計，每人最多每星期1次。
4. 輔具購買、租借及住宅無障礙環境改善服務	每10年內以補助新臺幣10萬元為限，但經評估有特殊需要者，得專案酌增補助額度。
5. 老人餐飲服務	服務對象為低收入戶、中低收入失能老人（含僅IADLs失能且獨居老人）；每人每日最高補助一餐，每餐以新臺幣50元計。
6. 喘息服務	1. 輕度及中度失能者：每年最高補助14天。 2. 重度失能者：每年最高補助21天。 3. 補助受照顧者每日照顧費以新臺幣1,200元計。 4. 可混合搭配使用機構及居家喘息服務。 5. 機構喘息服務另補助交通費每趟新臺幣1,000元，一年至多4趟。
7. 交通接送服務	補助重度失能者使用類似復康巴士之交通接送服務，每月最高補助4次（來回8趟），每趟以新臺幣190元計。
8. 長照機構服務	1. 家庭總收入未達社會救助法規定最低生活費1.5倍之重度失能老人：由政府全額補助。

服務項目	補助內容
8. 長照機構服務	2. 家庭總收入未達社會救助法規定最低生活費1.5倍之中度失能老人：經評估家庭支持情形如確有進住必要，亦得專案補助。 3. 每人每月最高以新臺幣18,600元計。

資料來源：衛生福利部，長期照顧十年計劃2.0（核定本）

四、長照十年與長照服務網計畫之轉銜

長照十年計畫與長照服務網計畫均為建構完整之我國長照服務體系，為相輔相成之計畫：

（一）長照十年計畫：

主要為建置基礎服務模式，發展長照服務方案，以提供民眾長照需要的評估，連結服務提供單位並提供所需之長照服務，政府並提供一定比率的經費補助。藉由長照十年計畫已完成服務模式之規劃建立，及初步體系之發展，後續將以此為基礎，擴大服務對象。

（二）長照服務網計畫：

主要係為均衡長照資源之發展，使長照機構及人員合理分布，針對長照資源不足區予以獎勵設置，以均衡長照之在地老化及可近性。

（三）長照十年與長照服務網計畫之整合：

為提供失能民眾所需的長照服務，除需藉由長照十年計畫積極發展多元服務方案，亦需以長照服務網計畫擴增及普及服務體系資源之量能。長照服務之發展須有完善體系建置方能得以達成，體系建置後則需有服務需求之挹注，才能永續。兩項計畫之推動與執行，方能完備長照服務及體系之發展。考量長期照顧十年計畫已達階段性目標，且長照服務法已完成立法，故整合原有之長照十年計畫與長照服務網基礎，規劃長期照顧服務量能提升計畫（民國104年至107年），並自民國104年9月起推動。

10-1-2　長期照護網計畫——充實長照網絡發展的重要依據

根據行政院經濟建設委員會的長期照護保險規劃報告，對我國長期照顧十年計畫推行之現況有必要進行檢視及調整，並轉銜為長期照護服務網絡，以提升

計畫執行效益，可參照全民健康保險開辦前後推動多期之醫療網計畫，將十年計畫由補助型計畫轉換為長期照護服務網計畫，作為長期照護服務及人力資源發展之依據。配合未來「長期照護保險」之開辦，當前需著手整備各項長期照護服務資源，以建置完備的長期照護服務體系。

結合社區在地之社會福利與衛生資源，充實資源服務網絡及量能，發展在地資源，依服務資源需求，全國劃分為大（22個）、中（63個）、小（368個）區域，研訂獎助資源發展措施，並以社區化及在地化資源發展為主。包括：63次區均有失能失智症社區服務、89個資源不足偏遠鄉鎮居家式服務至少一個綜合式服務據點、22縣市均有中期照護、63次區入住式機構床位數均達每萬失能人口700床。藉由推動本計畫規劃適合在地之長期照護服務的方式，有效發展在地長期照護服務體系與專業人力之培育，提供整合式長期照護服務。

一、長照服務網計畫——民國102年至105年

為充足我國長期照護服務量能，使服務普及化，並做為長期照護保險實施的基礎，長期照護服務網均需加速推動。長期照護服務網計畫主要係為均衡長期照護資源之發展，使長期照護機構及人員合理分佈，針對資源不足區予以獎勵設置，以均衡長期照護之在地老化及可近性。

又為維護民眾獲得長期照護權益，服務資源分布普及性與合適性為首要考量，目前我國長期照護資源分布不均，長期照護服務又為人力勞動密集單位，其中以照顧服務員為主要人力，現因薪資水準及專業角色尚待建立，及國人偏好成本較低之外籍看護工等因素，致使人力需求培訓缺口最大。爰此，本計畫目的即於資源不足區域獎勵長期照護服務資源發展，並規劃於民國105年將各類醫事長期照護人力需求缺口補足，塑造良好勞動環境以留任人才，並提升照護機構服務品質；未來亦規劃建置長期照護機構管理資訊系統，隨時掌握長期照護供給資源之分布與量能狀態，以確保失能者能獲得妥善長期照護服務。

（一）長期照護區域規範

長期照護服務網的建立，區域化為首要的考量，以區域為單位，規劃各區域所需的服務人力與設施，以達成各區域長期照護資源均衡發展之目標。長期照護服務網區域之規劃，係依各縣市人口、需求、交通距離， 將長期照護資源網絡劃分為大區、次區及小區；考量長期照護資源發展的社區化與在地化，並由現行照

管中心專責長期照護資源的整合與管理，宜以縣市政府行政區域劃分大區，故以「縣市」為單位，共計22區；另為提升長期照護網絡資源距離的可近性，根據民眾就醫習慣、交通時間、生活圈、人口數等因素、將每一縣轄組合數個生活區域相近鄉鎮成為一個次區，本部邀集專家學者、各縣市衛生局及社會局，針對長期照護初步盤點結果進行討論，並由各縣市衛生局及社會局共同協調提出該縣市之區域劃分方式，經3次會議討論全國劃分為「63次區」。另再考量民眾對社區式及居家式長期照護服務在地化的需求，小區則以「鄉鎮」為單位，共計「368小區」。

（二）長期照護區域之服務資源規劃

依據民國100年對我國長期照護資源盤點結果發現，入住機構式、社區式與居家式之長期照護服務比例為6:3:1。長期照護服務網區域資源規畫決定依據國內現有供給資料，計算區域值之每萬失能人口單位數，並訂立標準。目標值訂定，係參考國外文獻瞭解各國長期照護資源之目標值，並考量長照定義的差異性、國內需求、區域大小、地理分布、人口密度及交通狀況等因素均不相同，訂定國內合理的服務資源目標數。目前各大區均已設置「照管中心」，未來四年朝每個次區域皆設置「照顧管理中心分站」；另考量民眾使用服務之普及性與可近性，每個小區皆須設置「居家式服務」；考量山地離島及偏遠地區較缺乏當地之服務提供單位，因此朝擴展偏遠地區（含山地離島）社區化長期照護資源管理與設置「整合式服務」努力，整合各類人力，提供跨專業且多元多層級之長期照護服務，以符合在地化、社區化及適足規模等原則。

（三）長期照護服務資源發展策略（參考表10-2）

1. 逐步增加長期照護服務對象及內容，弱勢人口及地區優先。
2. 加速發展失智症多元長期照護體系及照護措施。
3. 獎助長期照護資源不足地區發展長照資源，以普及長期照護服務體系。
4. 建立家庭照顧者支持服務網絡。
5. 長期照護人力培訓與留任。
6. 榮民醫院公務預算病床轉型護理之家。
7. 獎勵發展整合式或創新長期照護服務模式。
8. 規劃設置長期照護基金，使長期照護服務永續發展。

表10-2　長期照護資源發展策略之工作項目與辦理時程規劃

發展策略	工作項目	各年度辦理時程規劃	
		民國102年	民國103年
一、增加長照服務對象及內容	優先增加弱勢人口及地區，包括家庭照顧者、失智症、長照資源不足地區之服務	—	規劃將49歲以下領有身心障礙手冊且失能者納入服務對象
二、加速發展失智症多元長期照護體系及照護措施	每大區均應設置1處失智入住機構式專區或專責服務單位。（本部社會及家庭署）	設置1處	設置2處
	每次區均建置至少一處失智症社區服務據點（本部）	規劃獎勵38處	—
三、獎助長照資源不足地區發展長照資源，並優先發展及獎助	1. 獎勵偏遠地區（含山地離島）設置在地且社區化長期照護服務據點	設置在地且社區化長期照護服務據點44個	完成89資源不足偏遠鄉鎮居家式服務至少一個綜合式服務據點
	2. 辦理偏遠地區（含山地離島）社區化長期照護資源管理與輔導暨考評專案計畫	完成設置在地且社區化長期照護服務據點輔導暨考評44個	設置在地且社區化長期照護服務據點輔導暨考評89個
	3. 辦理偏遠地區（含山地離島）在地人員教育訓練	培養在地評估照管專員20人、長照專業人力140人、志工120人、服務人員訓練50人及家庭照護者支持方案100人	培養在地評估照管專員20人、長照專業人力140人、志工120人、服務人員訓練50人及家庭照護者支持方案100人
	4. 辦理「發展弱勢族群長照居家藥事照護服務方案計畫」	獎補助全國北、中、南三區各1家醫療機構辦理	獎補助全國北、中、南三區各1家醫療機構辦理
四、建立家庭照顧者支持服務網絡	1. 建置全國性網路資訊平台及家庭照顧者服務專線	規劃結合民間資源，完成建置全國性家庭照顧者友善互動式平台網站	—

各年度辦理時程規劃		主辦單位	協辦單位
民國104年	民國105年		
規劃將全失能人口納入，如65歲以下低收入及中低收入戶者	規劃將全失能人口納入	衛福部	直轄市及縣市政府
設置3處	設置3處	衛福部	直轄市及縣市政府
—	—	衛福部	直轄市及縣市政府
完成89資源不足偏遠鄉鎮居家式服務至少一個綜合式服務據點	完成89資源不足偏遠鄉鎮居家式服務至少一個綜合式服務據點	衛福部	符合偏遠地區定義之直轄市及縣市政府
設置在地且社區化長期照護服務據點輔導暨考評89個	設置在地且社區化長期照護服務據點輔導暨考評89個	衛福部	原民會與符合偏遠地區定義之直轄市及縣市政府
培養在地評估照管專員20人、長照專業人力140人、志工120人、服務人員訓練50人及家庭照護者支持方案100人	培養在地評估照管專員20人、長照專業人力140人、志工120人、服務人員訓練50人及家庭照護者支持方案100人	衛福部	原民會與符合偏遠地區定義之直轄市及縣市政府
	—	衛福部	直轄市及縣市政府
—	—	衛福部	直轄市及縣市政府

<table>
<tr><th rowspan="2">發展策略</th><th rowspan="2">工作項目</th><th colspan="2">各年度辦理時程規劃</th></tr>
<tr><th>民國102年</th><th>民國103年</th></tr>
<tr><td rowspan="4">四、建立家庭照顧者支持服務網絡</td><td>2. 建置各縣市家庭照顧者支持平台</td><td>—</td><td>規劃建置各縣市家庭照顧者支持平台</td></tr>
<tr><td>3. 規劃長照志工訓練</td><td>—</td><td>規劃長照志工教育訓練課程</td></tr>
<tr><td>4. 四年內完成全國家庭照顧者網絡平台之內容及資訊</td><td>—</td><td>—</td></tr>
<tr><td>5. 五年內家庭照顧者支持網絡建置完成並提供服務，並與志工系統連結提供服務</td><td>—</td><td>—</td></tr>
<tr><td rowspan="3">五、長照人力培訓與留任</td><td>1. 評估照護需要之照顧管理人力規劃與教育訓練</td><td>分三階段課程預估培訓：
1. 各縣市長期照顧管理中心人員訓練 300 人次。
2. 長期照護專業人力 6,000 人次</td><td>分三階段課程預估培訓：
1. 各縣市長期照顧管理中心人員訓練 300 人次。
2. 長期照護專業人力 6,000 人次</td></tr>
<tr><td>2. 直接服務提供人力規劃</td><td>17,060 人</td><td>21,800 人</td></tr>
<tr><td>3. 建立勞動條件與管理制度</td><td>規劃辦理</td><td>規劃辦理</td></tr>
<tr><td rowspan="2">六、榮民醫院公務預算病床轉型護理之家</td><td>1. 榮民醫（分）院轉型護理之家評估與規劃</td><td>先期評估作業規劃（退輔會）</td><td>—</td></tr>
<tr><td>2. 補助榮分院整修公務預算病床</td><td>—</td><td>200 床</td></tr>
<tr><td rowspan="2">七、獎勵發展整合式或創新長照服務模式</td><td>規劃獎勵發展長照服務模式</td><td>—</td><td>規劃辦理</td></tr>
<tr><td>規劃獎勵內容原則與重點</td><td>—</td><td>規劃辦理</td></tr>
<tr><td rowspan="2">八、規劃設置長照基金，使長照服務永續發展</td><td>長照基金財源評估與規劃</td><td colspan="2" rowspan="2">長照基金設置於長照服務法中規範，將依立法進度辦理
衛福部
直轄市及縣市政府</td></tr>
<tr><td>長照基金獎勵辦法規劃</td></tr>
</table>

資料來源：衛生福利部，長期照護服務網計畫（核定本）

各年度辦理時程規劃		主辦單位	協辦單位
民國104年	民國105年		
推動各縣市家庭照顧者支持平台	持續推動各縣市家庭照顧者支持平台	衛福部	直轄市及縣市政府
推動長照志工教育訓練	持續推動長照志工教育訓練	衛福部	直轄市及縣市政府
規劃全國家庭照顧者網絡平台之內容及資訊	推動全國家庭照顧者網絡平台之內容及資訊	衛福部	直轄市及縣市政府
—	完成建置家庭照顧者與志工服務連結網絡	衛福部	直轄市及縣市政府
分三階段課程預估培訓： 1. 各縣市長期照顧管理中心人員訓練300人次。 2. 長期照護專業人力6,000 人次	分三階段課程預估培訓： 1. 各縣市長期照顧管理中心人員訓練300人次。 2.長期照護專業人力6,000人次	衛福部	直轄市及縣市政府
28,440 人	27,480 人	衛福部、勞委會	直轄市及縣市政府
規劃辦理	規劃辦理	衛福部	直轄市及縣市政府
—	—	退輔會	榮民醫（分）院
1000 床	1380 床	退輔會	榮民醫（分）院
規劃辦理	規劃辦理	衛福部	相關醫療（事）機構等
規劃辦理	規劃辦理	衛福部	相關醫療（事）機構等
		衛福部	主計總處、財政部、直轄市及縣市政府

二、臺灣368照顧服務計畫

佈建和規劃於368鄉鎮「日間照顧中心」，透過中心交通車，白天接送長輩到日照中心接受專業照顧服務。以提供日間托老服務，連結與扶植在地資源。

（一）推動368鄉鎮佈建多元日照服務：為促進日照服務資源多元可近與均衡發展，普及服務網絡，進行全國社區資源盤點，規劃民國105年底前於368鄉鎮佈建日照服務，考量山地離島及偏遠地區等鄉鎮，因民眾生活習慣、社區幅員廣大及照顧需求人數較少且分散等因素，先行因地制宜建置綜合型服務據點，提供日間託老服務，俾以連結與扶植在地資源；餘全國鄉鎮市區則透由活化閒置空間、運用護理機構資源及輔導社會福利相關設施轉型設置，達成每一行政區皆設置日照中心之目標。

（二）運用在地團體建置綜合型服務據點：針對山地離島及偏遠地區等鄉鎮，以現有社政體系之社區照顧關懷據點（1,864點）及原民體系之日間關懷站（99點）為服務基礎，擴大服務項目、設計使用者付費機制，並透過專業人員提供社區長者每週五天、每天至少6小時之日間託老服務，進而培養在地日間照顧服務提供單位之能量，銜接發展失能老人社區日間照顧服務。讓失能長輩在白天就近於鄰近社區，得到妥適的照顧服務。

（三）提高照顧服務費至每小時200元：為充實長照服務人力，提升照服員薪資待遇，政府積極籌措相關經費，規劃自民國103年7月起調整照顧服務費，由現行每小時180元調升為200元（照服員時薪則由每小時150元調升為170元），屆時照服員平均月收入最少有22,400元，較目前成長13%以上，有效提升該等人員實質所得，鼓勵國人投入長照工作及留任意願。

10-1-3 長照服務法——長照資源發展的根本大法

為健全長照服務體系之發展，並兼顧服務品質與資源發展，以保障弱勢接受長照服務者之權益，長期照顧服務法（簡稱長照服務法）甫於民國104年6月3日總統令公布，並於民國106年6月3日全面正式施行。本法為我國長照發展重要之根本大法，共七章66條，內容涵蓋長照服務內容、人員管理、機構管理、受照護者權益保障、服務發展獎勵措施等五大要素外，包括以下重要制度：

1. 整合各類長照服務基礎，包括：居家、社區及機構住宿之整合式服務，各民間團體期盼已久之小規模多機能服務取得法源依據。
2. 明定長期照顧服務人員之專業定位。
3. 明定長照財源，並設置長照基金獎勵資源不足地區及型態，以促進長照相關資源之發展、提升服務品質與效率、充實並均衡服務與人力資源。
4. 外籍看護工由長照機構聘僱後派遣至家庭提供服務，或由雇主個人聘雇之雙軌聘用方式訂立法令基礎，外籍看護工入境後其雇主更可申請補充訓練。
5. 將各界關注之家庭照顧者，納入服務對象。
6. 無扶養人或代理人之失能者接受機構入住式長照服務時，地方政府之監督責任。

長服法部分條文亦於民國106年1月26日修正公布，修正第15條外界關注之長照財源，增加遺贈稅及菸稅調增稅率；此外，修正第22條及第62條規定，現行長照機構可持續營運，除保障現有服務對象權益之外，亦強化長照2.0社區整體照顧服務體系發展。

使相關規範明確且一致，讓有意投入長照服務產業者將有所依循，並可注入民間資源參與居家、社區及機構住宿式服務。

此外衛福部為完備「長期照顧服務法」之推動，就相關授權子法之研訂已完成分工及進度規劃，並已開始積極研議，包括1部法律及法規8項法規命令，除「長期照顧服務機構法人條例」草案尚未完成立法程序外，其餘子法皆已發布施行，包含「長期照顧服務法施行細則」、「長期照顧服務機構評鑑辦法」、「長期照顧人員訓練認證繼續教育及登錄辦法」、「長期照顧服務資源發展獎助辦法」、「長期照顧機構設立標準」、「長期照顧服務機構設立許可及管理辦法」、「長期照顧服務機構專案申請租用公有非公用不動產審查辦法」及「外國人從事家庭看護工作補充訓練辦法」等。

10-1-4　長期照顧服務量能提升計畫

「我國長期照顧十年計畫」及「長期照護服務網計畫」已完成其階段性任務，現階段應強化長照服務之普及性及在地化，提高長照服務品質，另由於長期照顧服務法通過，使長照服務制度有明確且一致之規範，在各方條件皆完備的情形下，行政院於民國104年11月3日核定「長期照顧服務量能提升計畫」（民國104~107年）。

該計畫整合過去的長照十年計畫、長照服務法及長照服務網計畫，並核定計畫總經費3年約300億元，持續提供民眾既有長照服務並普及長照服務資源、充實與培訓長照人力、適度發展長照服務產業、運用長照基金佈建偏遠地區長照資源等。

一、計畫之目標

長期照顧服務量能提昇計畫之推動，係在「長期照顧保險法」草案完成立法並正式實施前，除持續提供民眾既有長照服務外，專注投入長照人力充實與培訓、建立連續照顧體系並強化長照管理機制、適度發展長照服務產業、長照資訊系統整合與強化，更運用長照基金佈建偏遠地區長照資源、開辦相關專業訓練並充實人力資源，以建構高齡者及家庭需求為核心之長照服務體系、積極整備開辦長照保險所需之相關資源、持續增進並兼顧我國長照服務之質與量，以確保未來開辦長照保險時民眾可得到質優量足之長照服務。本計畫之目標包括：

（一）持續提供失能民眾既有長照服務並擴增服務對象。

（二）強化長照服務輸送效率，提升效能及品質。

（三）加速長照服務及人力資源建置、普及與整備。

（四）積極整備開辦長照保險所需相關資源。

二、執行策略

為銜接未來長照保險之規劃應有具體因應策略及穩定財源，依長期照顧服務法的財源規劃，應設置長照服務發展基金，用於普及長照人力及資源，另以長照保險提供長照服務給付；本計畫將本於前述原則，並視各年度政府財政狀況做適當調整，執行策略及方法包括：

（一）普及與均衡發展居家、社區及機構服務資源

1. 強化及發展社區式日間照顧服務，民國105年底前完成368鄉鎮多元日照服務資源。

2. 加速發展失智症多元長期照顧體系及照顧措施：

   (1) 大區均應設置1處失智入住機構式專區或專責服務單位。

   (2) 每次區均建置至少一處失智症社區服務據點。

   (3) 獎補助失智症照顧機構住宿式專區。

   (4) 獎補助失智症日間照顧服務單位之設立

3. 獎助長照資源不足地區發展長照資源，並優先發展及獎助：

   (1) 獎補助偏遠地區綜合式長照服務單位之設立。

   (2) 獎補助偏遠地區日間照顧及家庭托顧服務單位。

   (3) 辦理「偏遠地區（含山地離島）社區化長期照顧資源管理與輔導暨考評專案計畫」。

   (4) 辦理偏遠地區（含山地離島）在地人員教育訓練。

4. 完善家庭照顧者支持服務：

   (1) 為家庭照顧者福祉奠定重要基礎，長期照顧服務法開宗明義已將家庭照顧者納入長照服務對象；並於該法中明定家庭照顧者之支持服務項目。

   (2) 持續結合民間單位辦理「家庭照顧者支持中心」並設立諮詢專線，並擴大專線功能建置「高負荷家庭照顧者通報機制」，試辦並逐年普及

「家庭照顧者支持服務據點」，以多元發展並強化社區家庭照顧者服務網絡。

(3) 推動家庭照顧者之照顧服務實務指導員試辦計畫。

5. 獎勵發展整合式或創新長照服務模式：

(1) 獎補助小規模多機能等整合式長照服務之設立。

(2) 居家、社區及機構入住式之綜合性長照機構。

（二）逐步擴大服務對象

1. 訂定擴大服務之優先順序：

(1) 滿足現行我國長期照顧十年計畫服務對象之長照需求。

(2) 持續發展長照資源不足以及偏遠地區（含山地離島）社區化之長照服務體系。

(3) 逐步擴大服務對象。

(4) 俟前述之需要皆被滿足後，再視政府財政狀況，規劃提供更高長照服務頻率（日數或時數）及內容之服務。

2. 推估逐步擴大服務對象之規劃：

(1) 隨人口結構改變，自然增加之老化及失能人口數。

(2) 預定優先順序依序為，以較弱勢者優先納入，本計畫預計優先納入50歲以上失智症者及49歲以下身心障礙者，各年度預算編列視稅收及財政狀況調整。

3. 提升社會大眾對計畫之認知與服務使用意願：

(1) 長照計畫業依失能民眾經濟狀況提供不同補助比率。

(2) 透過電視媒體、平面文宣及各項教育訓練，加強長照服務宣導，以增進民眾對本國長照服務之認知與使用，積極擴展並提升服務使用量。

(3) 針對社區有照顧需求之失能者，主動提供服務訊息並即時轉介長照管理中心，俾滿足失能者之照顧需求。

(4) 加強辦理服務提供單位之教育訓練與宣導，促進其對長期照顧法規、政策，及各項服務資源供需狀況之瞭解，俾其在參與服務提供時有所依循。

（三）強化長期照顧服務管理之整合機制及品質提升

1. 長照服務管理機制之整合：

(1) 強化社政衛政資源整合。

(2) 落實長照服務管理制度。

2. 照管中心之定位、功能強化及發揮服務整合功能。

3. 長照機構管理之整合與品質之提昇：

(1) 推動社政、衛政整合型長照機構評鑑。

(2) 長照機構評鑑品質提升。

(3) 規劃研訂居家服務及日間照顧服務評鑑指標。

（四）長照資訊系統之強化、建置及整合

1. 持續整合及強化服務資訊系統：

(1) 民國101年衛福部組織改造，適時整合衛福部「照顧服務管理資訊平台」與「醫事管理系統」、「長期照護資訊網系統」等長照相關資訊系統及建置資訊平台雛型。

(2) 整合服務資訊網，完成訂定資訊系統標準、長照紀錄格式及各類編碼之規劃執行。

(3) 建置長照資料庫，定期分析服務現況與品質。

(4) 推動照顧服務管理資訊系統之長照服務協同作業平台，有效掌握個案接受服務之狀況，並導入預警功能應用於個案轉介、服務執行狀況及個案補助申報。

(5) 將照顧服務管理資訊系統介接全國社會福利津貼給付資料比對資訊系統、身心障礙者生涯轉銜個案服務資料管理系統、國民年金被保險人所得未達一定標準比對及資訊管理系統。

⑹ 簡化照顧服務管理資訊系統操作介面，並加強教育訓練課程，增進縣市政府及服務提供單位運用資訊平台管理之角色與功能。

⑺ 為整合社政與衛政相關長照服務管理系統，提供個人單一整合型查詢窗口及服務。

2. 規劃人力資源管理，建立人力資訊系統：

⑴ 建置長照人力繼續教育資訊系統。

⑵ 完成長照人員資格認證及建置整合登錄系統（含社工及照顧服 務員）。

⑶ 資訊系統訓練及推廣。

（五）充實長照人力

1. 提高誘因：

⑴ 針對居家服務提供單位（雇主）應為其照顧服務員投保勞健保費、職災保費、提撥勞退準備金等，按照顧服務員投保薪資等級最高補助90%。

⑵ 督請各縣市政府於委託或補助契約明定照顧服務員每小時時薪不得低於170元，所餘30元照顧服務費則用於核發照服員績效獎金、年終獎金、保費等必要支出，以提升照顧服務員實質所得，強化留任居家服務誘因。

⑶ 為保障照顧服務員之基本生活，穩定推動長期照顧服務之人力資源，照顧服務費補助基準業自民國103年7月1日起調整為每小時200元，以促進居家服務之永續發展。

⑷ 為鼓勵失業勞工從事照顧服務工作，提供相關促進就業措施。

⑸ 獎勵居服單位月薪聘僱照顧服務員。

2. 提高專業形象：

⑴ 針對通過技能檢定之照顧服務員研議發給專業加給，鼓勵參與專業資格認證，提升專業形象。

(2) 老人福利服務專業人員資格及訓練辦法業明定照顧服務員及社會工作人員每年應接受至少20小時在職訓練。

(3) 規劃強化照顧服務員訓練課程內涵及辦理方式。

(4) 規劃試辦依不同服務對象或特殊情況，研訂補助標準加給及人力分級之可行方式。

(5) 推動家庭照顧者之照顧服務實務指導員試辦計畫。

(6) 建立照服員形象識別並溝通其職業價值與意義。

3. 職涯規劃及整合學考訓用機制：

(1) 優先培訓具從事長照工作意願學員，提升訓後就業媒合成效。

(2) 職涯規劃。

(3) 鼓勵技專校院長照相關系科開設校外實習課程，減少學用落差，儲值未來長照人才。

(4) 建立長照人力跨部會業務協商溝通平台。

(5) 建置「健康照護產學合作中心」。

（六）規劃培訓課程，提升專業品質

1. 規劃各類長照人員（包括社會工作人員、各類醫事專業人員與評估照顧需要之照管人員）培訓課程。

(1) 為擴大各項服務人力訓練，並使培訓計畫內容推動具一致性、連續性及完整性，衛福部已完成長期照顧社工、醫事專業人員及照管人員各三個階段課程規劃。

(2) 規劃發展長照社會工作人員訓練課程內容，透過教育訓練，增進社工人力有關長照服務之專業知能。

2. 偏遠地區長照人力發展培訓計畫。

3. 建立長照共通性培訓課程之數位化學習與認證制度。

（七）外籍看護工與長照服務

1. 申審制度之規劃：

 (1) 簡便外籍看護工申審流程。

 (2) 檢討聘僱外籍看護工之評估機制。

 (3) 勞動條件與品質促進。

2. 外展服務：本、外籍人力組合提供服務模式之建立。

3. 推動外籍家庭看護工補充訓練。

4. 推動外籍家庭看護工之照顧服務實務指導員試辦計畫。

（八）適度發展產業參與長照服務

1. 運用大數據資料分析，掌握高齡者生活各方面的特殊需求，結合科技發展智慧生活，吸引不同領域業者研發食、衣、住、行、育樂、養生等高齡導向產品。

2. 建立產業發展溝通平臺，持續掌握需求並檢討政策與法規，鼓勵其優先參與居家式與社區式服務，以民眾為中心發展多元創新長照服務 。

3. 建立透明公開、公平專業的長照服務監督、品質保證及使用者評價申訴機制，藉以建立長照規範性市場，保障民眾接受服務之品質與權益。

（九）長照保險之規劃

有關規劃推動長照保險之相關內容，於本章第二節詳細介紹。

10-1-5　長期照顧十年計畫2.0

衛福部自民國97年起即分階段建立長期照顧制度，第一階段長照十年計畫，奠定基礎服務模式；第二階段長照服務網計畫及長期照顧服務法，建制普及式服務網路，充實量能，發展在地資源。推動長照十年計畫以來，已獲具體成效，服務量占老年失能人口比率，已從民國97年2.3%，提升至民國105年4月的35.7%，服務173,811人。參考長期照顧十年計劃2.0核定本（民國106~115年）之內容說明如下：

一、問題與挑戰

長照十年計畫推動至今，面臨以下問題與挑戰：

（一）長期照顧服務對象涵蓋範圍待擴大。

（二）長照人力資源短缺，待培訓發展。

（三）偏遠地區服務及人力資源不足，有待積極擴展與佈建。

（四）預算嚴重不足。

（五）補助核定額度與服務品質未能適足回應民眾期待。

（六）家庭照顧者支持與服務體系仍待強化。

（七）長照服務項目未能回應民眾多元新增需求。

（八）服務輸送體系散置，未能集結成網絡。

（九）行政作業繁雜影響民間資源投入參與意願。

（十）長照服務資訊系統待積極整合。

（十一）長照政策之宣導仍須加強。

二、計畫目標

民國106年1月全力推動「長照十年計畫2.0」，除積極推廣社區整體照顧模式試辦計畫、發展創新服務，建構以社區為基礎的健康照護團隊體系，並將服務延伸銜接至出院準備服務、居家醫療等服務，計畫總目標如下：

（一）建立優質、平價、普及的長期照顧服務體系，發揮社區主義精神，讓有長照需求的國民可以獲得基本服務，在自己熟悉的環境安心享受老年生活，減輕家庭照顧負擔。

（二）實現在地老化，提供從支持家庭、居家、社區到機構式照顧的多元連續服務，普及照顧服務體系，建立照顧型社區，期能提升具長期照顧需求者與照顧者之生活品質。

（三）延伸前端初級預防功能，預防保健、活力老化、減緩失能，促進長者健康福祉，提升老人生活品質。

（四）向後端提供多目標社區式支持服務，銜接在宅臨終安寧照顧，減輕家屬照顧壓力，減少長期照顧負擔。

三、實施策略

（一）建立以服務使用者為中心的服務體系

整合衛生、社會福利、退輔等部門服務，發展以服務使用者為中心的服務體系。

（二）發展以社區為基礎的小規模多機能整合型服務中心

以在地化、社區化原則，提供整合性照顧服務，降低服務使用障礙，提供在地老化的社區整體老人、身心障礙者的綜合照顧服務。

（三）鼓勵資源發展因地制宜與創新化，縮小城鄉差距，凸顯地方特色

透過專案新型計畫鼓勵資源豐沛區發展整合式服務模式，鼓勵資源不足地區發展在地長期照顧服務資源，維繫原住民族文化與地理特色。

（四）培植以社區為基礎的健康照護團隊

向前延伸預防失能、向後銜接在宅臨終安寧照顧，以期壓縮失能期間，減少長期照顧年數。

（五）健全縣市照顧管理中心組織定位與職權

補足照顧管理督導與專員員額，降低照顧管理專員服務對象量，進行照顧管理專員職務分析，以建立照顧管理專員訓練與督導體系。

（六）提高服務補助效能與彈性

研議鬆綁服務提供之限制、擴大服務範圍及增加新型服務樣式，以滿足失能老人與身心障礙者多樣性的長期照顧需求。

（七）開創照顧服務人力資源職涯發展策略

透過多元招募管道、提高勞動薪資與升遷管道，將年輕世代、 新移民女性、中高齡勞動人口納入，落實年輕化與多元化目標。

（八）強化照顧管理資料庫系統

分析與掌握全國各區域長期照顧需求與服務供需落差，與地方政府共享，作為研擬資源發展與普及之依據。

（九）增強地方政府發展資源之能量

定期分析各縣市鄉鎮市區長期照顧服務需求、服務發展與使用狀況，透過資源發展縮短長期照顧需求與服務落差。

（十）建立中央政府總量管理與研發系統

落實行政院跨部會長期照顧推動小組之權責，整合現有相關研究中心，發揮總量管理與研發功能。

四、施行內容

惟為更積極回應民眾多元照顧需求，擴充服務內涵，增加服務彈性；擴大服務對象，將服務對象由4類擴大為8類、符合不同族群照顧需求；整合服務模式，提升照顧連續性；創新多元服務，滿足多元需求；服務體系延伸，積極推動各項預防照顧措施，長照十年計畫2.0爰規劃增加長照1.0現有服務之彈性，服務項目由8項增至17項, 透過具體實施策略，以改善原長照十年計畫1.0之缺失。

A.擴大服務對象

為照顧更多長照需要民眾，本計畫長照2.0所服務之對象，除了延續長照十年計畫之服務對象以外，也擴大服務對象，納入50歲以上輕度失智症者、未滿50歲失能身心障礙者，65歲以上衰弱老人，及55-64歲失能原住民等。

B.擴大服務內涵，增加服務彈性

（一）增加長照十年計畫1.0之服務彈性，提高服務量能

1. 照顧服務：調整支付制度及方式，增加服務內容與頻率之彈性。

(1) 居家服務

規劃透過檢討照顧服務補助項目及基準，合理計算各項服務成本，調整居家服務支付標準，以促進照顧服務永續發展。

(2) 多元日照服務

為普及充實社區照顧資源，發展多元社區在地照顧體系，推動臺灣368照顧服務計畫，積極鼓勵地方政府結合民間服務提供單位，協力佈建多元日間照顧資源，同時強化社區照顧量能，鼓勵以日間照顧中心為基礎，擴充提供居家服務及夜間臨時住宿，發展小規模多機能服務。

(3) 家庭托顧

規劃調整照顧服務費用及托顧家庭之設施設備改善費， 提供誘因，期望吸引更多照顧服務員投入家庭托顧服務的行列，因地制宜發展長期照顧服務，未來更將積極鼓勵地方政府結合專業民間單位招募與督導托顧家庭，加強偏鄉地區設立托顧家庭，以回應偏鄉地區失能者的長照需求。

2. 交通接送

考量各縣市幅員差異及服務資源可近性等諸多因素，為合理提供長照服務對象所需之交通接送服務，爰參酌各縣市實際面積，將各縣市區分為三個補助等級；另有鑑於原鄉及偏遠地區（計87個鄉鎮市區）都市化程度較低，社區服務資源尚未充份佈建，致服務使用者需付出較多交通成本以取得服務，故針對實際居住於該地區之使用者，以最高補助等級

加成1.2倍方式提高補助額度。

3. 機構住宿式長期照顧機構服務

為讓需要照顧的失能長輩能接受長照服務，減輕家庭經濟負擔及照顧壓力，有效提升長期照顧機構服務品質，並且降低長照機構安置老人的成本，規劃擴大機構安置補助之受益對象，提高低收入戶、中低收入戶之中度及重度失能老人機構安置費補助標準至21,000元（原來為18,600元），未來將視國家整體資源及管理機制的發展情況，再逐步採階梯式擴大提供非低收入戶、中低收入戶的相對經濟弱勢重度失能、失智老人機構安置費補助。

4. 喘息服務

(1) 提高每日補助金額

凡經評估為輕度、中度失能服務對象之家庭照顧者，每年最高可獲得14天，重度失能服務對象之家庭照顧者，每年最高則可獲得21天喘息服務之補助；補助天數並將依民眾實際需求核給。民國106年起補助經費由1,200元/日調高為1500元/日。

(2) 場域擴大至日間照顧中心以及各服務據點

目前喘息服務，除提供機構及居家喘息服務，民眾可混合搭配使用；另自民國104年起，推動多元照顧中心（小規模多機能）創新服務方案，提供臨時住宿服務（喘息服務），讓有需求民眾在熟悉的環境臨時住宿，解決家庭安置困擾，也讓家庭照顧者得到喘息機會。此外自民國105年起於368鄉鎮佈建多元日照資源，喘息服務將也可以使用日間照顧服務。

(3) 對象

另將視政府財政狀況，逐步再規劃擴大服務對象（如聘僱外籍看護工家庭等），並規劃提供更高長照服務日數。

（二）精進照管機制，依民眾需求核定補助服務時數

惟目前現行民眾獲得各項補助時數及服務額度不足，擬規劃調整方向說明如表10-3。

表10-3 長照十年計畫2.0規劃服務項目補助情形

服務項目	照顧服務（居家服務、日間照顧、家庭托顧）	營養餐飲	輔具/無障礙環境改善	交通接送	居家護理	居家及社區復健
服務對象	① 65 歲以上失能老人。 ② 65歲以上僅IADL需協助之獨居老人。 ③ 55歲以上失能原住民。 ④ 失能身心障礙者。 ⑤ 失智症者。		① 65歲以上失能老人。 ② 65歲以上僅IADL需協助之獨居老人。 ③ 55歲以上失能原住民。 ④ 失能身心障礙者。	① 65歲以上中度/重度失能老人。 ② 55歲以上中度/重度失能原住民。 ③ 中度/重度失能身心障礙者。 ④ 50歲以上中度/重度失智症者。	① 65歲以上失能老人。 ② 65歲以上僅IADL需協助之獨居老人。 ③ 55歲以上失能原住民。 ④ 失能身心障礙者。 ⑤ 50歲以上失智症者。	
內涵	核定額度內可以彈性使用居家服務、日間照顧及家庭托顧服務。	50 元/餐	—	參酌各縣市幅員差異，規劃分級補助機制；並考量原鄉與偏遠地區交通成本，加成補助。	每月最高2次	每項治療服務（物治、職治）每星期最多1次，1年各以6次為原則（12次/年），若治療師認為服務對象具高恢復潛力，可提出延案申請，但須經照管中心核准。
補助額度	① 口間照顧及家庭托顧服務依其福利身分別及失能/失智情形補助。 ② 居家服務部份，依其福利身分別及長期照顧需要情形分段補助基本支付，並規劃依不同時段、區域、服務對象、服務場域或特殊情況加成支付。	（地方政府自籌辦理）	10年上限10萬元	中度/重度：每月8趟。	① 低收入者全額補助，中低收入者補助90%，一般戶補助70%。 ② 補助山地離島偏遠地區加給10%服務費，不含交通費。	① 低收入者全額補助，中低收入者補助90%，一般戶補助70%。 ② 補助山地離島偏遠地區加給10% 服務費，不含交通費。

資料來源：衛生福利部，長期照顧十年計劃2.0（核定本）

喘息服務	長期照顧機構	安全性看視	預防或延緩失能之服務				
			肌力訓練	生活功能重建訓練	膳食營養	口腔保健	認知促進
	① 低收入戶及中低收入之重度失能老人。 ② 低收入戶及中低收入且缺乏家庭支持致有進住機構必要之中度失能老人。	50歲以上失智症者。	主要以衰弱及失能老人為主，衰弱老人為經評估無ADL失能、但有IADL失能且經SOF評估3項指標中有1項以上者。				
經評估為輕度、中度失能服務對象之家庭照顧者，每年最高可獲得14天，重度失能服務對象之家庭照顧者，每年最高則可獲得21天喘息服務之補助；補助天數並將依民眾實際需求核給。並將視政府財政狀況，逐步再規劃擴大服務對象（如聘僱外籍看護工家庭等），並規劃提供更高長照服務日數。	—	設計失智照顧服務之加成補助。	以團體方式進行，每次團體活動約10 人，每期課程平均12週，視需要再調整週次，每次課程為2小時，包含多項創新服務，針對失能風險預防設計具多元性及趣味性之活動課程。				
① 輕度及中度失能每年14 日，重度失能每年21日。 ② 低收入者全額補助，中低收入者補助90%，一般戶補助70%。 ③ 機構喘息補助交通費，每年4趟。 ④ 補助山地離島偏遠地區加給10%服務費，不含交通費。	① 提高低收入戶、中低收入戶之中度及重度失能老人機構安置費。 ② 逐步採階梯式擴人提供非低收入戶、中低收入戶的相對經濟弱勢重度失能(失智)老人機構安置費補助。	15 小時	補助縣市政府辦理社區樂齡行動教室之師資費用、行政費用等。 課程以團體方式進行，每期12週，每週每次2小時，以補助1年為主。				

C.創新多元服務，滿足多元需求

（一）失智症照顧服務

1. 佈建失智症團體家屋，提供服務多元選擇，給予失智症者家庭化及專業照顧服務。

2. 強化失智症初級預防，普及充實社區照顧資源。

(1) 早期介入服務方案。

(2) 失智症社區服務發展計畫-失智症共同照護中心。

（二）小規模多機能服務

強化社區整體照顧服務體系，彈性並充分運用在地社區照顧資源，因地制宜整合發展符合社區需求之小規模、多元化社區照顧服務模式及多元連續之長期照顧服務輸送體系。

（三）因應偏遠地區長照需求，建置在地（部落）服務體系

辦理偏遠長照資源不足區之照管據點、輔導機制與管理平台， 提供多元整合服務，並提供社區照顧創新模式，補助交通相關費用，縮短城鄉差距。

（四）提供家庭照顧者支持服務，減輕民眾照顧負擔

1. 建置家庭照顧者支持中心及關懷專線。

2. 普設老人家庭照顧者支持服務據點。

3. 提供家庭照顧者技巧指導及關懷服務。

（五）重視身心障礙者提早老化需求，充實照顧服務量能

1. 發展身心障礙日間照顧服務資源。

2. 充實身心障礙機構老化照顧服務。

D.建構社區整體照顧服務體系，提升照顧連續性

（一）建構社區整體照顧服務體系

建立以社區為基礎發展連續多目標服務體系，分為A、B、C三級，由A級提供B、C級技術支援與整合服務，另一方面促使B級複合型服務中心與C級巷弄照顧

站普遍設立，爰規劃以培植A、擴充B、廣佈C為原則，由中央、地方政府及民間單位三方因地制宜協力佈建在地化長照服務輸送網絡，提供近便性照顧服務。

（二）補助試辦單位修繕及開辦設施設備、專業服務費以及專案活動費等相關經費，透過地方政府落實在地培力、督導及支援，發展標準化服務，並積極鼓勵年輕世代、新移民女性、中高齡勞動人口投入照顧服務行列，彈性從事多元照顧工作，增進多元就業場域。

E.服務體系的延伸，積極預防照顧

（一）增強疾病預防健康促進服務

推動健康促進的長照服務，以社區為需求導向，辦理肌力強化運動、生活功能重建訓練、社會參與、膳食營養、口腔保健、認知促進等服務等六項創新服務。

（二）銜接出院準備服務

由照管中心連結醫院出院準備服務的專業醫療團隊評估病人身體、經濟、心理或情緒上的照護需求，如有長照需求的服務對象，出院轉介至長照中心，照顧管理專員無縫評估，協助民眾及時獲得所需服務資源，使病人及其家屬獲得完整性及持續性的長照服務。

（三）銜接在宅醫療、居家安寧照顧

經照護團隊醫事人員評估有明確醫療需求，且因失能或疾病特性致外出就醫不便者，經訪視醫事人員評估符合收案條件後可接受服務。長期照顧與在宅醫療及居家安寧服務的銜接，將可促進照顧的連續性。

（四）強化社區預防性照顧、日間托老服務

以社區積極預防概念，建立社區照顧關懷據點、提升據點服務量能、布建日間托老服務、成立高齡健康及長照研究中心等計劃，普及充實社區照顧資源，讓老人均能獲得在地且妥適的照顧服務，延緩老化及失能。

表10-4　長期照顧十年計畫服務項目與長期照顧十年計畫2.0版比較表

<table>
<tr><th>長照十年計畫1.0</th><th colspan="2">長照十年計畫 2.0</th></tr>
<tr><td rowspan="3">服務項目：
1. 照顧服務（居家服務、日間照顧及家庭托顧）
2. 交通接送
3. 餐飲服務
4. 輔具購買、租借及居家無障礙環境改善
5. 居家護理
6. 居家復健
7. 長期照顧機構服務
8. 喘息服務</td><td colspan="2">彈性與擴大</td></tr>
<tr><td>服務項目</td><td>推動方式</td></tr>
<tr><td>增加長照十年計畫1.0 之服務彈性：
1. 照顧服務（居家服務、日間照顧及家庭托顧）
2. 交通接送
3. 餐飲服務
4. 輔具購買、租借及居家無障礙環境改善
5. 居家護理
6. 居家復健
7. 長期照顧機構服務
8. 喘息服務</td><td>一、擴充服務內涵，增加服務彈性</td></tr>
<tr><td rowspan="7">服務對象：
1. 65歲以上失能老人
2. 55歲以上失能山地原住民
3. 50歲以上失能身心障礙者
4. 65歲以上僅IADL需協助之獨居老人</td><td colspan="2">創新與整合</td></tr>
<tr><td>服務項目</td><td>推動方式</td></tr>
<tr><td>成立社區整合型服務中心、複合型服務中心與巷弄長照站</td><td>二、建立社區整體照顧服務體系，提升照顧連續性</td></tr>
<tr><td>失智症照顧服務
小規模多機能服務
家庭照顧者支持服務據點
社區預防性照顧</td><td>三、創新多元服務，滿足多元需求</td></tr>
<tr><td colspan="2">延伸</td></tr>
<tr><td>服務項目</td><td>推動方式</td></tr>
<tr><td>預防失能或延緩失能與失智之服務
延伸至出院準備服務
銜接在宅臨終安寧照護</td><td>四、服務體系的延伸，積極預防照顧</td></tr>
</table>

長照十年計畫 2.0
彈性與擴大
實施策略
(一)提高服務量能，回應民眾需求 1. 照顧服務：調整支付制度及方式，增加服務內容與頻率之彈性。 2. 交通接送：參酌各縣市幅員差異，規劃分級補助機制；並考量原鄉與偏遠地區交通成本，加成補助。 3. 長照機構：提高低收入戶、中低收入戶之中度及重度失能老人機構安置費。再逐步採階梯式擴大提供非低收入戶、中低收入戶的相對經濟弱勢重度失能、失智老人機構安置費補助。 4. 喘息服務： (1)提高每日補助金額。 (2)場域擴大至日間照顧中心以及各服務據點。 (3)對象：照顧失能者的家庭。 (二)精進照管機制，依民眾需求核定補助服務時數
創新與整合
實施策略
(一)建構社區整體照顧服務體系建立以社區為基礎發展連續多目標服務體系，分為A、B、C三級，由A級提供B、C 級技術支援與整合服務，另一方面促使B 級複合型服務中心與C級巷弄照顧站普遍設立，提供近便性照顧服務。
(二)因應偏遠地區長照需求，建置在地（部落）服務體系：辦理偏遠長照資源不足區之照管據點、輔導機制與管理平台，提供多元整合服務，並提供社區照顧創新模式，補助交通相關費用，縮短城鄉差距。 (三)支持家庭照顧者，減輕民眾照顧負擔：建置家庭照顧者支持中心、服務據點及關懷專線，並提供技術指導。 (四)強化社區預防性照顧服務：積極擴增社區照顧關懷據點、日間托老及各項健康促進活動。 (五)重視身心障礙者提早老化需求，充實照顧服務量能：提供在地化社區日間服務，並增強住宿式機構老化照顧功能。
延伸
實施策略
(一)強化失智症初級預防，普及充實社區照顧資源：積極辦理早期介入服務方案，優化失智症社區服務據點。 (二)辦理預防失能及延緩失能惡化之服務：提供肌力強化運動、生活功能重建訓練、膳食營養、口腔保健、認知促進等服務。 (三)銜接出院準備服務。 (四)銜接在宅臨終安寧照護。

資料來源：衛生福利部，長期照顧十年計劃2.0（核定本）

五、實施成果

隨著社會變遷與醫療衛生的進步，國人平均壽命長期呈上升趨勢，但生育率與死亡率下降，致整體人口結構快速趨向高齡化，臺灣65歲以上人口比率於民國107年3月達14%，正式邁入高齡社會；推估至民國115年將超過20%，邁入超高齡社會，使得長期照顧需求人數隨之增加。

為滿足未來龐大的長照需求並減輕家庭照顧沈重的負擔，行政院於民國105年9月29日通過「長期照顧十年計畫2.0」，並於民國106年元旦上路；另為增加長照服務供給量能，自民國107年起實施長期照顧服務給付及支付新制，搭配長照服務單位特約制度，鼓勵更多長照服務單位投入。此外，致力與地方政府合作，由各地方政府因地制宜布建社區整體照顧服務體系，並持續推動預防及延緩失能照顧、強化失智症照顧量能，整合居家醫療等服務，廣泛照顧不同長照需求的民眾，截至民國109年底長照2.0之實施成果如下：

為建立優質、平價、普及的長照服務體系，推動長照2.0服務，政府設立長照基金，長照預算已從民國105年49億元增加至民國110年491億元，大幅成長10倍，使長照服務的對象、範圍、據點及人力持續擴增中。

（一）社區整體照顧ABC模式，實現在地老化

1. 建構社區整體照顧服務體系（長照ABC）：

為實現在地老化，地方政府因地制宜加速布建社區整合型服務中心（A）、複合型服務中心（B）、巷弄長照站（C），提供從支持家庭、居家、社區到住宿式照顧的多元連續服務，普及照顧服務體系，提升長期照顧需求者與照顧者的生活品質。至民國109年底，已布建A級688處、B級6,195處、C級3,169處據點；使用長照服務總人數超過35萬7千人，較民國108年同期增加7萬餘人（25.77%）；服務涵蓋率亦提升至54.69%。

（二）擴大服務對象及項目

1. 服務對象擴大：

從4類擴大為8類，擴及衰弱老人及安寧照顧。除65歲以上失能老人，還包括55歲以上失能原住民、50歲以上失智症者及任何年齡的失能身心障礙者，長照需求服務人數從51萬1千人增加至民國109年82萬4,515人。

2. 服務項目增加：

服務項目由8項，增加為社區整體照顧、失智照顧、原民社區整合、小規模多機能、照顧者服務據點、社區預防照顧、預防/延緩失能，以及延伸出院準備、居家醫療等17項，向前端銜接預防保健，降低與延緩失能，並向後端銜接安寧照護，讓失能與失智者獲得更完整、有人性尊嚴的照顧。具體成果如：

(1) 完備失智照顧服務體系：至民國109年底，失智共同照護中心、失智社區服務據點分別設置95處、494處，較106年大幅成長4到5倍。

(2) 出院銜接長照：民國106年4月起推動「出院準備銜接長照2.0計畫」，鼓勵醫院結合健保的出院準備服務，研發因地制宜的出院準備銜接長照服務流程。因加入該計畫的醫院增加，有長照需求的民眾在出院3天前完成需求評估，出院後取得長照服務的天數，已從實施初期的63日，大幅縮短至7日。

(3) 長照服務與醫療照護整合：民國108年7月19日起實施「居家失能個案家庭醫師照護方案」，提供以居家失能個案為中心之長照與居家醫療整合服務，至民國109年底，派案服務人數超過10萬9,500人。

（三）服務找得到、容易找

1. 單一窗口：

於全國22縣市成立長期照顧管理中心及其分站，提供單一窗口，受理申請、需求評估，並協助家屬擬訂照顧計畫等業務，提供民眾便利可及的長照服務。

2. 1966長照服務專線：

民國106年11月24日開通，民眾撥打專線後，長期照顧管理中心將派照管專員到家進行評估，依需求提供量身定做長照服務，民國109年計有34萬1,274通。

（四）推動給付及支付新制，量身打造照顧計畫

1. 整合長照服務為4類，讓長照服務更專業多元：

新制建立與服務單位特約機制，簡化行政程序，全面提升長照服務體

系量能，將原有的10項長照服務，整合為「照顧及專業服務」、「交通接送服務」、「輔具服務及居家無障礙環境改善服務」及「喘息服務」等4類給付，由照管專員或個案管理員針對個案長照需求量身打造照顧計畫，再由特約服務單位提供長照服務，讓長照服務更專業多元，也更符合需求。

2. 更細緻反應不同失能程度的照顧需要：

新制增加更多的評估面向(例如工具性日常活動、特殊照護、情緒及行為型態等)，將各類的長照失能者納入長照服務對象；同時將長照失能等級自3級分為8級，可更細緻滿足不同失能程度的照顧需要。

3. 論時數改為論服務項目，讓長照服務更有效率：

新制將長照服務以民眾可獲得之服務內容，分別按次、按日、按時等多元支付方式，打破過去僅依「時」計價之模式，並改善過往不同工同酬之情形，主要補助項目分為4大項，依據失能等級及收入條件提供不同補助金額。

(1) 照顧及專業服務：1級失能者不提供補助，2～8級分別補助10,020元/月～36,180元/月，低收入戶全額給付；中低收入部分負擔5%；一般戶16%。

(2) 交通接送給付：僅限4級以上失能者，依據交通里程給予1,680元～2,400元補助，低收入戶全免；中低收入部分負擔7%～10%；一般戶部分負擔21%~30%。

(3) 輔具服務與居家無障礙環境改善：以3年為單位，每次最多補助40,000元，低收入全額給付；中低收入部分負擔10%；一般戶部分負擔30%。

(4) 喘息服務：2～6級補助32,340元/年，7～8級補助48,510元/年，低收入全額給付；中低收入須部分負擔5%；一般戶部分負擔16%。

此外，為確保第一線的居家照顧服務員薪資待遇，並提供更好、更穩定的長照服務，吸引健康照顧科系畢業生投入相關產業，政府重視且致力提高照服員的薪資水準。據統計，民國107年底全職居家照顧服務員平均月薪亦超過3萬8千元，部分工時時薪亦有223元，至民國109年底照服員人數達7萬6,870人，較民國106年增加超過4萬8千人。

（五）全面建構友善高齡環境

1. 減輕身心失能者家庭的負擔：民國108年7月修正《所得稅法》，每人每年有12萬元的「長照特別扣除額」，聘用看護、使用長照機構或在家照顧均可依規定適用，依民國108年度綜合所得稅結算申報初步統計，有34萬人受益。同時考量長期照顧特別扣除額對較低所得者無法受益或受益較少，提供「住宿式服務機構使用者補助方案」，凡民國108年1月起入住本方案規定之機構滿90天以上，並符合條件者，每人每年最高可領取6萬元補助。

2. 提升住宿式服務機構品質：行政院於民國108年12月11日核定「住宿式服務機構品質提升卓越計畫」，針對公私立機構給予每床1至2萬元的獎勵，民國109年度核定共有1,277家公私立住宿式機構參與，獎勵近7萬床。

3. 強化社區預防照護服務網絡：聚焦向前延伸初級預防照護，以衰弱、亞健康及健康長者為對象，結合在地服務資源，提供健康促進及延緩失能課程（如運動、認知促進、防跌、正確用藥及慢性病管理），全國22縣市並已設立「社區營養推廣中心」，加強社區長者營養照護服務；另全國22縣市皆已加入「高齡友善城市」，並推展「高齡友善社區」計128個，營造適合長者安居樂活的環境。

4. 推動高齡友善健康照護機構：為協助健康照護機構提供符合長者需求的醫療保健服務，推動「高齡友善健康照護機構」認證，至民國109年共有645家（醫院、衛生所、診所、長照機構）獲得認證，提供長者更優質的健康照護服務；另推動「基層診所暨社區醫療群推動預防失能之慢性病介入試辦獎勵計畫」，整合轄區醫療資源，強化基層醫療慢性病與衰弱的評估介入能力，在地照顧長輩。

5. 照護科技化關懷長者：建構「高齡整體照顧模式整合平臺」，開發資通訊、物聯網及連結輔具等產業，改善長照服務模式；建置「長者居家科技互動平臺」，藉由現代科技輔助，讓長者不受時空限制，於家居隨時隨地與人互動，避免因獨居、寂寞降低身體活動，產生衰弱、肌少症等情形。

6. 促進及提升中高齡及高齡者的勞動參與：「中高齡者及高齡者就業促進法」於民國108年12月公布，專法保障中高齡及高齡者就業權益，使長者享有公平的工作機會，也讓雇主得以定期契約僱用65歲以上高齡者，讓65歲以上的勞動力能夠再發揮，除可透過經驗傳承及世代合作，共創社會及經濟發展，亦可促使長者因與社會的連結，維持健康、有意義的老年生活。

10-1-6 長期照護保險法

為完備我國社會安全體制，確保長照服務具備可長可久、穩定之財源，繼長期照顧服務法於民國104年5月15日前經立法院三讀通過，行政院院會前於同年6月4日通過「長期照顧保險法」草案，並送請立法院審議。因逢立法院屆期不續審，法案復於民國105年1月14日經行政院院會審議通過，並於民國105年2月1日函請立法院審議。

長照保險法草案共十章八十一條，內容係針對保險人、保險對象、保險財務、保險給付及支付、保險給付之申請及核定、保險服務機構等事項進行規範。長照保險透過全民納保來達到社會自助互助之功能，另為使行政資源達到最大之經濟效益，由中央健康保險署承辦長照保險業務；長照保險給付之規劃，是以實物給付為主，失能者經評估有長照需要時，依核定之照顧計畫提供給付，優先提供居家或社區式服務，超過的部分需自行負擔；為保障民眾獲得一定水準的長照服務，規範長照保險特約服務機構應依長照或相關主管機關頒布之法規設立，以符合一定之品質要求。

表10-5 行政院院會通過之長照保險法草案架構

章名	條次	內容
第一章 **總則**	§1-§6 (6 條)	立法目的、名詞定義、政府負擔保險費比率下限、主管機關、長照保險會及爭議審議會職掌
第二章 **保險人、保險對象及投保單位**	§7-§15 (9 條)	保險人、保險對象、被保險人類別、保險效力及起始終止日、投保單位
第三章 **保險財務**	§16-§33 (18 條)	保險費之計算、分擔、費率、安全準備下限、費率精算　及調整、投保金額分級表及平均保險費、一般及補充保 險費徵收方式、滯納金等
第四章 **保險給付及支付**	§34-§47 (14 條)	給付內容、保險給付分階段實施、不給付範圍、照顧者現金給付、輔具、擬訂給付及支付標準、多元方式支付費用、自付差額、部分負擔上限、自墊費用等

章名	條次	內容
第五章 保險給付之申請及核定	§48-§52 (5條)	保險給付申請、長照需要評估、複評作業、照顧計畫訂定、服務資源連結及對核定的照顧計畫有異議時之相關規定
第六章 保險服務機構	§53-§59 (7條)	保險服務機構申請特約與管理、服務費用申報、收取自費項目報備及公開、自立名目收費之禁止、年度財報、 服務品質資訊公開之相關規定
第七章 安全準備及基金運用	§60-§61 (2條)	安全準備來源、保險基金之運用方式
第八章 相關資料及文件之蒐集、查閱	§62-§63 (2條)	保險人辦理本保險業務所需之必要資料，相關機關、保險對象、投保單位、扣費義務人及服務機構等有提供之義務及相關規定
第九章 罰則	§64-§73 (10條)	保險服務機構、保險對象、投保單位及扣費義務人等， 違反相關義務之處罰規定
第十章 附則	§74-§81 (8條)	保險人開辦費與週轉金、弱勢民眾保險費負擔、經濟困難資格認定標準、施行日期等規定

資料來源：衛生福利部社會保險司，長照保險規劃報告民國105年5月

表10-6 《長期照護保險法》預計成效

	現況 （僅以十年計劃支應）	**若長期照顧保險施行 （假設為民國107年）**
長照經費	50億/年	1,100億/年
受益對象	65歲以上長者 55歲以上原住民 50歲以上身障者	不限年齡、不限障別之身心失能者
給付內容	社區、居家服務為主	社區式、居家式，亦含機構住宿式、照顧者支持等服務

資料來源：衛生福利部社會保險司

10-2 長期照護保險之規劃

為建立穩健且可長可久之長期照護制度，政府民國97年施政方針均明確宣示「推動長期照護保險與立法」，經建會爰依據行政院指示，會同衛生署及內政部自民國97年12月起積極進行長期照護保險之規劃，完成「長期照護保險規劃報告」。民國98年7月23日成立「長期照護保險籌備小組」進行長照保險法規、體制、財務、給付、支付、服務輸送、服務品質等構面之規劃工作，民國102年7月23日衛生福利部社會保險司接續規劃長照保險制度，為完備我國社會安全體制，確保長照服務具備可長可久、穩定之財源，繼長期照顧服務法於民國104年5月15日前經立法院三讀通過，行政院院會前於同年6月4日通過「長期照顧保險法」草案，並送請立法院審議。因逢立法院屆期不續審，法案復於民國105年1月14日經行政院院會審議通過，並於民國105年2月1日函請立法院審議。

推動長照保險制度，主要以自助互助之社會保險理念，目的在分擔失能家庭之長期照顧負荷及財務風險，維護與促進失能者獨立自主生活，使國人獲得基本的長照保障；並藉由保險制度之實施，擴大整體服務規模，促進更多民間業者投入長照服務產業，進而提供更多元化、具可近性及普及性的長照服務，為民眾建立完善的服務體系，進而建構高齡化社會完善之長照制度。

衛福部於立法推動過程中參酌各界寶貴建議，所完成之長照保險法草案共十章八十一條，內容係針對保險人、保險對象、保險財務、保險給付及支付、保險給付之申請及核定、保險服務機構等事項進行規範，未來仍將持續加強向各界溝通說明，俾及早完成立法程序，在長照服務資源完成整備的前提下，並經至少2年籌備期，再開辦長照保險，以提供民眾所需的長照服務，規劃內容如下（參考民國105年3月長期照護保險規劃報告）。

10-2-1 規劃緣起

鑑於我國人口快速老化、總生育率下降，在失能人數不斷增多與家戶平均人數逐漸減少，以及女性勞動參與 持續升高等狀況下，導致家庭照顧人力日益不足，使得民眾之長照負擔沉重，長照需求者也愈 愈不易從家庭中獲得足夠的照顧支持；而政府囿於公務預算，難以支撐未 國人整體遽增的長照需求，服務體系亦無法健全發展，因此，亟需儘早建立兼具財源穩定充足、財務獨立與提供普及

式照顧服務的長照保險制度，藉由國人自助互助、全民共同分擔風險之方式，減輕失能者及其家庭之照顧負荷及財務負擔，使國人獲得基本的長照保障；並藉由保險制度之實施，擴大整體服務規模，促進更多民間業者投入長照服務產業，進而提供更多元化、具可近性及普及性的長照服務，為民眾建立完善的服務體系。

一、人口結構快速高齡化

臺灣地區因醫療衛生進步，平均壽命延長及出生率下降，老人的人數和比例呈現顯著成長，人口老化問題日益嚴重。民國82年65歲以上老年人口占總人口比率開始超過7%，國家發展委員會（以下簡稱國發會）推估，我國於民國107年進入高齡社會，老年人口所占比率將達14.5%（343.4萬人）；民國115年邁入超高齡社會，老年人口所占比率將達20.6%（488.1萬人）；估計至民國150年老年人口所占比率將達41%（735.6萬人）。

表10-7　臺灣人口結構推估

年別(民國)	65歲以上人口		65-74歲人口(年輕老人)		75-84歲人口(高齡老人)		85歲以上人口	
	人數(萬人)	占總人口(%)	人數(萬人)	占總人口(%)	人數(萬人)	占總人口(%)	人數(萬人)	占總人口(%)
103	310.8	13.2	178.2	57.3	96.9	31.2	35.8	11.5
110	397.4	16.8	251.3	63.2	103.8	26.1	42.3	10.6
120	573.1	24.4	321.7	56.1	195.7	34.1	55.7	9.7
130	681.5	30.4	317.3	46.6	253.2	37.2	111.0	16.3
140	739.1	35.9	329.9	44.6	253.9	34.4	155.3	21.0
150	715.2	38.9	282.9	39.6	266.0	37.2	166.3	23.3

註：本表內數據係為中推計。

資料來源：國家發展委員會，中華民國臺灣民國103至150年人口推計，民國105年8月

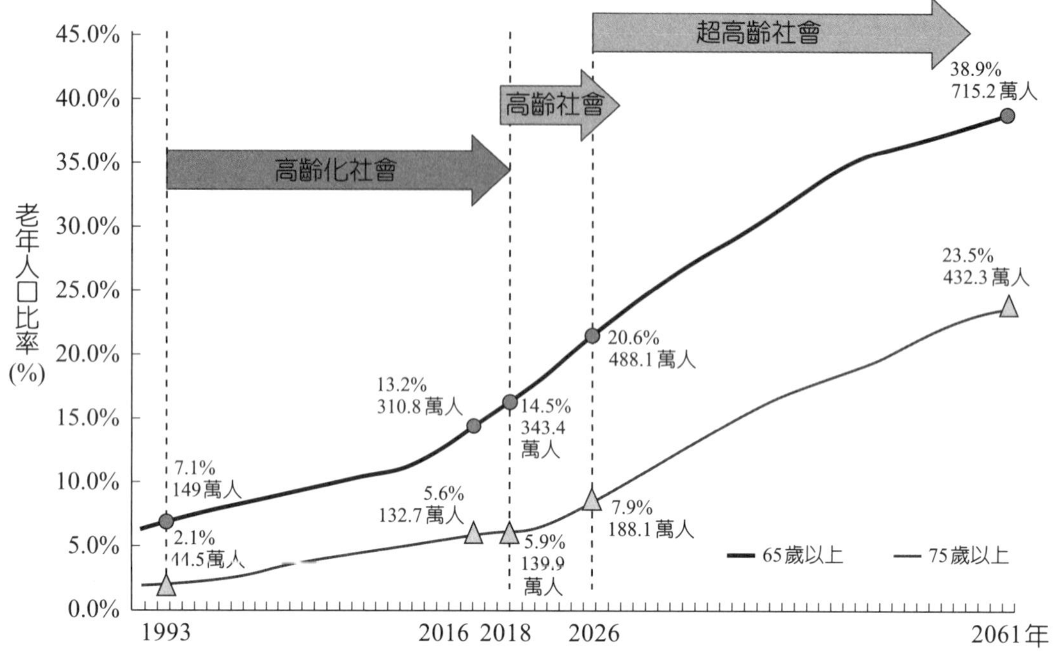

圖10-4 老年人口占率趨勢

資料來源：國家發展委員會，中華民國臺灣民國105至150年人口推計——中推估，民國105年8月

二、家庭照顧功能逐漸式微

隨著社會變遷、生育率降低、女性勞動參與率提升等家庭結構改變，原有的家庭成員相互支援照護功能降低，現有照護需求者不易從家庭取得合適的照護服務。

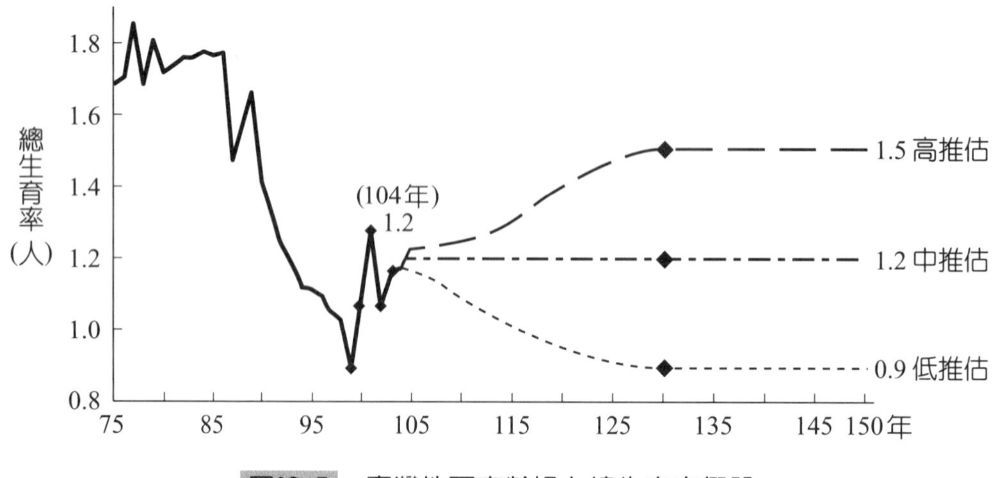

圖10-5 臺灣地區育齡婦女總生育率假設

資料來源：國家發展委員會，中華民國臺灣民國103至150年人口推計，民國105年8月

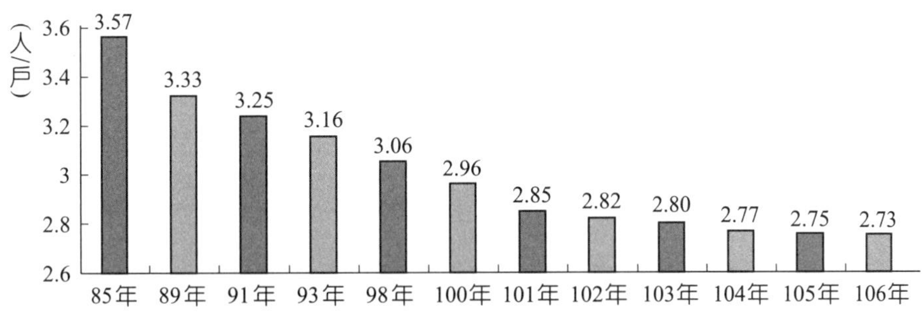

圖10-6 臺灣地區家戶人數變動趨勢

資料來源：內政部

三、需照顧之失能人口增加，照顧成本大幅成長

隨著人口老化而來的衰老及慢性病盛行，我國民國97年失能及失智的人口約為39萬9,979人，隨著人口老化，失能人口將大幅增加，導致長期照顧需求也隨之遽增，推估至民國149年將成長為193萬人。OECD曾於2010年對會員國進行醫療與長期照護之財務負擔推估，發現在人口老化下，平均各會員國政府在醫療與長期照護之支出占GDP的比率，將從2010年的6.2%提升至2060年的13.9%，其中健康照護支出占GDP之比率由5.5%上升至11.8%，長照支出占 GDP之比率由0.8%上升至2.1%（OECD，2013）。此外，相關研究指出2006 年至2031年所需之長照費用約為537億元至1,239億元，約占GDP比率 0.52%至0.62%，仍較OECD國家為低。我國雖無對應推計，但在人口快速老化下，未來醫療與照護成本亦將大幅增加。下圖為民國100年全人口失能人數67萬人，民國149年快速增加至193萬人，推估國人一生中長照需求時間約7.3年（男性：6.4年；女性：8.2年）。

表10-8 臺灣地區失能率之推估

失能率/年（民國）	100	105	107	110	114	120	130	149
全人口失能率	3.03%	3.45%	3.63%	3.94%	4.40%	5.30%	7.38%	10.54%
老人失能率	61.19%	64.10%	67.07%	69.66%	74%	79.17%	85.71%	91.19%

資料來源：衛生福利部社會保險司

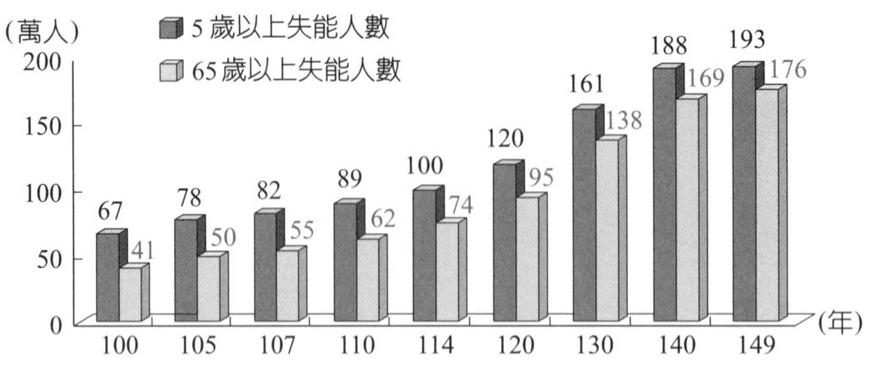

圖10-7 臺灣地區失能人口與失能率之推估

資料來源：衛生福利部社會保險司

以戶口普查資料結果進行推估，指出我國長期照顧需要人數將由民國106年的55萬7千餘人，至民國115年增加至77萬人以上，其中65歲以上老人所占比率更是逐年上升，而65歲以下者的需要人數則是大致持平（圖10-8）。

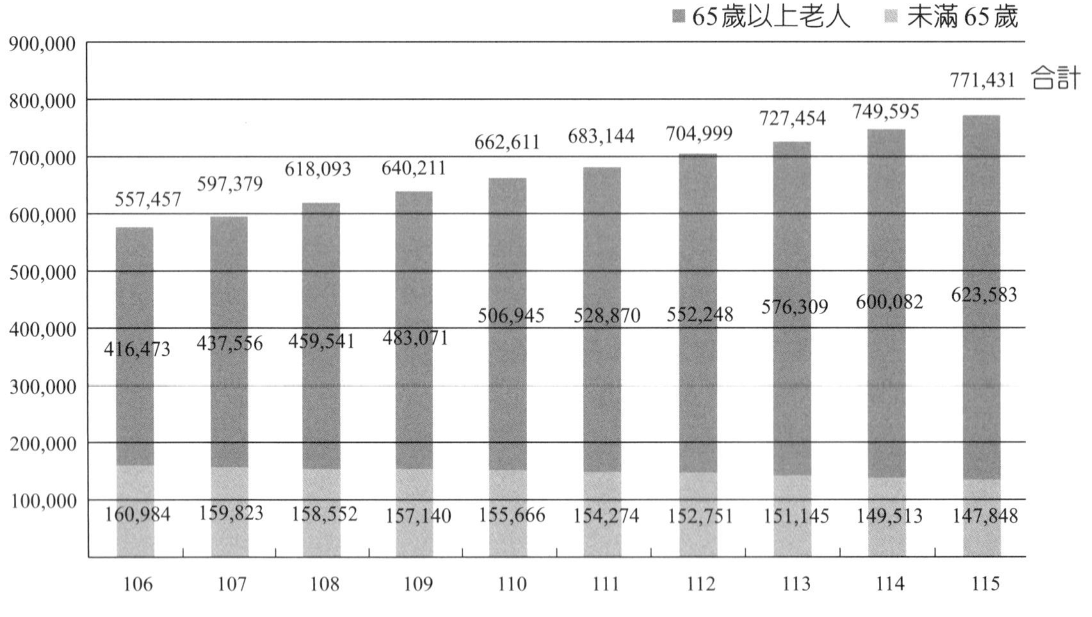

圖10-8 長期照顧需要人口推估

資料來源：衛生福利部

隨著高齡化趨勢，在民國105年扶老比為18%，約5.6個工作人口需扶養1位老人，但預估到了民國150年扶老比增為75.6%，約為1.3個工作人口就要扶養1位老人，負擔明顯加重。

表10-9　15-64歲扶養比—中推計

年別（民國）	15-64歲扶養比（%）			15-65歲:65歲以上
	扶幼比	扶老比	合計	
105	18.2	18.0	36.2	5.6:1
110	18.3	23.8	42.1	4.2:1
120	18.7	38.2	56.9	2.6:1
130	17.1	51.1	68.3	2.0:1
140	17.1	65.6	82.8	1.5:1
150	18.6	75.6	94.2	1.3:1

資料來源：國家發展委員會，中華民國臺灣民國103至150年人口推計，民國105年8月

根據行政院主計總處「家庭支出調查」結果，民國105年醫療保健支出（含慢性療養院之費用）占平均每戶家庭消費支出15.3%，較民國85年的9.8%增加5.5%，且其占 呈現持續上升的趨勢，未來隨著人口高齡化失能數增加，勢必加重家庭的醫療保健支出及長期照顧經濟負擔。

表10-10 家庭消費支出--按消費型態分

單位：%

年別（民國）	合計	食品飲料及菸草	衣著鞋襪類	住宅服務水電瓦斯及其他燃料	家具設備及家務服務	醫療保健	運輸交通及通訊	休閒、文化及教育消費	餐廳及旅館	什項消費
85年	100.0	19.7	4.5	25.6	3.3	9.8	10.7	11.5	8.4	6.5
86年	100.0	19.2	4.5	25.5	3.1	9.9	10.9	11.7	8.7	6.6
87年	100.0	19.0	4.5	25.6	2.8	10.3	11.0	11.5	8.9	6.4
88年	100.0	18.2	4.1	25.3	2.8	10.9	11.6	11.6	8.9	6.6
89年	100.0	17.3	3.9	25.6	2.7	11.0	11.9	12.1	8.9	6.7
90年	100.0	17.3	3.7	25.1	2.6	11.4	12.1	12.0	9.0	6.8
91年	100.0	17.2	3.6	24.2	2.5	12.2	12.7	12.2	8.8	6.8

年別（民國）	合計	食品飲料及菸草	衣著鞋襪類	住宅服務水電瓦斯及其他燃料	家具設備及家務服務	醫療保健	運輸交通及通訊	休閒、文化及教育消費	餐廳及旅館	什項消費
92年	100.0	16.9	3.5	24.4	2.4	12.5	12.5	12.0	8.9	6.9
93年	100.0	16.4	3.5	23.5	2.6	12.7	13.0	12.1	9.1	7.1
94年	100.0	16.2	3.4	23.8	2.5	13.2	13.0	11.8	9.3	6.9
95年	100.0	16.1	3.4	23.7	2.4	13.8	12.8	11.5	9.3	7.0
96年	100.0	16.5	3.3	23.9	2.5	14.1	12.9	11.2	9.7	6.0
97年	100.0	16.4	3.2	24.2	2.5	14.4	12.4	11.3	10.1	5.6
98年	100.0	16.7	3.2	24.3	2.5	14.5	12.7	11.0	9.4	5.7
99年	100.0	16.6	3.2	24.6	2.5	14.4	12.5	11.0	9.7	5.5
100年	100.0	16.2	3.1	24.4	2.5	14.6	13.0	10.4	10.2	5.6
101年	100.0	16.5	3.0	24.4	2.5	14.6	13.0	10.0	10.6	5.4
102年	100.0	16.3	3.0	24.3	2.5	14.7	13.4	9.7	10.6	5.7
103年	100.0	15.9	3.0	24.5	2.4	14.9	13.1	9.6	11.1	5.6
104年	100.0	15.9	3.0	24.6	2.5	15.1	12.7	9.6	11.3	5.5
105年	100.0	15.8	3.0	24.2	2.4	15.3	12.7	9.4	11.8	5.5

資料來源：行政院主計總處（2016），2015年家庭收支調查報告

10-2-2　長期照護體制選擇

一、失能之特性

在考量長期照護體制的選擇時，必須先釐清失能風險之特性，以利體制選擇之評估。綜合而言，在當代社會中，失能風險具有以下幾點特性：

（一）因生活自理功能喪失，長期需透過第三者協助遞補，使其得以維持日常生活。

（二）長期照護需要常不具恢復性，醫療處置成效有限，且照護專業及管理制度與健康保險並不相同。

（三）長期照護需要發生率雖較一般疾病為低，但可能持續至生命終結，因而照護與財務負擔沈重，非個別家庭所能負荷。

（四）長期照護需要與年齡高度相關，通常伴隨慢性病出現多重需要。與年齡相關，但不是老人獨有，而是全年齡都可能遭遇。

（五）照護需要者常伴隨慢性病或其他疾病同時出現多重需要。

二、長期照護體制財源籌措之考量

（一）為因應老化社會所需支出之成長，必須選擇長期且穩定的稅或費基為財源。

（二）穩定的財源應避免與其他政事競用，而影響財務收入的穩定性。

（三）應有多元籌措管道，兼顧財源充分性與負擔公平合理性。

（四）長照體制必須與其他社會保障制度作連結。

三、長期照護可行體制

（一）長期照護可行體制依據不同責任歸屬可區分以下幾種：

1. 國家完全責任：稅收支應。
2. 社會互助責任：社會保險。
3. 強制個體責任：強制性個人儲蓄帳戶。
4. 自願個體責任：稅收優惠獎勵國民投保私人長照保險。

（二）考量我國現行社會福利體制，以社會保險制與稅收制較具有可行性，經多方比較分析，可以瞭解以保險方式來建構長照制度，是較能與現行相關社會保障制度相銜接的；其次，考量我國稅收占GDP的比例雖低（僅14%），然民眾對加稅接受度並不高，可以發現採用保險的方式，以保險費來籌措主要財源，是目前國家現況下比較適合的長照財務選擇。再者，參照現行各項社會保險制度，未來長照保險之財源結構除了被保險人負擔的保險費外，政府亦將透過稅收給予相當之保費與行政事務費之補助，是以，目前規劃中的長照保險將會與其他社會保險制度一樣，為兼具保險與稅收之混合制，它與日本介護保險制度類似，是較可行且可長可久之穩定財務制度。

10-2-3　長期照護保險初步規劃成果與構想

一、保險對象

民國105年 2 月 1 日送請立法院審議之長照保險法草案，雖規劃全民納保，由全體國民共同分擔長照風險，而社會各界對於納保年齡亦仍有不同之意見，因此仍待持續進行溝通並尋求共識。

除日本外，多數開辦長照保險的國家採全民納保（荷蘭、德國及韓國）。考量國際實施經驗與民眾需求，長期照護保險的保險對象之可行方案，包含全民及40歲以上國民二方案，其保險對象及制度設計考量說明如表10-11：

表10-11　長期照護保險保險對象之可行方案

	納保對象	服務對象	制度考量	涵蓋人口數	失能人口數
方案一	全體國民	老人及身障需長期照護者	1. 任何年齡都可能有長期照護的需求。 2. 40歲以下的民眾失能機率較低、納入負擔不高。 3. 與全民健保保險對象一致。	2,329萬人 100%	44.9萬人 1.9%
方案二	40歲以上國民	老人與老化相關病症者	1. 屬於失能機率及需求最高的人口群。 2. 40歲以上族群多有負擔照護之責任，較願意為父母及未來的自己繳納保費，惟可能造成就業歧視。 3. 40歲以下之失能者，仍須透過現有相關之福利體系提供照護服務。	1,088萬人 46.7%	42.5萬人 3.9%

註：數據資料為民國100年之推估值，失能人數推估包括生活功能障礙及失智者，基於現行資料庫限制，認知功能障礙及相關評估機制均有待進一步研議，是以目前所估算之人數尚未包括精障、智障、自閉症等心智功能障礙者。

資料來源：行政院，長照保險規劃報告民國98年12月

二、法制與組織體制

為推動長期照護保險，應研提「長期照護保險法」及「長期照護服務法」二項法案，以使制度實行具備法源基礎。「長期照護保險法」是針對保險人、保險對象、保險財務、保險給付及支付、保險服務機構、總則等基本事項進行界定與

規範，「長期照護服務法」則就長照服務及體系、機構與人員管理、接受服務者之權益保障、總則等基本事項之界定與規範，民國104年5月15日三讀通過「長期照護服務法」，公布後二年實施，此法確立長期照護機構、長照人力品質的規範，並將長照家庭納入保障規範，並提供支援與津貼。未來只要身心失能達6個月以上，在生活及醫事需要長期照顧者，可透過長照機構聘請長照人員或外籍看護，獲得完善照顧。

參考實施長照保險國家之組織體制及我國開辦社會保險之經驗，並考量單一窗口，民眾申辦保險業務較為簡便，且行政資源可共享，內部行政管理及資源協調與整合較為容易，行政、人事成本較低，可節省行政經費等因素，我國長照保險保險人之組織體制，宜朝向由健保署擔任保險人之單一保險人制度規劃。

（一）主管機關

長照保險與全民健保均為社會保險，因涉及照護專業，為期與醫療照護相結合，形成無縫接軌，長期照護保險之主管機關為行政院衛生福利部。

（二）承保機關

承保機關為中央健康保險署，考量健保署已有多年辦理健保的豐富經驗，且另外成立專責機關之困難度高，耗費的行政成本恐更為龐大；此外，承辦保險人力需經冗長的訓練時間，恐緩不濟急，爰仍規劃以健保署為長照保險的保險人，惟長照保險與全民健保之財務為各自獨立且自負盈虧。

（三）長照保險相關組織

主管機關轄下設立保險及爭議審議等兩個委員會，賦予相關權責與任務。

1. 長期照顧保險會：

由被保險人、雇主、保險服務提供者、專家及有關機關組成。其職掌為：

(1) 財務平衡方案之審議。

(2) 保險給付範圍之審議。

(3) 保險政策、法規之研究及諮詢。

(4) 其他有關保險業務之監理。

2. 長期照顧保險爭議審議會：

辦理長照保險保險對象、投保單位、扣費義務人及保險服務機構對保險人核定案件之爭議審議事項。

三、給付制度

我國長照保險規劃全民為納保對象，只要符合給付資格，不限制年齡或障礙別，均可獲得保險給付。長照保險之給付為求妥適與周全，主要依據以下原則進行規劃：

（一）給付類別與服務項目應以使用者為中心，尊重失能者及其家庭照顧者對於照顧模式的選擇權，並考慮使用者需要，提供多元、無縫式的完整服務。

（二）保險給付以於社區或家宅提供為優先，且基於鼓勵在地老化之考量，機構住宿式照顧服務除特殊個案外，原則上僅給付重度失能者。

（三）保險對象經評估確認有長照需要後，始能獲得基本之長照保險給付。

（四）給付標準的設計採案例分類，可更精細反應不同個案失能程度與資源耗用程度之差異，提升長照保險給付核定之公平性與效率，亦利於不同類型長照服務之整合、品質提升與費用控制。

（五）長照保險的服務提供目標，主要係提供可負擔、好品質服務及達成在地老化目的服務，並期能兼顧被照顧者之自主性、尊嚴、與文化差異。

（六）保險給付方式以實物給付為主，照顧者現金給付為輔，並得以實物與照顧者現金給付兩者混合給付請領。

（七）保險對象對於保險人核定之身體照顧服務、日常生活照顧及家事服務或安全看視服務之額度，得視需要部分或全部轉換為照顧者現金給付。

（八）保險給付應支持家庭照顧角色，故除給付保險對象外，部分得轉為照顧者現金給付，且保險給付內容亦包含提供給家庭照顧者之支持性服務。

（九）輔具服務以科技替代人力，用以維持長照需要者日常生活，或確保照顧安全以降低照顧者負荷與受傷機會。

（十）保險之評估應以單一窗口完整評估為原則，並依評估結果核定保險給付與照顧計畫，且應結合保險、政府與民間之健康與福利相關資源，研擬完整照顧計畫，建立轉介機制。

有關長照保險之給付方式、給付項目、給付條件與等級等相關規劃內容分述如下：

（一）給付方式及項目

1. 實物給付：

長照保險之實物給付，得依保險對象之需要，於居家、社區或機構住宿式服務類長照機構提供服務，各項實物給付項目之分類如下：

(1) 第一類（3項）：由照顧服務員提供的身體照顧服務、日常生活照顧及家事服務、安全看視等生活中最基本的照顧服務。

(2) 第二類（5項）：由專業人員（如護理人員、社工人員、物理治療師、職能治療師等）提供之服務，包含護理服務、自我照顧能力或復健訓練服務、輔具服務、居家無障礙空間規劃或修繕服務，以及交通接送等。

(3) 第三類（4項）：為支持家庭照顧者提供的服務，如喘息服務、照顧訓練服務、照顧諮詢服務，以及關懷訪視服務等由保險人提供之服務。

2. 照顧者現金給付及相關配套措施：

目前規劃保險對象由家屬提供部分或全部照顧服務，得向保險人申請領取照顧者現金給付，但上述現金給付僅包括身體照顧服務、日常生活照顧及家事服務、安全看視服務等3項，其餘護理服務、自我照顧能力或復健訓練服務、輔具服務、居家無障礙空間規劃或修繕服務、交通接送及家屬支持性服務等給付項目，仍須以實物給付方式提供；此外，身體照顧服務、日常生活照顧及家事服務、安全看視服務及照顧者現金給付得以混合方式請領給付，於給付額度內，部分或全部領取照顧者現金給付。

除照顧者現金給付外，長照保險並同時規劃喘息服務、照顧訓練服務、照顧諮詢服務及關懷訪視服務等多項家屬支持性服務，以期提升家庭照顧者的照顧能力及減輕其照顧壓力。

（二）給付條件與內容

以長照十年計畫目前提供之補助項目為基礎，並彙整《身心障礙者權益保障法》、《精神衛生法》及《全民健康保險法》等與長照相關補助或給付之項目，長照保險給付共規劃 14 類內容，依保險對象之需要，可在居家、社區或機構住宿式接受服務或獲得給付。

表10-12　長照保險之各項給付內容規劃彙整表

給付項目	給付對象/條件	服務內容
1. 身體照顧服務	經評估符合長照保險給付條件。	為維持自我照顧能力及日常生活功能，例如協助復健活動、協助如廁、沐浴、協助使用日常生活輔助器具等服務。
2. 日常生活照顧及家事服務	經評估符合長照保險給付條件。	協助日常生活功能、促進個案社會參與，例如陪同就醫、文書服務、陪同外出服務、協助活動參與等服務。
3. 安全看視服務	經評估符合長照保險給付條件。	對心智功能障礙且有情緒及問題行為者，預防有危及其人身或他人安全及意外事件之相關服務。
4. 護理服務	經評估符合長照保險給付條件，且為臥床個案，並具有昏迷、移位功能限制、走路功能限制、精神障礙、智能障礙、失智症或具有情緒及問題行為等情形。	包含預防性護理指導、吞嚥困難照護、因應情緒及問題行為之處理指導等。
5. 自我照顧能力或復健訓練服務	經評估符合長照保險給付條件，且經符合自我照顧能力或復健訓練服務之給付條件。	促進個案生活參與、設計與安排身體或認知功能訓練、安全移動技巧活動等，增進個案日常生活的獨立性。
6. 輔具服務	經評估符合長照保險給付條件，且具有輔具需要者。	如廁相關輔具、沐浴用相關輔具、步行活動相關輔具、輪椅類相關輔具、移轉位與翻身相關輔具、飲食用輔具、訊息傳遞相關輔具、協助居家生活操作輔具、住家及其他場所家具與改裝組件、個人醫療輔具等。

給付項目	給付對象/條件	服務內容
7. 居家無障礙空間規劃或修繕服務	經評估符合長照保險給付條件，且具有居家無障礙空間規劃或修繕服務需要者。	1. 居家無障礙空間規劃包含活動及照顧方式與策略建議、現有家具擺設、日常活動所需的輔具使用與復健運動之空間動線 規劃等服務。 2. 居家無障礙環境修繕包含扶手、局部消除高低差、地面修繕、門的改裝、衛淋浴設施修繕等服務。
8. 交通接送服務	經評估符合長照保險給付條件，且認定有交通接送需要者。	保險對象可自行選擇使用復康巴士、無障礙計程車或大眾運輸工具，或是否需爬梯機/移位機設備協助其上下樓梯。
9. 喘息服務	照顧者現金給付者或實物給付者，但排除機構住宿式服務給付者。	包含機構式、居家式及社區式喘息服務。
10.照顧訓練服務	照顧者現金給付者之主要照顧者或其他家屬、或經保險人指定或轉介等。但多媒體課程則不限使用對象。	1. 基礎課程包含日常生活照顧、活動與運動、營養與膳食、家庭照顧者需求與協助等。 2. 特殊課程包含失智症照顧原則及技巧、居家照護常見精神疾病及與慢性精神疾病患者之溝通互動方式、腦血管意外（中風）及糖尿病之慢性病患照顧、管路照護技術、臨終關懷及認識安寧照顧等。 3. 實習課程為照顧技巧操作及回示教。
11.照顧諮詢服務	領取照顧者現金給付之新個案由保險人於前3個月主動提供電話諮詢關懷服務。但所有保險對象均可主動向保險人提出問題諮詢。	1. 電話諮詢。 2. 現場諮詢服務窗口。 3. 網路即時回覆服務。
12.關懷訪視服務	社區及居家式服務之給付個案。	保險人至案家提供關懷訪視服務，並檢視照顧情形，但對於照顧者現金給付領取者，一併查核照顧品質，及評估主要照顧者之照顧負荷及照顧意願。

給付項目	給付對象/條件	服務內容
13.照顧者現金給付	符合身體照顧服務、日常生活照顧及家事服務、安全看視服務之給付條件，有家屬擔任主要照顧者提供照顧，且主要照顧者經保險人評估具有照顧能力。	由家人提供身體照顧服務、日常生活照顧及家事服務、或安全看視服務等 3 項服務；保險人將上述服務之給付額度進行現金折算。
14.其他經主管機關公告之服務	經評估符合長照保險給付條件。	主管機關對於未來具有服務成本效益或具有普遍性之新型服務，得依長照保險法規定納入長照保險之給付，並收載於長照保險給付及支付標準中。

資料來源：衛生福利部社會保險司，長照保險規劃報告民國105年5月

（三）給付等級

長照保險規劃之保險給付對象須經保險人評定具有長照需要，而長照需要係指因先天或後天身心功能限制，經評估日常生活部分或全部有由他人協助或照顧之需要，持續或預期逾6個月者。當保險對象經評估具有長照需要時，保險人依其長照需要等級及照顧計畫提供保險給付。 為發展前述長照需要等級之分類，以做為未來長照保險核定給付等級（長照需要等級）與額度之參考，長照保險進行長期照護案例分類系統（Long-Term Care Case-Mix System，以下簡稱LTC-CMS）之研發。其係以「長照保險多元評估量表」評估已接受長照服務之個案的長照需要，同時收集其目前在各長照體系所獲得的長照服務量，藉由統計分析方法，將個案加以分類，使被歸於同級的個案，其失能情形（Need）與所需長照服務資源量（Resource Use）相似。

1. 發展多元評估量表作為給付評估工具：

   已針對精神障礙者、智能障礙者、失智症者、長期需復健訓練者及具長照需要兒童等特殊群體之需要進行修訂，發展適用於各該群體之評估工具，作為長照保險評估工具，決定給付等級與水準。

表10-13 長照多元評估量表

ADLs及IADLs	日常生活功能量表（ADLs）：吃飯、洗澡、個人修飾、穿脫衣物、大便控制、小便控制、上廁所、移位、走路、上下樓梯
	工具性日常活動功能量表（IADLs）：使用電話、購物、備餐、處理家務、洗衣服、外出、服用藥物、處理財務的能力
溝通能力	視力、聽力、意識狀態、表達能力、理解能力
特殊及複雜照護需要	疼痛狀況、皮膚狀況、關節活動度、疾病史與營養評估、特殊照護（鼻胃管、氣切管、導尿管、呼吸器、傷口護理、造廔部位、氧氣治療、壓瘡處理等）、吞嚥能力、跌倒、平衡及安全、輔具
認知功能、情緒及行為型態	認知功能（短期記憶評估）
	情緒及行為型態：遊走、日夜顛倒/作息困擾、語言攻擊行為、肢體攻擊行為、對物品攻擊行為、干擾行為、抗拒照護、妄想、幻覺、恐懼或焦慮、憂鬱及負性症狀、重複行為、自傷行為及自殺、其他不適當及不潔行為
居家環境、家庭支持及社會支持	居家環境：居家環境與居住狀況
	家庭支持狀況：主要照顧者工作與支持
	社會支持：社會參與
主要照顧者負荷	照顧者壓力指標（caregiver strain index, CSI）：睡眠受干擾、體力上的負荷、需分配時間照顧其他家人、對個案的行為感到困擾、無法承受照顧壓力等

資料來源：衛生福利部社會保險司，長照保險規劃報告民國105年5月

2. 發展長期照護案例分類系統（LTC-CMS）：

依長期照護案例分類系統（LTC-CMS）核定長照需要等級，初期輔具、無障礙空間規劃或修繕服務、照顧者支持服務另計。長照案例分類系統之發展先依服務屬性分為六大類。

(1) 居家式服務：

①居家照顧服務案例分類系統。

②居家護理案例分類系統（復健訓練發展中）。

(2) 社區式服務：

①心智障礙類案例分類系統。

②非心智障礙案例分類系統。

(3) 收住式機構服務：

①心智障礙類案例分類系統。

②非心智障礙類案例分類系統。

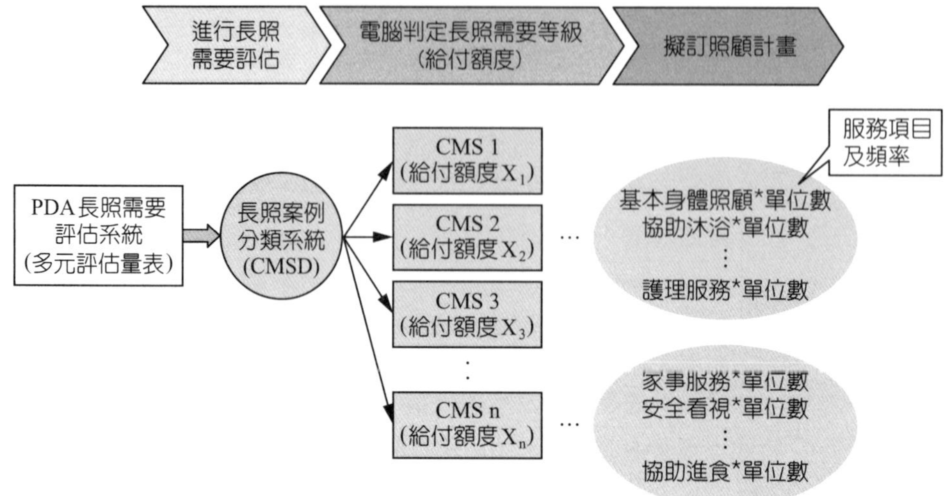

註： LTC-CMS : Long-Term Care Case-Mix System

圖10-9　長期照護案例分類系統

資料來源：衛生福利部社會保險司，長照保險規劃報告民國105年5月

（四）部分負擔及不給付範圍

1. 部分負擔：

長照保險與全民健保收取部分負擔之立意不同，全民健保為避免道德風險、抑制醫療資源的濫用，故在民眾就醫時，同時收取部分負擔，期民眾能依其實際醫療需要就醫，以避免不必要之醫療資源浪費；而長照保險因使用者須經保險人評估，且僅獲得基本的給付額度，超出額度外之服務需自付費用，因此較無道德風險之問題，故部分負擔當作保險財源的一部分，以適度反映使用者付費之精神。

(1) 長照保險基於使用者付費之原則，規劃保險對象應自行負擔保險給付費用15%。

(2) 因長照資源缺乏地區選擇服務之機會較少，保險人對於該地區接受服務者，得減免其應自行負擔費用。

(3) 為提升收繳應自行負擔費用之作業效率，保險對象應自行負擔之費用得以定額方式收取，另為減少保險對象之經濟壓力，主管機關得訂定全年應自行負擔費用之上限。

(4) 考量山地離島地區因選擇服務之機會較少及交通機會成本較高，故於該地區接受服務者免應自行負擔費用。

(5) 另照顧訓練服務、照顧諮詢服務、關懷訪視服務係為提高整體照顧品質之給付，為鼓勵保險對象及其家屬使用服務，亦為免部分負擔項目。

(6) 為保障低收入戶接受長照服務，符合「社會救助法」規定之低收入戶者，其應自行負擔費用，則另由主管機關編列預算支應。

2. 不給付範圍：

長照保險規劃之不給付範圍或給付條件限制如下：

(1) 機構住宿式服務給付不含「膳食費」及「住宿費」。

為分擔長照風險，長照保險主要提供的是基本長照服務，然膳食費與住宿費屬生活費用，無論失能與否均為一般日常生活必需之花費，另參考實施長照保險國家如德、韓、日、荷之經驗，均不給付（或取消給付）膳食費及住宿費，故長照保險規劃不給付「膳食費」及「住宿費」；但若個案因經濟窘困無法負擔時，則由社會福利體系進行協助。

(2) 機構住宿式服務之給付，須符合長照需要重度條件，或經保險人同意後自付差額使用。

為落實在地老化之規劃原則，以及實現長照保險考量的給付經濟效益，兼顧保險給付之公平性，保險對象須為重度個案，才得申請使用機構住宿式服務；若保險對象不符重度條件，經保險人同意後，得自付差額使用機構住宿式服務。

(3) 輔具服務給付額度採上限制，選用超出給付額度之同功能類別輔具，或欲自行購買租賃型輔具時，保險對象須自付差額。

長照保險規劃之輔具服務給付原則，係以維持長照需要者日常生活品質及降低照顧者負荷為目的，但尊重使用者之使用偏好，保險對象經保險人同意後，得自付差額使用同功能類別輔具，或自付差額取得租賃型輔具之所有權。

(4) 非保險給付項目或逾給付額度時，服務機構向保險人報備後得向保險對象收取費用。

長照保險提供基本之長照服務，超出給付額度時，保險對象可採自費方式搭配保險給付以滿足其需要，惟為保護保險對象之權益，並避免保險服務機構收費標準不一，造成保險對象之經濟負擔，故上述收費應事先向保險人報備。

(5) 取得長照保險給付所需之證明或醫囑，或為證明保險對象接受長照服務（包含長照保險給付及自費獲取之服務）等證明文件為不給付項目。

(6) 因同一目的已由全民健保取得之給付或依其他法令已由各級政府負擔之費用或服務，長照保險不再給付。

四、財務制度

長照保險財務制度之規劃原則，分為財源籌措方式、保險費計算基礎及徵收方式、財務收支平衡及費率調整機制、財務處理方式、安全準備及建構長照保險精算模型等五部分，分別加以說明。

（一）財源籌措方式

檢視各國之長照制度，係以社會保險或社會福利方式辦理。採社會福利辦理者即以稅收支應；而以社會保險者其財源籌措方式係以保險費，或以保險費及稅收之混合式財源方式支應。

長照制度之規劃，採社會保險制，財源以混合式方式籌措，除雇主與保險對象繳納的保險費外，政府也補助部分保險費，保險費為指定用途稅性質，而政府補助則來自一般稅收，因此長照保險財源之籌措，實質上兼顧社會福利與社會保險制之優點。

（二）保險費計算基礎及徵收方式

如何建構長照保險的財務制度，使其財務平衡且得以永續經營，是長照保險財務制度最重要的規劃目標。長照保險財務收支平衡機制之設計，係參考目前全民健保實施經驗，規劃落實財務收支平衡之機制如下：

1. 每3年精算費率，採10年平衡費率。

2. 建立依公式定期調整費率機制。

3. 強化保險財務收支連動之調整機制。

長照保險之一般保險費規劃由政府、雇主及被保險人三方共同分擔。長照保險原規劃雇主之負擔比率比照健保法規定，有一定雇主之受雇者一般保險費，雇主負擔60%、被保險人負擔30%、政府負擔10%，惟企業反應負擔過於沉重，遂於民國103年8月召開「研商長照保險財務規劃相關事宜會議」，七大工商團體進行討論後，雇主團體同意長照保險法草案將有一定雇主之受雇者一般保險費之雇主負擔比率由60%調降為40%，而政府負擔則由10%提高為30%，以減輕雇主勞動成本。

（三）建構長照保險精算模型

就長照保險而言，給付面與支付面為估算長照保險費用的兩大主軸，其給付面所面對的需求型態是「照護」，乃指保險人給予發生長照風險的被保險人現金或實物補償；而支付則指保險人給予服務提供者 的報酬，故在費用估算上，即分就各項給付項目的「照護服務使用量」及「照護服務平均單價」 進行推估。長照保險法草案規劃之民國107年至109年長照保險費用規模平均約為1,100億元（不含部分負擔），此一費用包括 長照保險13項給付所需支出及行政管理經費（含評估費用），主要是由失能者之長照服務需要所估算而得，在此規模下，估算開辦後第1年至第3年之一般保險費費率為 1.19%、補充保險費費率為0.48%。

（四）財務處理方式及安全準備

我國於民國107年成為高齡社會（老年人口比率達14.5%），民國115年成為超高齡社會（老年人口比率達20.6%），若在民國107年開辦長照保險，推估所需經費規模為1,100億元，一般保險費與補充保險費費率分別為1.19%、0.48%的假設前提下，兼顧未來人口快速老化以及政府財政能力，爰將規劃之安全準備提列由自保險開辦第3年起，每年年底之安全準備總額至少應達8個月之給付總額，修改為自第6年起每年年底之安全準備總額至少應達3個月之給付總額，以因應財務周轉之需，並維持長照保險財務穩定及減少費率之波動。

10-3 長期照護保險與全民健康保險之分工與整合

10-3-1 長期照顧與醫療的差異

長期照顧與一般醫療服務的性質大不相同，供給者、需求者照顧模式皆有所差異。茲比較如下：

表10-14 長期照顧與一般醫療服務的比較表

類別	長期照顧	急性醫療
對象	慢性病患或身心障礙之失能或失智者	急性病患
期限	長期	短期
地點	機構、社區或居家	純機構式
內容	生活照顧占九成左右	醫療照顧
對健康闡釋	生活模式	疾病模式
照顧概念	生活功能	治療疾病
主要負責人員	護理與社工人員	醫師

資料來源：行政院，長照保險規劃報告民國98年12月

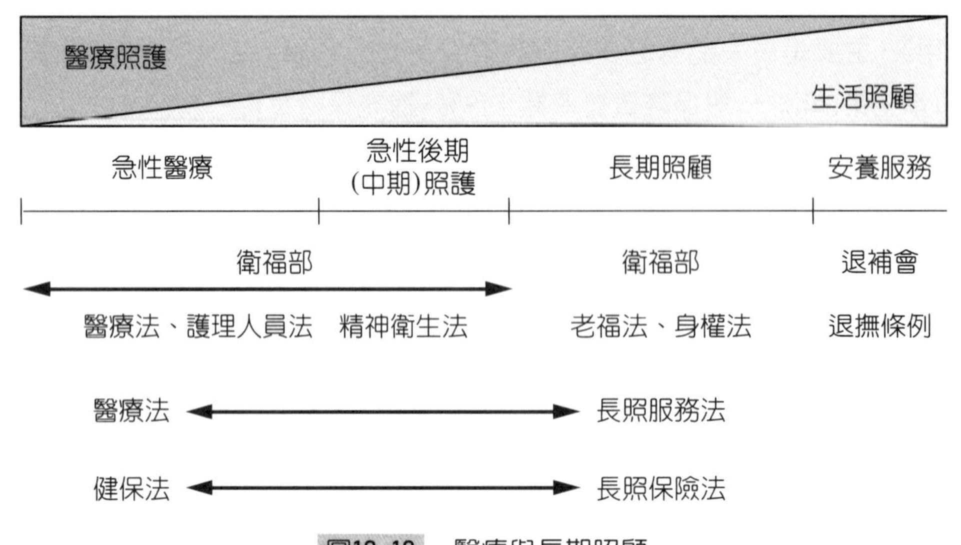

圖10-10 醫療與長期照顧

資料來源：衛福部社會保險司，長照保險規劃報告民國105年5月

10-3-2 長期照護保險與健康保險之異同

進一步分析長期照護保險與健康保險此二項保險之異同如下：

表10-15 長期照護保險與健康保險比較表

	長期照護制度	健康保險制度
保障對象	全民或特定年齡層國民	全民
保障課題	照護需要事故	疾病、傷害事故、復健需要
申領程序	需要評估者至申領者居所進行需要確認	罹病或復健需要者至診所醫院就醫
申領者	照護需要者	罹病者、治療性質之復健需要
保障性質	長期（long-term）	急性（acute care）
項目	個體生理基本生活協助（personal assistance）、家務協助、陪伴、看顧、照護訪視與諮詢費用、家庭設施改善費用	疾病、診斷、治療、手術、復健、居家護理
財源、財務處理、管理	自主獨立運作	自主獨立運作
住院、居家	照護需要者接受醫療機構治療時，照護協助服務由長期制度支應，照護需要者居家時，其照護協助服務由長照制度支應	一般疾病患者與照護需要者居家或居住於照護機構時，其照護服務費用由長照制度支應；居家護理費用由健保制度支應
保險人	除了財務與決策機關另立外，餘可共構	除了財務與決策機關另立外，餘可共構

資料來源：行政院，長照保險規劃報告民國98年12月

10-3-3 長期照護保險與全民健保之整合

經上述分析比較，可以發現長期照護保險所提供之失能照護與全民健康保險所提供之急性醫療，兩者本質上有相當大的差異，其滿足國民不同身體功能狀態之需求。惟在急性醫療過渡到長期照護之間，尚需急性後期照護，或稱亞急性、中期照護加以銜接，方能成為一套連續性、完整性之全人照護服務體系。現行全民健保僅著重於急性醫療照護之提供，尚欠缺適當的亞急性（中期）照護之規劃，在規劃長期照護保險之同時，全民健保亦應同步針對中期照護提出縝密之規劃，俾利與長期照護保險接軌，其轉銜原則如下：

（一）凡屬可治療、可逆的歸全民健保，屬照護的歸長期照護保險

全民健保與未來長期照護保險之銜接規劃上，擬按德、日兩國的實施經驗，凡屬可治療（Cure）、可逆的（Reversible）的醫療照護服務由現行之全民健保予以給付，屬照護（Care）性質之服務歸長期照護保險。

（二）發展亞急性照護（中期照護）

一定期限內之亞急性照護（中期照護）由健保負責，應儘速規劃相關給付條件。

（三）發展整合照護服務模式

透過綜合性評估與整合性照護提供計畫（含照護管理），整合醫療與長期照護服務。

為避免資源重複配置，讓有限的資源得到更有效利用，長照保險與全民健保之給付區隔及相關整合說明如下：

一、長照保險與全民健保之給付區隔

長照保險法草案之給付內容與其他相關單位之補助，可能重疊之項目包括技術性護理、復健服務、輔具、機構式服務及精神病患社區照護等，故在長照保險與全民健保之給付區隔上，目前「長照保險法草案」規範之保險對象係指因先天或後天之身心功能限制，經評估日常生活之部分或全部有由他人協助或照顧之需要，持續或預期逾6個月者，而「全民健康保險法」則規範保險對象發生疾病、傷害、生育事故時提供醫療服務；亦即目前各保險之保險對象風險屬性區分為醫療風險歸全民健保，持續或預期超過6個月之日常生活照顧風險歸長照保險。

在長照保險與全民健保在技術性護理、復健服務及精神病患社區照護等相關服務之區隔如下：

（一）護理服務給付

長照保險主要是在分攤失能之日常生活照顧風險，而健康保險則在分攤疾病或傷害等之醫療風險；在此原則下，長照保險給付之護理服務以一般護理（屬於獨立性護理，不需要醫囑）為主，提供無法外出活動之保險對象維持日常生活、預防合併症或減緩失能為目的之照護。而長照十年計畫所提供的居家技術

性護理服務將回歸由健保給付。由於健保因應各界之要求，已規劃在宅醫療服務（包括在宅醫療、居家護理及居家安寧等），未來若能整合居家照顧服務，失能者就能於家宅中獲得整合性的醫療與照顧服務。

（二）自我照顧能力或復健訓練服務給付

1. 經長照需要評估，出院6個月後之自我照顧能力或復健訓練服務，主要目的為提升保險對象獨立自理生活能力，或減緩失能的程度或速度。
2. 全民健保可以藉由長照保險的開辦，重新檢討復健治療之給付條件等規定，讓復健醫療資源的利用更有效益。

（三）精神病人社區照護給付

1. 精神護理之家的病人，若符合長照保險給付條件者，依規定提供長照保險給付。
2. 目前健保已給付精神病人之居家治療以及精神社區復健，因屬醫療服務，故仍歸健保給付。
3. 長照服務若經全民健保、長照保險給付後，若仍有缺口的部分， 由社會福利補助之。

二、長照保險與急性後期醫療服務（中期照護）之整合

目前健保已開始導入急性後期照護，且長照體系正在發展，因此現階段應思考急性、急性後期、及長照體系之整合，增進整體照顧體系效率、避免資源浪費，長照與醫療服務體系之無縫銜接如下：

（一）標準化個案評估工具的整合與應用

以我國發展的長照保險多元評估量表為基礎、以美國「連續性評估紀錄與評價工具」（CARE Tool）量表系統為參考，有效進入或轉介至適當的服務體系，建立合理公平的急性後期照護及長照保險支付制度。

（二）推動急性後期照護以整合醫療、長照及社福之服務資源

依據功能差異來界定需求，並連結長照與社區資源，發展急性後期照護（PAC）最佳實施模式（Best Practice Model），及建立急性後期照顧種子團隊，引進最佳的知識、工具與科技。

（三）建立社區個案評估、轉介及諮詢的專一窗口

參考美國老人與失能者資源中心（ADRC）模式， 建立單一窗口，整合性的評估，強化現有功能，並透過評估及諮詢提供最適合民眾需要的資源，支持「在地老化」，以對老人及失能者服務系統進行合併管理及體系協調。

（四）參考全方位老人醫療服務計畫（PACE）分階段逐漸建立全責服務機構模式

以論人計酬方式，整合現有之醫療、長照十年計畫及社區資源，並建立與提升社區服務系統及品質評鑑。目前之長照保險多元評估量表發展，亦已參酌美國「連續性評估紀錄與評價工具」（CARE Tool）之評估範疇及相關專家所提之建議進行修正，整合急性後期照護與長照標準化評估工具之整合。

附錄

Chapter A

參考文獻

一、書籍、雜誌

1. 康國瑞著，社會保險，黎明文化事業公司，1979年。
2. 吳凱勳。健康保險概論，中國社會保險學會，1992年。
3. 陳國鈞著，勞工問題，三民書局，1992年。
4. 蕭文，健康保險概論，三民書局，1992年。
5. 全民健康保險相關問題研討會/中央研究院經濟研究所，中央研究院經濟研究所，1993年。
6. 李易駿、許雅惠著，全民健保法解讀，月旦出版社，1994年。
7. 中央健康保險局，全民健康保險法規要輯，1995年。
8. 林金星著，全民健保經辦實務，生合成出版社，1995年。
9. 李玉春，健康照護制度之國際比較，1997年。
10. 江東亮，醫療保健政策一台灣經驗，巨流圖書公司，1999年。
11. 曾妙慧，社會安全與社會保險，華泰文化事業公司，2002年。
12. 洪德旋，社會政策與立法，2003年。
13. 梁憲初、冉永萍著，社會保險，五南圖書出版公司，2004年。
14. 全民健保改革綜論，行政院衛生署，2004年。
15. 陳壁瑜，年金保險，華立圖書，2004年。
16. 羅紀琼，健康保險制度--日德法荷的經驗與啟示，巨流圖書公司，2006年。
17. 林麗銖，人身保險實務，平安出版有限公司，2007年。
18. 全民健保與您牽手12年成長與蛻變，中央健康保險局出版，2007年。
19. 柯木興，社會保險，三民書局，2007年。
20. 楊志良，健康保險，巨流圖書公司，2007年。
21. 陳雲中，保險學要義-理論與實務，三民書局，2007年。
22. 陳綾珊，社會保險，華立圖書，2008年。
23. 黃文平，輕鬆搞懂國民年金與勞保年金，書泉出版社，2008年。
24. 全民健康保險統計，中央健康保險局出版，2008年。

25. 全民健康保險權益手冊2009版，2009年。

26. 邵靄如、曾妙慧、蔡惠玲著，健康保險，華泰文化事業公司，2009年。

27. 行政院經濟建設委員會、行政院衛生署、內政部行政院勞工委員會、行政院原住民族委員會、行政院國軍退除役官兵輔導委員會，長期照護保險規劃報告，98年12月。

28. 葉肖梅，2015年健康學院AcademyHealth年度研究會議-出國報告，全民健康保險會。

29. 長期照顧服務量能提升計畫（104-107年）核定本。衛生福利部。

30. 長期照顧十年計劃2.0（106-115年）核定本。衛生福利部。

31. 「長照2.0執行現況及檢討」專案報告。衛生福利部。

32. Mark S. Dorfman, "INTRODUCTION TO RISK MANAGEMENT AND INSURANCE", fifth edition, 1994.

33. U.S. Social Security Association (SSA), "Social Security Programs Through out the World-199"

34. George E. Rejda, "SOCIAL INSURANCE AND ECONOMIC SECURITY", sixth edition,1999.

35. Chaonan Chen, Albert I. Hermalin, Sheng-cheng Hu and James P. Smith ed. Emerging Social Economic Welfare Programs for Aging in Taiwan in a World Context, Institute of Economics, Academia Sinica, 1999.

36. Emmett J. Vaughan and Therese M. Vaughan, "Fundamentals of Risk and Insurance", eighth edition, 1999.

37. 菅谷章，社會保險論，日本評論社，1990年。

38. 大槻哲也著:ゃさしくわかる年金、保險，東京都，永岡書店，2001年。

39. 図解　介護保險のすべて（第２版）-山井　和則著／斉藤　弥生著，東洋經濟新報社，2005年。

40. 保險制度の政策過程-和田　勝編著，東洋經濟新報社，2007年。

41. 健康保險組合連合会編，社會保障年鑑2007年版，東洋經濟新報社，2007年。

42. 健康保險組合連合会編，社會保障年鑑2008年版，東洋經濟新報社，2008年。

43. 健康保險組合連合会編，社會保障年鑑2009年版，東洋經濟新報社，2009年。

二、網站

1. 行政院全球資訊網http://www.ey.gov.tw
2. 行政院內政部http://www.moi.gov.tw/
3. 行政院主計處http://www.dgbas.gov.tw/
4. 行政院經濟部http://www.moea.gov.tw/
5. 行政院衛生福利部http://www.mohw.gov.tw/
6. 行政院衛生福利部中央健康保險署http://www.nhi.gov.tw/
7. 行政院勞動部http://www.mol.gov.tw/
8. 行政院勞動部勞工保險局http://www.bli.gov.tw/
9. 行政院勞動部勞動力發展署http://www.wda.gov.tw/
10. 行政院勞動部勞動及職業安全衛生研究所http://www.ilosh.gov.tw
11. 行政院勞動部職業安全衛生署http://www.osha.gov.tw
12. 行政院勞動部勞動基金運用局http://www.blf.gov.tw/
13. 行政院國家發展委員會http://www.ndc.gov.tw/
14. 考試院全球資訊網http://www.exam.gov.tw/
15. 財團法人國家政策研究基金會http://old.npf.org.tw/
16. 台灣新社會智庫http://www.taiwansig.tw/index.php
17. 台灣商會聯合資訊網http://www.tcoc.org.tw/
18. 台灣銀行http://www.bot.com.tw/Pages/default.aspx
19. 國際勞工組織http://www.ilo.org
20. 厚生労働省http://www.mhlw.go.jp

得　分

社會保險
學後評量
CH01 社會保險的基本概念

班級：＿＿＿＿＿＿＿＿
學號：＿＿＿＿＿＿＿＿
姓名：＿＿＿＿＿＿＿＿

一、選擇題

(　　) 1. 下列何者不是社會保險的基本原則　(A)給付與所得無直接關係原則　(B)注重社會適當原則　(C)強制原則　(D)安全原則。

(　　) 2. 下列何者不是社會保險的功能　(A)總體經濟的自動安定功能　(B)提供國民基本的經濟安全　(C)國家能力之確保　(D)所得重分配功能。

(　　) 3. 社會救助法第三條規定主管機關為　(A)內政部　(B)衛生福利部　(C)教育部　(D)財政部。

(　　) 4. 下列何者不是社會救助法第二條的規定，本法所稱社會救助的分類　(A)醫療補助　(B)急難救助　(C)災害救助　(D)傷害救助。

(　　) 5. 社會保險支出必須由全體被保險人所繳納的保費及所運用之孳息來因應，若發生財務赤字則須透過調整給付標準或提高費率來因應，這是社會保險基本原則的　(A)最低收入保障原則　(B)注重社會適當原則　(C)給付與所得無直接關係原則　(D)自給自足原則。

(　　) 6. 下列何者不是社會保險的主要種類，依據國際勞工局的分類　(A)老年殘廢遺屬保險　(B)失能保險　(C)職業災害保險　(D)健康保險。

(　　) 7. 社會保險的起源源自　(A)德國　(B)英國　(C)瑞典　(D)美國。

(　　) 8. 美國社會保險制度的社會安全法在西元何年通過　(A)1933年　(B)1930年　(C)1935年　(D)1939年。

(　　) 9. 國家對於每個國民，由搖籃到墳墓，由生到死的一切生活及危險都給予安全的保障，是　(A)美國聯邦社會安全署　(B)國際勞工局　(C)英國大英百科全書　(D)日本社會安全辭典　對社會安全的解釋。

(　　) 10. 下列何者不是我國社會福利政策綱領明訂六大項的社會福利範圍　(A)社會保險與津貼　(B)社會救助　(C)社會住宅與社區營造　(D)養老照護。

(請沿虛線撕下)

二、問答題

1. 社會保險的所得重分配功能可分為幾種？試說明之。

2. 試述社會保險與社會救助相異處？

三、解釋名詞

1. 自給自足原則

2. 最低收入保障原則

3. 生活扶助

4. 任意保險

5. 逆選擇

得　分

社會保險
學後評量
CH02 社會保險財務

班級：＿＿＿＿＿＿＿＿
學號：＿＿＿＿＿＿＿＿
姓名：＿＿＿＿＿＿＿＿

一、選擇題

(　　) 1. 當年度之保費收入完全用之於當年度之保險給付並不提存責任準備金，這種財務處理的方式稱為　(A)完全提存準備方式　(B)隨收隨附方式　(C)部分提存準備方式　(D)綜合保險費率制。

(　　) 2. 公教人員保險準備金之主管機關為　(A)銓敘部　(B)審計部　(C)財政部　(D)勞動部。

(　　) 3. 下列何者不是社會保險的保險費的特性　(A)保險費與保險給付之關聯性較弱　(B)保險成本估計較不易　(C)保險費負擔較輕　(D)被保險人需負擔全部保險費。

(　　) 4. 社會保險費負擔的結構大體上可分為兩種　(A)所得比例制、均等費率制　(B)所得比例制，固定比例制　(C)固定比例制，均等費率制　(D)所得比例制，累進費率制。

(　　) 5. 不論被保險人收入多寡一律繳納同額的保險費，我們稱之為　(A)均等費率制　(B)固定比率制　(C)累進費率制　(D)綜合保險費率制。

(　　) 6. 下列敘述何者錯誤　(A)農民參加全民健康保險的保險費由政府全部負擔　(B)無一定雇主參加職業工會者，被保險人與政府共同負擔　(C)職業災害保險由雇主全額負擔保險費　(D)勞工保險是由雇主、被保險人與政府三者共同負擔保險費。

(　　) 7. 短期保險基金之主要目的在於確保保險財務的短期變動，促進制度的圓滑運作稱為　(A)責任準備金　(B)安全準備金　(C)流動準備金　(D)償債準備金。

(　　) 8. 下列何者不是社會保險基金投資運用的原則　(A)收益原則　(B)固定原則　(C)福利原則　(D)安全原則。

(　　) 9. 國民年金保險基金之收支管理及運用，由衛生福利部委託　(A)勞動部　(B)勞工保險局　(C)勞動基金運用局　(D)財政部　辦理。

(　　) 10. 累計投保微型人壽保險之保險金額不得超過新臺幣　(A)30萬元　(B)50萬元　(C)80萬元　(D)100萬元。

(請沿虛線撕下)

<背面尚有試題>

二、問答題

1. 試述社會保險與商業保險相異處？

2. 試述所得比例制可細分為哪三種？

三、解釋名詞

1. 綜合保險費率

2. 完全賦課方式

3. 均等費率制

4. 彈性保險費率

5. 微型保險

得　分

社會保險
學後評量
CH03 健康保險

班級：__________
學號：__________
姓名：__________

一、選擇題

(　　) 1. 世界衛生組織在西元何年提出健康的定義，健康是身體心理及社會達到完全安適狀態而不僅是沒有疾病或身體虛弱而已？　(A)1980年　(B)1984年　(C)1985年　(D)1982年。

(　　) 2. 依保險人與醫事服務機構間之關係區分，由保險人特約之醫事服務機構提供醫療服務是　(A)自設醫療模式　(B)特約醫療模式　(C)現金核退制　(D)醫療保險模型。

(　　) 3. 政府或保險人訂定之收費標準表按醫師實際提供醫療服務的項目與應診量計算報酬稱　(A)論量計酬　(B)論人計酬　(C)論件計酬　(D)論日計酬。

(　　) 4. 下列何者不是論量計酬優點　(A)醫師的報酬與服務量有關，故較不會減少必要的服務　(B)對熱誠提供服務的醫師有較多之報酬，具有激勵作用　(C)複雜困難的個案較不受排擠　(D)醫師易選擇利潤較高之服務項目申報或提供。

(　　) 5. 英國的國民健保法案於西元　(A)1946年　(B)1947年　(C)1948年　(D)1949年　全面實施。

(　　) 6. 下列何者不是日本醫療保險制度類型？　(A)國民健康保險　(B)船員保險　(C)私人保險　(D)各種共濟：國家公務員的醫療保險。

(　　) 7. 美國在西元何年，制定了社會安全法案？　(A)1930年　(B)1932年　(C)1933年　(D)1935年。

(　　) 8. 美國「病人保護及可負擔健保法」簡稱ACA，ACA聯邦醫療保險在西元(A)2011年　(B)2012年　(C)2013年　(D)2014年　開始實施。

(　　) 9. 日本人在西元　(A)1920年　(B)1922年　(C)1938年　(D)1924年　制定健康保險法首先建立以受雇者為對象的醫療保險制度。

(　　) 10. 日本在西元　(A)2006年　(B)2007年　(C)2008年　(D)2010年　建立後期高齡者醫療制度。

（請沿虛線撕下）

二、問答題

1. 試述健康照護體制區分幾種模型？

2. 試述總額支付制度可分為幾種類型？

三、解釋名詞

1. 現金核退制

2. 論人計酬

3. 論件計酬

4. 診療報酬

5. 總額預算（支付）制

得　分

社會保險
學後評量
CH04 老年殘廢遺屬保險

班級：＿＿＿＿＿＿
學號：＿＿＿＿＿＿
姓名：＿＿＿＿＿＿

一、選擇題

(　　) 1. 就財源方式區分，下列何者不屬於老年殘廢與死亡保障制度？　(A)社會保險制　(B)稅收制　(C)公積金制　(D)國民年金。

(　　) 2. 就體制架構區分，下列何者不是年金制度實施的方式？　(A)貝佛理奇模式　(B)統一制　(C)俾斯麥模式　(D)瑞典模型。

(　　) 3. 世界銀行在西元何年出版「避免老年危機」　(A)1990年　(B)1992年　(C)1994年　(D)1996年。

(　　) 4. 「避免老年危機」的研究報告中提到，老人經濟保障制度透過三種功能來達成，不包含下列何者？　(A)兒女　(B)保險　(C)儲蓄　(D)分配。

(　　) 5. 就制度方式區分，下列何者不屬於老年殘廢與死亡保障？　(A)國民年金　(B)公積金制　(C)社會互助　(D)社會保險。

(　　) 6. 就給付標準區分，下列何者不屬於年金制度實施的方式？　(A)混合制　(B)薪資相關制　(C)分立制　(D)定額給付制。

(　　) 7. 下列何者不屬於日本的三層式年金體系　(A)養老保險　(B)國民年金保險　(C)厚生年金保險　(D)終身壽險。

(　　) 8. 下列何者不屬於美國老年殘廢遺屬保險之給付內容　(A)失能年金　(B)老年年金　(C)殘廢年金　(D)遺屬年金。

(　　) 9. 美國老年年金，年滿65歲即可享有年金給付，也可以　(A)62歲　(B)61歲　(C)60歲　(D)58歲　提早退休，為減額給付。

(　　) 10.日本老年年金，年滿65歲即可享有年金給付，也可以提早　(A)62歲　(B)61歲　(C)60歲　(D)58歲　提早退休，為減額給付。

（請沿虛線撕下）

<背面尚有試題>

二、問答題

1. 試就制度方式區分說明老年殘廢與死亡保障制度。

2. 比較確定給付制與確定提撥制。

三、解釋名詞

1. 確定給付制（Defined Benefit, DB）

2. 確定提撥制（Defined Contribution, DC）

3. 稅收制

4. 年金給付制

5. 公積金制

得　分

社會保險
學後評量
CH05 職業災害保險

班級：________
學號：________
姓名：________

一、選擇題

(　　) 1. 下列何者不是我國對職業安全衛生與職業災害補償方面的重要法規 (A)勞工保險法 (B)職業安全衛生法 (C)勞動基準法 (D)勞動檢查法。

(　　) 2. 下列何者不是職業災害勞工保護法的特色 (A)保障遭受職業災害勞工之生活 (B)涵蓋參加勞工保險之勞工 (C)保障承攬關係之勞工 (D)強化勞工安全衛生意識。

(　　) 3. 為紀念罹災勞工，提醒國人尊重生命之價值，配合國際工殤日，政府訂定每年 (A)3月28日 (B)4月28日 (C)5月28日 (D)6月28日 為工殤日。

(　　) 4. 我國的職業災害勞工保護法是在民國 (A)90年 (B)91年 (C)92年 (D)93年 開始施行。

(　　) 5. 勞工在職業場所之建築物、設備、原料、材料、化學物品、氣體、蒸氣、粉塵等作業活動及其他職業上原因引起勞工疾病、傷害、失能或死亡者，可稱為職業災害。這是職業安全衛生法第幾條的規定？ (A)第一條 (B)第二條 (C)第三條 (D)第四條。

(　　) 6. 下列何者敘述是為職業災害 (A)未領有駕駛執照駕車者 (B)經交叉路口闖紅燈者 (C)行駛高速公路路肩者 (D)工作日之用餐時間中，或為加班值班，如雇主規定必須於工作場所用餐而為非必要之外出用餐，與用餐往返應經途中發生事故而致之傷害。

(　　) 7. 職業災害保險及保護法於民國何年制定公布？ (A)109年 (B)108年 (C)110年 (D)107年。

(　　) 8. 我國的農民職業災害於民國何年開始支付？ (A)107年 (B)108年 (C)109年 (D)110年。

(　　) 9. 我國的就業保險法於民國何年開始施行？ (A)90年 (B)91年 (C)92年 (D)93年。

(　　) 10. 下列何者不是構成就業安全體系的三大環節？ (A)就業服務 (B)職業訓練 (C)失業保險 (D)失能保險。

(請沿虛線撕下)

<背面尚有試題>

二、問答題

1. 試述職業災害保險被保險人因職業傷害或罹患職業病死亡時，給付幾種津貼？

2. 試列出非自願失業之三種型態並說明之。

三、解釋名詞

1. 摩擦性失業

2. 技術性失業

3. 就業安全

4. 職業災害

5. 充分就業

得　分

社會保險
學後評量
CH06 社會保險制度概況

班級：________________
學號：________________
姓名：________________

一、選擇題

(　　) 1. 下列哪一個保險不屬於我國社會保險制度之範圍？　(A)勞工保險　(B)國民年金保險　(C)人壽保險　(D)軍公教保險。

(　　) 2. 世界銀行提出多層老年經濟安全保障制度，第二層為何種制度？　(A)強制年金保險　(B)強制個人儲蓄帳　(C)自願性私人財務管理　(D)非財務型倫理性家庭供養制度。

(　　) 3. 我國多層次老年經濟安全保障制度設計中，國民年金保險是屬於第幾層？　(A)第一層　(B)第二層　(C)第三層　(D)第零層。

(　　) 4. 承穎年滿25歲，入伍服替代役期間須加入何種社會保險制度？　(A)軍人保險　(B)公教人員保險　(C)勞工保險　(D)國民年金保險。

(　　) 5. 下列何者為農民職業災害保險的費率與負擔比率？　(A)0.24%，60%　(B)0.24%，30%　(C)2.55%，30%　(D)2.55%，60%。

(　　) 6. 農民退休儲金條例規定農民提繳金額計算方式為何？　(A)10,200 × 提繳比率（1% ~ 6%）　(B)10,200 × 提繳比率（1% ~ 10%）　(C)基本工資 × 提繳比率（1% ~ 10%）　(D)基本工資 × 提繳比率（1% ~ 6%）。

(　　) 7. 下列何者不屬於農民健康保險給付？　(A)身心障礙給付　(B)生育給付　(C)喪葬津貼　(D)住院門診就醫津貼。

(　　) 8. 國民年金保險之投保金額及保險費率為何？　(A)$18,282，9.5%　(B)$18,282，9%　(C)24,000，9.5%　(C)$25,250，9.5%。

(　　) 9. 下列敘述何者錯誤？　(A)國民年金老年年金給付有欠繳保費超過10年不能選擇A式計算　(B)身心障礙基本保證年金給付109年1月1日調整為$4,872　(C)同一順位遺屬有2人以上時，遺屬年金每多1人加發25%，最多計至50%　(D)喪葬給付一次發給5個月之投保金額。

(　　) 10. 國民年金保險保險費負擔比率的規定為何？　(A)低收入戶：45%　(B)身心障礙輕度：30%　(C)一般民眾：60%　(D)政府：55%。

（請沿虛線撕下）

<背面尚有試題>

二、個案分析題

個案分析1：農民保險

周立陽於86年加入農保，109年加入農民職保，110年加入農民退休儲金，提繳比率為10%，試分析下列問題：

1. 周立陽每月須繳納保費若干？

2. 周立陽每月可提繳退休儲金若干？政府相對提繳若干？

3. 周立陽65歲退休可領取老農津貼若干？

4. 若周立陽因職災傷害住院10日，可請領傷害給付及就醫津貼金額若干？

5. 若周立陽因職災全殘，2年後不幸身故，可領取身心障礙給付及喪葬津貼若干？

6. 若周立揚今年50歲，農保年資24年，若想轉入國保是否划算？（註：我國65歲國民平均餘命約17年，以17年計算可領年金總額，不考慮物價指數，以目前幣值計算）

個案分析2：國民年金保險

戴海安35歲無工作，於111年1月1 日加入國民年金保險，試分析下列問題：

1. 戴海安須繳納保費若干？

（請沿虛線撕下）

<背面尚有試題>

2. 戴海安退休可領國保老年年金若干？

3. 若戴海安參加國保5年，不幸重殘，每月可領身心障礙年金若干？

4. 若戴海安在投保期間死亡，保險年資20年，遺有配偶及1名子女，可領取國保遺屬年金及喪葬給付若干？

5. 若戴海安在退休期間死亡，保險年資30年，遺有配偶及2名子女，可領取國保遺屬年金及喪葬給付若干？

得 分

社會保險
學後評量
CH07 軍公教保險

班級：＿＿＿＿＿＿＿
學號：＿＿＿＿＿＿＿
姓名：＿＿＿＿＿＿＿

一、選擇題

(　　) 1. 公教人員保險之被保險人依法徵召服役，其服役期間保費負擔之規定為何？ (A)政府負擔 (B)被保險人自負擔 (C)暫時停保 (D)政府與被保險人平均負擔。

(　　) 2. 時鎮因短期徵召入伍二星期，是否須繳納軍人保險保費？ (A)須要 (B)政府全額負擔保費 (C)除發生保險事故外，一律免扣保險費 (D)政府與被保險人平均負擔。

(　　) 3. 軍人保險的保險期間滿5年，給付若干退伍給付？ (A)退還所繳保費 (B)15個基數 (C)10個基數 (D)5個基數。

(　　) 4. 公教人員保險私立學校教職員的保險費率及負擔比率下列何者正確？ (A)8.28%，35% (B)8.28%，65% (C)12.53%，35% (D)12.53%，32.5%。

(　　) 5. 關於公教人員保險遺屬年金給付，下列敘述何者錯誤？ (A)被保險人在職期間死亡，保險年資每滿1年，給付0.75%，最高以給付26.5%為限 (B)所有被保險人皆可以選擇遺屬年金給付或一次死亡給付 (C)領受養老年金給付者死亡時之遺屬年金給付，為原領取之養老年金給付金額的50% (D)遺屬之條件，子女須符合未成年或已成年但無謀生能力。

(　　) 6. 公教人員退休撫卹基之提撥於86年1月1日以後採用何種提撥制度？ (A)共同提撥制 (B)恩給制 (C)任意提撥制 (D)強制提撥制。

(　　) 7. 公務人員年金改革中月退休金起支年齡以10年過度期間至120年以後調整為多少歲？ (A)65歲 (B)60歲 (C)55歲 (D)50歲。

(　　) 8. 公立學校教職員年金改革中調降退休所得替代率的內容何者正確？ (A)所得替代率計算的分母為最後在職本俸額 (B)所得替代率下限為37.5% (C)107年7月1日起先調降至本俸2倍的75% (D)所得替代率上限分10年逐步調整。

(　　) 9. 軍人退撫制度修正內容中，最低保障金額為何？ (A)$38,990 (B)$33,140 (C)$75,550 (D)$83,585。

(請沿虛線撕下)

<背面尚有試題>

(　　) 10.下列軍人退撫制度修正內容何者敘述錯誤？ (A)服役滿20年可請領月退俸 (B)起支俸率為55%，最高俸率上限不得超過90% (C)政府為彌補基金財務缺口，分10年，每年挹注100億元 (D)現役者月退俸採服役最後1/5年資之本俸平均數 × 2為基數計算。

二、個案分析題

個案分析1：軍公教保險

翔希為海軍中將，保險基數金額為50,560元，太太嘉玲為一私立學校教師，平均月投保薪資為41,645元，育有一女1歲，試分析下列問題：

1. 翔希每月須繳納保費若干？

2. 雇主每月須為嘉玲負擔保費若干？

3. 若嘉玲申請育嬰留職停薪，最多可領取育嬰留職停薪津貼若干？

4. 若女兒因車禍意外身故，可領取眷屬喪葬津貼若干？

5. 若翔希退伍，保險年資20年，可領取退伍給付若干？

6. 若嘉玲於65歲退休，公保年資25年，平均月投保俸額為36,500元，可領取養老年金若干？（給付率：0.9%）

7. 若翔希因公重機障，可領取殘廢給付若干？

8. 若嘉玲於在職期間因病死亡，公保年資30年，平均月投保俸額為41,645元，可領取遺屬年金若干?

個案分析2：軍公教年金改革

正赫為陸軍中將55歲，保險基數金額為43,700元，保險年資30年，最後1/5平均本俸為43,700元，太太筱琪為國立大學副教授50歲，保險年資20年，本俸為51,250元，依現行軍公教退撫制度修正內容試分析下列問題：

1. 筱琪每月須提撥退撫基金若干？

2. 正赫於今年退伍可領取月退俸若干？

（請沿虛線撕下）

3. 若筱琪於65歲退休（125年），根據年金改革後的所得替代率，當年度可以領取多少退休金？

4. 若正赫退伍後轉任學校擔任教官，月薪38,900元，試問可以同時領取月退休俸？説明其轉（再）任薪資規範為何？

5. 若正赫於5年後退伍，退伍當年最後1/5平均本俸為52,620元，可領取月退俸若干？

6. 承上題若正赫於退伍3年後不幸身故，遺有太太及讀高中兒子，可領取遺屬年金若干？

7. 若筱琪於65歲退休後每周回學校兼課4節，鐘點費為每小時$2,000，試問每月可增加多少收入？

得　分

社會保險
學後評量
CH08 勞工保險與就業保險

班級：＿＿＿＿＿＿＿＿
學號：＿＿＿＿＿＿＿＿
姓名：＿＿＿＿＿＿＿＿

一、選擇題

(　　) 1. 勞工保險普通事故保險費、職業災害保險費、就業保險費雇主負擔比例為何？ (A)70%、100%、70% (B)20%、0 %、20% (C)70%、70%、70% (D)60%、0%、60%。

(　　) 2. 若父母為公保與勞保之被保險人身份，當子女死亡時，可否同時請領喪葬津貼？ (A)不可以 (B)可以 (C)擇其投保金額高者領 (D)擇其投保金額低者領。

(　　) 3. 職業災害保險傷病給付下列敘述何者正確？ (A)自住院期間不能工作之第4日起請領 (B)職災傷病補償費用為平均月投保薪資的半數 (C)職災傷病補償費用合計可補償2年 (D)職災傷病補償費用請求權，自得請領日起，因2年間不行使而消滅。

(　　) 4. 慕妍為受僱於五人以下之勞工，試問下列何者非為其雇主須強制替其投保的社會保險？ (A)勞工普通事故保險 (B)職業災害保險 (C)就業保險 (D)全民健保。

(　　) 5. 民國117年以後，勞工保險老年年金給付法定請領年齡為何？ (A)55歲 (B)60歲 (C)65歲 (D)70歲。

(　　) 6. 普通傷病失能一次金第一等級，給付日數為何？ (A)30日 (B)45日 (C)1800日 (D)1200日。

(　　) 7. 下列何者非就業安全體系範疇？ (A)就業保險 (B)勞工保險 (C)職業訓練 (D)就業服務。

(　　) 8. 勞工退休金條例規定雇主應為適用勞基法之本國籍勞工按月提繳每月工資多少比率的勞工退休金？ (A)10% (B)8% (C)6% (D)4%。

(　　) 9. 關於勞工月退休金請領條件，下列何者正確？ (A)勞工年滿60歲，工作年資滿15年以上 (B)勞工年滿55歲，工作年資滿15年以上 (C)勞工年滿55歲，工作年資滿20年以上 (D)勞工年滿50歲，工作年資滿15年以上。

（請沿虛線撕下）

<背面尚有試題>

(　　) 10.勞工保險條例修正草案規劃勞保年金之改革，逐步延長平均投保薪資採計間為現行最高多少個月投保薪資平均計算？　(A)60個月　(B)80個月　(C)100個月　(D)120個月。

二、個案分析題

個案分析1：勞工保險及就業保險

振偉及太太可彤為受僱於五人以上公司的本國籍勞工，薪資所得分別為70,000元及28,000元，育有一子3歲，試分析下列問題：（職災費率：2%）

1. 可彤每月須自付保費若干？

2. 振偉公司須替其負擔保費的項目及金額若干？

3. 若可彤因普通傷病住院診療23天，平均月投保薪資28,800元，可領取傷病給付若干？

4. 若可彤失業3個月後再就業，每月可領取之項目及金額若干？

5. 若振偉因公全部失能，保險年資15年，平均月投保薪資為42,000元，試比較其採舊制或新制之失能給付，何者較為有利？

6. 若其子不幸身故，可領取眷屬喪葬津貼若干？

7. 若可彤不幸因病全殘，平均月投保薪資28,800元可領取舊制失能給付若干？（勞保年資5年）

（請沿虛線撕下）

<背面尚有試題>

8. 若振偉六十五歲工作年資29年又11個多月退休，可領取老年年金給付若干？若振偉在職期間不幸身故，工作年資25年，可領取遺屬年金若干？

9. 振偉公司每月須替其提撥勞工退休金若干？

10. 若可彤不幸意外身故，振偉與可彤之平均月投保薪資為42,000元及36,500元，可領取各項給付若干？（年資2年以上）

得　分

社會保險
學後評量
CH09 全民健康保險

班級：＿＿＿＿＿＿＿＿
學號：＿＿＿＿＿＿＿＿
姓名：＿＿＿＿＿＿＿＿

一、選擇題

(　　) 1. 我國全民健保將保險對象分為被保險人和眷屬，其中被保險人又分為幾類？　(A)5類15目　(B)5類14目　(C)6類15目　(D)6類14目。

(　　) 2. 年滿20歲無職業的人屬於全民健保中哪一類保險對象？　(A)第一類被保險人之眷屬　(B)第六類地區人口　(C)第二類被保險人　(D)第四類低收入戶。

(　　) 3. 海外居住超過一段時間的人，須於回國設有戶籍多久始得加保？　(A)6個月　(B)4個月　(C)3個月　(D)2個月。

(　　) 4. 以職業工會會員身份投保全民健保，保費負擔比率為何？　(A)30%　(B)40%　(C)50%　(D)60%。

(　　) 5. 專門職業及技術人員自行執業者（律師、醫師）投保金額原則上如何申報？　(A)不得低於勞工保險投保薪資分級表最高1級　(B)不得低於全民健保投保金額第6級　(C)按全民健保投保金額最高一級申報　(D)按實際執行業務所得申報。

(　　) 6. 被保險人及其眷屬自付的保險費計算公式中之「實際眷口數」依規定最高為多少口？　(A)4口　(B)3口　(C)2口　(D)1口。

(　　) 7. 美麗胃痛到台中醫院急診，依全民健保門診部份負擔規定，須支付金部份負擔金額若干？　(A)$50　(B)$80　(C)$300　(D)$450。

(　　) 8. 下列何者不屬於補充保費項目？　(A)股利所得　(B)薪資所得　(C)利息所得　(D)租金收入。

(　　) 9. 全民健保的保費計收可分為「一般保險費」和「補充保險費」，其費率為何？　(A)4.69%、2%　(B)4.91%、2.11%　(C)5.17%、1.91%　(D)5.17%、2.11%。

(　　) 10.二代健保實施後，全年所領獎金超過當月投保薪資幾倍須徵收補充保險費？　(A)2倍　(B)3倍　(C)4倍　(D)5倍。

(請沿虛線撕下)

<背面尚有試題>

二、個案分析題

個案分析1：全民健保

東振與太太妍實為受僱於五人以上公司的本國籍勞工，東振月投保薪資為50,600元，妍實月投保薪資為36,300元，育有一子就學中，試分析下列健保問題：

1. 東振全家每月須自付保費若干？

2. 妍實公司為其負擔的保費若干？

3. 若東振失業，東振全家之保險身份變動為何？

4. 若妍實因車禍受傷至中國醫藥學院急診（檢傷分類第4級），手術住院10日醫療費用40,000元，須自付費用若干？

5. 東振擁有台積電股票，110年8月獲得股利總額60,000元，如何計算補充保險費？

6. 妍實有一店面出租給麥當勞，每月租金40,000，須繳納補充保費若干？

個案分析2：二代健保

潘志齊為一開業醫師，母親無職業與其同住，太太又婷為一私立小學老師，月投保金額為48,200元，育有一子剛退伍半年，試分析下列問題：

1. 志齊全家每月須自付健保費若干？

2. 政府須替志齊全家每月負擔保費若干？

3. 又婷學校須替其負擔健保費若干？

4. 若今又婷自學校退休，其投保身份如何改變，自付健保費若干？

5. 志齊執行業務所得為500萬，須自付補充保費若干？

（請沿虛線撕下）

<背面尚有試題>

6. 若又婷晚上於補習班兼差每月所得30,000元，須自付補充保費若干？

7. 若其子找到工作，月投保金額42,000元，年終獎金金額為180,000元，每月須自付補充保費若干？

8. 又婷在銀行有二筆定存，111年底到期，利息分別為8,000元及45,000元，銀行如何扣取補充保險費？

得　分

社會保險

學後評量

CH10 長期照護保險

班級：________

學號：________

姓名：________

一、選擇題

(　　) 1. 長期照顧十年計劃2.0屬於何種社會福利制度？ (A)社會保險 (B)健康與醫療照護 (C)福利服務 (D)社會救助。

(　　) 2. 下列何者敘述錯誤？ (A)長照服務網區域之規劃以「縣市」為單位劃分22大區 (B)長期照顧十年計劃主管機關為衛生福利部 (C)長期照顧服務法於105年6月3日全面正式實施 (D)長期照護保險初步規劃保險對象為全體國民。

(　　) 3. 下列何者為長期照顧十年計劃2.0擴大服務的對象？ (A)未滿50歲失能身心障礙者 (B)50歲以上身心障礙者 (C)55歲以上失能山地原住民 (D)65歲以上失能老人。

(　　) 4. 慢性病患照顧屬於下列何種照護體系？ (A)生活照顧服務體系 (B)醫療服務體系 (C)全民健保 (D)長期照顧服務體系。

(　　) 5. 長期照顧十年計劃2.0建構社區整體照顧ABC模式，實現在地老化，其中「C模式」代表下列哪種社區整體照顧模式？ (A)社區整合型服務中心 (B)複合型服務中心 (C)巷弄長照站 (D)失智共同照護中心。

(　　) 6. 長期照顧十年計劃2.0整合長照服務為4類，讓長照服務更專業多元，下列何者不屬於此4項補助項目？ (A)照顧及專業服務 (B)居家護理 (C)交通接送服務 (D)輔具服務及居家無障礙環境改善服務。

(　　) 7. 108年7月修正所得稅法，為減輕身心失能家庭的租稅負擔，財政部特別增訂長期照顧特別扣除額，每人每年定額扣除多少元？ (A)2.4萬元 (B)6萬元 (C)10萬元 (D)12萬元。

(　　) 8. 長期照護保險法草案下列敘述何者錯誤？ (A)草案於104年行政院通過送立法院審議 (B)草案共十章八十一條 (C)長照保險給付之規劃以實物給付為主 (D)長照保險開辦經費規模每年約1,100億元。

(　　) 9. 長期照護保險基於使用者付費之原則，規劃保險對象應自行負擔保費給付費用比例為若干？ (A)5% (B)10% (C)15% (D)20%。

（請沿虛線撕下）

<背面尚有試題>

(　　) 10.未來長期照護保險與全民健保之整合，下列敘述何者錯誤？ (A)凡屬可治療的歸全民健保，屬照顧的歸長期照護保險 (B)亞急性照顧由長期照護保險負責 (C)屬醫療服務之精神社區復健歸全民健保給付 (D)長期照護保險之護理服務以不需要醫囑之一般護理為主。

二、問答題

1. 試詳述長期照顧十年計劃2.0的服務對象和服務項目。

2. 試就保險對象、承保機關、給付方式及項目說明長期照護保險初步規劃。

三、解釋名詞

1. 日常生活活動功能表（ADLs）

2. 喘息服務

3. 368照顧服務計劃

4. 長期照顧服務法

5. 長期照護案例分類系統（LTC-CMS）

讀者回函卡

掃 QRcode 線上填寫 ▶▶▶

姓名：＿＿＿＿ 生日：西元＿＿年＿＿月＿＿日 性別：□男 □女

電話：（ ）＿＿＿＿ 手機：＿＿＿＿

e-mail：（必填）＿＿＿＿

註：數字零，請用 Φ 表示，數字 1 與英文 L 請另註明並書寫端正，謝謝。

通訊處：□□□□□＿＿＿＿

學歷：□高中・職 □專科 □大學 □碩士 □博士

職業：□工程師 □教師 □學生 □軍・公 □其他

學校／公司：＿＿＿＿ 科系／部門：＿＿＿＿

・需求書類：

□ A. 電子 □ B. 電機 □ C. 資訊 □ D. 機械 □ E. 汽車 □ F. 工管 □ G. 土木 □ H. 化工 □ I. 設計

□ J. 商管 □ K. 日文 □ L. 美容 □ M. 休閒 □ N. 餐飲 □ O. 其他

・本次購買圖書為：＿＿＿＿ 書號：＿＿＿＿

・您對本書的評價：

封面設計：□非常滿意 □滿意 □尚可 □需改善，請說明＿＿＿＿

內容表達：□非常滿意 □滿意 □尚可 □需改善，請說明＿＿＿＿

版面編排：□非常滿意 □滿意 □尚可 □需改善，請說明＿＿＿＿

印刷品質：□非常滿意 □滿意 □尚可 □需改善，請說明＿＿＿＿

書籍定價：□非常滿意 □滿意 □尚可 □需改善，請說明＿＿＿＿

整體評價：請說明＿＿＿＿

・您在何處購買本書？

□書局 □網路書店 □書展 □團購 □其他＿＿＿＿

・您購買本書的原因？（可複選）

□個人需要 □公司採購 □親友推薦 □老師指定用書 □其他＿＿＿＿

・您希望全華以何種方式提供出版訊息及特惠活動？

□電子報 □ DM □廣告（媒體名稱＿＿＿＿）

・您是否上過全華網路書店？（www.opentech.com.tw）

□是 □否 您的建議＿＿＿＿

・您希望全華出版哪方面書籍？＿＿＿＿

・您希望全華加強哪些服務？＿＿＿＿

感謝您提供寶貴意見，全華將秉持服務的熱忱，出版更多好書，以饗讀者。

填寫日期： / /

2020.09 修訂

親愛的讀者：

感謝您對全華圖書的支持與愛護，雖然我們很慎重的處理每一本書，但恐仍有疏漏之處，若您發現本書有任何錯誤，請填寫於勘誤表內寄回，我們將於再版時修正，您的批評與指教是我們進步的原動力，謝謝！

全華圖書 敬上

勘 誤 表

書 號		書 名		作 者	
頁 數	行 數	錯誤或不當之詞句		建議修改之詞句	

我有話要說：（其它之批評與建議，如封面、編排、內容、印刷品質等・・・）